———— 山东文化世家研究书系 ————

主 编

王志民

副主编

丁　鼎　王钧林　石　玲

王洲明　刘爱敏

教育部人文社会科学重点研究基地

山东师范大学齐鲁文化研究中心『十二五』规划重大项目

中共山东省委宣传部重点资助项目

中国孔子基金会资助项目

山东文化世家研究书系

王志民 主编

周尚兵 著

齐州房氏家族文化研究

中华书局

图书在版编目(CIP)数据

齐州房氏家族文化研究/周尚兵著. —北京:中华书局,
2013.12

(山东文化世家研究书系/王志民主编)

ISBN 978 - 7 - 101 - 09444 - 2

Ⅰ. 齐⋯　Ⅱ. 周⋯　Ⅲ. 家族－文化研究－济南市－
南燕~唐代　Ⅳ. K820.9

中国版本图书馆 CIP 数据核字(2013)第 130754 号

书　　名	齐州房氏家族文化研究
著　　者	周尚兵
丛 书 名	山东文化世家研究书系
主　　编	王志民
责任编辑	胡正娟
出版发行	中华书局

(北京市丰台区太平桥西里 38 号　100073)

http://www.zhbc.com.cn

E - mail:zhbc@ zhbc.com.cn

印　　刷	北京市白帆印务有限公司
版　　次	2013 年 12 月北京第 1 版
	2013 年 12 月北京第 1 次印刷
规　　格	开本/710×1000 毫米　1/16
	印张 26¾　插页 4　字数 390 千字
印　　数	1 - 1500 册
国际书号	ISBN 978 - 7 - 101 - 09444 - 2
定　　价	135.00 元

济南历城彩石山庄

清河太夫人墓碑

位于今济南历城西彩石村

清河太夫人墓碑拓片

房彦谦碑拓片（局部）

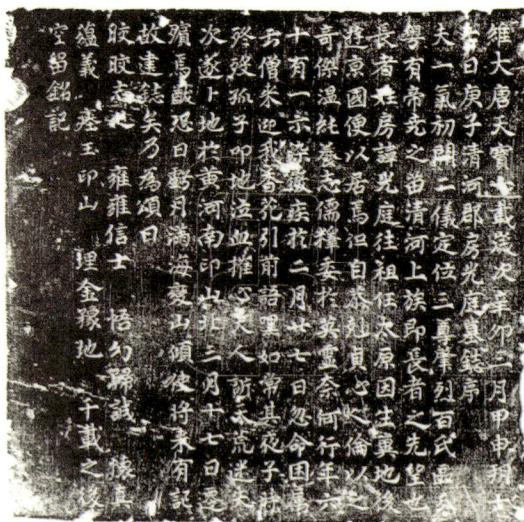

房光庭墓志铭

唐

房玄齡字喬臨淄人幼警悟年十八舉
進士高孝基署為國器恨不見其舉
繫昂霄唐武德初太宗為秦王延四
方文學之士以為記室兼文學館學士
太宗即位以有決勝帷幄定社稷勳居第
一進左僕射居相位十五年孜孜奉國年七
十一薨於位諡文昭

房玄齡邈真贊

《晋书》
清同治八年（1869）刊本，岭南菥古堂藏板

房鲁浯溪题名拓片

房愿墓志铭
房恒贵供

房彦谦墓碑

房鹿娘墓志铭

（以上图片除署名的以外，其余均为作者提供）

总　序

王志民

　　《山东文化世家研究书系》(28 种)（以下简称《书系》），从 2010 年初正式启动，历经四个年头，终于面世。这在中国家族文化研究和齐鲁文化研究上都是一项较大的学术工程，其学术价值和影响自待学术界与广大读者的评析，我在这里仅就编纂《书系》的一点粗浅认识和工作过程，作一简述，以期得到读者更多的理解。

一

　　中国历史上是一个宗法制农业社会，建立在血缘、婚姻基础上的家族是社会构成的基本细胞，也是立国之本。《尚书·尧典》载："克明俊德，以亲九族。九族既睦，平章百姓。百姓昭明，协和万邦。"说明大约从上古以来，家族就是政权存在的基础和支柱。

　　商周时期，世卿世禄的贵族世家既是政治主体，也是文化上的垄断者。春秋战国时期，世卿世禄制瓦解，出现了百亩之田、五口之家的核心家庭制，但秦汉以后，世家大族逐渐形成。汉代以经学作为晋身入仕的条件，而经学传授又多限于家学私门，"累世经学"与"累世公卿"融二为一，形成了文化家族世代相因的局面，文化世家既是国家政治的中坚，也是文化传承的主体。

　　魏晋时期，实行"九品中正制"选人用人，"中正"的评定内容，本身就有"家世"、"行状"、"人品"三项，选人要考察家族几代人的文化背景。人才的选举与士族家族制结合在了一起,这就为文化世家的发展提供了制度上的保障,保持了文化世家在政治上的特权和地位的延续,"故家大族,虽无世袭之名,而有世袭之实"①。

隋唐至清代实行科举考试选人用人制度。其破除了自魏晋以来"上品无寒门,下品无世族"的门阀世族文化垄断,为庶族士子开启了晋身仕途之门,这是一个以科举文化传承为主导的时期。在这个漫长的科举时代,新的文化世家的出现往往要经历由文化之兴到科举之荣,再到仕宦之显的发展奋斗过程。而仕宦之家的优越条件,家学、家风的传承影响,往往使世官、世科、世学有机结合在一起,形成科举文化世家。这在明清时期尤为明显。这种家族文化具有传承性和地域性:一个文化世家,在儒家伦理纲常主导下,以科仕为追求,历经数代发展,往往形成具有自身家族特色的家规、家训、家风。这既是一个家族内部的精神连线和传家珍宝,传递着先辈对后代的寄望和父祖对子孙的诫勉,也成为中国传统知识分子"修身、齐家、治国、平天下"人生价值观培育的重要先天环境和成长土壤。历史上诸多卓有成就的文化名人往往出身于数代显赫的文化世家,这是重要的文化基因。与此相应的是,一个科甲连第、人才辈出的文化世家,又往往成为一个县、州或更大区域内的文化地标,其显赫门第以及通过仕宦、联姻、交游、著述、教育等形成的文化传播力深深影响着一个地域的文化发展,提升了区域整体文化形象。正像陈寅恪先生所说:"盖自汉代学校制度废弛,博士传授之风气止息以后,学术中心移于家族,而家族复限于地域,故魏、晋、南北朝之学术宗教皆与家族、地域两点不可分离。"②陈先生在这里说的是六朝的事,但对隋唐科举制以后的情况而言,也颇中肯綮。可见,中华文明的发展传承,家族文化是一个重要载体。在中国幅员广大、地理环境复杂的文化背景下,要深入探求中国传统文化,不可不探求家族文化,亦不可不深入探求地域文化和家族文化的关系,这是我们组织撰写《山东文化世家研究书系》的重要学术动因之一。

---

① 钱穆:《国史大纲》,生活·读书·新知三联书店,1955 年,第 298 页。
② 陈寅恪:《隋唐制度渊源略论稿·礼仪篇》,中华书局,1963 年,第 17 页。

山东文化世家和省外其他文化世家有共同性。以农立家,以学兴家,以仕发家,是历朝历代文化世家的共性。农业社会决定了任何文化世家都必须以农业为基础,必须养成耕读家风。在士、农、工、商四民中,士往往来源于农,由农家子弟经由读书治学转变而来,这在隋唐实行科举制度以后尤其如此。以工立家,以商立家,固然有之,然而,工商以学兴家,以仕发家,由此而成为文化世家者,却微乎其微,几乎不见。文化世家本质属性在于学,无学不成其文化世家。耕读传家,诗书继世,是一切文化世家的共同特征。唯有令其子弟刻苦读书,勤奋治学,通过经世致用而建功立业,光大门第,才能推动一个家族迅速崛起。充满书香的门第,虽然崛起于乡野小农之间,却未必有足够的力量推动家族的发展更上一层楼,这就要求其子弟必须走上"学而优则仕"的道路,以从政谋取高官厚禄,为整个家族的高贵和后续发展提供强有力的支持。可见,农—学—仕,既是文化世家形成与发展的三个必要阶段,也是文化世家建设与构成的三个必要因素,三者缺一不可,而学居于核心地位。

在中华民族文化发展的进程中,齐鲁文化有着特殊地位和贡献。在中华文明的起源时期,这里发现了最早的新石器时代大汶口文化陶器上的文字和龙山文化时期的城市群以及金属器等,展示出山东是中华文明最早的发源地之一。而在被当代学者称为中华文明"轴心时代"的春秋战国时期,山东地区是中华文明的"重心"所在。傅斯年先生说:"自春秋至王莽时,最上层的文化只有一个重心,这一个重心便是齐鲁。"(《夷夏东西说》)秦汉以后,中国的文化重心或移居中原,或西入关中,或南迁江浙,齐鲁的文化地位时沉时浮,但作为孔孟的故乡和儒家文化的发源地,两千年来,齐鲁文化始终以"圣地"特有的文化影响力为民族文化的传承、儒家思想的传播以及中华民族精神家园的建设作出了其他地域文化难以替代的特殊贡献。齐鲁文化的这种丰厚底蕴和特殊历史贡献,使山东文化世家具有一种特殊的历史承担、文化面貌和家族文化内涵。总览《书系》,从齐鲁文化与中华文明关系的角度粗浅概析,至少有以下几个方面值得在这里赘述:

其一,山东文化世家的发展轨迹,反映了齐鲁文化在中华文明发展中历史地位的消长变迁。从历史纵向看，两千年来山东文化世家的发展，呈现出马鞍型"两峰一谷"的特点：汉魏六朝为一高峰，明清为一高峰，两峰之间的隋唐宋金元时期为平谷。这一变迁，反映出齐鲁文化在中华文明发展中的沧桑之旅。两汉时期文化以经学为主体，经学大师多为齐鲁之人，累世经学之家在齐鲁之地大量出现，这为魏晋之后，形成山东文化的高峰期奠定了厚实的基础。《书系》入选的 28 个文化世家中，六朝时期为 7 家，大多形成于魏晋之齐鲁，兴盛于随迁之江南，而且都是对当时的政治、经济、学术、文化产生重大影响的显赫家族，如琅邪王氏、兰陵萧氏等。唐宋时期，政治文化重心西移，域内文化世家总体零落式微，自隋至元，本《书系》入选者仅 4 家。明清时期是山东科举文化世家发展的又一个高峰，这与该时期山东文化的复兴繁荣不无关系。一是明、清两朝大力提倡"尊孔崇儒"。孔孟圣裔封官加爵，登峰造极；孔孟圣迹重修扩建，前所未有，山东的"圣地"气象空前显现。二是明清时代定都北京，山东地理位置优越。以山东为枢纽的大运河成为南北交通大动脉，促进了山东经济的发达，同时也推动了文化的繁荣昌盛。三是山东作为孔孟故乡，自古有崇文重教传统。明、清两朝，特重科举，士人晋身入仕，科考几乎为唯一之途。明代即有所谓"中外文武皆由科举而进，非科举者毋得为官"(《明会典》)的规定，在此背景下，山东域内涌现出众多科举文化世家。科甲连第、人才辈出家族各地多有；一家数代名宦，父子、兄弟文名并显者亦大有人在。一时硕学大儒，诗人名家，多出山东。到清初时，形成"本朝诗人，山左为盛"的局面。山东应为考察明清时代中国科举文化世家最有代表性、典型性的地区之一。这次选入《书系》的文化世家，明清时期有 16 家之多，占了多半，而且在编纂过程中我们发现，尽管经多方研讨论证，这次仍有较多明清时代显赫的文化家族没有入选，甚感遗憾。

其二，山东文化世家在儒家文化传承及中华民族文化交流融合中作出过特殊贡献。第一，以孔府为代表的圣裔家族是中国文化世家中特殊的文化资源。在两千余年的历史长河中，圣裔家族经沧桑变迁，流散各地，但他们大多发扬了圣裔家族文化传统，将血脉延续与文脉传承相结合，以尊先敬祖与传承儒家文化为己任,对以儒学为主干的中华民族文化传统的形成,对历代政治、文化的发展产生了其他家族无法比拟的巨大文化影响力。第二,山东文化世家的迁徙对儒家文化传播及各地文化的交流融合,乃至中华文化重心的转移,都产生过重大影响。历史上山东文化世家曾有过几次较大规模的迁徙:一是汉代大量山东经学世家迁居关中,助推汉代儒学、经学的西渐和关中文化中心的形成。限于资料缺乏等原因,本《书系》虽然没有入选迁居关中的山东世族,但从《汉书》中记载的以田氏为代表的齐鲁大族对关中文化的巨大影响中可见一斑。二是两晋时期齐鲁世族的南迁促进了南北文化交流。元嘉之后,大批山东世家大族随西晋政权迁往江浙,本《书系》中选入的琅邪王氏、兰陵萧氏、东海徐氏、鲁郡颜氏等都是这方面的代表。他们大多"本乎邹鲁……世以儒雅为业",大力推展儒学,积极融入并影响当地文化,成为数代名宦的世家大族,萧氏甚至成为南朝齐梁时代的皇族,对南北文化的融合及江南地区文化的提升发展,产生了巨大的影响。三是北宋末年,大批孔、孟、颜、曾等圣裔家族随宋室迁都临安而南迁江浙,不仅形成儒学史上著名的孔氏"南宗",而且在江南办教育,授儒学,为宋明理学的繁盛和文化重心的南移作出了贡献。

其三,山东文化世家主导了山东乡邦文化的特色——"礼义之邦"的形成。山东是儒学发源地,自古号称"礼义之邦"。读经崇儒,尤重礼义的区域文化特色代代传承,千年不衰。由于汉代以后儒学独尊地位的确立和孔孟故乡"圣地"文化的不断提升和突显,以及金元以后齐鲁之地又逐步成为山东的统一行政区划,"礼义之邦"即成为山东地域共有的文化特质。而这种区域文化共性在山东文化世家中从不同角度显现出来。从本《书系》所选文化世家文化精神的主体看,这些不同时代、经历各异的家族,崇德、重教、尊老、尚义等"礼义之邦"的文化特色,既展现在圣裔之家,也反映在自汉至清历代文化世家的家风、家规、家训之中。不仅世居山东之地的文化世家,而且由山东外迁江南等地的文化世家,数代之后依然以传承故乡之风、弘扬礼义为家族文化的追求。明清时期,从山西、云南等地迁入山东之地的流民后代,最终发展为科举文化世家者,也从多个方面展现出"礼义之邦"的文化特色。

其四,山东文化世家揭示出众多杰出人物成才与地域家族文化的关系。如果说,家庭是人才成长的第一环境,那么,文化世家则是时代人才的摇篮。历史上山东许多文化世家,杰出人才丛生辈出,曾影响了整个时代的政治文化发展,这种情况尤以六朝时期为显:泰山羊氏,羊祜、羊祉等"二十四史"有传记的即有34人,另有2人曾为皇后;王粲、王弼等彪炳史册的文学、思想大家皆出高平王氏;诸葛亮实出身于山东琅邪阳都(今沂南县)望族,成年后离乡;琅邪王氏既是西晋南迁后司马氏政权的主要政治支柱,号称"王马共天下",也是王戎、王羲之、王肃、王褒、王融等文化名人的共有家族;兰陵萧氏自称为齐鲁"素族"出身,但南迁后,发展为人才辈出的显赫世家,齐、梁时代,荣登"两朝天子"的宝座。这在六朝时期由北南迁世族中,颇为少见。山东文化世家,大多注重家训的传承,而家训受儒家思想的影响,多将立德、立言、勤政、清廉等德才要求作为主旨,这对人才价值观念的养成影响甚大,山东历史上众多的文化名人中,政治上多出忠直清廉之士,文化上多出经学、文学大家,与此关系颇大。这次入选的明清时期各个文化世家,传世文献著述颇丰,都是这方面的反映。例如:明代临朐"冯氏五先生"都以文名著称;新城王氏家族共出30余名进士,不仅仕宦显赫,而且多有著述传世,王渔洋则为清初"诗坛领袖",而且为官特重"清"、"慎"、"勤"。其他如诸城刘统勋、刘墉父子,清代彪炳文学史册的"南施北宋"之宋琬,以及田雯、赵执信、曹贞吉等,都展示出了山东文化世家特有的文化影响和传承力。

二

在《书系》即将出版之时,我们很有必要回顾一下较为曲折的编纂过程。

在项目酝酿策划之初,我们就一直力图将《书系》做成一套有统一组织、有学术方向、有研究规划、有明确要求的学术创新工程。我们主要做了以下两个方面的工作。

（一）制定编纂原则

其一，学术目标。试图通过《书系》的撰写，深入探求中国优秀文化传统在文化世家层面的传承轨迹，挖掘优秀的家学、家风、家训等家族优秀历史文化资源，为当代新型家庭文化建设提供借鉴；通过探讨齐鲁文化在各个时代文化世家中的文化特点、面貌、发展趋势及文化贡献，深化对各历史时期齐鲁文化的研究；通过探求齐鲁历史文化名人的成长与家族文化培育的关系，为新时期人才培养与家庭教育的关系提供历史的范例。

其二，选目标准。通过反复酝酿论证，我们提出入选的文化世家应为山东历史上在政治、社会、思想学术、文学、艺术等方面有代表性的文化家族；家族中应有在中国文化史上产生重大影响的代表人物；家族发展的兴盛时期，曾对时代社会和文化产生过重大影响；应是家族兴旺，功名显赫，人才辈出，延时较长之家族；文献丰富，资料可考，便于研究。

其三，内容设计。我们提出以下五个方面设计内容，作为拟定纲目、撰写内容的参考：一是家族发展源流。强调考察渊源脉络，探究发展演变，述其流风余韵，辨析兴衰之由。二是家族盛世研析。包括兴盛之因的探求，家族内部管理结构、婚姻关系、家庭伦理、生活方式等，亦包括对家族与时代政治、区域社会、社会交游、社会文化的关系影响等的研究。三是代表人物研究。包括成长、成才与家族文化，成就业绩与家族兴衰，著述文献与文化活动，时代贡献与社会地位等。四是家学家风研究。包括形成、特点、传承、影响及重点个案分析等。五是附录部分。包括家族大事年表、支系图表、文献书目、参考文献书目等。

其四，撰写要求。主要强调四点：一是突出学术性。强调研究深度，注重观点创新，严守学术规范，力求成为该课题学术领域的最新代表性成果。二是强调资料性。做到全面搜集，系统梳理，征引翔实，论必有据。强调注重旧家谱、旧方志、考古新发现及他人著述中新材料的发现、辨析和运用。三是显示乡土性。强调写出地方特色、家族个性、乡邦气象、社会风情。要求从齐鲁文化发展史的角度来考察探讨文化世家，从文化世家角度来透析齐鲁文化。四是关注可读性。强调用平实的学术语言写作，史论结合，文笔流畅,避免文白夹杂,资料堆砌。

(二) 抓好编纂过程

《书系》完成大致经历了三个阶段。

其一,策划启动。早在 2005 年,我在主持完成《齐鲁历史文化丛书》(100 种)之后,旋即着手策划编纂《山东文化世家研究书系》30 种。2006 年秋天,起草了规划方案。后专门多次召开专家论证会广泛征求意见,2007 年春天,规划方案在蒙山召开的齐鲁文化研究基地第六届学术委员会会议上通过,并被列入齐鲁文化研究基地"十一五"规划标志性成果项目,但由于所需资金数额巨大,暂时搁置。2009 年春天,山东省华夏文化促进会恢复成立。在会长、省委原副书记王修智的支持下,该项目作为促进会与齐鲁文化研究基地合作的首项学术工程正式启动,并在当年 12 月底前完成了所有前期准备和选聘作者的工作。2010 年 2 月 1 日,召开了第一次作者签约暨《书系》编纂研讨会议,对整个编纂工作进行了部署,为圆满完成编纂任务打下了良好基础。

其二,提纲研讨。我们将各卷纲目的设计、研讨、确立作为落实编纂主旨的关键环节抓紧抓好,将启动后的六个月作为搜寻基本资料、掌握研究动态、确定编纂提纲的阶段。重点采取了以下措施:一是实行主编、副主编分工与作者联络、研讨、沟通制度。二是多次召开主编、副主编会议,就每位作者提交的编纂提纲(章、节、目)进行预审,逐一充分研讨、审查,提出修改意见。共性问题,则提出统一修改原则,指导修改。三是根据提纲编纂情况,于 2010 年 5 月 21 日至 23 日召开了全体作者编纂提纲研讨会。采取逐个汇报、深入交流、相互审议、共同研讨方式,就提纲拟定中把握特点、突出重点、强调创新、提炼观点等问题达成共识,并在会后作者充分修改的基础上,又先后两次召开纲目审定会议,与作者反复沟通,最后逐一确立。

其三,撰稿统稿。从 2010 年 6 月至 2012 年 8 月为主要撰稿和统稿时间。在此期间,我们定期召开主编会议,及时交流情况,解决有关问题。在保持与作者密切联系的情况下,采取了以下具体措施:一是召开样稿研审会议。就每卷提交的一章样稿中发现的布局谋篇、行文表述、资料引用、政治把握等方面存在的 18 条共性问题和各卷个别问题进行了汇总研究,提出了修改意见。选取优秀样稿,印发每位作者参考,取得了很好的效果。二是适时召开作者会议,总结交流撰稿情况。2011 年 4 月 28 日至 30 日,在济南珍珠泉宾馆召开了全体作者参加的编纂中期研讨分析会。就写作进度不平衡、资料搜集单薄、如何辩证看待历史人物以及严守学术规范等问题,充分研讨,达成共识。提出各卷总体质量把握要求:资料要丰,论述要精,线索要清,行文要通。三是在大多数作者完成后,主编、副主编分工审稿与集中通审相结合。先由分管副主编审查提出意见,经作者修改后,由编委会集中统审稿件。其间先后五次召开主编会议,及时沟通解决书稿中存在的问题。2012 年 8 月上旬,在东营市召开统审书稿会议,邀请中华书局冯宝志副总编参会指导,并共同研究,就 22 部已交书稿中存在的体例、规模、图片、内容、附录、引文、宗教、学术争议等问题提出 8 条修改意见。

在 2012 年 9 月至 2013 年 6 月分批送中华书局审稿期间,我们协同中华书局采取了具体编纂规范问题由书局编辑与作者直接联系修改,学术问题和其他重要问题须经由主编会议研究审定修改的原则。其间,先后三次会同中华书局共同研究书稿修改和出版问题,三次召集部分作者研究书稿修改,千方百计保证书稿质量和编纂出版任务的顺利完成。

数易寒暑,在各位作者的辛勤付出和同仁、编辑的共同努力下,《书系》得以顺利出版。此时此刻,作为主持这项编纂工程的主编,我虽有如释重负之感,但仍有一种绵长的遗憾留在心底:由于我个人学术水平和学术领导能力的限制,该《书系》还存在诸多不足,原来制定的学术目标并没有完全实现;由于个别作者原因,清河崔氏、日照丁氏两个家族的研究没有如期完成,致使出版拖期,原设计 30 种而只出版了 28 种;由于作者学养、功力的参差不齐,审稿、统稿时间的仓促,有些稿件存在这样那样的问题,为此,还请学界同仁和广大读者批评指正。

当该《书系》即将出版面世之际,我回顾曲折的编纂过程,内心充满了感激、感动之情:

如果没有省委原副书记、山东省华夏文化促进会原会长王修智同志的鼓励支持,联手启动该《书系》工程很可能被推迟实施或者只是一种让人遗憾的愿景。然而,很痛惜,在《书系》启动不久,王修智同志因病去世,《书系》的编纂因此经历了诸多波折。

如果没有原省长姜大明同志和省委常委、宣传部长孙守刚同志的亲自关心支持,该《书系》就不可能现在顺利出版。

如果没有各位作者四年来的刻苦努力和精诚合作,该《书系》的编纂出版还会遇到更多困难!

我们应该向上述领导和同志们表示诚挚感谢!

衷心感谢中国孔子基金会及其理事长王大千先生的鼎力支持!感谢山东省华夏文化促进会的关注和支持!

当然,我们还应该衷心感谢我的同仁——各位副主编:山东师范大学齐鲁文化研究中心的丁鼎教授、王钧林教授、石玲教授、刘爱敏副教授和山东大学的王洲明教授。四年多来,他们与我夙兴夜寐,竭诚合作,共同努力,才保证了《书系》编纂工作的顺利进行。感谢中华书局副总编冯宝志先生和余佐赞等编辑以及齐鲁文化研究中心同仁们的支持与辛勤努力!感谢山东大学我的老师袁世硕先生、董治安先生和山东师范大学安作璋先生在酝酿策划之初对我的具体指导!感谢我的博士生刘宝春做了大量资料搜集工作!在这里我还要特别感谢省外学者田汉云教授、张其凤教授、谭洁教授、何成博士,他们积极热情地承担相应课题,并以严谨的治学态度,拿出了高质量的成果!感谢孔子研究院原副院长孔祥林研究员,在原作者承担撰稿任务两年后却突然告知无力承担的情况下,毅然接受重担,并以严谨、扎实的治学态度顺利完成了《孔府文化研究》这一最重要的书稿。感谢在该《书系》编纂、出版过程中作出贡献的所有人,例如,各文化世家的故乡及后裔们的大力支持和热情帮助。任何一项学术工程的完成都是众多相识不相识的人从多个方面支持的结果,在完成本《书系》的编纂、出版过程中,我们比任何时候都更深地体会到了这一点!

2012 年 12 月初稿

2013 年 10 月定稿

目录

导　　言

　　丹朱之子房陵"四十八代孙雅,王莽末为清河太守,始居清河"①。自房雅定居清河郡东武城(今山东武城县),这一脉房氏中人在东武城文、武兼修,人才辈出,由此形成房姓人至今仍引以为傲的清河郡望,谓为"天下房氏,望出清河"。在西晋之后的动荡时局中,清河房氏的房谌于隆安四年(400)追随南燕慕容德来到齐州济南历城定居,于是有了清河郡望的齐州房氏支系。齐州房氏,即是本书要研究的对象。

一

　　房氏的兴起与衰落,与中央官府选官的制度变化密切相关。在汉代的"乡举里选"与"通经致仕"两种选官制度下,时人为了仕途的顺利,既注重乡里声誉积累方面的"行修",以获得"乡举里选"的资格;同时又注重经学研究方面的"经明",以便于"通经致仕"。经过两汉时期长时间的制度性运转,掌控了"乡举里选"话语权、世代研习经学的地方豪族在东汉时期普遍形成了,陈寅恪教授指出:"服膺儒教的豪族的出现,在东汉时代,是一个较为普遍的现象。"②

　　清河房氏家族就是在上述制度背景下,循着"经明行修"的仕进途径,致力于家族文化的发展。房氏家族一方面世代研习经学,服膺儒教,他们

---

① (唐)林宝撰,岑仲勉校记:《元和姓纂》,中华书局,1994年,第591页。
② 万绳楠整理:《陈寅恪魏晋南北朝史讲演录》,黄山书社,1987年,第3页。

是服膺儒教的豪族中的重要一分子,因此他们又成为中古政治社会中最重要的六十家士族中的一家。① 另一方面他们又注重乡里形象,乐善好施,讲究礼法仁义,在地方上以德服人。仁义广施的结果,使房氏家族在地域上具有强大的号召力,房氏家族中的杰出者也因此成为当时地方长官争相辟署的对象。

"乡举里选"征辟入仕的制度设计,促使时人高度重视在乡里的发展、注重在乡里的声誉,乡里——成为当时人谋求仕途发展的重要舞台。由于征辟制度将人的活动重心引导向乡里地方,在外为官者不得不在居官之地和原籍乡里各维持着一个家庭形态,是谓"双家制形态"。为了子孙的仕途计,乡里的家成为生活的重心,于是为官者的俸禄大部分都流回了他们的家乡。汉代实行厚禄制度,使官员们能既"贵"且"富",官员们数十倍于富裕农民家庭的俸禄收入②,使得他们的家人可以很容易地在原籍乡里置办起田产,从而发展出如石崇那样"百道营生"的庄园经济系统。而从家乡庄园生产中所获得的经济效益又有效地支持了在外做官的官员能够清廉为官,官员以此获得并维持着良好的官声而有利于升迁,从而更加有利于其家族在地方上的发展。对于这一发展途径,太史公曾总结性地说:"是以廉吏久,久更富,廉贾归富。"③房氏家族的发展也遵循着这一规律,其家族子弟居官皆以"清白"、"清严"著称,而同时他们在家乡也以"家富于财"著称。

服膺儒教的豪族在地方上大多以"德"服人,而不是以"势"压人,他们在乡村的家中注重学术积淀、经营庄园的结果,对地域经济、文化的发展无疑具有相当积极的影响,清河房氏在地方上的影响正是此种积极性的影响。

居于黄河以北的清河房氏在西晋永嘉之乱中没有选择迁居江左以避乱,而是就地自保。在之后十六国时期的动荡时局中,具有急于事功特点的清河郡诸家士族都选择了与南进中原的胡人政权合作,清河房氏也不例

① 毛汉光:《中国中古社会史论》,上海书店出版社,2002 年,第 60 页。
② 参见张兆凯:《两汉俸禄制度研究》,《中国社会经济史》1996 年第 1 期。
③ 《史记》卷一百二十九,中华书局,1963 年,第 3271 页。

外。现所知的房氏中人曾先后仕于前秦、后燕等政权,其中清河房氏的房谌支系就仕于后燕。在北魏的攻击下,后燕主慕容宝于隆安元年(397)败逃龙城(今辽宁朝阳),后燕残余势力汇聚于宗室元老慕容德旗下而形成一股新的政治力量,慕容德凭借这股政治力量于滑台(今河南滑县东旧滑县城)建立了南燕政权。在滑台丢失后,南燕君臣选择了当时处于各方权力控制真空的青齐兖徐地区作为立足之地,于是一大批与南燕合作的河北豪族随同慕容德一道迁到了青齐地区,清河房氏的房谌就是这批南渡河北豪族中的一员。这批南迁的河北豪族扎根于青齐地区,维持着原先的乡里情谊,之后发展成为著名的青齐土民集团。当然,青齐土民集团只是在西晋以后纷乱时局中所形成的地域性豪族集团中的一小股,其他更有影响的地域豪族集团尚有京口集团、关陇集团等等,这些豪族集团在介入南北政权权力纷争时的俯仰去就不同,十分深刻地影响着时局的发展,并进一步影响到豪族集团成员自身命运的兴衰。齐州房氏作为青齐土民集团中的一份子,在南燕、刘宋、北魏、北齐、北周、隋等政权分别统辖青齐地区时,其宦途先后经历了三次兴衰。

隆安四年(400)来到青齐地区后,房谌仍然维持着“双家制形态”,在其居官之地齐州济南历城和侨置家乡清河郡绎幕县赵山之阳各安顿有一个家园。与房谌一起南渡的房氏宗党族人居于赵山之阳,而房谌本人及其直系子孙一直在济南城居官发展,房玄龄就是这一支系中最为杰出的人物。尽管房氏的政治生涯动荡不定,但对房氏婚姻家庭生活的影响并不太大,毕竟房氏是自西汉时就延续下来的传统阀阅士族世家。士庶天隔,齐州房氏与士族高门互为与婚的情形一直维持到唐初期。房氏与高门士族的通婚,形成了一个较高层次的姻亲文化交流圈,有力地保障了房氏家学文化的延续,家族中人才辈出。

在南北朝的动荡生活中,除了部分房氏人物在被迫迁居“平齐郡”时一度陷入贫困外,在其他时期都以“资产素殷”著称。在“资产素殷”的前提下,房氏乐善好施,而房氏中人本身却倡导素俭生活,如房玄龄之父房彦谦“家有旧业,资产素殷,又前后居官,所得俸禄,皆以周恤亲友,家无余财,车服器用,务存素俭"①。这是服膺儒教的房氏家族本着儒家"君子富,好行其德"的准则行身处事的结果。

以"德"服人的齐州房氏在地域上具有强大的号召力,房氏第三代杰出人物房元庆被青州刺史沈文秀杀害后,其子房爱亲"率勒乡部攻文秀"②。以乡部之力可以对立地方官府,势力之雄厚,一至于斯! 具有这样雄厚地域势力的豪族非只房氏一族,而这些地方豪族凭借所控驭的力量,"若遇间隙,先为乱阶"③。这个政治问题已成为当时皇室及其政治集团的腹心之忧,为此皇权中央对豪族所掌控的地域势力必欲消解之而后快。自北齐文宣帝高洋天保七年(556)采取并省郡县、设镇迁豪等方式大规模地打击豪族地域势力开始,经由北周有意的人事限制,再遭隋朝科举取士的制度化拆解,地域势力的成长终于受到有效的制度钳制。唐朝进一步完善了科举制度,在唐朝的科举制下,应举者必须离开乡村到文化资源集中的城市尤其是到京洛地区居住,这才有利于科举考试以及以后的居官。为此,士族、豪族们从唐初就已开始了由乡村向城市迁居的活动,尤其在他们居官以后,唐朝还允许他们携带直系家属父母、妻子随官就任,这批人从此就离开了他们的乡村原籍! 齐州房氏诸宗支也在唐朝的制度运转下分别离开了齐州原籍,在齐州原籍的房氏家族不可避免地走向衰落了。以此之故,本书对齐州房氏的研究,其起始时段起自房谌迁居济南,终至唐后期房氏在齐州原籍的衰落。

上述齐州房氏的宦、婚、才、财,展示了他们在齐州丰富多彩的生活,这将是本书要研究的主要内容。

二

学界关于齐州房氏的研究,目前主要集中于两个方面:一是对房氏家族历史文献资料的搜集整理;二是对齐州房氏杰出人物房玄龄的研究。

对于房氏家族历史文献资料的搜集整理,以房氏后人房恒贵先生最为

---

① 《隋书》卷六十六,中华书局,1973 年,第 1566 页。
② 《魏书》卷四十三,中华书局,1974 年,第 976 页。
③ 杜佑撰,王文锦等点校:《通典》卷三,中华书局,1988 年,第 62 页。

勤奋。他以所搜集的房姓族人资料为基础，勾勒出清河房氏诸宗支大致的传承谱系，撰写了《"揖让乾坤"房姓始——4300年传承的清河房氏》等网络论文，并创办了中华房氏网(http://fang.org.cn/)。从中华房氏网中，我们可以大致了解到房姓人自古至今传承不绝的基本线索。房氏网的贡献在于对历代房姓名人基本事迹的整理，并不仅限于齐州房氏。学术界对齐州房氏历史文献资料的整理工作，目前主要是对考古所发现的几方房氏碑铭进行录文、考释，如赖非《房氏墓地及墓志考释》[①]、张幼辉、孟梅《房彦诩墓志考》[②]，苏玉琼《房氏墓志考略》[③]等等，这些考释工作主要以墓志所记载的人、事为线索，结合传世文献的记载，确定墓主的身份及廓清其家族的基本史事，更深入的研究尚没有展开。

目前学界对于房玄龄的研究，应该说是因为他作为唐代名相而吸引了众多研究者的目光，并不是他作为齐州房氏的杰出人物而引起了学人的关注。目前对他的研究主要集中在三个层面：一是撰写对房玄龄事迹进行介绍的传记性作品，如胡戟《贤相诀别明君——房玄龄与唐太宗》[④]、李永祥《大唐名相房玄龄》[⑤]、荒原《唐初开国宰相房玄龄》[⑥]；申建国等《风范良相房玄龄传》[⑦]等等；二是探讨房玄龄何以举世称为贤相，如王炎平《论房玄龄》[⑧]、王立霞《也论唐代名相房玄龄的"贤良无迹"》[⑨]、章允文《"孜孜奉国，知无不为"——略论房玄龄》[⑩]、王元军《评所谓"贤相"房玄龄》[⑪]等等，这些文章依据新、旧《唐书》房玄龄本传及《资治通鉴》的有关记载，从"筹谋帷幄"、"先收人物"、"审定法令"、"明达吏事"、"融洽君臣关系"等几个

① 赖非：《齐鲁碑刻墓志研究》第四章《山东望族墓地及墓志考释》，齐鲁书社，2004年，第258—267页。
② 张幼辉、孟梅：《房彦诩墓志考》，《中国历史文物》2003年3期。
③ 苏玉琼：《房氏墓志考略》，《中原文物》1995年2期。
④ 胡戟：《胡戟文存》(隋唐历史卷)，中国社会科学出版社，2000年，第231—243页。
⑤ 李永祥：《大唐名相房玄龄》，三秦出版社，2003年。
⑥ 荒原：《唐初开国宰相房玄龄》，上海大学出版社，2007年，第1页。
⑦ 申建国等：《风范良相房玄龄传》，上海远东出版社，2008年，第6页。
⑧ 王炎平：《论房玄龄》，《四川大学学报》2000年6期。
⑨ 王立霞：《也论唐代名相房玄龄的"贤良无迹"》，《江西社会科学》2011年第11期。
⑩ 章允文：《"孜孜奉国，知无不为"——略论房玄龄》，《高等函授学报》1997年第4期。
⑪ 王元军：《评所谓"贤相"房玄龄》，《争鸣》1992年第4期。

方面立论,肯定了房玄龄对唐太宗的"忠"与"贤",故被称为"良相";第三个层面是对房玄龄里籍属地在何处的考订,应该说这是一个不应当有的问题。新、旧《唐书》房玄龄本传皆称其为"齐州临淄人",只是因为齐州一度被命名为临淄郡,而唐人指称人物地望时往往州郡并举,故房玄龄被称为"齐州临淄人",意即"齐州临淄郡人"。然而临淄(今山东淄博)却又是与齐州相邻的青州管辖下的有名城市,今人不明此中就里,因此在今天房玄龄常常被人想当然地以为是临淄城人,如荒原所撰《唐初开国宰相房玄龄》即云房玄龄"齐州临淄(今山东淄博东北)人"①;申建国等人著《风范良相房玄龄传》亦以房玄龄为今淄博人,并云"临淄,是一座繁华的都城"②。缘因上述不应当有的误会,于是就有了诸多考订文章,如殷道旺、王化勇《房玄龄故里及其生平事迹考略》③,王洪军《房玄龄家族谱系里籍考》④等等。相关传世文献以及齐州房氏后人的墓志铭已经明确地说明了齐州房氏为"济南人",所以房玄龄的里籍属地在济南历城是没有什么疑问的,现有的争论也只是今淄博市人为争夺历史名人故里以拉动旅游经济而将错就错所引起。

在这里值得一提的是房氏后人房春艳撰有《中古房氏家族研究》⑤的硕士论文,这篇论文以清河郡望齐州房氏、清河郡望河南房氏为研究对象,讨论了房氏的世系、仕宦、婚姻、文化、经济等问题。因为齐州房氏是本书与房春艳氏作品共同的研究对象,须特加一些说明,以明了各自研究主旨的差异。

房春艳认同姚薇元教授的结论,认为不存在清河郡望的河南房氏,河南房氏系由虏姓屋引氏改姓而来。⑥"河南房氏,晋初有房乾,本出清河,使北虏,留而不遣,虏俗谓'房'为'屋引',因改为屋引氏。乾子孙随魏南迁,复为房氏,而河南犹有屋引氏,唐云麾将军、弘江府统军、渭源县公丰生,即

① 荒原:《唐初开国宰相房玄龄》,第 1 页。
② 申建国等:《风范良相房玄龄传》,上海远东出版社,2008 年,第 6 页。
③ 殷道旺、王化勇:《房玄龄故里及生平事迹考略》,《济南教育学院学报》2003 年第 6 期。
④ 王洪军:《房玄龄家族谱系里籍考》,《齐鲁文化研究》2003 年。
⑤ 陕西师范大学硕士论文 2007 年,中国知网(www.cnki.net)网络公开发表。
⑥ 房春艳:《中古房氏家族研究》,第 4 页。

其后也。"①在这里欧阳修明确指出河南房氏源自清河房氏的房乾,同时也指出在唐代的确另有虏姓屋引氏改姓而来的河南房氏,"唐云麾将军、弘江府统军、渭源县公丰生,即其后也。"欧阳修撰《新唐书》时,多家《晋书》及有关碑铭、谱牒尚多有存世,非只房玄龄所修《晋书》一种,故欧阳修所言必另有所本,不能仅据房玄龄本《晋书》没有记录房乾北使一事就轻易否定了欧阳修的论断。郡望涉及到房氏家学文化的源流问题,由于河南房氏并不是本书要研究的对象,故对河南房氏的郡望归属,本书姑置不论。

由于有关的碑铭、文献记录没有阅读,房春艳关于齐州房氏世系的考索难免有些疏漏。如齐州房氏的第三代人物房裕之子、房法寿之父——房经,不应当有空缺,可依据崔猷墓志铭的记载补齐。房颖叔"自高祖景伯至颖叔,四代咸居选部,时论荣之"②,房春艳没有细加考订,径云"关于景伯的名字仅见于清河房,但清河房景伯卒于孝昌三年(527),而房颖叔卒于大足元年(701),这中间相隔时间太长,根本不可能是四代,这里景伯应该是另有其人"③。然据《魏书》、《北史》、《隋书》等史籍的相关记载,房景伯之子房文烈、房文烈之子房山基、房山基之子房正则、房正则之子房颖叔、房颖叔之子房光庭皆曾在吏部担任与考功相关的职务,的确是五代人咸在选部,而且还是齐州房氏嫡传支系,并非另有其人。房景伯的幼弟房景远,其子房敬道,房敬道之子房子旷,房子旷之子房仁裕,其世系明白无误,房春艳却误将房景远这一支系作为断支处理,而房景远这一支系的发展直到唐玄宗天宝年间仍有历史记录。由于对世系考订不明,对齐州房氏家族发展的事实就无法仔细追踪,遂影响到房春艳对齐州房氏家族相关论断的准确性。

房春艳对房氏家族婚姻的研究,局限于对包括河南房氏在内的 37 例房氏婚姻进行数据统计,在她所统计的 37 例婚姻中,与七姓高门的通婚有 13 例,据此可以确认房氏在当时的士族地位、社会地位以及所持的"门第"婚姻观。由于房春艳对于目前资料所显示出来的房氏婚姻样本搜集并不

---

① 《新唐书》卷七十一,中华书局,1975 年,第 2399 页。
② 《册府元龟》卷七百七十一,中华书局,1960 年,第 9166 页。
③ 房春艳:《中古房氏家族研究》,第 16 页。

齐全,势必影响到考察视野。对于齐州房氏因为与士族之家的通婚而形成的文化交流圈层,房春艳氏并未着眼、讨论;房春艳对房氏经济形态的研究,局限于对房氏经济来源如俸禄、赏赐、家产遗传等作介绍性的说明,没有深挖齐州房氏房家园以石崇"百道营生"为榜样的庄园经济生产形态;房春艳对房氏仕宦情况的研究,亦限于对清河房氏42例为官者的官品进行品等统计,以此说明房氏在不同历史时期的政治地位高低,至于在何种情形下导致了房氏的宦海沉浮,房春艳并未进行讨论:而这些都是本书要重点研究的内容之一。房氏家族的文化是房春艳研究重点着墨的部分,分孝悌思想、仁爱之风、礼让之行、清廉之风、忠君意识、惠政为民六个方面对房氏家风进行了归类总结,分文学、史学、佛学、书法、经学、建筑六方面对房氏家学进行了介绍,这对推进本书的研究工作有相当的助益。只是房春艳所论说的大部分内容包含有河南房氏在内,于本书的研究对象齐州房氏的着墨并不多,尤其对齐州房氏家传文化的文化精神了无措意,而其文化精神正是铭刻于齐州房氏中人内心的精魂,正是它指引着房玄龄以种种方式帮助唐太宗成就了贞观伟业,这是本书将要措意的方向。总而言之,本书虽然与房春艳作品的研究对象有部分相同,但研究主旨却大不相同。

总结而言,目前学界对齐州房氏的研究仅局限于资料整理及房氏名人关注层面上,对其家族的系统性研究还处于起步阶段,有必要进行深入的研究,这正是本书试图进行的工作。

三

本书研究所用的原始史料,主要来自于传世文献与出土碑铭。

《魏书》、《北史》、《隋书》、《旧唐书》、《新唐书》等五部传世史籍中的齐州房氏人物传记,揭示了齐州房氏自房谌以来、到房玄龄子孙为止的基本生活历程,为本书研究提供了较完整的齐州房氏发展线索。

济南、洛阳等地先后发现了十几方齐州房氏人物的碑铭、刻铭,这些碑铭文字经过整理录文,现收录于《全唐文》、《全唐文补编》、《全唐文补遗》、《唐代墓志汇编》等书籍中,本书研究所使用的碑铭文字大都来自于上列书籍。唯有房愿的墓志铭,为私家藏品,未公开刊行于书籍中。现所用《唐故吏部常选房愿墓志铭并序》的文字,系房氏后人房恒贵先生据碑铭拓片整理录文,仅发布于中华房氏网上。非常感谢房恒贵先生提供如此珍贵的史料。

四

在追溯清河房氏家族崛起的过程中,可以发现在汉代"以经治国"的方针和"通经致仕"的制度背景下,清河郡东武城的地域文化积淀成为房雅最终徙居清河郡东武城的决定性因素之一。房氏的清河郡望,即地域要素——于此成为本书研究过程中必须注重的考察视点。当地域要素成为考察视点时,从地域层面着手关注家族群体的成长与衰落,从家族群体的兴衰考究地域上家族整体的荣辱,从地域家族整体的荣辱映射国家制度的变迁——就成为了本书理所当然的研究视野。齐州房氏,就是这个视野的中心。

在上述的考察视野下,"地丑德齐"这个成语就不由自主地涌入脑海。在国家制度层面上,"自隋、唐而上,官有簿状,家有谱系。官之选举,必由于簿状;家之婚姻,必由于谱系。"①官之选举必由于簿状,这一制度运转的刚性与惯性,引导着时人将活动的重心放置于郡县乡村,各地郡姓士族兴起,各郡姓所在地域乡村的发展以此获得了持续而长久的智力与财力支持,进而形成了各个地域彼此间经济发展程度相当、德教水准齐等的局面,正恰如孟子所云"今天下地丑德齐,莫能相尚"②。

贞观六年(632),唐太宗下诏令高士廉等人"刊正姓氏",撰写《氏族志》。高士廉等人"于是普责天下谱谍,仍凭据史传考其真伪,忠贤者褒进,悖逆者贬黜"③,经过近两年的"考其真伪"之后,高士廉等人于贞观八年(634)五月向唐太宗上奏《条举氏族事件》,其文末按语云:"以前太史,因尧置九州,今为八十五郡,合三百九十八姓。今贞观八年五月十日壬辰,自今已后,明加禁约,前件郡姓出处,许其通婚媾。结婚之始,非旧委悉,必须

---

① 郑樵撰,王树民点校:《通志二十略》,中华书局,1995 年,第 1 页。
② 朱熹撰:《四书章句集注》,中华书局,1983 年,第 243 页。
③ 《旧唐书》卷六十六,中华书局,1975 年,第 2443 页。

精加研究,知其曩谱相承不虚,然可为匹。其三百九十八姓以外,又二千一百杂姓,非史籍所载,虽预三百九十八姓之限,而或媵官混杂,或从贱入良、营门杂户、幕客商贾之类,虽有谱亦不通,如有犯者,剔除籍。光禄大夫兼吏部尚书许国公士廉等奉敕,令臣等定天下氏族,若不别条举,恐无所凭准。令详事讫,件录如前。"①准此可知,分布于八十五郡之地的三百九十八家郡姓,经过高士廉等人的"精加研究","知其曩谱相承不虚",确实为史籍有征的在籍郡姓士族,陈寅恪先生指出:"所谓士族者,其初并不专用其先代之高官厚禄为其唯一表征,而实以家学及礼法等标异于其他诸姓。"②高士廉等人所考订的另外二千一百家"非史籍所载"的杂姓,固然不能与三百九十八家郡姓互通婚媾,但他们是各自地域上有官府背景的豪族、乡里著姓应是没有疑问的。这些乡里著姓的生活,一如汉代樊宏那样"营理产业,物无所弃,课役僮隶,各得其宜,故能上下戮力,财利岁倍……而赈赡宗族,恩加乡闾"③、唐代李勣那样"家多僮仆,积粟数千钟,与其父盖皆好惠施,拯济贫乏,不问亲疏"④。乡里著姓尤其是以"家学及礼法标异于其他诸姓"的士族们在家乡"恩加乡闾"、"营理产业"的情形,使他们成为地域经济、文化建设的重要力量,"地丑德齐"的局面于是乎形成,这是自西汉以来以"仁孝礼让"为选举标准进行制度牵引的必然结果。《贞观八年条举氏族事件》所考察的如此众多的郡姓与杂姓,他们家族的发展由来已久,他们活跃于乡村的结果,有力地支撑了"地丑德齐"局面的存续。

科举考试在唐代日渐成为入仕主要途径之后,受这一新入仕制度的牵引,"士族大量迁入城市过程,贯穿于整个唐代。其间曾因为'安史之乱'而一度扭曲方向,旋又回归大势,城市犹如巨大的吸盘,把乡村社会的文化、政治精英源源不断地吸引而去,彻底改变魏晋南北朝时代学术保存于民间的局面,确立城市对乡村的文化优势,'学而优则仕'同时也成为'学而优则

---

① 北京图书馆藏位字第七九号敦煌文书,原件有三处文字错讹,此处所引据王仲荦、岑仲勉二位先生的考订成果径行录正。详见王仲荦:《蜡华山馆丛稿》,中华书局,1987年,第348—349页;岑仲勉:《岑仲勉史学论文集》,中华书局,1990年,第645—651页。
② 陈寅恪:《唐代政治史述论稿》,生活·读书·新知三联书店,2001年,第259页。
③ 《后汉书》卷三十二,中华书局,1965年,第1119页。
④ 《旧唐书》卷六十七,第2483页。

入居城市',留在乡村者越来越受轻视。"①从此"地丑德齐"的局面不再,在精英知识分子大批迁向城市后,地域文化尤其乡村文化建设逐渐走向空心化!

　　乡村文化建设的复苏,必须重新建构国家制度层面上的牵引力,进行顶层制度设计,引导精英久居于乡村从事文化、经济建设,庶几使乡村文化建设不再空心化。这是我们在国家制度—地域—家族—个人的考察视野下从齐州房氏的兴衰嬗变考察中所体悟到的一点结论,我们希冀着昔日"地丑德齐"的局面再现。

　　房氏,有由清河房氏到齐州房氏的嬗变,让我们的研究从这里开始!

---

① 韩昇:《南北朝隋唐士族向城市的迁徙与社会变迁》,《历史研究》2003 年 4 期。

第一章

齐州房氏的清河郡望与济南籍贯

清河郡武城,一个有着深刻历史记忆并值得今天重新诠释的地区,中古时期著名的士族之家清河崔氏、清河房氏、清河张氏都曾在此聚族而居数百年。[1] 据毛汉光教授的统计研究:中古政治社会中最重要的士族之家共有六十家,其中清河崔氏、清河房氏、清河张氏荣膺在列,包括清河崔氏在内的二十家士族"衣冠人物,相继不绝,凡七百年之久",包括清河房氏、张氏在内的三十家士族"皆有三百年以上之人物"[2]。清河崔氏"世代研讨儒经,遵循礼法,以儒家思想作为安身立命的家学,并且在北朝人才辈出,绵延不断,成为政治、文化教育等各个领域的领袖人物,主导着北朝文化发展的趋势和走向"[3]。而清河房氏家学文化所孕育出来的彪炳史册的杰出人物——房玄龄,更是以其政治智慧与唐太宗一起奠立了大唐的制度体系及初唐盛世文化气象,良好的制度产生良好的运转效益,遂有今人引以为傲的泱泱大唐。武城,的确是一个值得今天重新诠释其历史的地方,民国修志者因此感叹说:"夫武城之所以重于天下与天下之所以重于武城者,以武城重欤?以宰武城者重欤?"[4]武城,因其曾经的人才辈出而为天下所重。

　　武城属清河郡,故崔氏、房氏等皆以郡望而称清河崔氏、清河房氏。清河郡,"汉高帝三年(前204),韩信出井陉,定赵地,因分钜鹿郡地置清河

---

① 中古时期,是指东汉献帝建安至唐昭宗天祐年间(197—906),参见毛汉光:《中国中古社会史论·序》,第5页。
② 毛汉光:《中国中古社会史论》,第60页。
③ 王华山:《清河崔氏与北朝儒学》,山东文艺出版社,2004年,第1页。
④ 王延纶:《民国武城县志》,成文出版有限公司,1976年,第16页。

郡,以郡临清水,故号清河"①。清水源出河内修武县之北黑山,"又东北过馆陶县北,又东北过清渊县西,又东北过广宗县,为清河。又东北过东武城县西"②。东武城,即武城,西晋太康四年(283)去东字而称武城至今。明嘉靖《武城县志·疆域志》云:"武城为东郡要区,实古赵地,平广旷阔,四无山阜,东毗强齐,岁饬武备,邑之得名。"地处齐、赵之间,临清河而平旷,这样的地理条件,决定了在古代农业经济时代武城区域经济的必然繁荣,也决定了武城的地域文化必然受到齐、鲁儒素与晋、赵侠风的熏染,这就决定了武城士族家传文化中文武兼修的文化基因。

第一节　房氏的清河郡望

"房氏出自祁姓,舜封尧子丹朱于房,朱生陵,以国为氏。陵三十五世孙钟,周昭王时食采灵寿。生沈,沈十二世孙汉常山太守雅,徙清河绎幕。"③

有学者考证:丹朱最早立国于今河南省境内的丹江流域,其后裔徙国于汝水之滨(今河南遂平),史称"房国",房人因掌握了八卦占卜文化而为商王所重,与商王室的关系十分密切,甲骨文中记载的房国贞人辈出。④ 在商亡之后,房君曾与周王室世代联姻,春秋时期为楚所灭,亡国后一部分房人迁入房陵(今湖北省房县)。⑤ 亦有学者据《竹书纪年》"帝使后稷放帝朱于丹水"、"帝陟于陶,帝子丹朱避于房陵。舜让弗克,朱遂封于房,为虞宾"的记载及其他相关史料考证为:丹朱先被贬放于丹水之浦(今河南淅川之地),然后在尧死后再被贬谪于当时自然条件更加恶劣、更加偏僻的房陵之地以避舜,其后裔于商、周动荡之际由房陵再迁于汝水之滨(今河南遂平),

① 乐史撰,施和金点校:《太平寰宇记》卷五十八,中华书局,2008 年,第 1197 页。
② 郦道元撰,陈桥驿点校:《水经注》卷九,浙江古籍出版社,2001 年,第 154—155 页。
③《新唐书》卷七十一,第 2397 页。
④ 参见张耀征:《女娲氏的封邑"房国"史考》,《天中学刊》2006 年第 1 期。
⑤ 参见汪利锋:《房国史考》,《天中学刊》2000 年第 3 期。

后为楚国所灭。[①] 各自的考证虽有差异,但丹朱后裔房氏族人曾经先后活动于丹水之浦、房陵、遂平之地应该是没有疑问的。这也是目前所知房氏族裔最早的文化源头。

房国灭国之后,房氏子孙星散,其族裔活动史籍阙如,只有个别房氏人物偶见于史载,如劝止韩王参与魏王九里之盟的房喜。[②] 直到王莽时房雅任清河太守,之后定居于东武城,开始了房氏在清河郡近四百年的文化积淀过程。

一、清河郡士族发家的自然基础

清河郡东武城在中古时期能涌现出众多影响历史发展方向的士族之家,关键的一个要素是当时该地区能为众多家族的持续发展提供良好的自然条件:王景治河以后长期安澜的黄河及长流的清水是清河郡士族在这里持续发展的先决自然条件。

公元前4世纪战国中叶,由齐、赵、魏三国合力完成的黄河下游大堤,河道宽二十五公里。此前在黄淮海平原上任意摆动泛滥的黄河,就此被约束在宽阔的下游河道内流淌,少了河患的下游地区因此步入了迅速发展时期。然而好景不长,随着黄河上中游尤其是中游山陕黄土高原地区的农业开发,黄河所携带的泥沙开始在下游河道内产生堆积。到西汉时,"据公元前1世纪的记载,今浚县境内的一段黄河,河堤高出地面一至五丈(汉时一尺等于今23.1厘米),'河水高于平地',形成了黄河最早的悬河段。河道经过滑、浚窄段,进入河北平原中部的宽河段,流速减弱,泥沙大量落淤,在河堤内淤出大片肥沃的滩地。平时水不没滩,吸引了许多农民来滩地垦种,日久形成聚落"[③]。这些在黄河下游河道内新开垦出来的农田与聚落,以及这些聚落为了防洪而在黄河河道大堤内所兴修的小圩堤,显然有碍于黄河主道的行洪,进而威胁到整个黄河大堤的安全而形成水灾。位于滑、浚窄段下游的清河郡便因这种情形时常受到洪灾的威胁,"当时清河郡与

---

① 参见匡裕从主编:《十堰通史》,中国文史出版社,2003年,第113—125页。
② 刘向辑录:《战国策》,上海古籍出版社,1985年,第1033页。
③ 邹逸麟主编:《黄淮海平原历史地理》,安徽教育出版社,1993年,第100—101页。

东郡、平原郡接壤(今冀鲁交界地段)的河段,地势较低,'城郭所居尤卑下,土壤轻脆易伤'"①,因此从西汉至王莽执政末年,清河郡屡受洪灾,十分不利于清河郡的持续发展。尤其汉武帝元封二年(前109),黄河在馆陶境内决口,冲出一条与原黄河主道深、宽相当的"屯氏河",流经魏郡、清河、信都至渤海郡入海。屯氏河因有行洪之利,因此官府有意不加堵塞,与原黄河主水道一起分河水为两股入海,水流畅通,水灾大为减少。然而汉元帝永光五年(前39)黄河在清河郡灵县(今山东省高唐县南)境内再次决口,屯氏河因此淤塞而断流,导致此后河水出口不畅,在随后的三四十年间,黄河不断在魏郡、东郡、平原、清河、信都、渤海等沿河诸郡决口,终于在王莽始建国三年(11)形成一次特大洪灾。这次黄河特大洪灾在魏郡元城(今河北大名东)决口,向清河以东数郡泛滥而去。此次决口因使王莽早已担忧的元城祖坟免于被淹没,因此不主张堵塞决口而听凭洪水肆虐,致使灾难延续达六十年之久,直到东汉明帝永平十三年(70)王景治河完工后才告结束。

王景治河,根据水势和地势高低,勘测了一条从河南荥阳至山东千乘入海口的新河道,然后通过疏浚壅塞、开凿高阜、截弯取直、修筑堤防和水门等措施,对下游河道进行了全面的整治。经过此次疏浚整治,再加上东汉后期黄河中游地区游牧民族的迁入,中游地区的生产方式发生了较大变迁,生态植被逐渐恢复,黄河下游河患因此大为减少,直到唐朝晚期,黄河出现了大约八百年相对稳定的安流时期。② 在安流期间,从王景治河到东汉灭亡共150年,下游只发生了四次河溢,平均每37.5年一次。而在随后的魏晋南北朝368年中共发生过六次河溢,平均每61年一次。③

此前清河郡河灾频仍时,人口较少,地域经济发展乏力。即使在王景治河之后,河患减少,清河郡尽管经过十多年的恢复,地多人少的情况还是没有多少改变。元和三年(86)二月,汉章帝颁发告常山、魏郡、清河、钜鹿、平原、东平等郡、相诏书,其中谈到了他亲历这些地区时,发现这些地区仍

---

① 邹逸麟主编:《黄淮海平原历史地理》,第101页。
② 谭其骧:《长水粹编》,河北教育出版社,2000年,第418—517页。
③ 参见邹逸麟主编:《黄淮海平原历史地理》,第102页。

然是"肥田尚多,未有垦辟",因此要"悉以赋贫民,给予粮种,务尽地力"①。随着东汉以来黄河的安澜,清河郡迎来了它的持续发展时期,在经过近百年的发展之后,到东汉桓帝(147—167)时,已是"今青、徐、兖、冀,人稠地狭,不足相供"②。

　　黄河安澜之前的数十年河水的泛滥、摆动,使得泥土层在清河与黄河之间的区域形成堆积,清河郡等数郡都留下了肥厚的泥土堆积层,几乎淤平了所有的洼地,所以在《水经注》中记载清河与黄河之间的湖沼只有落里坑、堂池、白鹿渊、沙丘堰四个。即使这四个,也不能算是大湖泊,如白鹿渊仅是笃马河故道上的一小段河床,堂池也只是当时武阳东门外的一个小池塘。③

　　总之,在永平十三年王景治河安澜之后,清河郡少了黄河洪灾的频繁侵扰,土层肥沃深厚,地形平坦宽阔,清河郡的农业经济迅速发展起来,清河郡从此进入持续稳定发展的繁荣时期,为汉魏以来清河士族的发家提供了良好的自然基础。

　　"以郡临清水,故号清河",清河的存在是汉魏清河郡士族发家的第二个有利自然条件。清河不仅为当地的农业提供了优质的灌溉水源,而且是当地手工业经济发展的重要物质基础。清河,因水质清澄而名清河。贾思勰指出:"选地欲近上流。地无良薄,水清则稻美也。"④水清,不仅对种稻、对农业种植业是有利的条件,对其他手工行业的发展更是充要条件,尤其是桑麻业。沤麻,"沤欲清水,生熟合宜。浊水则麻黑,水少则麻脆"⑤。丝织业的发展则更需要有上好清水的支持,缫丝需要清水,其后的加工更需要清洁的水源。唐代以前生丝的加工方法有灰练法与水涑法。以石灰、草木灰等作为碱剂脱胶的灰练法,需要反复清、盝、挥、沃,亦谓之捣练法。而水涑法则为:"漱生衣绢法,以水浸绢令没,一日数度回转之。六七日,水微

---

① 《后汉书》卷三,第154页。
② 杜佑撰,王文锦等点校:《通典》卷一,第14页。
③ 参见邹逸麟主编:《黄淮海平原历史地理》,第187页。
④ 贾思勰著,缪启愉校释:《齐民要术校释》(第二版),中国农业出版社,1998年,第138页。
⑤ 贾思勰著,缪启愉校释:《齐民要术校释》(第二版),第118页。

臭,然后拍出,柔韧洁白,大胜有灰。"①无论采用灰练法还是水涑法,均需要有上好清水,清河郡在汉唐时期能发展起"清河绢为天下第一"②的丝织品产业,没有清水这样的自然条件的支持也是不可能的。

　　清河对清河郡士族发展所提供的支持还有航运之利。曹魏时期对清河水系的航运开发形成了魏晋北朝时期纵贯华北平原的运河航道,位于清河边的东武城因此成为运河航线上必经的城市之一,这也是东武城士族持续发展的重要前提条件。

　　曹魏时期古代中国的陆上运输工具主要是马车,采用的是胸带式系驾法。在这种系驾法下,货物拉得越多,就越勒压马的颈部和胸部,马力就越得不到发挥,单车马的载运量因此相当有限。直到唐代采用围脖加夹板的鞍套式系驾法之后,马力才得到了充分发挥,"今天仍然大量使用的颈圈挽具的式样使得唐代的两件型挽具成为不朽③","单独的一匹马用颈圈式挽具可以容易地牵引一吨半的总载重"④。由此可知,在曹魏政权时,司马迁所记述的"百里不贩粮"的陆上交通瓶颈仍然存在,单车马的最大运输能力还不能发挥。而运粮却是战争中最为关键的后勤保障,当时最有效的大运量运载方式只能是水运,曹魏政权为了解决军队的粮食运输问题,也只能是开凿运河。

　　曹操所开凿的第一条运渠是睢阳渠。建安七年(202)春,曹操为了统一北方,军队"遂至浚仪,治睢阳渠,遣使以太牢祀桥玄。进军官渡"⑤。睢阳渠沟通了从浚仪到官渡的水路,使粮运通至官渡,军粮遂无不继之忧,有力地支持了曹操与袁绍的决战。领略到水道运粮迅捷的好处,之后曹操为了攻下袁氏兄弟所占据的河北重镇邺城,也是先修运道。建安九年(204),曹军渡过黄河,"遏淇水入白沟以通粮道"⑥。白沟漕运渠道的开挖,对于曹

---

① 贾思勰著,缪启愉校释:《齐民要术校释》(第二版),第233页。
② 乐史撰,施和金点校:《太平寰宇记》卷五十八,第1199页。
③ 李约瑟:《中国科学技术史》第四卷《物理学及相关技术》第二分册《机械工程》,科学出版社、上海古籍出版社,1999年,第359页。
④ 李约瑟:《中国科学技术史》第四卷《物理学及相关技术》第二分册《机械工程》,第346页。
⑤ 《三国志》卷一,中华书局,1964年,第23页。
⑥ 《三国志》卷一,第25页。

魏政权而言,具有极其关键的战略意义,它绝不仅仅是战时的运兵、运粮通道;更为关键的是,它是和平时期的经济大动脉。白沟之所以具有如此重要意义,就在于曹魏政权以白沟为主干道与清河连接后,将其运道逐渐延伸,之后又陆续开挖了平虏渠、泉州渠和新河等渠道,沟通了南起黄河、北到海河,中间包括清水、漳水、淇水、洹水、滱水、易水、涞水、沽水、滹沱河等各水系,形成了以白沟为主干的运河漕运网。"曹操在河北平原上完成了一个庞大的水运系统工程,从豫东北的淇水由白沟顺着清河、平虏渠,跨过泒水、潞水,通过泉州渠、新河直抵濡水,纵贯了整个河北平原。如果与黄河以南鸿沟水系相联系的话,那就是说整个黄淮海平原从南端至北端都有运河可以通达,成了我国运河史上一大壮举。"①

白沟本是一条小水,不足以承载规模性航运,所以遏淇水入白沟增大水量的堰头工程设施就极为重要,《水经注》中记述了这个工程的一再修建,"汉建安九年(204),魏武王于水口下大枋木以成堰,遏淇水东入白沟以通漕运,故时人号其处为枋头。是以卢谌《征艰赋》曰:后背洪枋巨堰,深渠高堤者也。自后遂废。魏熙平(516—518)中复通之,故渠历枋城北,东出今浚,破故塌。其堰,悉铁柱木石参用,其故浚南径枋城西,又南分为二水,一水南注清水,水流上下更相通注,河清水盛,北入故渠自此始也……淇水右合宿胥故浚,浚受河于顿丘县遮害亭东、黎山西,北会淇水处立石堰,遏水令更东北注。魏武开白沟,因宿胥故浚而加其功也。"②因为白沟堰头工程的一再维持,以白沟和清河为主干的运河系统一直可以通航,成为整个魏晋北朝时期最重要的经济通道,其于当时经济发展的意义,绝不亚于今日京广铁路在中国经济发展中的重要性。

清河"又东北过东武城县西",武城便是这条重要经济动脉主干道上必经的节点之一,随着运河经济的发展及沿运河城市带的兴起,③清河地区经济相当繁荣,这为魏晋以来清河士族的发家提供了良好的经济条件。

---

① 邹逸麟主编:《黄淮海平原历史地理》,第168页。
② 郦道元撰,陈桥驿点校:《水经注》卷九,第152—153页。
③ 关于曹魏运河修建以后经济的发展与城市带的兴起,参见邹逸麟主编:《黄淮海平原历史地理》之《白沟等运河水系对城市发展的影响》,第361—363页。

二、清河郡儒素、侠风交融的文化风貌

"赵地方二千余里,带甲数十万,车千乘,骑万匹,粟支数年。西有常山,南有河漳,东有清河,北有燕国。""齐南有泰山,东有琅邪,西有清河,北有渤海,此所谓四塞之国也。"①清河,是齐、赵两国疆界铭刻在时人心中的心理界限。位于清河旁的武城所属之地,春秋时属齐国,战国时属赵国,且"赵平原君胜封东武城"②,这种地处齐、赵文化结合部的位置,先属齐地,后属赵地,注定了清河郡地域文化尤其东武城要受到齐、赵文化的互相浸染,而且在北朝邺都时期,清河等诸郡甚至还一度被作为皇畿,③可见该地域长期受到齐、赵文化的互相浸染。

受齐、赵文化长期浸染的清河郡,其地域文化具有儒素、侠风兼备的文化特征。这种文化特征自先秦时期就已形成,传承延绵达千年之久,直到唐初还是如此。唐初史学家们修《隋书》,其《地理志》在总结冀部文化南部文化圈时就明确地说明了清河郡这种儒素、侠风交融的文化特点:"信都、清河、河间、博陵、恒山、赵郡、武安、襄国,其俗颇同。人性多敦厚,务在农桑,好尚儒学,而伤于迟重。前代称冀、幽之士钝如椎,盖取此焉。俗重气侠,好结朋党,其相赴死生,亦出于仁义。故《班志》述其土风,悲歌慷慨,椎剽掘冢,亦自古之所患焉。前谚云'仕官不偶遇冀部',实弊此也。魏郡,邺都所在,浮巧成俗,雕刻之工,特云精妙,士女被服,咸以奢丽相高,其性所尚习,得京、洛之风矣。语曰:'魏郡、清河,天公无奈何!'斯皆轻狡所致。"④

上引唐人关于清河郡文化的总结中有三点值得引起注意:以农桑业为基础的儒学好尚、以仁义为风骨的慷慨任侠、以逐利为目标的奢丽相高。探其文化源头,以农桑业为基础的儒学好尚显然来自于齐鲁文化的因子;以仁义为风骨的慷慨任侠多半是赵文化的影响;而以逐利为目标的奢丽相高则是齐、赵文化共有的内核。

---

① 《史记》卷六十九,第2247、2256页。
② 乐史撰,施和金点校:《太平寰宇记》卷五十八,第1201页。
③ 《魏书》卷十二,第298页。
④ 《隋书》卷三十,第859—860页。

　　赵文化在人们心中的地域分野,班固云:"赵分晋,得赵国。北有信都、真定、常山、中山,又得涿郡之高阳、鄚、州乡;东有广平、巨鹿、清河、河间,又得渤海郡之东平舒、中邑、文安、束州,成平、章武,河以北也;南至浮水、繁阳、内黄、斥丘;西有太原、定襄、云中、五原、上党。上党,本韩之别郡也,远韩近赵,后卒降赵,皆赵分也。"①基于上述地域分野,班固在整体体认赵文化具有"慷慨悲歌"、"民俗懁急"特质的基础上,又将赵文化分为四个文化亚区:以邯郸为中心的漳卫文化亚区、以太原为中心的河东文化亚区、钟代文化亚区和雁北文化亚区。《汉书》卷二十八云:

　　　　邯郸北通燕、涿,南有郑、卫,漳、河之间一都会也。其土广俗杂,大率精急,高气势,轻为奸。

　　　　太原、上党又多晋公族子孙,以诈力相倾,矜夸功名,报仇过直,嫁取送死奢靡。汉兴,号为难治,常择严猛之将,或任杀伐为威。父兄被诛,子弟怨愤,至告讦刺史二千石,或报杀其亲属。

　　　　钟、代、石、北,迫近胡寇,民俗懻忮,好气为奸,不事农商,自全晋时,已患其剽悍,而武灵王又益厉之。故冀州之部,盗贼常为它州剧。

　　　　定襄、云中、五原,本戎狄地,颇有赵、齐、卫、楚之徙。其民鄙朴,少礼文,好射猎。雁门亦同俗,于天文别属燕。②

　　武城所在的清河郡,其地域属以邯郸为中心的漳卫文化区的边缘地带,平原君赵胜前后相赵四十八年,作为平原君封地的东武城,显然受到了赵文化中心区域的直接辐射。以赵都邯郸为中心的漳卫文化区"大率精急,高气势,轻为奸",最能体现赵文化"慷慨悲歌"、"尚义任侠"的特质。因此在邯郸文化中心区的直接辐射下,清河郡地域就具有了"俗重气侠,好结朋党,其相赴死生,亦出于仁义"的群体文化品格。东汉以后,邯郸的文化中心地位衰落,取而代其中心地位的则是邺城,"邺城平原千里,漕运四

---

① 《汉书》卷二十八,第1655页。
② 《汉书》卷二十八,第1656页。

通"①,邺城漕运必须通过前述的白沟和清河运河网连接,清河等诸郡县甚至还一度被作为皇畿,清河郡与邺城的联系就更加频繁了,因此在魏晋北朝时期燕赵文化源对清河郡的影响不仅没有减弱,而是因运河网的贯通,其辐射能力更强,一直到邺城在北周大象二年(580)被杨坚焚毁。清河郡到唐初还被认可的"慷慨悲歌"、"俗重气侠"文化品性,自然是来自于燕赵文化的持续影响。

齐、鲁文化在当时人们心中的地域分野,班固云齐地"东有甾川、东莱、琅邪、高密、胶东,南有泰山、城阳,北有千乘、清河以南,渤海之高乐、高城、重合、阳信,西有济南、平原,皆齐分也";鲁地"东至东海,南有泗水,至淮,得临淮之下相、睢陵、僮、取虑,皆鲁分也"②。

关于齐、鲁文化的共同特征,司马迁曾指出说:"天下并争于战国,儒术既绌焉,然齐鲁之间,学者独不废也。于威、宣之际,孟子、荀卿之列,咸遵夫子之业而润色之,以学显于当世。""夫齐鲁之间于文学,自古以来,其天性也。"③尊崇儒学与文学,的确是齐鲁文化的共有特征,在司马迁看来这已成为齐鲁人的天性,早已融入齐鲁人的血脉之中。经过孔子改造后的儒学,使儒者完成了由赞礼宾相到"治国平天下"之能臣的社会角色转换,齐鲁儒学由此逐渐成为统治者所倾心的社会管理学,其影响不断扩大。"齐鲁文化扩展其影响的最突出的表现,是儒学向西传播"④,位于齐鲁文化圈西部边缘的清河郡恰是齐鲁文化向西传播的直接接触地带,所以清河郡"人性多敦厚、好尚儒学"的群体文化品性显然来自于齐鲁文化的共有因子。然而前引清河郡的其他群体文化品性则更多地受到了齐文化,而非鲁文化的影响。

自西周分封以来,齐、鲁两地虽有共同的文化特质,但其差异还是极为明显的。齐、鲁文化的形成有着三个共同的来源:西周的周礼制度文明、殷商遗民习奢重商的行为风尚、东夷先民的仁勇传统。其中殷民行为风尚、

---

① 乐史撰,施和金点校:《太平寰宇记》卷五十五,第1134页。
② 《汉书》卷二十八,第1659、1662页。
③ 《史记》卷一百二十一,第3116—3117页。
④ 王子今:《秦汉区域文化研究》,四川人民出版社,1998年,第54页。

东夷仁勇传统系本地原生文化,周礼制度文明乃是伴随西周分封而强势植入齐鲁地域的文化因子。但从一开始,齐、鲁两地上层决策者对上述三个文化来源的选择就各有侧重,进而形成齐、鲁不同的文化特征。齐地在推行周礼制度文明的前提下,择优继承了土著殷民的重商风尚、东夷的仁勇传统,这个文化选择的破立过程,史称"太公至国,修政,因其俗,简其礼"①。鲁地的文化选择过程与齐地大相径庭,由于周封殷民六族于鲁,也许是殷民土著力量过于强大,鲁地决策者选择了"疆以周索"的策略,对土著文化采取了彻底的革命,史称其为"变其俗,革其礼"②。虽然有着共同的文化渊源,由于两地高层决策者文化策略的不同,自西周时起,齐、鲁两地就走向了分途发展。

关于齐、鲁文化分途发展后所形成的不同地域文化风貌,《史记·货殖列传》云:

> 故泰山之阳则鲁,其阴则齐。
>
> 齐带山海,膏壤千里,宜桑麻,人民多文采布帛鱼盐。临菑亦海岱之间一都会也。其俗宽缓阔达,而足智,好议论,地重,难动摇,怯于众斗,勇于持刺,故多劫人者,大国之风也。其中具五民。
>
> 而邹、鲁滨洙、泗,犹有周公遗风,俗好儒,备于礼,故其民龊龊。颇有桑麻之业,无林泽之饶。地小人众,俭啬,畏罪远邪。及其衰,好贾趋利,甚于周人。③

西汉以后齐、鲁之地的地域文化风貌,《汉书·地理志》云:

> 古有分土,亡分民。太公以齐地负海舄卤,少五谷而人民寡,乃劝以女工之业,通鱼盐之利,而人物辐凑。后十四世,桓公用管仲,设轻重以富国,合诸侯成伯功,身在陪臣而取三归。故其俗弥侈,织作冰纨

---

① 《史记》卷三十二,第 1480 页。
② 《史记》卷三十三,第 1524 页。
③ 《史记》卷一百二十九,第 3165—3166 页。

绮绣纯丽之物,号为冠带衣履天下。

初,太公治齐,修道术,尊贤智,赏有功,故至今其土多好经术,矜功名,舒缓阔达而足智。其失夸奢朋党,言与行缪,虚诈不情,急之则离散,缓之则放纵。

……

今去圣久远,周公遗化销微,孔氏庠序衰坏。地陋民众,颇有桑麻之业,亡林泽之饶。俗俭啬爱财,趋商贾,好訾毁,多巧伪,丧祭之礼文备实寡,然其好学犹愈于它俗。

汉兴以来,鲁东海多至卿相。①

汉魏至唐初,齐、鲁之地的地域文化风貌,《隋书·地理志》云:

吴札观乐,闻齐之歌曰:"泱泱乎大风也哉,国未可量也。"在汉之时,俗弥侈泰,织作冰纨绮绣纯丽之物,号为冠带衣履天下。始太公以尊贤尚智为教,故士庶传习其风,莫不矜于功名,依于经术,阔达多智,志度舒缓。其为失也,夸奢朋党,言与行谬。齐郡旧曰济南,其俗好教饰子女淫哇之音,能使骨腾肉飞,倾诡人目。俗云"齐倡",本出此也。祝阿县俗,宾婚大会,肴馔虽丰,至于蒸脍,尝之而已,多则谓之不敬,共相诮责,此其异也。大抵数郡风俗,与古不殊,男子多务农桑,崇尚学业,其归于俭约,则颇变旧风。②

彭城、鲁郡、琅邪、东海、下邳,得其地焉。……考其旧俗,人颇劲悍轻剽,其士子则挟任节气,好尚宾游,此盖楚之风焉。大抵徐、兖同俗,故其余诸郡,皆得齐、鲁之所尚。莫不贱商贾,务稼穑,尊儒慕学,得洙泗之俗焉。③

---

① 《汉书》卷二十八,第1660—1663页。
② 《隋书》卷三十,第862页。
③ 《隋书》卷三十一,第872—873页。

综上述各时期的记载,喜尚儒学、文学的确是齐、鲁两地之民共有的天性。而从西周到汉、唐,属于齐地特有的文化风貌,无疑当是齐民的阔达、多智,只不过在司马迁看来,齐民大多具有大智若愚的风范,藏而不露,所以他又说"其民阔达,多匿智,其天性也"①。所谓"阔达",指豁达,不拘小节,无所拘泥。所谓"匿智",指齐民敦朴谦厚君子,智慧内敛。在智慧内敛的背后,是外现的达观,是着眼于大局而不斤斤于小事,此乃泱泱君子风范。所以司马迁感叹地说:"洋洋哉,固大国之风也!"在智慧的底蕴下,齐人做事具有从容不迫、凡事自有定见的大气度,所以司马迁又感叹地说齐人"好议论,地重,难动摇"②。好议论,乃是齐人关注时事,自有主见,所以难动摇,并非是司马迁所推想的因"地重"而难动摇。虽然地重,即地域要素也是促成齐地文化发展的重要原因,但绝非根本原因。受齐文化影响的包括清河郡在内的周边数郡,也大都具有"难动摇"的群体品性,所以唐初史学家云其地其"人性多敦厚,务在农桑,好尚儒学,而伤于迟重"。所谓"迟重"者,盖言人之行为谨慎稳重、不浮躁,与司马迁言鲁人"俗好儒,备于礼,故其民龊龊"之谨小慎微大体一致。只不过清河郡等边缘郡毕竟是两个文化的边缘区,在历经数百年的嬗变之后,到唐初时,虽然仍崇尚儒学,却已缺乏齐核心文化区的那份"阔达",难免伤于"迟重"。

赵文化本以"精急"见称,而齐文化却以"舒缓"闻名,一急一缓,在齐、赵两个文化圈的边缘地带交汇融合。清河郡等地因了这种交融,其人才特点尽展两地文化所长,既具有齐地的睿智而见解不凡,又不乏赵地的果敢而当机立断,两者结合,当地人才就具有了见识深远、锐意事功、一旦决意虽九死其犹未悔的特点,故清河郡士族只要有建立事功的机会,就会积极参与,所以在十六国北朝纷乱时期几乎随处可见清河士族积极事功的身影。两种文化典型的融汇在赵地东部表现得比较突出:"赵地出身的经学之士,均居于东部与齐、鲁、中原临近的平原地区。似乎赵地西部与东部,大致可以看出以'剽悍'为主要民俗倾向和以'礼文'为主要民俗倾向的文化分野。"③

---

① 《史记》卷三十二,第1513页。
② 《史记》卷一百二十九,第3265页。
③ 王子今:《秦汉区域文化研究》,第68页。

如果说清河郡"慷慨悲歌"的因子来自燕赵文化,而"俗重气侠,好结朋党,其相赴死生,亦出于仁义"的"仁义"文化传承,应该更多地来自齐地文化的影响。东夷的仁勇传统是齐文化的有机构成。东夷人秉性温柔,崇尚仁德,所谓"夷俗仁"。正是因为东夷深厚的仁德文化渊源,经过孔子的吸收改造并与礼结合之后才产生了以"仁德"为标识的原始儒学,这就是为什么以"仁"为中心的原始儒学没有产生于宗周故地而形成于东方鲁国的真正原因。太公望吕尚本"东夷之士"①,而且在最初的文化选择时采取了"因其俗"的做法,"仁"作为东方之俗的精髓,就成为齐文化的固有成分,也成为齐文化以"仁义"为指归的价值评判标准。东夷人以渔猎为生,谋生职业的熏陶铸就了东夷人"尚武"的精神。"齐人隆技击"的尚武传统,"士民贵武勇"的民间风尚,不能说没有东夷人尚武的渊源。在"贵武勇"、"隆技击"的尚武民风下,带动了齐地兵学文化的发达,形成了齐地著名的兵家学派。然而齐地兵学在东夷"仁德"文化传统的影响下,并不主张无条件地夸耀武力,而是一切以"义"为价值判断标准,即《孙子兵法》中所谓"兵以义动"的最根本原则。大到国家存亡之道的兵学须以"义动",即便是人群之间的坊巷小事,其实也是以"义"为判断标准的。所以司马迁又说齐人"怯于众斗,勇于持刺",其所以怯,非真怯也,是要考虑是否符合"义"而不至于滥用武力。而勇于持刺者,谓齐人并不乏武力也。可以说,东夷人尚武豪爽的群体性格造就了齐文化尚勇、尚武的天性,而东夷人崇尚仁德的民风直接养就了齐文化以"仁义"断事的价值标准,由此清河郡"俗重气侠,好结朋党,其相赴死生,亦出于仁义"文化风貌中的齐文化渊源清晰可见。由于齐文化的武勇俗尚、赵文化的慷慨生死之习在清河郡的积淀,所以清河士族在其起家之始的家学中就蕴含了文武兼修的因子。魏晋南北朝时期青齐士族多有习武之辈,有学者以为是吸收了胡文化中的尚武因素所致,②其实这只不过是此期胡人尚武文化大规模南传之机,当地原有的武勇文化成分更加加强了的一种表现而已。

---

① 《史记》卷三十二,第1477页。许维遹撰,梁运华整理:《吕氏春秋集释》卷十四,中华书局,2009年,第322页。

② 马新、赵凯球:《山东通史》(魏晋南北朝卷),人民出版社,2009年,第222页。

　　文化存量是一个地区经济持续发展的真正动力,清河郡区域文化存量要素的变化必然导致区域产业结构发生变化。三国时左思《魏都赋》云"缣总清河",意即清河郡的丝织品妙称天下,直到隋朝时《隋图经》仍然以"清河绢为天下第一"①,但到唐玄宗开元(713—741)之后却是"天下唯北海绢最佳"②。清河绢天下第一地位的变动,其实是区域文化存量要素发生了变化,因为蚕桑行业的深层次发展其实不在于蚕、桑的物质性生产,丝织原料本身的质量差异并不是很明显,有重大差异的是附着于蚕桑原料之后在丝织生产过程中的花纹图案、服装样式的新颖设计,而达到这一要求必须有深厚的地域文化积淀和民间的奢丽相高习俗,才能生发出艺术创新能力,才能保证产品的高附加值,才能被人们认可而誉称天下。"天波忽开拆,郡邑千万家。行复见城市,宛然有桑麻。"王维的这首《渡河到清河作》见证了唐代时原清河郡之地的桑麻业仍然很兴旺,但其时清河绢在人们心目中天下第一的地位已然不再。清河绢的地位变化,只能是当地的文化存量与民间习俗发生了重大嬗变。房氏家族在清河郡生活的汉魏时期,这种文化嬗变还没有发生,我们还可以从其民间习俗中看到其文化渊源与区域文化存量要素。"魏郡,邺都所在,浮巧成俗,雕刻之工,特云精妙,士女被服,咸以奢丽相高,其性所尚习,得京、洛之风矣。语曰:'魏郡、清河,天公无奈何!'斯皆轻狡所致。"③连天公也无奈何的清河郡奢丽相高之习俗,来自齐、赵文化的共有因子。

　　齐、赵两国并没有如秦国那样强调以农业为本而限制工商业的经营规模,而是大力鼓励工商业的发展,所以司马迁说"齐、赵设智巧,仰机利"④。但谈到赵地仰机利而食的区域,司马迁是指赵地所属北部地区原中山国之地,亦即班固所指赵的钟、代文化亚区,于邯郸中心漳卫文化区二人都只云邯郸"漳、卫之间一都会也",并未提到当地经济运转所形成的民俗文化倾向,倒是盐铁会议的学者们对先秦以来的赵中心文化区民俗文化特征的形

① 乐史撰,施和金点校:《太平寰宇记》卷五十八,第1199页。
② 李昉等:《太平广记》卷三百,第2384页。北海,今山东青州。
③ 《隋书》卷三十,第860页。
④ 《史记》卷一百二十九,第3270页。

成进行了精辟的总结："赵、中山带大河,纂四通神衢,当天下之蹊,商贾错于路,诸侯交于道;然民淫好末,侈靡而不务本,田畴不修,男女矜饰,家无斗筲,鸣琴在室。"①可知在赵文化的中心文化区经济民俗文化指向是"好末"、"侈靡"、"矜饰"。

"好末"、"侈靡"、"矜饰",即赵文化核心区具有追求物质品种丰赡及衣饰华丽的群体动力。其所谓"奢丽相高"者,即在吃、穿、用、住、乐、育等多方面追求精益求精的品质,从而推动各行业向高层次发展,进而促进地域文化的积淀。正是在这种精益求精的群体文化动力下,清河绢才能发展为天下第一,蚕桑行业历数百年不衰,从而带动了相关行业的发展。管仲曰:"不侈,本事不得立。"只有消费才能促进本业——生产行业的发展,才能带动地域富裕。自赵国至隋朝,赵地民风"奢丽相高"未变,虽然赵地中心城市有由邯郸到邺城的转移,但这种转移如同西周秦汉时期关中的中心城市由咸阳到长安一样,转移到邺城后,左思《魏都赋》云其"壹八方而混同,极风采之异观,质剂平而交易,刀布贸而无算",工商业中心地的面貌依旧,故"魏郡,邺都所在,浮巧成俗",其于赵地"好末"、"侈靡"、"矜饰"的地域文化风貌一无所变,仍然强力地拉动着地域经济的发展,清河郡沉浸在这种文化氛围下,清河绢想不发展都难。

齐文化中"奢丽相高"的因子始自齐太公以商立国的策略。太公以"大工、大农、大商"为国之"三宝",锐意经济发展,"通商工之业,便鱼盐之利,而人民多归齐,齐为大国"②,齐国鼓励商工之业的结果是养成了"齐俗奢侈,好末技,不田作"③的风尚。赵"地薄人众",农业基础薄弱,手工业的基础也只能依靠铜铁冶、陶冶等少数几项,因此,赵地只能依靠北倚北方游牧经济区、南依中原经济区的居间位置大力发展商业。而齐国的工商之业是建立在本地农业生产发展的基础上,较之赵地地薄依赖南北经济区居间交通位置发展过境商业的方式略有不同。所谓齐民"不田作",只是指齐民在致富、从业心理选择上以"末技"为先,并非齐地农业不发达。《周官》记载

① 王利器校注:《盐铁论校注》卷一,中华书局,1992 年,第 42 页。
②《史记》卷三十二,第 1480 页。
③《汉书》卷八十九,第 3640 页。

齐地盛产麦、稻、黍、稷等谷物而尤以禾麦著称,司马迁描述齐地农业说:"齐带山海,膏壤千里,宜桑麻,人民多文采布帛鱼盐";"齐、鲁千亩桑麻";"河、济之间千树萩"。正是在"膏壤千里"的基础上,本着太公望"大农、大工、大商"的"三宝"经济指导思想,齐地因地制宜,发展起"千亩桑"、"千树萩"这样的大农业。在这些大农业的背后,是以蚕桑纺织业为目标的齐地"冠带衣履天下"的大手工业,是以楸树为原料的船舶制造、乐器制造、家具制造、冥器制造等行业规模发展的大手工业。齐地在生产大发展的基础上鼓励适度消费,从而培育起齐地"奢丽相高"的习俗。

受齐、赵文化共有的"俗弥侈泰"、"奢丽相高"文化因子的交相影响,清河郡性所尚习,自然染就奢靡习俗,从而培育出天下第一的清河绢,是谓"魏郡、清河,天公无奈何!"天下第一的清河绢是汉魏时期丝绸之路上最重要的商品,强力地支撑起清河士族的庄园产业与经济基础,文化与经济进入了长期的良性互动循环。

总结而言,受齐、赵文化的熏染,清河郡具有儒素、侠风兼具的群体文化品性,齐文化的舒缓有度与赵文化的慷慨精急互相融会后,清河郡人才具有锐意事功的进取精神;更受齐、赵两地"奢丽相高"文化因子的影响,培育出当地文化与经济良性互动的产业基础,是以能产生传承数百年的文化士族之家。

三、天下房氏,望出清河

"陵四十八代孙雅,王莽末为清河太守,始居清河。"①自房雅定居东武城,此后房氏在清河武城这里文武兼修,在魏晋十六国时期人才辈出,事功尤显,遂形成房氏显赫的清河郡望。之后房氏后裔波散四方,然有事功者大多都有清河房氏的渊源,清河郡望遂为后世房氏族裔共相标榜,引以为傲,乃有"天下房氏,望出清河"的醒语族训标示世人,是谓"天下房氏,无不出于清河"的自豪。

由于史籍失载,房雅事迹不彰,他如何做到清河太守今已无从知晓。但西汉选官不外五种途径:察举、征召、射策、任子、赀选。察举、征召、射策

---

① 林宝撰,岑仲勉校记:《元和姓纂》,第591页。

三种,要依赖自己刻苦学习、修炼品性、磨砺能力以使自己德、能、才、识兼备,方才有机会得官。二千石以上的官吏任职满三年后,可举荐自己的子弟一人为郎,称"任子",如张安世、爰盎就是通过这种途径得官。没有市籍的商人,家资满十万(汉文帝时改为四万),也可以充任郎官,称为"赀选",如张释之、司马相如等。"任子"依赖父辈的力量,父辈有军功或者德才学识出众而被举荐、征召、射策得官之后而给后代奠定发展基础。"赀选"依赖经济基础,需要自己理财能力优异,方能积聚家资得官。房雅通过何种方式得为清河太守,虽已无法知晓,但可以肯定的是:要么房雅的家资丰厚,以赀选后升迁;要么房雅依靠自己的德才学识出众而获得官位。家资与学识,无论哪种,都为房雅之后的房氏后人在清河家学渊源的形成筑起了高起点的发展平台。

我们更倾向于房雅是靠家学起家,因为与之时代大体相当的别支房氏族裔史籍入传人物房凤、房扬均有学养深厚的背景。在古代宗族生活的背景下,同一宗姓子弟的生活经历、学习经历多少是有些相似性的。房凤,字子元,生卒年不详,琅邪不其(今山东即墨西南)人。房凤师从尹更始习学《穀梁春秋》,其学术渊源始自瑕丘江公。江公于汉武帝时曾任博士,传授《鲁诗》,亦兼传《穀梁春秋》。"江公师徒相传,《穀梁》学术阵营迅速扩大,加之江氏祖传家学,到宣帝时期,《穀梁》学已经形成为一支重要学派。"①房凤的老师尹更始是当时著名的石渠阁经学会议的五大辩手之一,为一派宗师。房凤师从尹更始学习而又能自出机杼,亦成一派宗师,是以后世有《穀梁春秋》房氏学。当初《穀梁》学派领袖江公孙在世之时,曾经传学于清河人胡常,胡常以明《穀梁春秋》为博士,官至青州刺史。"由是《穀梁春秋》有尹、胡、申章、房氏之学。"②尹更始曾经跟从清河大儒张禹学习《左氏春秋》,并且"取其变理合者"解释《穀梁》,又传授给了房凤,所以在房凤的学术思想中同时有《穀梁春秋》与《左传》的影响。房凤因学识出众,射策得官,"以射策乙科为太史掌故。太常举方正,为县令都尉,失官。

① 安作璋、张汉东:《山东通史》(秦汉卷),第453页。
②《汉书》卷八十八,第3620页。

大司马票骑将军王根奏除补长史,荐凤明经通达,擢为光禄大夫,迁五官中郎将"①。再次得官后的房凤与刘歆、王龚等共同校书,由于房凤学术渊源中的《左传》影响,在刘歆向汉哀帝申请设置《左传》博士时,积极支持刘歆且言辞激切,结果惹怒了其他学派群儒,遭到群儒谮毁而被贬为九江太守,后转为青州牧。房扬,司徒王寻的谋士。王莽派遣王寻率军十余万进屯洛阳填南宫,军队行出长安后在霸昌厩宿营,结果黄钺丢失。房扬一向狂直,以为这就是《易经》中所说的"丧其齐斧",不祥,于是自我弹劾而离职,遂为王莽所击杀。

　　以上房凤、房扬是房雅定居清河东武城之前的房姓宗人,都是依赖学养为官,以当时的选官体制,以学识为基础的察举、征召、射策应当是主要的起家方式,所以我们更倾向于房雅是靠家学起家。之所以追溯房凤,是因为从房凤的学识养成过程中,我们可以领略到西汉时清河郡武城地域已有了相当深厚的地域学术文化积淀,尤其是房凤的师祖清河大儒张禹齐学、鲁学兼修,对清河地域的学术影响极为深远。萧望之(约前114—前47)"家世以田为业,至望之,好学,治《齐诗》,事同县后仓且十年。以令诣太常受业,复事同学博士白奇,又从夏侯胜问《论语》、《礼服》,京师诸儒称述焉"②。夏侯胜乃著名的《鲁论》学家,萧望之齐学、鲁学兼修,受到京师名儒们的赞同。从此,融齐学、鲁学于一炉,成为学术发展的基本方向。张禹,字长子,是萧望之的同僚。《汉书》卷八十八记载张禹学术源流曰:

　　　　汉兴,北平侯张苍及梁太傅贾谊、京兆尹张敞、太中大夫刘公子皆修《春秋左氏传》。谊为《左氏传》训故,授赵人贯公,为河间献王博士,子长卿为荡阴令,授清河张禹长子。禹与萧望之同时为御史,数为望之言《左氏》,望之善之,上书数以称说。后望之为太子太傅,荐禹于宣帝,征禹待诏,未及问,会疾死。授尹更始,更始传子咸及翟方进、胡常。③

①《汉书》卷八十八,第3619页。
②《汉书》卷七十八,第3271页。
③《汉书》卷八十八,第3620页。

在张禹的学术源流与学术交往中,可以看到融齐学、鲁学于一体的影响,也可以看到齐学、鲁学交融后在清河地域的雄厚积淀。王莽执政末期,前述始建国三年(11)的黄河大决口还没有堵塞,清河郡河患频仍,自然环境条件并不算好,而房雅仍然决定徙居清河郡武城,其最主要的决定性因素只能是当地深厚的文化积淀。而这种文化积淀,正是当时通过学术—经学—获得博士而参政的根本与基础。汉代"以经治国"、"通经致仕",仕进道路在兹,房雅时任清河太守,对于清河地域的学术根本自然相当清楚。在当时的仕进制度背景下,在选择新的定居地时,清河郡东武城自然就成为房雅的首选。

应该说房雅在清河给房氏后裔选择了一个良好的发展平台。然而同样因为史籍散佚,整个东汉时期史册留名的清河房氏,目前所知仅有房植,在当时以家教规矩严整著称。汉桓帝(147—167)为蠡吾侯时,曾经师从甘陵人周福受学。甘陵,即西汉清河郡厝县。东汉安帝因孝德皇后葬于厝县,改厝县为甘陵县。武城在甘陵之北,所以房植与周福为同郡乡人。房植当时任河南尹,朝野声望很高。汉桓帝即位后,顾念师恩而拜周福为尚书。周福以与汉桓帝的师生私谊而得官,与声望远播的房植相比,周福难免有得官不正之嫌,因此同郡乡人作谣语讥讽周福:"天下规矩房伯武,因师获印周仲进。"以此两家宾客互相讥揣,各树朋徒,渐成尤隙,"由是甘陵有南北部,党人之议,自此始矣"[1]。

在房植的时代,清河房氏应该是相当兴旺的,可谓宾客满堂,但是否如袁绍那样门生故吏遍天下就不得而知。之后的三国魏晋十六国时期,时局动荡,在房谌迁居济南之前,清河房氏可以得而知之的人物仅有房旷、房默兄弟、房暠等少数几人而已。

房氏在清河郡三百多年的发展,已跻身入士族行列而且在士林中威望较高。据《太平寰宇记》的记载,苻坚曾询问王猛:"关东多士,卿得几人?"猛曰:"二人半。"坚曰:"必是申绍、韩胤,一曰房旷。"[2]房旷,字思远,清河

---

① 《后汉书》卷六十七,第2186页。
② 乐史撰,施和金点校:《太平寰宇记》卷五十八,第1198页。

人。年少时神气英俊,只因曾为流矢射伤一只眼睛,所以被戏谑地称为半人。虽是戏谑之言,但却由此可知在前秦霸主符坚、谋主王猛等人的心目中,清河房氏的士望已确然不低。因此王猛积极举荐房氏兄弟,东晋简文帝咸安二年(372),"春,二月,秦以清河房旷为尚书左丞,征旷兄默及清河崔逞、燕国韩胤为尚书郎,北平阳陟、田勰、阳瑶为著作佐郎,郝略为清河相:皆关东士望,王猛所荐也"①。可以得知至少在前秦时期,清河房氏已属当时关东士望中的翘楚人物了。

房晷,其事迹亦不彰,只知先后任后凉侍中、北凉左长史、尚书左丞。其任后凉侍中时曾劝止吕纂辱侮吕弘妻女。吕纂在击败吕弘后,纵兵大掠,以东苑妇女赏军,吕弘妻女亦在其中。吕纂笑对群臣说:"今日之战何如?"房晷劝止说:"天祸凉室,衅起戚藩。先帝始崩,隐王幽逼,山陵甫讫,大司马惊疑肆逆,京邑交兵,友于接刃。虽弘自取夷灭,亦由陛下无棠棣之义。宜考己责躬,以谢百姓,而反纵兵大掠,幽辱士女。衅自由弘,百姓何罪!且弘妻,陛下之弟妇也;弘女,陛下之侄女也。奈何使无赖小人辱为婢妾。天地神明,岂忍见此!"②因房晷之谏,吕纂意识到自己的过错,遂召吕弘之妻及其男女于东宫,厚抚之。东晋隆安五年(401),房晷等推举沮渠蒙逊为使持节、大都督、大将军、凉州牧、张掖公,赦其境内,改元永安。以拥立之功,房晷被任命为左长史,后改任尚书左丞。因当时北凉朝廷典章制度未具,蒙逊"命征南姚艾、尚书左丞房晷撰《朝堂制》。行之旬日,百僚振肃"③。

与房晷同时,东晋隆安四年(400),清河房谌随慕容德南迁入齐州济南,开启了清河房氏齐州一脉。

第二节　齐州房氏的济南郡籍贯

"房法寿,小名乌头,清河东武城人也。曾祖谌,仕燕,位太尉掾。随慕

---

① 《资治通鉴》卷一百三,中华书局,1956 年,第 3255 页。
② 《晋书》卷一百二十二,中华书局,1974 年,第 3066 页。
③ 《晋书》卷一百二十九,第 3198 页。

容氏迁于齐,子孙因家之,遂为东清河绎幕人焉。"①清河士族大都具有积极事功的特点,故十六国时期清河崔氏、张氏都积极地参与了胡族政权的建设,房氏也没有例外,房旷兄弟仕于前秦,房谌仕于后燕任太尉掾。慕容德南迁青齐建南燕时,房谌亦随之从东武城南迁到东绎幕,遂有清河房氏齐州济南郡籍贯一脉。

一、济南郡与清河郡的地域相似性

如同房雅当初选择清河郡东武城定居的理由一样,房谌选择济南郡东绎幕定居,除了济南郡与清河郡的地域相似性外,还在于济南历城比之清河东武城所具有的优越性。

济南,本齐国泺邑,此地群泉奋涌,汇而为泺水,故称泺邑。又因泺邑城邑位于历山之下,战国时齐君又将其更名为"历下邑"。《三齐记》云:"历下城南对历山,城在山下,故名。"西汉在历下邑地域置历城县,是以后世亦称济南为"历城"。秦灭齐,置济北郡,历下为属邑。以齐国旧地的重要性,"非亲子弟,莫可使王齐者"②。汉高帝六年(前201),在迁韩信为楚王后,分济北郡南部置博阳郡,又封长子刘肥为齐王,以临淄、济北、博阳、城阳、胶东、胶西、琅邪七郡属齐国,"诸民能齐言者皆与之"。博阳郡治地先在博阳县(今博县),惠帝(前194—188年在位)末,移治于东平陵县(今章丘西),以其地在济水之南,因改名为济南郡。高后元年(前187),"立其兄子郏侯吕台为吕王,割齐之济南郡为吕王奉邑"③,济南作为行政区域之名见于史乘。晋置济南郡,永嘉(307—312)中移治历城,从此历城——济南就成为区域政治经济文化中心。北魏于济南郡之地置齐州,遂为州治。当房谌于隆安四年(400)随慕容氏迁居济南时,济南作为区域的政治、经济、文化中心已有近百年的历史。

泺邑、济南都是以水名地。《战国策》云齐有"清济、浊河,可以为固"。

---

① 《北史》卷三十九,中华书局,1974年,第1414—1415页。
② 《史记》卷八,第383页。
③ 《史记》卷五十二,第2000页。

白居易诗云"济水澄而洁,河水浑而黄。交流列四渎,清浊不相伤"①。杜佑云"今东平、济南、淄川、北海界中有水流入于海,谓之清河,实菏泽、汶水合流,亦曰济河"②。可知自古至唐朝,济水以水清闻名。郦道元之前的济水清,是因为有荥阳泽与巨野泽两大湖泊前后沉淀黄河泥沙,而出巨野泽之后的济水所接纳的支流汶水、淄水等,直到唐代以前也都是以水清而闻名的。"汶水滔滔",汶水出自泰山莱芜县原山,汶水所经地区"夹路连山百数里,水隈多行石涧中,出药草,饶松柏,林藿绵濛……谷中林木致密,行人鲜有能至也"③。由于生态环境好,发源自原山的汶水、淄水都很清澈。在太和四年(369)桓温北伐之前,黄河的泥沙已使黄河至巨野泽之间的济水上游淤塞断流,此后"汶水实际成为济水的主流,于是就用大清河的名称代替了济水"④。由于巨野泽淤塞之后济水以菏泽、汶水作为水源,此时鲁中山区森林植被状况良好,诸水源发地泥沙少而清澈,济水的名称遂逐渐为清水的名字所替代。泺水亦汇入济水,《水经注》云:"济水又东北,泺水入焉,水出历城县故城西南,泉源上奋,水涌若轮……其水北为大明湖,西即大明寺,寺东北两面侧湖,此水便成净池也。"⑤泺水源泉既为地下泉水,中途所纳祝阿涧水等亦是发源于其时生态植被良好的朗公谷,所以泺水亦以水清闻名。水清,前节已说明是农业、手工业发展尤其是蚕桑业发展的充要自然条件,在这一点上,济南比之清河更有优势。

东武城依托清河白沟运河网,济南依托济水、泺河舟楫之利,在航运条件方面两者各有千秋。

巨野泽在五代以后逐渐淤塞消失,在没有消失之前,从巨野泽东到入海口的"这一段济水在唐代仍畅流无阻,《元和郡县图志》备载济水沿流附近各县城道里数目,较为清晰明确"⑥。济水航运优势的发挥,得力于山东南部的泗水运河网络。公元前484年,吴王夫差在今山东定陶东北开挖

① 曹寅等编:《全唐诗》卷四百二十八,中华书局,1960年,第4724页。
② 杜佑撰,王文锦等点校:《通典》卷一百七十二,第4485页。
③ 郦道元撰,陈桥驿点校:《水经注》卷二十四,第384—386页。
④ 史念海:《论济水与鸿沟(中)》,《陕西师范大学学报》1982年第2期,第91页。
⑤ 郦道元撰,陈桥驿点校:《水经注》卷八,第130页。
⑥ 史念海:《论济水与鸿沟(中)》,《陕西师范大学学报》1982年第2期,第88页。

了一条深沟,引菏泽之水东南流而通于泗水,因水发源自菏泽而被称为菏水。菏水的开凿使得当时原来互不相通的江、淮、河、济四渎得以贯通。史念海教授已有考证菏水在桓温北伐时就已堙塞,其故道一部分相当于今山东西南成武、金乡北之万福河。然在郦道元的时代,巨野泽广大,济水航道还是十分畅通的,"自河入济,自济入淮,自淮达江,水径周通"①,这个水径四通的关键枢纽就是位于临邑县故城西的四渎口。北齐崔季舒为齐州刺史,"遣人渡淮互市"②,自当是利用济水航运至淮河。济泗水航道沟通中原、山东与东南地区,成为中原地区东西往来的主要航道,也成为济南郡四达的主要航道,对济南经济、文化的发展起到重要作用。因为济水航运的重要,战国末年齐国还利用发源于临淄西南的时水开挖了淄水与济水间的淄济运河,造成淄水下游枯竭,以后淄水入于济而不入于海的情形。③

　　自济水、泗水航道系统形成以后,历代多有整治。曹魏时期,胡质督军青、徐,"广农积谷,有兼年之储,置东征台,且佃且守。又通渠诸郡,利舟楫"④。胡质的"广农"、"通渠"应当是整治了济水航道,只是不知详情。到了东晋时,有三次整治与济水相关的运河航道。永和十二年(356),东晋荀羡为解青州之围,"羡自光水引汶通渠,至于东阿而征之"⑤。光水即洸水,是汶水的支流,汶水又是济水的主支流,所以荀羡所开挖的渠道经汶水越济水到东阿,直接沟通了泗水与济水,使之成为四渎口之外的另一条南北水道交通枢纽和军事要地,重要性不在四渎口之下。⑥ 太和四年(369),桓温北伐,派遣毛穆之"监凿钜野百余里,引汶会于济川"⑦,此即后来之"桓公沟"。太元九年(384),谢玄北伐,想先平定兖州,"患水道险涩,粮运艰难,用督护闻人奭谋,堰吕梁水,树栅,立七埭为派,拥二岸之流,以利运漕,

---

① 郦道元撰,陈桥驿点校:《水经注》,第83页。
② 《北齐书》卷三十九,中华书局,1972年,第512页。
③ 史念海:《中国的运河》,陕西人民出版社,1988年,第35—36页。
④ 《三国志》卷二十七,第741—742页。
⑤ 《晋书》卷七十五,第1981页。
⑥ 史念海:《中国的运河》,第141页。
⑦ 《晋书》卷八十一,第2125页。

自此公私利便"①。经过这几次整治,济、汶、泗诸水系相互沟通,江、淮、河、济间"水径周通"的情形得到有效维持,形成了当时"公私利便"的航运网络,齐州刺史崔季舒"遣人渡淮互市"就是这种"公私便利"的典型。所以,隆安四年(400)房谌选择定居济南郡,其时济南的水上航运条件并不逊于清河郡,如果从南、北方公私贸易的情形看,济南的航运条件还要优于清河郡。

　　济南的陆上交通条件要优于清河东武城。自黄河安流后,唐代以前,河北平原上的陆驿道路相对比较固定,南北纵贯线有三条,中部的南北大道"从北京南行,经固安—雄县—鄚州—河间—清河—馆陶—大名—濮阳—长垣—开封"②,严耕望教授称此道为"河北平原之中部纵贯线",东武城亦纵贯线上一个小节点③,虽有交通之利,但并非处于枢纽位置。古代山东陆路交通干线主要是泰山南、北麓的东西大道及泰山东、西侧的南北纵贯线。泰山北麓平坦的地形条件决定了山东半岛的陆上交通必定是经过鲁中山地北侧的东西向大道,其他则为辅线。东西大道形成很早,商周时期就已成为中原通达沿海的重要交通干线,齐都临淄正好控制着这条主要交通线。秦灭六国后大修驰道,咸阳通达临淄及东部沿海的东方道是九条主干线之一,济南、临淄就是当时这条东方道上山东境内的两个重要枢纽。秦汉时期,半岛西端的道路主要在济南发散,由济南分向幽蓟、邯郸、定陶等商业重镇,是山东半岛与内陆间的商品集散地。西晋之后东西干线济南以东的部分发生了重大变化,西晋永嘉(307—312)末年曹嶷出于军事目的新筑了广固城,从此东西大道由长山县赴广固,取代了临淄城,后来广固城废弃,但青州益都代起而成为东西大道上的新枢纽,④此后济南、益都成为东西大道山东境内西端、东端枢纽。山东南北纵贯线亦有东西二线,严耕望教授搜集史料,详论魏晋到唐代经泰山西侧的"徐兖北通郓齐道"为南北交通主干线,而至兖州后北行又有西、中、东三道:西道经中都县到郓州治

① 《晋书》卷七十九,第 2083 页。
② 李孝聪:《中国区域历史地理》,北京大学出版社,2004,第 184 页。
③ 严耕望:《唐代交通图考》(河东河北区),上海古籍出版社,2007 年,第 1649 页及 1676 页附图。
④ 参见马新、赵凯球:《山东通史》(魏晋南北朝卷),人民出版社,2009 年,第 141—142 页。

所东平县,然后至济州碻磝津。中道由兖州经龚丘县渡汶水到肥城、长清县,然后到齐州治所历城。东线为汶水莱芜古道,是古代齐鲁交通之捷径。[①] 总的看来,济南在古代是东西大道、南北纵贯线上的重要交通枢纽,比之清河东武城作为纵贯线路上的一个小节点,其交通便利的优势是显而易见的。

在经济结构上,济南与清河具有一定的同构性。清河的经济基础主要是谷物种植基础上的蚕桑手工业,其代表产品是清河绢,济南亦是如此。济南处于鲁中山前冲积平原西部,土地肥沃,此即司马迁所云"齐带山海,膏壤千里"的地方,也是齐太公实行"大农、大工、大商"三宝经济的主要地区,也是"齐鲁千亩桑麻"、"人民多文采布帛"的主要地区。由于地广土肥,这一带粮食种植比较发达,积谷很多,南燕慕容德之所以决定据守青齐,士马饱逸、济漕流通是一个重要因素:"青州丰穰,济漕流通,士马饱逸,威力无损。"皇兴元年(467),慕容白曜攻下肥城,获粟三十万斛;又攻下垣苗(今长清西南),再获粟十万斛,"由是军粮充足"[②]。济南地域自齐国以来的"大农"发展,对于士族以农为业的庄园经济系统而言,可以很好地发展其农耕本业,这是士族发家的重要物质保证。齐地自太公时起发展桑麻女工之业,到战国时齐、鲁地区已各自发展起自己的标志性产品——"齐纨"、"鲁缟",其时清河绢尚没有崛起,不闻其名。"齐纨"、"鲁缟"都以白洁见称,要有清冽的水源才能制作出来,直到唐代,齐纨鲁缟都还是不亚于蜀锦的著名产品。自汉至唐,齐地"俗弥侈泰,织作冰纨、绮绣、纯丽之物,号为冠带衣履天下"。因此济南较之清河而言,其农业之外的"大工、大商"氛围更浓。房谌选择济南郡定居,不仅可沿用其在清河的生产模式,而且还可以借助济南之地浓厚的工商业氛围发展壮大其庄园本业——货殖业。房氏来济南之后"素有旧业",家资殷实,自然是得益于济南的地域经济基础。

最为关键的还是济南的地域文化积淀问题。济南的经学自汉以来传承不绝,济南人伏胜在秦时为博士,入汉以后以其壁藏《尚书》在济南传授

---

① 参见严耕望:《唐代交通图考》(河南淮南区),第2135—2136页。
②《魏书》卷五十,第1117页。

弟子,济南人张生、千乘人欧阳和伯得其精华,俱成一代宗师。济南人林尊为欧阳氏之学的再传,是石渠阁经学会议的与会者。济南伏氏,自伏胜始到伏寿计十六代,历两汉四百余年,世传经书,其家族不仅在两汉累代公卿,而且也培养了一大批汉代公卿和两汉的名门望族。魏晋时期,济南人宋钧在济南教授,门下弟子众多,其弟子徐苗兄弟亦成一派宗师,"苗少家贫,昼执锄耒,夜则吟颂。弱冠,与弟贾就博士济南宋钧受业,遂为儒宗"①。济南人刘兆,"博学洽闻,温笃善诱,从受业者数千人。武帝时五辟公府,皆不就"②。济北卢(今济南市长清区)人氾毓,安贫有志业,"奕世儒素,敦睦九族……时有好古慕德者咨询,亦倾怀开诱,以一隅示之。合《三传》为之解注,撰《春秋释疑》、《肉刑论》,凡所述造七万余言"③。儒学之外,汉唐时期齐郡济南之地文学亦很繁荣。唐初史学家们在总结齐地文化时曾专门提到了济南:"齐郡旧曰济南,其俗好教饰子女淫哇之音,能使骨腾肉飞,倾诡人目。俗云'齐倡',本出此也。"司马迁云齐地"其于文学,自古以来,其天性也",直到宋代曾巩还在《齐州杂诗序》中强调"齐故为文学之国",齐地既文学天性于内,讴歌自发乎于外,是有"齐讴"、"齐倡"传名于世。齐倡表演——齐州歌舞能让人感受到"骨腾肉飞,倾诡人目"的境界,可见其歌舞水平之高。众所周知,歌舞水平所能达到的高度,是以地域文化集体的积淀厚度和创意水平为基础的,齐地自春秋战国时期形成高水平的"齐倡"艺术以来,齐倡就成汉魏时期齐地的文化意象,时人诗赋中多用之写意,如魏曹丕的"齐倡发东舞,秦筝奏西音"、晋张华的"齐倡献舞赵女歌"等诗句。仅就经学、文学来看,济南郡的地域文化积淀是很深厚的,"齐鲁固多君子也"④,慕容德当初之所以选择据青齐之地立足建南燕,除了青齐富裕之外,文化积淀深厚、人才众多也是重要原因。尚武之风是济南与清河郡共同的民风,直到唐代李白壮游齐鲁时,还在高唱"学剑来山东",可见齐地尚武之风自先秦以来一直传承流衍,与清河郡尚武的民风一致。总而言之,清河

① 《晋书》卷九十一,第 2351 页。
② 《晋书》卷九十一,第 2349 页。
③ 《晋书》卷九十一,第 2350—2351 页。
④ 《晋书》卷一百二十七,第 3170 页。

房氏到达济南后,在地域文化上并无隔阂感。

总的看来,在房谌到达济南的时候,济南既是陆上交通枢纽,又复"济漕流通",工商经济发达,文化积淀深厚。在地域基础方面,与清河郡具有相似性,而且各项条件比之清河郡更为优越,所以房谌在随慕容德南迁时自然而然"因居济南"。

二、齐州房氏的济南籍贯及其世系

房谌"避地渡河,居于齐州之东清河绎幕焉"①。现在可以确知的是房谌在齐州定居后,任官广平郡守,和其家庭居住于济南历城,《新唐书·宰相世系表》就明确记载了房谌"随慕容德南迁,因居济南"②。《大唐故通议大夫鄂州刺史上柱国卢府君夫人清河郡君墓志铭并序》云:"十代祖谌,南燕广平郡守。随燕南度,遂居于齐,今为济南人焉。自后汉尚书令司空公讳植,十有八代,累侍金闺,咸分虎竹,焜煌簪组,炳燿台阶。"③当初房谌因官定居济南历城的同时,将与他一起南渡黄河的房氏宗党乡人安置在离历城不远的东清河郡东绎幕县赵山之阳,即今之济南历城彩石乡。

房谌及其直系子孙,直到房玄龄时,一直家居于齐州济南,现存墓志、文献记载都非常清楚。因齐州在唐玄宗天宝元年(742)一度改称为"临淄郡",因此新、旧《唐书》房玄龄本传都称他为"齐州临淄人"。问题是临淄恰巧又是青州所管辖下的一个著名城市,即今淄博市。由此在唐后期云"临淄人",若不特指的话,则既可能是临淄郡人,也可能是临淄城人。今山东地名有临沂、临邑两地,音既相近,误会难免,故今山东临沂人在作自我介绍时,必称南临沂人,以有别于临邑人;而临邑人则自称北临邑人,以此区分开临沂人。所以在唐代若云齐州临淄人,则必定不是指临淄城人,其所指是齐州临淄郡人,因为在唐代临淄城不属齐州,而属青州。青州临淄人,才是指称临淄城人。

---

① 《魏书》卷四十三,第976页。
② 《新唐书》卷七十一,第2379页。
③ 周绍良主编:《唐代墓志汇编》,上海古籍出版社,1992年,第1493页。

"齐州济南郡，上。本齐郡，天宝元年（742）更名临淄，五载（746）又更名。"①就目前所知，唐人对齐州郡望的指称至少有三种：齐州济南郡、齐州济阴郡、齐州临淄郡。唐人指称人物郡望时州郡并举乃是习惯，例如敦煌所出唐人写卷斯2052号《新集天下姓望氏族谱一卷并序》中的雍州京兆郡、贝州清河郡、德州平原郡、曹州济阳郡、青州北海郡、齐州济阴郡等。由于唐人指称人物郡望有州郡并举的习惯，故唐人在指称齐州人物时，多有称为"齐州临淄人"的，如同称清河郡人为"贝州清河人"一样。齐州房氏的最杰出人物房玄龄，在唐宋时代人们称其郡望为"齐州临淄人"，其含意乃是"齐州临淄郡人"，非是青州临淄城人。然而由于临淄是古代山东有名的城市，其地望在今淄博，因此今人在看到"齐州临淄人"时，往往想当然地误以为是指今淄博市人。要按唐人的习惯，指称临淄城人的郡望，当以"青州北海人"相称，而不是"齐州临淄人"。

上述齐州房氏地望在唐人那里本来是很清楚的，因缘上述不该有的误会，现今多家著作错指房玄龄郡望，如荒原所撰《唐初开国宰相房玄龄》即云房玄龄"齐州临淄（今山东淄博东北）人"②；申建国等人著《风范良相房玄龄传》亦以房玄龄为今淄博人，并云"临淄，是一座繁华的都城"③；高凤林撰《山东通史·隋唐五代卷》时亦未加认真考订，云房玄龄"齐州临淄（今山东临淄）人"，并在其父房彦谦的本传中考订说："《隋书·房彦谦传》谓彦谦'本清河人也，七世祖谌，任燕太尉掾，随慕容氏迁于齐，子孙因家焉'。《新唐书·宰相世系表》谓房谌'随慕容德南迁，因居济南'。《旧唐书·房玄龄传》、《新唐书·房玄龄传》皆谓彦谦子玄龄为'齐州临淄人'。据此，所谓'齐'、'济南'，具体当为临淄。"④

在为房玄龄所作的传记中，目前所知的仅有李永祥所著《大唐名相房玄龄》中称其里籍为今"济南历城人"⑤，可惜无具体考证。据房玄龄父亲

① 《新唐书》卷三十八，第992页。
② 荒原：《唐初开国宰相房玄龄》，第1页。
③ 申建国等：《风范良相房玄龄传》，第6页。
④ 高凤林著，鲁统彦等增订：《山东通史》（隋唐五代卷），第363、349页。
⑤ 李永祥：《大唐名相房玄龄》，第6页。

房彦谦之墓在原隶章丘彩石村的赵山之阳以及章丘相公庄镇房庄的口碑资料,有学者考证房玄龄应当为齐州章丘人。① 相公庄镇在明水镇北的故章丘城南十公里处,位于赵山之阴,与赵山之阳有大道相通,此道当地人俗称"顿丘道子",房氏子弟通过此道由赵山之阳散居于赵山之阴的相公庄,亦在情理之中,但此地口碑资料也只能说明房庄或是房氏宗人家族居住地之一,未足以证房玄龄的真正里籍在此。亦有学者据《房彦谦碑》及历城东原(今济南市历城区姚家镇原济南市砖瓦二厂)所出房彦诩父子的墓志资料考证房氏里籍应是济南历城而绝非今名淄博的临淄②,但是具体论证尚有不少缺环。王洪军教授据史籍资料及房彦谦碑否定了房氏里籍临淄说,而对章丘房庄、历城彩石说则两存之以待进一步考证。③

为廓清房玄龄淄博人之讹,以确定其里籍,兹先据《魏书》卷四十三《房法寿》本传及传世的南北朝、唐代碑铭文字列出自房谌至房玄龄九代人的世系传承,然后再考订其里籍归属。自房谌家于济南,齐州房氏发展到房玄龄时,凡历 248 年九代人。

据《新唐书》卷七十一,齐州房氏始祖房谌育有四子,名房裕、房坦、房邃、房熙,号称齐州房氏"四祖",是为第二代。四祖中房裕一支代有才人出,至房玄龄达到顶峰,其他三支虽然没有大房显赫,但历代也是人才辈出,史籍中不乏相关记载。

第三代目前可知有五人。其一是房经,其姓名、事迹史籍原本缺载,据《魏故员外散骑常侍清河崔府君墓志铭并序》④可得补阙:"夫人同郡房氏。父法寿,青、冀二州刺史,庄武侯。祖经,菁县令。"由此知房裕之子、房法寿之父名房经。其二、三是《魏书》卷四十三《房法寿传》中所载房法寿的两个从叔房元庆、房范镇,他们是房经的堂兄弟,但具体是四祖哪一支的后裔却不甚清楚。其四、五是《房法寿传》中所载的两个从祖兄弟房崇吉、房三益之父,其名与事史籍亦失载。

---

① 殷道旌、王化勇:《房玄龄故里及生平事迹考略》,《济南教育学院学报》2003 年第 6 期。
② 房道国、刘会先:《房玄龄籍贯初考》,《齐鲁文史》2009 年第 1 期。
③ 王洪军:《房玄龄家族谱系里籍考》,《齐鲁文化研究》2003 年号。
④ 赵超:《汉魏南北朝墓志汇编》,天津古籍出版社,2008 年,第 67 页。

第四代：房法寿是其中的杰出者，其次有房爱亲、房三益、房崇吉。《魏书》卷四十三有传。

第五代：《房法寿传》中记其有三子，分别是房伯祖、房叔祖、房幼愍。房爱亲有四子，分别是房景伯、房景先、房景远，另一位先亡，已失其名，疑其字为"伎"。《魏书》卷四十三房景伯本传云"及弟妓亡，蔬食终丧，期不内御，忧毁之容，有如居重。其次弟景先亡，其幼弟景远期年哭临，亦不内寝"。《北史》卷三十九房景伯本传云"及弟亡"。《魏书》点校者云"疑弟字下本是其名，讹作'妓'，原作何字，已不可知，《北史》遂径删去"①。愚按，"妓"之本字为"伎"，疑景伯先亡之弟本名"伎"，后讹作"妓"。名其"伎"者，以其智能出众之谓。房三益，《魏书》卷四十三本传云其有九子，有名姓者四人，分别是房士隆、房士达、房士素、房士章。

第六代：现知有四人，分别为房法寿之孙、房伯祖之子房翼；房景伯之子房文烈；房景先之子房延祐；房景远之子房敬道。

第七代：房翼目前所知有三子，分别是房熊、房豹、房子贞。房文烈有一子名房山基。房敬道之子房子旷。房仁裕，是唐初著名将军，据崔融《赠兵部尚书房忠公神道碑并序》云其"祖敬道，官至司空府集曹参军"②。据《唐故岐州司仓参军房公墓志铭》云："公讳宣，清河人也。曾祖子旷，隋常州别驾；祖仁裕，皇赠兵部尚书；父先质，皇银青光禄大夫、赠兖州都督。公兖州府君之第四子也。解褐千牛洛州参军，补武卫仓曹、尚乘直长、岐州司仓……有二子：都、宁。以其年十一月，权窆于洛阳邙山之原，礼也。"③

第八代：据《房彦诩碑》，房彦诩有昆季七人，房彦谦行六，因此房熊当有七子。但现所知者只有四人，分别是房彦询、房彦诩、房彦式、房彦谦，其中房彦诩过继给房豹，房彦谦过继给房子贞。房彦式，《房守仁墓志》云："君即汉司空植十四世孙也。曾祖翼，宋安太守，袭庄武伯。祖伯

① 《魏书》卷四十三，第984—985页。
② 周绍良主编：《全唐文新编》卷二百，吉林文史出版社，2000年，第2501页。
③ 周绍良主编：《唐代墓志汇编》，第1502页。

熊,清河内史。父彦式,处士。"则房彦式为房熊之子。房子旷有一子房仁裕。

第九代:房彦式有子房守仁已见前引墓志,据《房彦诩墓志》,房彦诩有子名房玄赡。据《房夷吾墓志》,其父为房彦诩。房彦谦有子名房玄龄。房仁裕为房玄龄从叔。

兹据上述制齐州房氏世系图如下:

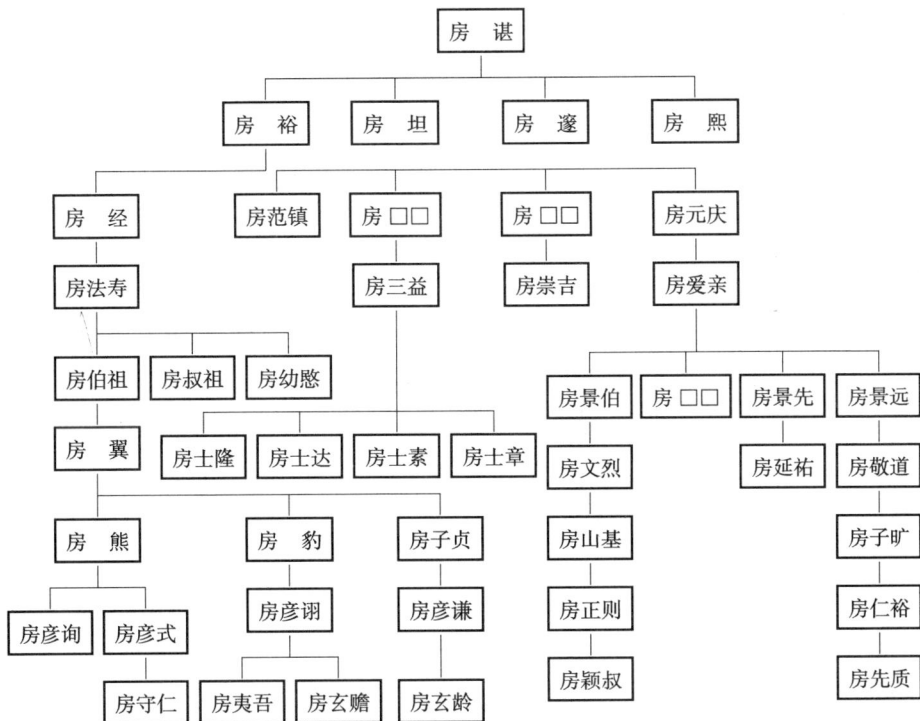

```
                            房 谌
        ┌───────────┬───────────┬───────────┐
      房 裕        房 坦       房 邃        房 熙
    ┌─────┐                      │           │
   房 经  房范镇   房□□      房□□       房元庆
    │              │            │            │
  房法寿          房三益       房崇吉        房爱亲
 ┌───┬────┬────┐              ┌──────┬──────┬──────┐
房伯祖 房叔祖 房幼愍       房景伯 房□□ 房景先 房景远
  │   房士隆 房士达 房士素 房士章
 房 翼                     房文烈        房延祐  房敬道
 ┌───┬──────┬──────┐        │                    │
房 熊  房 豹   房子贞      房山基               房子旷
 │      │      │           │                    │
房彦询 房彦式 房彦诩 房彦谦  房正则              房仁裕
     房守仁 房夷吾 房玄赡 房玄龄  房颖叔         房先质
```

世系既明,则可据其世系考其郡望里籍之所在。清河房氏房谌一系迁居齐州,"遂为东清河绎幕人焉"。东清河绎幕县在何处?尽管史籍语焉不详,幸好房玄龄之父房彦谦的碑文为此提供了线索。

《唐故都督徐州五州诸军事徐州刺史临淄定公房公碑》云:"公讳彦谦,字孝冲,清河人也。七世祖谌,燕太尉掾,随慕容氏 南 度寓于齐土。宋元嘉中,分 齐 郡之西部置东冀州东清 河 郡 绎慕县,仍为此郡县人。至于简侯,又于东广川郡别立武强县,令子孙居之。"①訚侯,即房法寿,《魏书》卷四十三《房法寿》本传载其入魏后为冀州刺史,以功加平远将军,赐爵为庄武侯。"魏太和中卒,赠平东将军、青州刺史,谥曰'敬侯'。"②据此可知,齐州房氏发展到訚侯房法寿时,家族人丁繁滋,只得又于东广川郡武强县另觅新的居住地。碑文中所提到的武强县即长山县,"长山县,上。东南至州六十四里。本汉於陵县地,宋武帝于此置武强县。隋开皇十八年(598),改武强县为长山县,取长白山为名"③。《太平寰宇记》则于侨立之事说得更清楚:"宋武帝于此侨立广川郡,又于郡理侨立武强县。"④自西晋永嘉(307—312)末年曹嶷筑广固城,东西大道便舍弃临淄城而由长山县经淄川县过金岭峡谷赴广固,长山县治长山镇因此成为东西大道上的重要交通节点,明代撰修的《长山县志》仍称此节点为"青齐要道,无愈于此"。《太平寰宇记》"长山县"条下云"济水,自齐州章丘县界流入,在县西北三十五里",所以陆路交通之外,长山县又有济水航运之利。长山镇位于陇水之畔。陇水,或作泷水、笼水,古名孝水,即今孝妇河,发源于淄川县南之博山。"今按水之发源,去县五十里,始流经州西,去城一百五十步,有般水注之,又流入长山县界。"⑤《读史方舆纪要》长山县"小清河"条下说得更明白:"小清河,县西北三十里,又东入新城县界。又孝妇河,在县南门外。自淄川县流入,又北入邹平县界。"

　　从房法寿为子孙后代选择新居住地的过程看,交通与水源是必须考虑的因素,因为这样有利于房氏子孙发展农本与货殖经济,维系宗族的发展。从房谌到房法寿,房氏在齐州已生活了四代人,发展成为有名的强宗大族。而当初房谌随慕容德南迁青齐,更是以军事武功为基础的强势进入,他会以怎样的考虑选择新的迁住地?"遂为东清河绎幕人焉",房谌选择了东绎幕,如同房法寿选择武强县分居地注重交通条件一样,房谌肯定也会考虑

---

① 董诰等编:《全唐文》卷一百四十三,中华书局,1983 年,第 1448 页。南、齐、河郡四字《全唐文》作□,此据《济南金石志》、《章丘县志》补。
② 《魏书》卷四十三,第 970 页。
③ 李吉甫:《元和郡县图志》卷十一,中华书局,1983 年,第 310 页。
④ 乐史撰,施和金点校:《太平寰宇记》卷十九,第 319 页。
⑤ 乐史撰,施和金点校:《太平寰宇记》卷十九,第 377 页。

到交通条件。房彦谦碑文云"宋元嘉中,分齐郡之西部置东冀州东清河郡绛幕县,仍为此郡县人",可知住在东绛幕县的一支一直没有再迁,所以可以确定在东绛幕县的居所有利于宗族的发展,其交通条件应当十分便捷。事实上,东绛幕县的具体区域位置在博山、甲山、亭山、赵山一线与齐国旧长城之间的区域,地处东西大道与兖、齐、青南北交通捷径莱芜古道的交汇区域,在当时的交通条件的确十分便捷。

刘宋政权设侨置冀州,《宋书·州郡志二》云:"冀州刺史,江左立南冀州,后省。义熙中更立,又省。文帝元嘉九年,又分青州立,治历城,割土置郡县,领郡九,县五十。"北魏领有山东后,于皇兴三年(469)将侨冀州改为齐州,仍治历城,并在原侨置诸郡前加"东"字以别于河北冀州原郡。元嘉九年所侨置冀州本是南冀州,实土,并无东冀州之名,北魏孝昌(525—527)末于齐州地置东冀州,胡三省注云:"魏孝昌末,葛荣作乱,高翼聚众河、济间,魏因置东冀州,以翼为刺史。盖因刘宋先置冀州于河、济间,而置东冀州以别河北之冀州也。"①房彦谦碑文中所云东冀州东绛幕之说盖本于此,因此,东冀州之域乃是以济南历城为中心的河、济之地。刘宋侨冀州所领九郡分别是广川郡、平原郡、清河郡、乐陵郡、魏郡、河间郡、顿丘郡、高阳郡、渤海郡。其中清河郡领县七:清河县、武城县、绛幕县、贝丘县、零县、鄃县、安次县。由此可以确定:东清河郡东绛幕县应当在以历城为中心的河、济之地,因为它是东冀州的下属郡县。

《魏书·地形志》于"东清河郡"条下注云:"刘裕置,魏因之。治般阳城。"般阳城在淄川县(今淄博市淄川区),"淄川县,上。郭下。本汉般阳县也,属济南郡。在般水之阳,故名。后汉属齐国,晋省,宋于此置贝丘县。隋开皇十八年(598),改贝丘县为淄川县"②。于此可知,刘宋、北魏之东清河郡郡治般阳,于郡治所在之地侨置贝丘县,余领六县当在以般阳城为中心的地域。

《魏书·地形志》又于"东绛幕县"条下注云:"有陇水。""今按水之发

---

① 《资治通鉴》卷一百五十四,第4785页。
② 李吉甫:《元和郡县图志》卷十一,第309页。

源,去县五十里,始流经州西,去城一百五十步。"①《水经注》云:"陇水南出长城中,北流至般阳县故城西,南与般水会,水出县东南龙山,俗亦谓之为左阜水,西北径其城南,王莽之济南亭也。应劭曰:县在般水之阳,故资名焉。其水又南屈,西入陇水。陇水北径其县,西北流至萌水口,水出西南甲山,东北径萌山西,东北入于陇水。陇水又西北至梁邹东南与鱼子沟水合,水南出长白山东柳泉口。山,即陈仲子夫妻之所隐也。《孟子》曰:仲子,齐国之世家,兄戴禄万钟,仲子非而不食,避兄离母,家于於陵,即此处也。其水又径於陵县故城西,王莽之于陆也。世祖建武十五年,更封则乡侯侯霸之子昱为侯国。其水北流注于陇水,陇水,即古袁水也。故京相璠曰:济南梁邹县有袁水者也。陇水又西北径梁邹县故城南,又北屈径其城西。汉高祖六年,封武虎为侯国,其水北注济。城之东北,又有时水西北注焉。"②

据上引,陇水发源于离贝丘县域五十里外的齐长城山区,这一带山区是诸水发源地、分水岭的原山山系,淄水发源于原山,陇水发源于博山。般水为陇水支流,般水之阳的般阳城已确定为东清河郡郡治及贝丘县,据上引《水经注》所云,贝丘县以下的陇水所经之地,分别可以考定为东广川郡武强县、东平原郡郡治及其所辖平原县、鬲县,其中武强县已为房氏选作新居住地。因此,有陇水流经的东绎幕县,只能在贝丘县以南的陇水上游。杨守敬《历代舆地沿革图》及谭其骧《中国历史地图集》第四卷正将东绎幕县标示于般阳城以上的陇水上游,据此可以确定东绎幕县的东、南部的政区界岭当为陇水发源之博山,南部政区边界线为齐长城遗址沿线。

上引《水经注》提到陇水与发源于甲山的萌水相汇。甲山,顾祖禹《读史方舆纪要》在"淄川县"条下记云:"夹谷山,县西南三十里。一名祝其,又谓之甲山。其阳即齐鲁会盟处,萌水出焉。《左传》定十年'公会齐侯于祝其,实夹谷',即此地也。"又在"淄水"条下注云:"明水,亦曰萌水,出县西南夹谷山,东流入于泷水。"③明水流经明水镇后下注入陇水。据此,王仲荦

---

① 乐史撰,施和金点校:《太平寰宇记》卷十九,第377页。
② 郦道元撰,陈桥驿点校:《水经注》卷八,第132页。
③ 顾祖禹撰,贺次君等点校:《读史方舆纪要》卷三十一,中华书局,2005年,第1469—1470页。

先生考证云："按陇水即今氾阳河,流入萌水,萌水即今明水,今章丘县驻所明水镇。是绎幕当侨置在今淄博市西南旧淄川县之西境也。"①甲山是陇水支流明水的分水岭,当时属侨贝丘县,按古代"山川形便"之疆理原则,甲山亦当是东贝丘县与在其南的东绎幕县的界山。由此可以确认,东绎幕之东部政区界标之一是甲山。

关于东绎幕的西部界域,人们对房彦谦墓志中其本乡在"亭山县赵山之阳"的地理标示信息未予充分重视。《元和郡县图志》云:"亭山县,上。西北至州九十里。本汉东平陵县地。宋于此置卫国县,属顿丘郡。隋开皇六年,改为亭山县,属齐州。县东南有亭山,因以为名。""长白山,在县东北六十里。""百脉水,出县东北平地,水源方百余步,百泉俱出合流,故名之。"据此可以看出亭山县——侨卫国县位于州治济南历城的方位与距离。发源于长白山柳泉口的鱼子沟水注入陇水下游,长白山为陇水之分水岭,其东北政区界以长白山为标志与武强县、贝丘县分隔。位于县东北方向的长白山已是陇水中下游,则其作为亭山县标志的东南界山亭山,自然应是亭山县与陇水上游地域的分界标志,位于陇水上游的正是东绎幕。由此可以确认东绎幕的位置在亭山以南。赵山在亭山县西南六十里,"山有四峰对峙,下可通行,俗名四门山。其相近者曰虎山,积石巉岩,状若虎踞,山半有拔注泉。又冶山,在县西南六十里。唐时冶铁于此,因名"②。于此可知赵山为县之西南界,赵山之阴为卫国县,其阳则为东绎幕县。

综上可知,东绎幕县所辖地域,东界陇水,西界赵山,是一个夹于博山、甲山、亭山、赵山一线与齐长城遗址之间的狭长地带,其北界从西到东依次与当时的济南历城、卫国、土鼓、武强、贝丘等县为邻。东绎幕县东部政区边界与今日淄川县境属东西相邻的关系。

房氏宗人所居的赵山之阳,即位于东绎幕县西端与济南历城相接的地方,即今济南历城彩石乡。赵山之阳是为中古时期东西大道所必经,严耕

---

① 王仲荦:《北周地理志》,中华书局,1980年,第748页。
② 顾祖禹撰,贺次君等点校:《读史方舆纪要》卷三十一,第1465页。

望先生已详细考订其时东西大道"当行于山南亭山境内,略如今胶济铁路也"①。同时此地亦是南北交通莱芜古道线所必经,这样便利的交通位置,正符合当初房谌来济南时对交通的要求。现在的问题是,赵山之阳何时归了亭山县?

前文已提到北魏孝昌(525—527)末高翼乘乱聚众河、济间而朝廷为之设东冀州,这在当时并不是一个个案,而是朝廷安抚地方豪右的一项政策措施。随着魏末大乱,豪杰并起,为安抚群豪,朝廷就不断地增设州郡县,其必然结果是各地州郡县数目膨胀、官吏人员增加。随后的东魏、北齐因循而未能改,导致地方行政日益混乱。其混乱之情形,正如之后北齐文宣帝高洋所云:"纲纪从兹而颓,彝章因此而紊。是使豪家大族,鸠率乡部,托迹勤王,规自署置。或外家公主,女谒内成,昧利纳财,启立州郡。离大合小,本逐时宜,剖竹分符,盖不获已。牧守令长,虚增其数,求功录实,谅足为烦,损害公私,为弊殊久,既乖为政之礼,徒有驱羊之费。自尔因循,未遑删改。"②掌控地方郡县的地方豪右势力隐隐然与朝廷分庭抗礼,形成地方对朝廷的实际分权,不仅使朝廷政令不畅,而且官员俸禄也已成为官府沉重的财政负担。为改变这种状况,高齐皇廷决定精减郡县,以抑制地方豪杰势力的发展。北齐天保七年(556)十一月,高洋下诏并省州郡县,共并省三州、一百五十三郡、五百八十九县、二镇及二十六戍。据侯旭东的测算,至少会有34 000名官吏因此次并省丢掉官位而"下岗"③,地方豪右因此丧失了大量的进身机会,其在郡县范围内的影响力遭到较大削弱。所以裁并州郡县是当时北齐高氏皇权与地方豪右的一次权力博弈,旨在削弱地方豪右郡县势力以达到"强干弱枝"的目的。所谓"强干弱枝",即保障以高氏为核心的代北嫡系豪右集团的力量发展而削弱所依附的晋赵、幽冀、青齐系山东汉族豪右势力。除了极少数融入代北集团核心的山东士族如博陵崔氏等外,绝大多数山东汉族豪右势力都受到了打击,山东汉族地方豪右因

---

① 严耕望:《唐代交通图考》(中原东通海岱辽东新罗道),第2003页。
② 《北齐书》卷四,第62—63页。
③ 侯旭东:《地方豪右与魏齐政治——从魏末启立州郡到北齐天保七年并省州郡县》,《中国史研究》2004年第4期,第55页。

此丧失了对高齐王廷的认同而群体性地走向了对立面,以致出现了"周武帝平齐,山东衣冠多迎周师"①的倒戈情形。

既然合并郡县是朝廷打击地方豪右的一种手段,而郡望又是豪右们据以"高自标置"的根本,所以在合并的过程中,高齐朝廷就采取了将豪右们所依托的原郡望县直接罢废而将其并入声望不显的郡县中,这样豪右们的郡望就失去了落实的基础。尽管北齐旋亡,但之后的北周、隋朝同样本着打击山东地方豪右势力的目的,延续了这种地望架空、割归它邑的做法,所以到唐朝时山东旧姓豪右势力已然不振,史籍称其为"累叶陵迟"。在上述的政治背景下,掌控青齐郡县地域势立已达一百五十余年之久的清河房氏、崔氏、张氏等地方豪右,自然是高齐朝廷所要打击的对象,由此在天保七年举行的大规模州郡县省并中,东清河郡郡、县皆废就是情理中事。北齐天保七年(556),并东清河、东广川、东平原三郡为东平原郡,东清河郡郡、县并废。

东绎幕县被废后如何处理?目前史籍缺乏明确记载,但也并不是无迹可寻。为瓦解房氏等人的乡里势力,东绎幕县所领各乡里应当是进行了割置归并处理,虽然史籍没有记载具体的归置情况,但可以确认的是其东部陇水之域的乡里当是割归了淄川县,而其西部赵山之域的乡里并入了卫国县。卫国县郡望不显,史籍中也没有提到这里有过势力强劲的郡姓,所以当时已有建制的邻近县都割归了它。《隋书·地理志》齐郡亭山县条下提到了这次合并:"亭山,旧曰卫国,后齐并土鼓、肥乡入焉。开皇六年(586)改名亭山。"土鼓县、肥乡县并属侨东魏郡,为卫国县东、西两端的邻县。土鼓县在淄川县西五十里,与卫国县、东绎幕县相邻,《水经注》云"百脉泉出土谷城西",土谷城,即土鼓城。肥乡县"当侨置在今济南市之东北之章丘县之西境"②。卫国县的这次合并是比较典型的"并小为大",且其郡望不显,正符合中央皇廷打击地方豪右之意,由此,必须被割置归并的房氏所在的东绎幕县,不可能于其原地另置新县,就只能是就近并入了与其东西长

---

① 《隋书》卷七十四,第 1692 页。
② 王仲荦:《北周地理志》,第 744 页。

相若的邻县卫国县,于是原先的"东绎幕县赵山之阳"就演变成"卫国县赵山之阳",至隋朝更"卫国县"之名为"亭山县",于是就有了"亭山县赵山之阳"。唐朝因之,所以到房玄龄为其父迁葬时,唐代的李百药记叙其家乡的墓地方位,就只能说"安厝于本乡齐州亭山县赵山之阳"。

综上所考,齐州房氏之祖籍为清河东武城,其本贯为东清河绎幕县,其乡里则为赵山之阳。

至于房玄龄本人的里籍,准确地说应当是济南历城。因为其祖籍虽为清河东武城,其本贯为东清河绎幕县,其乡里为赵山之阳,但其本家却居在历城,家与乡乃是分离的。这乃是当时地域上政治生活方式所导致的一种必然现象。当时地方豪右把持郡县权力的方式是在乡里发展出庞大的宗族力量作为后盾,利用其地域影响力迫使州郡长官署其为僚佐,通常是主簿一职。豪右首脑人物任职于州郡能更好地维持、保障其家族的发展,但又必须离开乡里到州县治所所在地就任,这就形成了地方豪右首脑人物的村居与城居生活,由是其家与乡常处于分离状态①,到了唐代以后由于科举等选官方式的变化,家与乡的分离更是常态化,终至于家与乡完全分离,只有城居的市民阶层于是乎出现,迎来了唐宋变革期。仔细考察房玄龄系的宗支脉络,可以发现房玄龄这一支系其实一直是城居的,而其本乡只是其家族基础而已,由此我们可以肯定房玄龄之里籍实应为今济南历城人。

尽管史籍流散,风物沦替,房玄龄家族在济南生活的遗迹不存,但数百年发展的房氏之影响巨大,文献中还是留下了唯一的他们在济南城居生活的足迹——历城房家园。

> 历城房家园,齐博陵君豹之山池。其中杂树森竦,泉石崇邃,历中被褉之胜也。曾有人折其桐枝者,公曰:"何谓伤吾凤条!"自后人不复敢折。公语参军尹孝逸曰:"昔季伦金谷山泉,何必逾此?"孝逸对曰:"曾诣洛西,游其故所。彼此相方,诚如明教。"孝逸尝欲还邺,词人饯

---

① 参见〔日〕谷川道雄:《中国中世社会与共同体》之《六朝时代城市与农村的对立关系——从山东贵族的居住地问题入手》,中华书局,2002 年,第 286—315 页。

宿于此。逸为诗曰："风沦历城水，月倚华山树。"时人以此两句，比谢灵运"池塘"十字焉。①

齐博陵君豹，即前列房氏世系图中的第六代人物房豹，他曾任北齐博陵太守，以清静无为之旨理政，政声隆盛，因此人称"博陵君"，房家园即其修造。房豹自诩房家园超逾石崇的金谷园，风景秀美，所以直到晚唐时还被称为历城中景象最胜的风景地。尹孝逸夜宿房家园，诗兴勃发，于此写下了堪比谢灵运"池塘生春草，园柳变鸣禽"的写实诗："风沦历城水，月倚华山树。"华山即华不注山，自先秦直到宋代，华山周边的生态环境都保持得很好，是著名的风景胜地，《水经注》记云："华不注山单椒秀泽，不连丘陵以自高；虎牙桀立，孤峰特拔以刺天。青崖翠发，望同点黛。山下有华泉。"②尹孝逸诗中的历城水，当是华山脚下的莲子湖，"历城北二里有莲子湖，周环二十里，湖中多莲花，红绿相间，乍疑濯锦"③。莲子湖畔为当时官私宴集之所，则此房家园在历城北莲子湖畔可以看到华不注山的地方。房家园只是房氏在历城的私家观赏花园，居家住所自当别有所营，其规模想来足以与房家园相称，是为房家大院，其方位当在历城城区北部。

名门望族在其出仕期间，"他们在中央、地方行政机关所在地的城市拥有住所"④，过着城居生活，一门数代长期为官者更是如此。前引《房彦谦碑》文云："高祖法寿，宋大明中（457—464 年）州主簿、武贲中郎将、魏郡太守，立功归魏，封庄武侯，使持节龙骧将军、东冀州刺史。薨，赠 前 将 军 、青州刺史，谥蔺侯，《魏书》有列传。重价香名，驰声南北，宏材秘略，兼姿文武。曾祖伯祖，州主簿，袭爵庄武侯，齐郡内史、幽州长史、仍 行州事，衣 锦 训俗，露冕怀戎，累仁义而成基，处脂膏而不润。祖翼，年十六，郡辟功

---

① 段成式：《酉阳杂俎》卷十二，中华书局，1981 年，第 114 页。
② 郦道元撰，陈桥驿点校：《水经注》卷八，第 130 页。
③ 段成式：《酉阳杂俎》卷十二，第 107 页。
④ 〔日〕谷川道雄：《中国中世社会与共同体》之《六朝时代城市与农村的对立关系——从山东贵族的居住地问题入手》，第 310 页。

曹,州辟主簿,袭爵庄武伯,宋安太守。居继母忧,庐于墓次,世承家嫡之重,门贻旌表之贶。乡闾之敬,有过知耻;宗族所尊,不 严 而肃。 父 伯熊,年廿,辟开府行参军,仍行 本 州清河、广川二郡太守事。"①房彦谦本人"郡三辟功曹,州再辟主簿"。从上引墓志及房熊"字子彪,本州主簿,生彦谦"②的记载可知,自房法寿、房伯祖、房翼、房熊至房彦谦,祖孙五代都曾在州治任主簿、参军等要职,尤其主簿一职,几同世袭,则房法寿嫡传一脉必然要在齐州治所历城自营私宅,过着城居生活,而上述房家园的营建只不过是房氏城居生活之一斑。当然居住于历城的这一房支在其乡里赵山之阳也有相应的旧宅,房崇吉在升城抵御魏军失败,"遂东归旧村"、"奔还旧宅"③,这说明房氏与当时其他士族一样有着"双家制"的生存方式。这种双家生存方式通过不时省亲和"每四时与乡人父老书相存慰"④,与乡里宗族保持着较为密切的联系。"'双家制'的存在,在一定的时期保证了世家大族的社会根基,使其不致因某些突发性的变乱而举族覆没。"⑤但从房氏在历城修建大规模花园的情形看,其乡村旧居也只不过是在省亲或者城居不如意短暂回归乡里时方才用到。

　　可以确定的是,齐州房氏房彦谦、房玄龄一系自房谌以来实是济南城居。《隋书》房彦谦本传云:"彦谦早孤,不识父,为母兄之所鞠养。"照此标点断句所示,房彦谦由其舅舅鞠养,有可能是其父房熊过世后,其母亲在其幼时曾暂时归省本族。但据《房彦谦墓志》,房彦谦昆季七人,其行六,在其下尚有一幼弟,所以上文正确的标点应是"为母、兄之所鞠养",即其父亡后,由其母亲和长兄将其养大,到十五岁时才过继给叔父房子贞。即使是由其舅父鞠养,但及其稍长,房彦谦就应该已回到了历城,因为其七岁前的幼年教育是由其长兄房彦询辅导完成的,"长兄彦询,雅有清鉴,以彦谦天性颖悟,每奇之,亲教读书。年七岁,诵数万言,为宗党所异"。子侄定省长

① 董诰等编:《全唐文》卷一百四十三,第 1448 页。
②《新唐书》卷七十一,第 2398 页。
③《魏书》卷四十三,第 975 页。
④《魏书》卷五十七,第 1264 页。
⑤ 陈爽:《世家大族与北朝政治》,中国社会科学出版社,1998 年,第 203 页。

辈,是古代宗族生活的一个重要内容,房彦谦"事伯父乐陵太守豹,竭尽心力,每四时珍果,口弗先尝"①。十八岁起房彦谦在历城任职主簿,又能以四时珍果随时定省其伯父房豹,这一切只能说明房豹、房彦谦生活在当时的历城房家大宅园。房彦谦既家于济南历城,则其子房玄龄的出生、成长地只能是其家历城,房玄龄乃今济南市历城人也。前引唐代房氏后人墓志也明确记叙自己的家乡是济南,"十代祖谌,南燕广平郡守。随燕南度,遂居于齐,今为济南人焉。自后汉尚书令司空公讳植,十有八代,累侍金闺,咸分虎竹,焜煌簪组,炳耀台阶"②。房玄龄直系家族居住在济南已无疑问。

至此,多家史书不同的记载看似矛盾,实则统一。房谌纠集族人乡党随慕容德南下,从东武城迁到了齐州,并且运用南燕政权赋予南渡北豪的"迁萌"特权安置宗党乡人于东清河郡东绎幕县之赵山之阳,其地在今历城西彩石乡。而房谌本人则因官离开乡党族居之地应职于州府,遂别营私宅于历城,形成"双家制",乃有自房谌至房玄龄直系子孙城居一脉。故《北史》云房氏"遂为东清河绎幕人焉",而《魏书》直记为"清河绎幕人也",盖初置此侨郡县之时,郡县名之前本就无"东"字。称房玄龄"齐州临淄人",不过是唐宋时人复指州郡名籍而已,其家于济南在唐代当是人尽皆知,故《新唐书·宰相世系表》云其家"因居济南"。家居济南的房氏宗支财力雄厚,其于历城近郊自置有私家墓地。所以房彦诩、房夷吾父子迁葬于其私家墓地之所——历城东原(今济南市历城区姚家镇原济南市砖瓦二厂)③,而房彦谦乃系房玄龄奉御敕迁葬,此乃是古代最为光宗耀祖之事,所以迁葬于赵山之阳——乡里族人墓地,以供族人乡党观瞻,扬其家族声威而已。

房谌一系房氏族人的家乡在赵山之阳,墓地在赵山之阳,这一事实由房玄龄的从叔房仁裕"归乡葬母"一事再次得到确证。

房仁裕的祖辈与孙辈后裔情况,尽管史籍缺载,但依靠碑铭文字补充

①《隋书》卷六十六,第1561页。
②周绍良主编:《唐代墓志汇编》,第1493页。
③参见房彦诩、房夷吾父子墓志,录文见吴钢主编:《全唐文补遗》第七辑,三秦出版社,2000年,第240—241页。

后仍可以完整列出。崔融《赠兵部尚书房忠公神道碑并序》云其"祖敬道，官至司空府集曹参军"①。《唐故岐州司仓参军房公墓志铭》云："公讳宣，清河人也。曾祖子旷，隋常州别驾；祖仁⃞裕，皇赠兵部尚书；父先质，皇银青光禄大夫、赠兖州都督。公兖州府君第四子也。解褐千牛洛州参军，补武卫仓曹、尚乘直长、岐州司仓。……有二子：都、宁。以其年十一月，权窆于洛阳邙山之原，礼也。"②《大唐法云寺尼辩惠禅师神道志铭并序》云："禅师释名辩惠，字严净，俗姓房氏，清河人也。家声世德，前史递书。曾祖父皇金紫光禄大夫、卫尉卿、赠兵部尚书、清河忠公，讳仁裕。王父皇银青光禄大夫、冀州刺史、胶东成公，讳先质。烈考皇朝太子文学，讳温。"③《大唐故章怀太子并妃清河房氏墓志铭》："妃清河房氏，皇朝左领军大将军卫尉卿赠兵部尚书仁裕之孙，银青光禄大夫、宋州刺史赠左金吾卫大将军先忠之女也。"④至此，房仁裕这一支系得碑铭文字补阙之后，其世系排列如下。

第一代：始迁济南的房谌。

第二代：名字已失载，为房裕之外的三祖之一。

第三代：房元庆，曾任七郡郡守。

第四代：房爱亲，曾率勒乡部为其父亲报仇。

第五代：房景远，曾任齐州主簿。

第六代：房敬道，开府参军事。

第七代：房子旷，曾任常州别驾。

第八代：房仁裕，贞观九年（635）唐太宗赐授房仁裕母"清河太夫人"，永徽三年（652）房仁裕受唐高宗敕归乡葬母。

《唐陇西李氏清河太夫人之碑》记云："大将军房仁裕母亡，丧事所须，并宜官给。仍令东宫五品一人检⃞校凶事，并赐布绢各二百段，珠玉⃞⃞⃞⃞⃞。时盛暑，日给冰数石。"⑤永徽三年（652）二月，房仁裕归乡葬

① 周绍良主编：《全唐文新编》，吉林文史出版社，2000 年，第 2501 页。
② 周绍良主编：《唐代墓志汇编》，第 1502 页。
③ 周绍良等主编：《唐代墓志汇编续集》，上海古籍出版社，2001 年，第 657 页。
④ 周绍良主编：《唐代墓志汇编》，第 1130 页。
⑤ 《唐文拾遗》卷六十三，中华书局，1983 年，第 11075 页。

母,唐高宗御敕:"前左领军府大将军房仁裕,既还乡葬母……人力传乘等,务使周济。至乡之日,仍赐米粟各二百石,多给人力。"①房仁裕既蒙唐高宗御敕归葬其母,此乃是与当初唐太宗御敕房玄龄迁葬其父一样光宗耀祖的事,所以将其母归葬于乡里族人墓地——赵山之阳,并立碑铭颂此事。该碑铭今亦名《清河太夫人碑》,立于《房彦谦碑》东 500 米左右,今已碎为七片。

今日仍耸立于赵山之阳的两方齐州房氏碑,齐州房氏完整的世系资料,皆可供我们清楚地断定清河齐州房氏支系的传承关系,而他们的活动情况也清楚地表明:齐州房氏宗人的里籍就在赵山之阳,房玄龄支系城居于济南城,是唐代的齐州临淄郡人,与青州临淄城了然无涉。房仁裕、房玄龄叔侄奉敕归乡葬亲于赵山之阳,这表明当时齐州房氏的里籍在于何处是朝野皆知的,故唐人林宝于《元和姓纂》中明确地记载"陵四十八代孙雅,王莽末为清河太守,始居清河。雅十九代孙谌,随慕容德南迁,因居济南郡"②。"齐州济南郡,县六:历城、章丘、临邑、长清、禹城。"③"青州北海郡,县七:益都、临淄、千乘、博昌、寿光、临朐、北海。"④齐州临淄郡——即齐州济南郡,与青州的临淄城——今日之淄博市了然无涉。

临淄,即今山东淄博的确有房氏,但非清河齐州房氏,是为清河齐郡房氏,属青州,指称其地郡望以"齐郡之临淄县"相称,如清河张烈居于临淄,"曾祖恂,散骑常侍,随慕容德南度,因居齐郡之临淄县"⑤。

北京图书馆藏拓北齐《处士房周陁墓志铭》云:"处士房周陁,字仁师,齐郡益都县都乡营丘里人。君东秦之名士也。器寓淹弘,宫墙渊邃。乡党未有量其边幅,朋交不能测其浅深。巍巍然若剑阁之干云汉,汪汪也似洪波之在薮泽。而心无是非,怀忘彼我,是以士友见之者,解贫忧,祛鄙恡。若斯之善,宜假□□年,纪纲天地。何期云电无恒风飘疾,春秋卅有五,以大齐河清三年九月十三日卒于营丘里。天统元年十月廿四日癸酉窆于鼎足

---

① 《唐文拾遗》卷六十三,第 11076 页。
② 林宝撰,岑仲勉校记:《元和姓纂附四校记》,第 591 页。
③ 《新唐书》卷三十八,第 992—993 页。
④ 《新唐书》卷三十八,第 994 页。
⑤ 《北史》卷四十五,第 1674 页。

山之阳……其铭曰：冠盖淄川，风流稷下，道逾邴郑，名超终贾。邑传孝节，乡称儒雅，匹鸟于凤，方骥于马。人同金箭，□等兰荪，情高志洁，心直貌温。朋因淡久，交以素存，江湖相望，得意忘言。风飘泫露，尘飞弱草，百年一□，□甄□老。没而不队，德音为宝，铭石泉音，用申交道。房仁墓志记铭之。"①

隋唐之际有齐郡房彦藻，为李密的主要谋士、大将及右长史，后从李密归唐，在游说窦建德归降的返途中被贼帅王德仁杀害，时人称其为清河公。② 齐郡清河公房彦藻，可能是来自河南房氏的宗支，一是其豫于杨玄感事变，"前宋城尉齐郡房彦藻，自负其才，恨不为时用，预于杨玄感之谋。变姓名亡命，遇密于梁、宋之间，遂与之俱游汉、沔，遍入诸贼，说其豪杰"③；二是其曾为李密"说下豫州，东都大惧"④，则其家族影响力当在河南豫州。房彦藻有《为李密檄窦建德文》一文，附录于下以资参考。

公逸气纵横，鹰扬河朔，引兰山之骁骑，驱易水之壮士，跨蹑燕齐，牢笼赵魏，好通戎夷，声振华夏。昔隗嚣之居陇上，非不险也；项籍之据彭城，非不强也。然而援无所恃，躬违历数，遂使楚徒歔欷于垓下，秦泥不封于函谷。故托身得地，窦融保西河之功；协契非人，刘表丧汉南之业。魏公英雄电逝，类晨风之拂北林；率土星奔，甚涓流之赴东海。今隋主拘囚于世充，身制于朱粲，白旗之首已悬，乌江之船未舣。去月二十日，总管兵马，会同黎阳，莫不投盖蒙轮，贾勇求敌，远怀归义，分讨不庭。公能观火鹿台，枉道垂报，或以冀方犹梗，愿协力齐盟，南临则黄河可清，北指则幽云自卷。公之远度宏规，高勋茂绩，必将俯盼伊吕，吞并韩彭，自余碌碌，复何足数？烽燧尚警，干戈未戢，想军旅之事，各有司存，指踪之劳，无疲于明镜也。内怀悃款，形于翰墨，情之所寄，言不能适。⑤

① 赵超：《汉魏南北朝墓志汇编》，天津古籍出版社，2008 年，第 430—431 页。
② 董诰等编：《全唐文》卷一百三十二，第 1335 页。
③ 《资治通鉴》卷一百八十三，第 5709 页。
④ 《隋书》卷七十，第 1628 页。
⑤ 董诰等编：《全唐文》卷一百三十四，第 1356 页。

第二章

时局与齐州房氏之宦海浮沉

大自然独惠于山东齐鲁之地。在一望无涯的黄淮大平原上,兀然耸立泰沂山系。源起于泰沂山系的汶、泗、沂、沭、淄、猕诸水,呈辐射状分别注入黄河、淮河及渤海、黄海的莱州湾、胶州湾。这一切让齐鲁之地具有了黄淮平原其他区域所不具有的"负山、凭海、枕河、顺流"的地理特征,这个独有的地理特征使山东之地成为黄淮海平原东部少有的形胜地区:北有黄河天堑,南有淮泗之阻,中有泰山、大岘山、穆陵之险,而且更为关键的是:在南、北、中诸险阻之间又有广阔的平原丘陵形成梯级纵深回旋腹地,在这片回旋腹地上,丘原地区以农桑、山海地区以盐铁的生产结构,不仅生产门类齐全,而且物产丰赡。以此形胜、富赡之地为根基,可以南控江淮、北制幽冀、俯瞰中原,进攻退守皆宜,实是平安时期控扼黄淮海平原、战乱时期布局天下的理想之地,自古即"谓用武之国"①,山东之地可谓治世重镇、乱时剧地,以守则一方之雄,以攻则天下之主。斯土之奇奥,自然是南北纷乱之时南北双方政治力量势所必争的战略地区,山东之地的行政辖属因之轮替无常。

　　齐鲁之人仁义,讲仁义的文化传统与"郁郁乎文哉"的周礼宗法典章相融汇而催生了以"经世济俗之略"为务的儒学,齐鲁之地自此敦儒成俗,"天下并争于战国,儒术既绌焉,然齐鲁之间,学者独不废也"②。齐鲁英杰因此沛然雄出,儒风绵绵,虽遭秦火而不灭,汉初的五经七家八位传经大师,齐

---

① 《晋书》卷一百二十七,第3166页。
② 《史记》卷一百二十一,第3116页。

鲁之地居五经六家,隐然独大。儒文化在齐鲁的流传与优势,使得"出身于齐鲁地区的'汉兴'以来'卿相'固然相当多,其他在历史上有突出表现的文化明星,也在这里结聚成耀眼的星团"①。以儒学为基础的山东文化星团与汉代"以经治国"的方针交相影响,齐鲁大地遂产生出一批批具有深厚文化基础的世家大族,进而演化成为魏晋门阀士族,"士族的发展似乎可以从两方面来推测:一方面是强宗大姓的士族化,另一方面是士人在政治上得势后,再转而扩张家族的财势。这两方面在多数情形下当是互为因果的社会循环"②。"北上重同姓,谓之骨肉,有远来相投者,莫不竭力营赡,若不至者,以为不义,不为乡里所容。"③山东儒生多以经学起家,世代为官,置办产业,扶持宗党,传徒授学,形成家族在地域政治、经济、文化上的雄厚势力,齐鲁之地英杰辈出。再加上青齐"尚武勇"的地域人文传统,山东地域上几乎每个士族家族都拥有可以左右所在地域发展态势的强大势力。青齐徐兖籍士族据山东形胜之地,当魏晋南北朝纷乱之机,其俯仰去就甚至可以影响到南北朝之发展局势。

山东区域行政辖属轮替无常,士族地域势力俯仰去就各有所异。随着齐鲁之地行政辖属的轮替,俯仰去就之中,政治机缘产生变化,齐州房氏的宦海历程不由自主地经历了三起三落。

第一节　从南燕到刘宋
——齐州房氏宦途的第一次起落

西晋永嘉之乱,齐鲁之地青徐兖籍一大批士族随着司马睿南渡建立了东晋,他们"入主中枢,把持朝政,长期控制东晋朝廷禁卫军权以及地方重要方镇的军权,在一定时期左右着东晋政局,影响着东晋政权的建立、发展

---

① 王子今:《秦汉区域文化研究》,第52页。
② 余英时:《士与中国文化》,上海人民出版社,2003年,第197页。
③ 《宋书》卷四十六,第1391页。

和稳固,是活跃在东晋政坛上的一支不可小觑的政治力量"①。永嘉南迁的青齐兖籍侨民在南朝晋宋时期形成了著名的京口集团。由于青齐徐兖地域原有士族南迁,青齐地区土著地域势力大为减弱,这为其他地域政治势力的迁入与控制留下了相当大的发展空间。在之后的十六国时期,先后统治青徐兖地区的政权有后赵、前燕、前秦、后燕、南燕,但这些先后入主的几股政权力量因为权力中心并不在青齐地区,没有在青徐兖地区形成稳定的地域势力,直到南燕在青齐地区立国,随之南迁的一批河北豪族以青齐之地为核心地区苦心经营,扎根青齐,才形成了之后著名的青齐土民集团,学界亦称其为青徐集团或者青齐豪族集团,清河房氏就是南迁齐州的青齐土民集团中的一员。

一、南燕立国青齐与齐州房氏豪强势力的形成

太元二十一年(396)八月,北魏主拓拔珪率军四十万南下攻打后燕。在北魏的猛烈攻击下,隆安元年(397)三月,后燕主慕容宝被迫放弃了他的都城中山(今河北定县),逃往龙城(今辽宁朝阳)。当时后燕宗室的元老重臣慕容德正率军驻守在河北重镇邺城(今河北临漳),慕容宝北奔后,一部分残留在河北境内的后燕势力遂逐渐聚集在慕容德的周围,形成了一个新的政治集团。当时在后燕政权中任太尉掾的清河房氏房谌,在去留之际,没有选择跟随慕容宝北奔龙城,而是选择加入以慕容德为首的新政治集团中。

对于聚集于邺城的慕容德新政治集团,北魏主拓拔珪先后派遣了拓拔章、贺赖卢两军前往合围攻击。其时慕容德的侄子慕容麟自义台逃奔到邺城,极力劝说慕容德趁魏军还未合围之前迁往滑台(今河南滑县东旧滑县城)与鲁阳王慕容和合兵增势:"中山既没,魏必乘胜攻邺,虽粮储素积,而城大难固,且人情沮动,不可以战。及魏军未至,拥众南渡,就鲁阳王和,据滑台而聚兵积谷,伺隙而动,计之上也。魏虽拔中山,势不久留,不过驱掠而返。人不乐徙,理自生变,然后振威以援之,魏则内外受敌,使恋旧之士

---

①　王蕊:《魏晋十六国青徐兖地域政局研究》,齐鲁书社,2008 年,第 256 页。

有所依凭,广开恩信,招集遗黎,可一举而取之。"①慕容德听从了慕容麟的建议,遂于隆安二年(398)一月"率户四万,车二万七千乘,自邺将徙于滑台",随即于滑台改元置百官,是谓南燕。慕容德始都滑台,"介于晋魏之间,地无十城,众不过数万",疆域极小,力量又弱。隆安三年(399)三月,原先投降于慕容德的苻广率所部反叛,"反侧之徒多归于广"②,已严重威胁到慕容德政权的安全,慕容德被迫率军出击苻广,命慕容和镇守滑台。

当时的情势是后燕未亡,南燕已立,所以仍有一些忠于后燕主慕容宝的臣子,原鲁阳王慕容和的长史李辩就是其中之一。李辩当初曾力劝慕容和接纳慕容宝,但慕容和没有听取李辩的建议,反而与慕容德结盟,故李辩一直在寻找机会反叛慕容德。趁慕容德出兵击讨苻广之机,李辩杀死慕容和反叛,以滑台之地投归北魏。虽然右卫将军慕容云旋即斩杀了李辩,并且将南燕将士们的家属二万余人带归慕容德处,但滑台城已失,慕容德陷入了"前有强敌,后无所托"的困境。

南燕君臣当生死存亡去留之际,大多数大臣认为应当夺回滑台,只有谋臣张华、尚书潘聪二人各持异议。张华建议夺彭城为根本,认为"彭城阻带山川,楚之旧都,地险人殷,可攻而据之,以为基本"。而尚书潘聪则认为应当夺取青徐兖地区、以广固为都立国才是上策。《晋书》卷一百二十七记其事云:

> 滑台四通八达,非帝王之居。且北通大魏,西接强秦,此二国者,未可以高枕而待之。彭城土旷人稀,地平无险,晋之旧镇,必距王师。又密迩江、淮,水路通溲,秋夏霖潦,千里为湖。且水战国之所短,吴之所长,今虽克之,非久安之计也。青、齐沃壤,号曰"东秦",土方二千,户余十万,四塞之固,负海之饶,可谓用武之国。三齐英杰,蓄志以待,孰不思得明主以立尺寸之功!广固者,曹嶷之所营,山川阻峻,足为帝王之都。宜遣辩士驰说于前,大兵继进于后,辟闾浑昔负国恩,必翻然

---

①《晋书》卷一百二十七,第3163—3164页。
②《晋书》卷一百二十七,第3165页。

向化。如其守迷不顺,大军临之,自然瓦解。既据之后,闭关养锐,伺隙而动,此亦二汉之有关中、河内也。①

潘聪之所以选择青齐地区作为南燕的立国之地,其理由正是由于青齐之地的形胜奇奥与三齐英杰的蓄志以待,足可以为立国之基!而他所说的三齐英杰其时之所以要"思得明主",是因为当时原来统治青齐地区的后燕势力受北魏攻击已退至龙城,尤其后燕未亡,南燕已立,青齐力量需要重新选择依附之主;后秦姚兴专注于西方,不及东部;北魏在攻退后燕之后,忙于巩固新占领的山西、河北之地,还需要全力抗击北方高车、柔然的侵扰,一时也无力南顾青齐;而南方的东晋政权此时陷于中央与方镇间的纠纷,荆、扬之争难解难分,桓玄、王恭等相继叛乱,东晋内乱不已,更是无暇顾及北方的青齐。一时之间三齐之地处于各方权力真空,正是陷入"前有强敌,后无所托"困境的慕容德的首选,但他兀自担心三齐之士的去留取向而犹豫不决,所以专程前往咨询正在泰山西北金舆谷昆瑞山弘法的沙门朗公。其时,青齐地区士大夫多是儒佛兼修,作为佛教领袖的朗公对南燕的态度颇能代表一批三齐之士的去留取向。朗公审时度势,认为潘聪之策确为南燕"兴邦之术",而且还为慕容德制订了夺取青齐地区的三步走策略:"宜先定旧鲁,巡抚琅邪,待秋风戒节,然后北围临齐,天之道也。"②朗公的态度表明了三齐之士的去留取向,也坚定了慕容德的决心。所以当慕容德进攻琅邪的时候,三齐之士大多望风影从,"(慕容)德进据琅邪,徐兖之士附者十余万,自琅邪而北,迎者四万余众"。后来攻青齐之地时,"诸郡皆承檄降于德",于是"东至海,南滨泗上,西带巨野,北薄于河"的齐鲁之地皆归于南燕统治之下,建平元年(400),慕容德在广固称帝,南燕正式统治齐鲁地区。太上六年(410),南燕为刘裕所灭,前后凡十年。

随着南燕政权在青齐地区统治的推进、确立,清河房谌"避地渡河,居于齐州之东清河绎幕焉"③。房谌在南燕任广平郡守。其时南燕始立国于

---

① 《晋书》卷一百二十七,第 3166 页。
② 《晋书》卷一百二十七,第 3166 页。
③ 《魏书》卷四十三,第 976 页。

齐,后燕未完全消亡,周围又列强环伺,"慕容氏流移不定,尚武轻文,因此在南燕政权中,鲜卑武人占据上风。封氏、韩氏等由于与慕容氏有长期合作的历史,才拥有一定的权位,而其他河北大族则受到各方的抑制、排挤,较少显赫,所以南燕时的青徐集团内部有着较为明确的分层"①。在这种情形下,曾在后燕中央任职太尉掾的房谌,在加入慕容德的南燕新政治集团后,显然被边缘化了,因此只能到地方上任郡守,未能进入南燕的中央权力核心。房谌居济南后,其膝下四子房裕、房坦、房邃、房熙,后世称之为齐州房氏"四祖",他们在南燕政权统治青齐地区的十年间是否任职,现已不得其详。"四祖"事迹不显,自然与房谌本人被边缘化后其家族在仕途发展上受到一定限制大相关联。

然而南燕十年,的确也是清河房氏衍生成齐州房氏的关键时期。尽管被权力核心边缘化,仕途发展不太顺利,但这并不妨碍房谌在齐州地域上发展家族势力。这是因为南燕政权虽然对随之南迁的河北大姓在政治上存有分层,但在经济上却与鲜卑武人一样没有差异,慕容德对南迁北人实行了"务在遵养"的政策,由此产生了包括房氏在内的一大批青齐豪族,并且这些豪族还继续维持着从河北原籍乡里以来就形成的姻亲关系,由此形成了共进退、互相扶持的青齐豪族集团。建平四年(403)尚书韩𧨳一通请求"清查户口"的上疏无意间揭示了南燕统治期间青齐豪族形成的过程:

> 陛下中兴大业,务在遵养,矜迁萌之失土,假长复而不役;愍黎庶之息肩,贵因循而不扰。斯可以保宁于营丘,难以经措于秦、越……而百姓因秦、晋之弊,迭相荫冒,或百室合户,或千丁共籍,依托城社,不惧熏烧,公避课役,擅为奸宄,损风毁宪,法所不容。②

在"务在遵养"的策略下,南燕政权"对'迁萌',亦即河北迁来的人,给予永远不服役的权利,这和东晋之待侨人一样。第二是对'黎庶',亦即当

---

① 章义和:《地域集团与南朝政治》,华东师范大学出版社,2002 年,第 30 页。
②《晋书》卷一百二十七,第 3169 页。

地人,则因循过去旧习,不加检查"①。利用政策赋予的特权,南迁青齐的河北豪强荫庇了大量的南迁侨人与当地土著居民,"当时最有资格荫庇人户的除了慕容部贵族之外,便是'迁萌'中的大族豪强,不仅准许免役的'迁萌'原是他们的宗族、门附,而且凭藉免役规定,使许多困于谋役的非'迁萌'的本地人也成为他们的私属,而且在合户共籍的办法下变成户内成员,从而也变成'迁萌'"②。在荫庇"迁萌"的特权下,各个南迁河北大族控制了大量人口,在青齐的地域势力得到了强力扩张。

南燕政权本质上是"以慕容德为首的后燕慕容部军事贵族残余势力和南迁青齐的河北豪族相结合的胡汉联合政权"③,居于绝对支配地位的慕容部军事贵族集团为拉拢随之迁徙的河北豪族,虽然对河北豪族的使用上存在着一定的分层现象,但同样的经济政治特权却赋予给了所有的河北豪族,上述"迁萌"特权只是其中之一。凭借南燕政权赋予的各种特权和军队支持,南迁的河北豪族广占土地、荫庇人口,迅速压倒了留居在青齐的土著豪强,成为青齐地域上的绝对控制力量。如清河崔氏到青齐之后,"世为三齐大族";清河傅氏南迁盘阳,"豪勇之士多相归附"。清河房氏这一时期自然也如崔、傅、张诸氏一样充分利用南燕政权所赋予的特权广占田地、荫庇人口,史称房氏在齐州"家有旧业,资产素殷"④,显然是受惠于南燕政权"务在遵养"政策的结果,清河房氏就此发展演变出齐州房氏一脉,齐州房氏豪强势力于此形成。

二、刘宋政权对青齐豪族集团的压抑

山东齐鲁之地虽是黄淮平原上少有的具有"负海凭山之险"的战略要地,但其地"以自守则易弱以亡,以攻人则足以自强而集事"⑤,因此,南燕建平六年(405)慕容德死后,继位的慕容超只能采取主动进攻的方式来谋取

---

① 唐长孺:《魏晋南北朝史论拾遗》,中华书局,1983 年,第 100 页。
② 唐长孺:《魏晋南北朝史论拾遗》,第 101 页。
③ 赵凯球、马新:《山东通史》(魏晋南北朝卷),第 60 页。
④ 《隋书》卷六十六,第 1566 页。
⑤ 顾祖禹撰,贺次君等点校:《读史方舆纪要》卷三十,第 1436 页。

进一步的生存空间。其时北魏方强，东晋内乱犹未完全止息，无力北顾，所以慕容超趁东晋内乱之机发动了针对东晋边境的一系列攻掠，《宋书·武帝纪》称慕容超"前后屡为边患"①。义熙五年（409）二月，慕容超遣斛谷提、公孙归等率军"大掠淮北，执阳平太守刘千载、济南太守赵元，驱略千余家"②。到这一年，东晋的内乱已基本上止息，面对南燕在边境地带上的不断侵扰，控制着东晋北府重兵的刘裕决意"抗表伐南燕"③。义熙五年四月，刘裕率舟师从建康溯淮入泗。五月，步兵进抵琅邪伐燕。

面对刘裕的进攻，慕容超既没有采取谋士们提出的"坚壁清野"的正确策略，也没有采取公孙五楼充分利用齐鲁地利优势攻防两宜的上策，而是采取了自弃天险、纵敌深入的下策，这就给了刘裕进攻上的极大便利。再加上刘裕所率领的北府军，其兵士的主要来源本是当初青、齐、兖三州因战乱南迁而侨居于晋陵的民户④，因此在伐燕战争中，北府军将士们皆有收复故土家园的强大动力，大都出谋划策，英勇奋战，势不可当，结果战争只进行了八个月，义熙六年（410）南燕就被攻灭了，从此山东归于东晋统治。十年后，元熙二年（420），刘裕代晋称帝，山东又在刘宋管制之下，直到北魏皇兴三年（469）慕容白曜平三齐，山东转入北魏控制之中，因此东晋、刘宋前后管辖山东近六十年，青齐豪族集团也在刘宋政权控制的半个世纪中进入了形成以来政治发展上的第一个低落时期，同时也是南迁青齐地区之后河北大姓彻底土民化的时期。

北府将士虽然戮力收复了故土，但青齐地区早已非他们昔日的天下，南迁的河北豪族已然填补了他们离开后留下的地域权力空间，唐长孺教授指出："青齐地区从南燕割据之日起，迁入了一批河北大姓。他们凭藉宗族和乡里关系控制同时南迁的人民，还利用'迁萌'免役的权利吸引当地破产农民，使大量外来的和本地的人民作为他们的荫户，所谓'门附'、'门生'。这样就构成了青齐地区最有势力的封建割据力量。南燕灭亡后，这个地区

---

① 《宋书》卷一，第 15 页。
② 《宋书》卷一，第 15 页。
③ 《资治通鉴》卷一百一十五，第 3613 页。
④ 田余庆：《秦汉魏晋史探微》，中华书局，2004 年，第 373 页。

几乎完全由几个大姓支配。"①

　　对于这批已经强大起来的地域割据力量,如何对待他们,刘裕及其集团自伐南燕之时起就已然相当纠结。南燕一灭,东晋及其后来代晋的刘宋政权在青齐地区就要面临直接与北魏对峙的局面,这一点刘裕在开始北伐时就已再清楚不过,因此刘裕必须考虑北伐成功后如何守卫青齐地区的问题。

　　刘裕是没有办法摆脱已然绝对控制青齐地区豪族们的制约的,因为他需要这批源于河北的青齐豪族利用他们的宗族势力来守卫青齐这一宝贵的战略空间。如果没有当地宗族势力的支持,即令夺得了这一地区,也必然是守不住的,这就是北魏的崔浩说"设令国家与之(指刘裕)河南,彼必不能守之"②的根本症结所在。因为河南之地的豪族南迁之后,刘裕并没有可资利用为之守土的地域豪族势力,即使北魏白给河南也守不住。既然要利用青齐豪族,不免要实行拉拢人心的政策,所以刘裕在攻南燕时,"抚纳降附,华戎欢悦。援才授爵,因而任之"③。刘裕的这一措施,确实使一部分青齐豪族看到自己的政治利益即使南燕灭亡也能在东晋那里得到一定保证,遂有一些南燕胡汉将领先后降服于刘裕。不仅慕容超倚为腹心的南燕尚书桓遵、其弟京兆太守桓苗逾城而出,率众归服刘裕,被慕容超派往后秦求援的尚书令韩范、左仆射张华、御史中丞封恺、尚书张俊以及善于制作攻城守城之具的尚书郎张纲等人,也先后投降了刘裕。刘裕灭燕,"河北居民荷戈负粮至者,日以千数"④,而那些一直被南燕政权边缘化或者说底层化了的河北豪族在刘裕的攻心政策下更是难见其为燕抗晋的身影,"在南燕被刘裕攻灭的过程中,除封氏、韩氏在朝中筹划经略外,很难看到青徐集团的踪影。这种情形说明:其一,青徐集团在南燕政权中虽具有支撑能力却没有受到足够的重视,其能量未能完全释放出来;其二,青徐集团虑及慕容氏不足依傍,处于蓄势待发的阶段;其三,南燕政局的混乱,阻断了青徐集团

---

① 唐长孺:《魏晋南北朝史论拾遗》,第103页。
② 《魏书》卷三十五,第817页。
③ 《宋书》卷一,第16页。
④ 《宋书》卷一,第16页。

的上升势头。这一切皆表明,南燕时的局势,还不具备青徐集团活跃于政治的充分条件"①。

虽然缺乏青齐豪族抗晋的身影,但实际上刘裕对已土民化的青齐河北豪族集团还是很不放心的,在攻克广固城后,刘裕就已动了杀机。

> 裕忿广固久不下,欲尽坑之,以妻女赏将士。韩范谏曰:"晋室南迁,中原鼎沸,士民无援,强则附之,既为君臣,必须为之尽力。彼皆衣冠旧族,先帝遗民;今王师吊伐而尽坑之,使安所归乎! 窃恐西北之人无复来苏之望矣。"裕改容谢之,然犹斩王公以下三千人,没入家口万余,夷其城隍,送超诣建康,斩之。②

刘裕虽听从韩范的劝说而没有对南燕君臣"尽坑之",但还是将慕容南燕的忠诚人士"王公以下三千人"杀光,将没入家口万余人赏给将士。司马光就此评论刘裕"恣行屠戮以快忿心"的做法使人寒心,"晋自济江以来,威灵不竞,戎狄横惊,虎噬中原。刘裕始以王师翦平东夏,不于此际旌礼贤俊,慰抚疲民,宣恺悌之风,涤残秽之政,使群士向风,遗黎企踵,而更恣行屠戮以快忿心。迹其施设,曾苻、姚之不如,宜其不能荡壹四海,成美大之业,岂非虽有智勇而无仁义使之然哉!"③

刘裕上述简单粗暴的做法,的确是低估了扎根于青齐已土民化的河北豪族与慕容氏之间的亲密联系,"早在前燕政权建立之前,河北士人就已和慕容氏结合在一起,并成为其政权的重要支柱。以后河北士人又支持慕容氏建立了后燕政权。后燕亡后,河北士人随慕容氏南迁青齐,建立南燕政权。所以,河北士族与慕容鲜卑渊源甚深,他们的南迁实非被动"④。正因为青齐河北豪族世代与慕容部贵族有着如此亲密的关系,即便是投降了刘裕的南燕将领,对面临失败命运的慕容部贵族也都还存着一丝保全之心,

---

① 章义和:《地域集团与南朝政治》,第30页。
② 《资治通鉴》卷一百一十五,第3627页。
③ 《资治通鉴》卷一百一十五,第3627页。
④ 韩树峰:《南北朝时期淮汉迤北的边境豪族》,社会科学文献出版社,2003年,第2页。

冀其能够活命,所以慕容氏的核心权臣韩范在投降刘裕后,当刘裕请求韩范去劝降南燕臣民时,韩范则婉转地对刘裕拒绝说"虽蒙殊宠,犹未忍谋燕"①。这批忠诚于慕容氏的核心青齐豪族后来到底也没能逃脱被杀的命运,"时克燕之问未至,朝廷急征刘裕。裕方议留镇下邳,经营司、雍,会得诏书,乃以韩范为都督八郡军事、燕郡太守,封融为渤海太守,檀韶为琅邪太守。……久之,刘穆之称范、融谋反,皆杀之。"②胡注云:"二人燕之旧臣,穆之恐其为变,故杀之。"

青齐豪族对慕容氏的亲密程度,恰如刘裕本人与北府兵团的亲密程度一样。而这一点,刘裕显然没有意识到。正是由于认识上的不足而导致采取的方法失当,刘裕没有做到让青齐豪族对他心悦诚服,双方间的嫌隙、隔阂在伐燕时已经形成,"青齐豪族与南朝政府之间自始至终存在着一定隔阂,从未有过北府兵和刘裕及雍州豪族和萧衍那种相濡以沫的密切关系。刘宋政权之亡及南齐国祚短促原因或有很多,但未曾得到青齐豪族的有力支持而导致其政权基础不稳肯定是一个重要原因"③。

但南燕灭亡后,随慕容氏南迁的河北豪族也没有选择北还河北原籍,只是因为其时统治河北地区的北魏鲜卑政权,其营造的政治、人文环境更加不利于他们的发展,"拓跋氏乘后燕之衰,蚕食并、冀,暴师喋血三十余年,而中国略定。其始也,公卿方镇皆故部落酋大,虽参用赵魏旧族,往往以猜忌夷灭。爵而无禄,故吏多贪默;刑法峻急,故人相残贼;不贵礼义,故士无风节,货赂大行,故俗尚倾夺。迁洛之后,稍用夏礼"④。"太祖定中山。(慕容)宝之官司叙用者,多降品秩。"⑤"慕容氏在魏者百余家,谋逃去,魏主珪尽杀之。"⑥所以,"当青齐豪族在南方政权中受到压抑时,北方的形势更不利于其发展。两害相权取其轻,这是青齐豪族在南燕政权灭亡后,虽

---

① 《晋书》卷一百二十八,第3183页。
② 《资治通鉴》卷一百一十五,第3628页。
③ 韩树峰:《南北朝时期淮汉迤北的边境豪族》,第41页。
④ 《魏书》"旧本魏书目录序",第3065页。
⑤ 《魏书》卷三十三,第778页。
⑥ 《资治通鉴》卷一百一十五,第3619页。

遭到刘宋政府压抑,但仍安居青齐,而不曾北返原籍的根本原因"①。由于只能在青齐地域上发展,迁青齐的河北豪族在青齐地域上的力量变得更加胶固,唐长孺教授因此指出:"刘宋统治青齐五十五年间是北迁豪强势力大发展和彻底土民化的时代。"②

但刘裕集团确实又不能放弃青齐地区,因为侨居晋陵的青齐徐兖北人所形成的京口团队在东晋、刘宋之时其实始终处于一种不安环境之中,他们需要拥有这一地区给他们提供归属感,"此不安因素可分内在与外在两部分,外在因素主要为北方动荡的局势;内在因素又可分为门第排挤以及与江南当地人的不相容,门第的排挤表现在社会阶层的无法改善与政治前途的有限性。而江南土著对北人素无好感,北人与南人的隔阂既难化解,则京口团队在南方的地方基础是没能成长、建立的,其生存的地域空间也就一直局限在京口一带而无法扩展。如此的社会环境,使他们与江南土地的关系疏离,一直无法有良好的结合,造成持久性侨寓式的土地感情。也因为持续的侨寓心态,北方家园的记忆与情感得以保存与留传,他们对南土的不归属感,在北方局势有机可为之时,就成了推动他们向北发展的动力。从这个角度才容易理解何以京口团队一直是东晋、刘宋北伐主力的原因。'军功'仅能解释他们出身的较佳途径,而恢复故园秩序的强烈动机,却是促使他们乐于投入这些军事行动的根本动力。由此也才能解释当刘裕掌权建立宋皇朝后,此时已无军事立功的需要,而他与其继承者仍努力地经略北方的原因了"③。

刘裕及其后继者既不得不经略青齐地区,又因与青齐土民集团的嫌隙隔阂而始终不放心,因此就决定了刘宋时期青齐人士在政治出路上始终受到刘宋中央系统的压抑而缺乏进身之路,"晚渡北人,朝廷常以伧荒遇之,虽复人才可施,每为清途所隔"④。形成于少数民族鲜卑政权之中、因被征

---

① 韩树峰:《南北朝时期淮汉迤北的边境豪族》,第 10 页。
② 唐长孺:《魏晋南北朝史论拾遗》,第 121 页。
③ 易毅成:《东晋、刘宋的北伐政策与黄淮之间的经营》,《台湾屏东师范学院学报》2001 年第 14 期,第 519—520 页。
④ 《宋书》卷六十五,第 1720—1721 页。

服而入于江左政权的青齐集团,属于晚渡北人,在"清途"被江左政权有意的阻隔之下,就只能长期在地方上充任下级僚佐,这种状况直到刘宋泰始五年(469)青齐地区被北魏占领时也没能有根本的改变,唐长孺教授指出:"南燕灭亡后,慕容部残余势力虽然消灭,这批豪强却没有动,宋朝依靠他们的武装力量来守卫这块土地。刺史虽也常常由建康委派外地人充任,太守以及军府、州、郡掾属却照例在崔、刘、房、王等豪强中选拔,这种选拔是根据他们的固有势力决定的。"①"青徐集团中除少数人因军功而得任用外,大部分湮没于统治集团的下层。"②整个青齐豪族政治命运如此,齐州房氏亦概莫能外。

在东晋及刘宋统治青齐地区的早期,房氏的确是湮没在统治集团的下层。齐州房氏第二代人物"四祖",仅只是留下了名字,宦海经历也与其他豪族一样被湮没了,至多也就是如同房法寿弱冠时那样"州迎主簿"③。由于受到刘裕集团的有意压抑,房氏第三代人物的仕宦也不突出。房经,即房法寿的父亲,墓志上所记的最高官职只是"菁县令"。菁县是当时济南郡所领六县(济南郡领县六:历城、菁、平陵、土鼓、逢陵、朝阳④)之一,其地在今山东济阳县西南。房元庆算是三代人物中的翘楚,在青齐地区做到了"七郡太守",房氏后人至今还引以为傲,撰宗祠对联"七郡太守擢司马,五经库房有鸿儒"以纪念前贤的业绩。

房元庆"仕刘骏,任七郡太守,后为沈文秀青州建威府司马"⑤。房元庆能在宋孝武帝刘骏期间任七郡太守,当与青徐集团在孝武帝争夺皇位时全力支持孝武帝有关。元嘉三十年(453)二月,太子刘劭因为害怕失去皇位继承权而谋杀了宋文帝刘义隆。同年三月江州刺史武陵王刘骏起兵讨伐刘劭,即皇帝位,是为宋孝武帝。在这次帝子夺位大战中,鉴于京口集团逐渐式微,青徐集团放弃了以京口集团为根基的太子刘劭,而理智地选择了

① 唐长孺:《魏晋南北朝史论拾遗》,第 103 页。
② 章义和:《地域集团与南朝政治》,第 37 页。
③《魏书》卷四十三,第 969 页。
④《魏书》卷一百六,第 2526 页。
⑤《魏书》卷四十三《房景伯传》。参王钦若:《册府元龟》卷八百九十六,第 10609 页。

以雍州豪族集团为基础的刘骏,青徐、雍州两大豪族集团的联合进取获得了成功,随着宋孝武帝刘骏的上位,青徐集团的政治命运较之在刘宋政权前期稍有改观,"他们从统治集团的底层逐渐上浮,越来越多地参与到政治生活中"①。在宋孝武帝时期,"青徐集团的主要人物大多任青徐守宰,以乡党部曲的势力守卫青徐,抵御外寇,平定内乱,维护了淮北的安全"②。房元庆能在宋孝武帝时任七郡太守,既表明齐州房氏确系青徐集团主要势力之一,也说明齐州房氏的地域力量在刘宋期间得到了进一步的发展。

但房元庆在孝武帝后期改任沈文秀青州建威府司马,其发展势头受到了明显抑制,这与孝武帝对青徐集团的整体压制方略有关。章义和教授对孝武帝时期青徐豪族主要人物的详细追踪表明:"孝武帝时期,担任青、徐、兖、冀刺史的青徐人物明显多于刘宋前期,说明此时青徐集团的势力有了较大的增长,有时甚至出乎孝武帝的意料。"③而面对青徐集团力量的日渐强大与参与政治,孝武帝既要利用他们来钳制雍州集团,防止雍州集团权重而尾大不掉;又要限制青齐集团的势力扩大后,超越雍州集团而威胁到自己的统治根基。各种势力并用,互相制衡,自古帝王之略,所以孝武帝在青徐集团发展到一定程度后,旋即对他们采取了裁抑措施,于是青徐集团的主要人物王玄谟、垣护之、申坦、刘怀珍等先后皆遭贬裁④,房元庆作为青徐集团主要人物之一,被明升暗降地由七郡郡守调任青州建威府司马也自然是情理中事。

房元庆在建威府司马任上被沈文秀所杀,这与他的政见立场有关。《魏书》卷四十三房景伯本传云:"祖元庆,仕刘骏,历七郡太守,后为沈文秀青州建威府司马。刘彧之杀子业自立也,子业弟子勋起兵攻之,文秀遣其将刘珍之率兵助彧。后背彧归于子勋,元庆不同,为文秀所害。父爱亲,率勒乡部攻文秀。刘彧嘉之,起家授龙骧将军。寻会文秀降彧,乃止。"⑤这段

---

① 章义和:《地域集团与南朝政治》,第41页。
② 章义和:《地域集团与南朝政治》,第41页。
③ 章义和:《地域集团与南朝政治》,第44页。
④ 详见《宋书》各人本传。
⑤ 《魏书》卷四十三,第976—977页。

记载表明,齐州房氏卷入了宋孝武帝死后的"义嘉之乱",房元庆因支持刘
彧阵营而被支持刘子勋阵营的沈文秀加害。作为齐州房氏第三代的杰出
人物,房元庆的政见立场显然代表了房氏家族的去留取向,故房氏的第四
代人物房法寿等一批从兄弟在"义嘉之乱"中选择了支持刘彧。

孝武帝为政时短,在位十年(454—464),后病死,其子刘子业即位,是
为前废帝。刘子业即位后,担忧其他帝子与其争位,于是滥杀戚属、大臣,
"凶悖日甚,诛杀相继,内外百司,不保首领"①,以至于"举朝惶惶,人人危
怖"②,景和元年(465)十一月,宿卫将士联合杀掉前废帝,拥湘东王刘彧即
位,是为宋明帝。同年十二月,江州刺史晋安王刘子勋在雍州集团的支持
下起兵对抗宋明帝。次年正月,刘子勋在寻阳称帝,改元"义嘉"。双方各
自纠集支持者武力相向,将刘宋统治阶层的各种势力全都卷入了进来,一
场"以刘彧为首的文帝系诸王和以晋安王刘子勋为首的孝武帝系诸王"为
争夺刘宋最高统治权的内战于焉展开,史称"义嘉之乱"。在青徐集团内化
生为两个派系,分别追随宋明帝和刘子勋,唐长孺教授指出:"宋明帝和他
的侄儿子勋皇位之争,在青齐实际上是所谓北豪的混战。"③

在这次分党混战中,列于宋明帝阵营的青徐豪族有太原王氏的王玄
谟、王玄邈、王玄载、王玄默;下邳垣氏的垣荣祖、垣历生;平原刘氏的刘怀
珍、刘怀恭、刘弥之、刘乘民;魏郡申氏的申谦;平原明氏的明僧暠;清河房
氏的房元庆、房法寿、房爱亲、房崇吉等;而列于刘子勋阵营的有清河崔氏
的崔道固、崔僧璒,清河傅氏的傅灵越,魏郡申氏的申阐、申令孙等。通过
追踪"义嘉之乱"中青徐豪族各人的动向,发现青徐豪族"在介入江左中央
政治时,大多选择了倒向宋明帝刘彧。王、垣、刘、房、明等豪族的结合,构
成了青徐集团的主力,而崔、傅、申等的势力要弱得多"④。站在刘子勋阵营
的青徐豪族主要依附于孝武帝时委派来青齐的刺史沈文秀、薛安都,他们
携部曲乡党家族势力入镇青齐,必然地与青徐集团产生冲突,但至明帝即

---

① 《宋书》卷七,第 146 页。
② 《宋书》卷五十七,第 1579 页。
③ 唐长孺:《魏晋南北朝史论拾遗》,第 92 页。
④ 章义和:《地域集团与南朝政治》,第 47 页。

位时,他们在青徐就任还不到一年,与青徐集团的关系远未磨合。因此,当
"义嘉之乱"时,只有一些想依靠外来刺史力量急欲抬升自己家族地域势力
的青徐豪族如崔氏、傅氏、申氏等选择了依托刺史加入刘子勋阵营。但青
徐集团的大多数家族则凭借自己的政治智慧,在选择依托对象时,宁愿选
择拥有政治智慧的成年雄主刘彧,而舍弃被雍州集团、晋安王长史等控制
的幼王刘子勋。这一分党,就决定了拥有青徐集团主力的王、垣、房、刘、明
等豪族在青齐地区的胜利。

通过"义嘉之乱"中的正确站队,齐州房氏迎来了他们在刘宋统治青齐
时期的发展高峰。以第四代杰出人物房法寿为代表的齐州房氏势力在这
次混战中都是很有作为的。房法寿"幼孤,少好射猎,轻率勇果,结群小而
为劫盗"①,房法寿从小养就的文武才能在义嘉分党混战中得到了充分展
示,"母亡岁余,遇沈文秀、崔道固起兵应刘子勋。明僧暠、刘乘民起兵应刘
彧,攻讨文秀。法寿亦与清河太守王玄邈起兵西屯,合讨道固。玄邈以法
寿为司马,累破道固军,甚为历城所惮"。房法寿因此战功被宋明帝"加法
寿绥边将军、魏郡太守"②。他的一些从兄弟也因此升职:房灵建,州治中、
渤海太守;房灵宾,冀州治中,行清河、广川郡事;房崇吉,太原郡守;房爱
亲,龙骧将军。这是齐州房氏在刘宋治下最为辉煌的时期。

在王、房、刘、明等青齐豪族的支持下,青齐地区战事基本平息,但宋明
帝在攻灭刘子勋后却以为大功告成,错误地估计了青齐地区的形势,对原
支持刘子勋的青齐势力措置失当,导致他们投降北魏,引来慕容白曜攻下
青齐地区,自此青齐地区归于北魏管辖。青齐豪族势力如此之强大,虽然
他们依附于宋明帝,但宋明帝还是同孝武帝担忧雍州集团尾大不掉一样,
他担忧青齐豪族发展起来后无法驾驭而危及刘宋政权,因此他要效法其高
祖刘裕的做法,试图以亲信刺史渗透青齐地区来控制青齐豪族。所以在薛
安都、毕众敬等支持刘子勋的势力表示投降后,仍然决定"示威于淮外"③,
拒绝了众多大臣谋士的谏阻,固执己见地派张永、沈攸之率宋军主力五万

①《魏书》卷四十三,第 969 页。
②《魏书》卷四十三,第 970 页。
③《宋书》卷八十八,第 2220 页。

耀兵北上青徐,名为迎接薛安都等人,实欲行吞并之举。这一行动立即引起了已决定降宋的薛安都等人的疑虑:"安都谓既已归顺,不应遣重兵,惧不免罪,乃遣信要引索虏。"①在薛安都等人的勾引下,北魏慕容白曜率魏军进攻三齐以接应薛安都,"薛安都要引索虏,张永、沈攸之大败,于是遂失淮北四州及豫州淮西地"②。

尽管齐州房氏支持宋明帝立有军功,但房氏在地域上的发展却也因义嘉混战而产生了一定程度的阻滞,这直接导致了之后房法寿作出投向北魏的新政治选择。在义嘉混战中,房氏第三代的首脑人物房元庆死于派系纷争,房法寿本人也因多次击败崔道固而与之结下了一些嫌隙。崔道固在归顺宋明帝之后被任命为南冀州刺史,房法寿因此遭到了崔道固以各种借口的排挤,欲强行调其南入朝廷任小职,房法寿当然不情愿,"道固虑其扇乱百姓,遂切遣之。而法寿外托装办而内不欲行"③。恰逢此时因慕容白曜攻击房法寿从弟房崇吉所守卫的升城,城破,其母亲、妻子被捉,房崇吉逃归旧宅,请房法寿设法营救其母、妻,以此为契机,房法寿做出了归款北魏的政治选择。"法寿既不欲南行,恨道固逼切,又矜崇吉情理",于是房法寿决定袭击清河郡治盘阳,以盘阳作为解救房崇吉母、妻并投向北魏的献礼。在夺取盘阳后,房法寿使崇吉"仍归款于白曜以赎母、妻",自己则防守盘阳以等待北魏军接应。崔道固遣军围攻盘阳,房法寿坚守二十余日,直到北魏将军长孙观率接引大军到来。以此献地之功,房法寿本人被北魏任命为平远将军,"与韩骐骥对为冀州刺史",其他房氏族兄弟皆被封为冀州周边诸郡的太守:"以法寿从父弟灵民为清河太守,思顺为济南太守,灵悦为平原太守,伯怜为广川太守,叔玉为高阳太守,叔玉兄伯玉为河间太守,伯玉从父弟思安为乐陵太守,思安弟幼安为高密太守,以安初附。"④

随着青齐地区彻底归于北魏统治,以及以房法寿为首的齐州房氏主动归款北魏,齐州房氏迎来了他们在北魏统治下的新发展时期。

---

① 《宋书》卷八十八,第 2220 页。
② 《宋书》卷八,第 159—160 页。
③ 《魏书》卷四十三,第 970 页。
④ 《魏书》卷四十三,第 970 页。

另外,以滑稽多智著称的清河人房天乐曾任刘宋齐郡太守,但无法确定他与齐州房氏的关系。房天乐,"清河人,滑稽多智"①,起先仕南朝宋为青州别驾,刺史沈文秀拔为长史,督齐郡,沈文秀将所有州府事情完全委托他掌理。慕容白曜攻打青州时,与刺史沈文秀一起据城苦守,城破后被慕容白曜锁送京师,死于京师。其弟子嘉庆,任渔阳太守。嘉庆从弟瑚琏任长广太守。

同样无法确定与齐州房氏关系的还有清河人房叔安、房法乘。房叔安,字子仁,清河人。王玄邈在青州刺史任上时,房叔安为其长史。当时齐高帝萧道成奉命镇守淮阴,淮阴战略重地,兵权独大,因此受到宋明帝的猜忌。萧道成为求自保而私下与魏相通,且派人送书信给王玄邈相约共进退。房叔安劝止王玄邈说:"夫布衣韦带之士,衔一餐而不忘,义使之然也。今将军居方州之重,托君臣之义,无故举忠孝而弃之,三齐之士宁蹈东海死耳,不敢随将军也。"②王玄邈遂决心忠于宋帝,派房叔安为使节至建邺揭发萧道成,结果被萧道成于半路抓获,并追问王玄邈上宋帝的表章,房叔安回答说:"寡君使表上天子,不上将军。且仆之所言,利国家而不利将军,无所应问。"荀伯玉劝杀之,高帝曰:"物各为主,无所责也。"③齐高帝即位时房叔安正任益州司马、宁蜀太守,齐高帝感其忠正,就拜前将军,打算任用房叔安为梁州太守,不料房叔安因病而逝。帝叹曰:"叔安节义,古人中求之耳! 恨不至方伯而终。"子长瑜,亦有义行,永明中为州中从事。④

房法乘,清河人。刘宋昇明(477—479)中为齐高帝萧道成的骠骑中兵,至左中郎将。"性方简,身长八尺三寸,行出人上,常自俯屈。青州刺史明庆符亦长与法乘等,朝廷唯此二人"⑤。齐永明六年(488)任交州刺史,专好读书,又因病常常不能署理治下事宜,遂为其长史伏登之擅权,连改易将吏的事也不让法乘知晓。录事房季文告知法乘,法乘大怒,将登之下

---

① 《魏书》卷六十一,第1368页。
② 《南史》卷十六,第469页。
③ 《南史》卷十六,第469页。
④ 《南史》卷十六,第470页。
⑤ 《南齐书》卷五十八,第1018页。

狱。登之厚赂房法乘妹夫崔景叔,得以出狱,率领部曲袭击州府,囚禁法乘,并对法乘说:"使君既有疾,不宜劳。"法乘无事,向伏登之求书读,登之说:"使君静处犹恐动疾,岂可看书!"遂不与。随后向朝廷上奏说法乘心疾病发,不能理事。朝廷以登之为交州刺史。法乘还家,到岭南时病发而亡。[1]

　　总结而言,从南燕到刘宋,齐州房氏经历了他们在青齐地区的第一次宦海起落。

第二节　从北魏到北周
——齐州房氏宦途的第二次起落

　　从北魏到北周,北方历史发展经历了一个由统一到分裂再到统一的轮回。在这一轮回中,青齐地区始终处在北方政权的管制之下。由于斯土奇奥,在南北纷争中的战略地位,无论是北魏,还是随后的东魏、北齐以及再次统一北方的北周,都要加意经略青徐地区。在这种情形下,随着各个政权经略青徐意图的不同,青齐豪族集团的政治命运大不相同,齐州房氏的宦海历程再次经历了一个起落。

一、房法寿支系的"上客"与青齐豪族集团的"平齐民"身份

　　北魏皇兴三年(469),魏军俘获刘宋青州刺史沈文秀,"于是青、冀之地尽入于魏矣"[2]。统北魏军队攻下青齐的慕容白曜"虽在军旅,而接待人物,宽和有礼",故"三齐欣然,安堵乐业"[3]。可见青齐虽归北魏,并没有因政权更替而引起大的地域动荡,故史臣高度评价说:"白曜有敦正之风,出当薄伐,席卷三齐,如风靡草,接物有礼,海垂欣慰。其劳固不细矣。"[4]白曜也

---

① 《资治通鉴》卷一百三十七,第4302页。
② 《资治通鉴》卷一百三十二,第4147页。
③ 《魏书》卷五十,第1119页。
④ 《魏书》卷五十,第1124页。

因此功劳"拜使持节、都督青齐东徐州诸军事、开府仪同三司、青州刺史、济南王,将军如故"。青齐形势基本稳定一年后,皇兴四年(470)冬,慕容白曜被以"谋反叛"诛杀。本来慕容白曜被追责是因为他党同侠附于乙浑,只是细微小事,其以"谋反叛"被杀头,真实原因恐怕是他与青齐豪族的良好关系所隐含的强大地域力量招致了统治集团上层的疑忌。

尽管慕容白曜使三齐"安堵乐业"、"东人安之",但北魏高层出于对青齐土民集团力量的疑惧,从一开始对他们采取的态度就与东晋、刘宋大相径庭。东晋、刘宋占据青齐地区后的策略是利用青齐豪族守土,"今若以荆、吴锐师远屯清济,功费既重,嗟怨亦深。以臣料之,未若即用彼众之易也"①。这是因为东晋、刘宋后方悬远,粮运困难,故必须借助于青齐地域力量才能保住青齐地区。而北魏统治核心区距青齐近速,故可直接派驻大军守卫,不必如刘宋那样依赖青齐豪族,所以对青齐豪族力量的态度就采取了对少部分归款北魏的人予以拉拢,而对大部分不主动归服的青齐豪族进行抑制的策略。拉拢的办法是赋予归款者"客"的身份,而抑制则仿效秦皇汉祖的"迁豪"策略,将青齐豪族的骨干人物及其依附民众迁离青齐地区,皇兴三年(469)五月,"徙青、齐人于京师"②。对青齐豪族力量采用一拉拢、二抑制的策略,直到北魏孝文帝改革之前,基本上没有变化。

对于不同的归款者,北魏统治者予以区分对待:主动归款者为上客,如房法寿等;先拒战北魏而后又较早主动归降者为次客,如房崇吉等;先拒战北魏而后在北魏攻击下力屈投降者为下客,如崔道固等。房法寿因是主动归降者,北魏待为上客。房崇吉则是先在升城苦战,在城破后为赎回母、妻而主动归降者,北魏定为次客。"及历城、梁邹降,法寿、崇吉等与崔道固、刘休宾俱至京师。以法寿为上客,崇吉为次客,崔、刘为下客。法寿供给,亚于安都等。以功赐爵壮武侯,加平远将军。"③齐州房氏房法寿这一支系因其"上客"的地位开启了在北魏时期的大发展时期,"给以田宅、奴婢。……太和中卒。赠平东将军、青州刺史,谥敬侯"。虽然房法寿自皇兴

① 《宋书》卷六十四,第1709页。
② 《北史》卷二,第76页。
③ 《魏书》卷四十三,第970页。

三年(469)至太和年间的仕宦详情已无法得知,但从其去世时官方给予追赠官职、封谥的情况看,其在北魏的仕途应该还是比较顺利的。

　　然而作为"次客"的房崇吉的仕途却并不顺利。房崇吉在"平齐郡"设立后被任命为归安县令,"及立平齐郡,以历城民为归安县,崇吉为县令"①。"平齐郡"是北魏为实行"迁豪"策略而特设的一个行政单位,"魏徙青、齐民于平城,置升城、历城民望于平齐郡以居之。自余悉为奴婢,分赐百官"②。平齐郡在都城平城附近,位于桑乾河流域,"漂水出雁门阴馆县,东北过代郡桑乾县南,……魏皇兴三年(469),齐平,徙其民于县,立平齐郡"③,"乃徙齐土望共道固守城者数百家于桑乾,立平齐郡于平城西北北新城,以道固为太守,赐爵临淄子。寻徙居京城西南二百余里旧阴馆之西。"④平齐郡下设二县,"[皇兴]二年(468),崔道固及兖州刺史、梁邹守将刘休宾并面缚而降,白曜皆释而礼之。送道固、休宾及其僚属于京师,后乃徙二城民望于下馆,朝廷置平齐郡,怀宁、归安二县以居之⑤。"及立平齐郡,乃以梁邹民为怀宁县,休宾为县令。"⑥综上可知,北魏为抑制青齐豪族势力,在平齐后实行迁豪,特设立平齐郡,下设怀宁、归安两县,分别安置梁邹、历城士民,并任命原刘宋政权的齐州刺史崔道固为郡太守,原刘宋梁邹守将刘休宾为怀宁县令,以房崇吉为归安县令。平齐郡"民是原来齐州的民,官是原来齐州的官。平齐郡俨然成了一个侨置在平城附近的袖珍型的齐州"⑦。对于这个袖珍型的齐州,谷川道雄先生将其图解如下⑧:

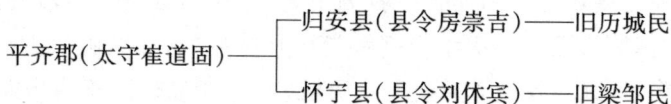

```
                        ┌──归安县(县令房崇吉)──旧历城民
        平齐郡(太守崔道固)──┤
                        └──怀宁县(县令刘休宾)──旧梁邹民
```

① 《魏书》卷四十三,第 975 页。
② 《资治通鉴》卷一三十二,第 4148—4149 页。
③ 郦道元撰,陈桥驿点校:《水经注》卷十三,第 203 页。
④ 《北史》卷四十四,第 1639 页。
⑤ 《魏书》卷五十,第 1119 页。
⑥ 《魏书》卷四十三,第 966 页。
⑦ 许福谦:《"平齐民"与"平齐户"试释》,北京师范学院学报 1982 年第 4 期。
⑧ 〔日〕谷川道雄:《隋唐帝国形成史论》,上海古籍出版社,2004 年,第 151 页。

由于北魏任命身为"下客"的崔道固为平齐郡太守,房崇吉因此心意难平。两人最早的嫌隙始于宋"义嘉之乱"。在"义嘉之乱"的青齐群豪分党大战中,房崇吉先是与沈文秀、崔道固等人一党支持刘子勋,青州刺史沈文秀委任房崇吉督理郡事。然而不久房崇吉就认同了他的族叔房元庆的政见,坚决地离开了沈、崔阵营转而支持宋明帝刘彧,崔道固因此拘禁了房宗吉在历城的母亲和叔叔,并威胁房崇吉说要当街对其母亲、叔叔公开用刑,"而崇吉卒无所顾",仍然离开了沈、崔阵营。两人间的嫌隙也由此产生,所以在房崇吉所防守的升城被慕容白曜军攻破后,崔道固派他的治中房灵宾前往招慰房宗吉时,"崇吉不肯见道固"。待到房崇吉被任命为崔道固治下的归安县令时,房崇吉"颇怀昔憾,与道固接事,意甚不平"[1],最终产生了向上司讼举崔道固罪状的不智举动,不料"会赦不问",房崇吉因此只能请求解职,获得许可。在寓居京师平城半年后,失意的房崇吉决意南奔江东另谋出路。为此,房崇吉先是剃发为僧,改名僧达。后又投靠任谯郡太守的族叔房法延,并在清河大姓张氏张略之的帮助下,终于辗转到了江东,但不久就病死于江东。

平齐后而被迫迁到桑乾的青齐土民,北魏给予他们的"平齐民"的身份,除了不能回到青齐地区外,他们仍拥有人身自由和被荐举做官的机会。虽然齐州房氏的大部分族人因房法寿的关系而受到优待和任命,但"曾经抗拒魏兵的部分房氏族人却也免不了充当平齐民"[2]。房灵宾为崔道固治中,崔道固以其兼理清河、广川郡事,奉命戍守盘阳。盘阳为房法寿、房崇吉攻克后,房灵宾逃入梁邹。梁邹城失守,房灵宾、灵建"兄弟俱入国,为平齐民"[3]。"灵宾从父弟坚,字千秋,少有才名。亦内徙为平齐民。"房爱亲也没有主动归款,所以"三齐平,随例内徙,为平齐民"。房灵宾、房灵建、房爱亲等以"平齐民"的身份,自然不能如房法寿、房崇吉"客"的身份而有给田宅、给官职的待遇,所以他们在迁到桑乾河地区后,难免生活陷于困顿。房灵宾、灵建兄弟"虽流漂屯圮,操尚卓然。并卒于平齐",兄弟俩

---

[1]《魏书》卷四十三,第975页。
[2] 唐长孺:《魏晋南北朝史论拾遗》,第111页。
[3]《魏书》卷四十三,第971—977页。

早死于平齐郡，与漂泊贫困的生活背景当不无关系。房爱亲到平齐郡后，"家贫"，其子景伯"佣书自给，养母甚谨"①。"是时，频岁不登，郡内饥弊，道固虽在任积年，抚慰未能周尽，是以多有怨叛。"②如房爱亲这样陷于贫困的"平齐民"并非个案，"显祖平青齐，徙其族望于代。时诸士人流移远至，率皆饥寒"③，崔亮、蒋少游、刘孝标兄弟等就是"平齐民"中典型的贫困例子。

齐州房氏的房叔玉南奔江东为官，北魏随即将其长兄伯玉迁到桑乾为"平齐民"，后来伯玉亦南奔，为萧鸾南阳太守。青齐土民与南方江东政权有近六十年的辖属关系，很多青齐土民多有在南方政权里的戚属。"青州陷魏，[刘]峻年八岁，为人所略至中山。中山富人刘实愍峻，经束帛赎之，教以书学，魏人闻其江南有戚属，更徙之桑乾。……齐永明中，从桑乾得还。"④所以北魏将青齐土民迁于"平齐郡"，固然是为削弱青齐豪强的地域影响，巩固北魏在青齐地区的统治，亦有隔断他们与南朝勾结反正的政治意图，因此能拥有"平齐民"身份的，也非青齐地区的平常人，必是青齐豪强家族的子弟，尤其是在南朝有戚属的豪强子弟，刘峻的事例就极为明显地说明了这一点。"平齐郡的设立也使北魏政权对南朝多了一个牵制手段，因为平齐民中有不少人在南方有戚属，所以把他们聚在畿内，就起了某种人质的作用，并作为对南朝外交的一个内容。"⑤

要之，"平齐民"身份是北魏处置除"客"以外的青齐地区豪强上层的手段，余外之人只能"自余悉为奴婢，分赐百官"⑥。在青齐豪强首脑人物已迁往桑乾的青齐地区，北魏新的统治秩序迅速建立起来。北魏对青齐地区的稳定统治，使北方政权获得了控制江淮的军事主动优势，奠定了此后北方统一南方的军事基础。

---

① 《魏书》卷四十三，第 977 页。
② 《魏书》卷二十四，第 630 页。
③ 《魏书》卷四十八，第 1089 页。
④ 《梁书》卷五十，第 701 页。
⑤ 严耀中：《魏晋南北朝史考论》，第 211 页。
⑥ 《魏书》卷五十，第 1119 页。

二、齐州房氏在北魏孝文帝改革后的发展

皇兴五年(471),北魏献文帝拓跋弘在冯太后的胁迫下传位于五岁的皇太子元宏,是为高祖孝文帝。孝文帝年幼,不能实际行政,由冯太后临朝听政,北魏朝廷因此形成了后党集团主政的局面。后党集团为了摆脱拓跋鲜卑军事贵族的钳制,在她们主政的二十多年间,不断地改革旧制,推进鲜卑统治集团上层的文化转型,汉族士人因此被大量地引入执政团队中,"平齐民"由此获得了咸鱼翻身的机会,"从太和六年(482)以后,大批平齐民中士人摆脱了卑贱地位,接踵登朝"①。

冯太后主政时,孝文帝"雅性孝谨,不欲参决,事无巨细,一禀于太后"②。太和十四年(490),冯太后去世,孝文帝终于亲政了。二十四岁的孝文帝急于摆脱冯太后的阴影,树立自己的影响力,汉化转型措施较之冯太后更为激进、更为彻底,汉族士人由此获得了更多的参政机会。因此,孝文帝的幼主即位及后党主政,对于"平齐民"而言无疑是一个巨大的福音。然而事情总有两面性,孝文帝亲自主政所推行的诸项改革政策导致的政局态势以及历史发展走向,一步步推动了日后关陇集团的形成,并在关陇集团统一北方之后决定了青齐豪族集团"累叶陵迟"的必然命运,青齐豪族集团的宦海起落也就在所难免。孝文帝的改革,对于青齐豪族而言,既是他们发展的良好契机,却也是一个令人悲叹的起点。作为青齐豪族集团的重要成员之一,齐州房氏自然也免不了坠入这一波宦海起落的轮回。

汉文化对拓跋鲜卑草原文化的影响是逐步加深的。皇始二年(397),拓跋珪攻破了后燕慕容宝的都城中山,这对拓跋氏部族的发展而言是一个转折性事件。因为拓跋氏不仅从后燕那里获得了雄厚的物质基础,更重要的是从后燕那里获得了大量的玺授、典章图书和在河北的士人团体,"拓跋氏部族利用这批战利品作基础,在不到一年的时间内,完成了建立一个国家所需要的典章制度"③。而"慕容氏建立的几个国家,汉化的程度比较深,

---

① 唐长孺:《魏晋南北朝史论拾遗》,第112页。
②《魏书》卷十三,第329页。
③ 逯耀东:《从平城到洛阳——拓跋魏文化转变的历程》,中华书局,2006年,第9页。

对中原士大夫也比较尊重,因此得到中原士大夫的支持与合作。拓跋氏政权很幸运地承继了这个成果"①。凝聚在后燕制度体系中的中原士大夫政治智慧,成为此后北魏立国的基石。但尽管如此,"受到草原民族原始部落制和军事民主制的影响,北魏前期的政权体制具有浓厚的贵族政治色彩,这主要表现在鲜卑异姓王公在法律上具有同皇族相埒的政治经济特权,并在王位继统、军事征讨等军国大政中具有相当的影响力。这一时期,皇权处在贵族的包围之中,并在某种意义上成为贵族利益的代表"②。"北魏政局发展的基本趋势,是皇权逐渐摆脱贵族的控制而确立自身独立的权威。"③北魏前期政权中的汉文化影响力始终受到鲜卑部贵族文化的压制。

　　为了获得独立的皇权权威以及为了治理越来越扩大的汉文化疆域,北魏皇室有意识地逐渐引入汉族士人参政变制,但这遭到鲜卑贵族集团的持久抵触,汉文化影响力在北魏政权中的增长时断时续。以崔浩为代表、北魏历史上第一次崛起的士人集团竟在鲜卑贵族集团的反扑之下遭到了灭顶之灾④,直到冯太后主政,"掀开了北魏历史上非拓跋氏主持朝政的新一页,打破了拓跋皇室及贵族集团对政治的独裁,开始了具有平民政治色彩的新时代。这一历史机遇无疑为在世祖诛杀崔浩之后的十五年中基本上是蛰伏的士人们发出了一个令人鼓舞的信息:以外姓执政的冯太后必然要凭借士人集团的力量同拓跋鲜卑贵族集团的力量相抗衡。冯太后所依仗的只有在野的士人,组建非拓跋鲜卑的统一战线"⑤。

　　因着冯太后集团主政任用士人的机缘,"平齐民"终于有机会入仕,"其以中书博士起家的有崔光、崔亮、房宣明、高聪、蒋少游、傅永六人,这个官几乎是河南人士特别是平齐民最一般的起家官,由此上升显位。也在这时,这批平齐民终于例得还乡,依然是青齐大豪强。至于未被强制北迁的

① 逯耀东:《从平城到洛阳——拓跋魏文化转变的历程》,第9页。
② 陈爽:《世家大族与北朝政治》,第196页。
③ 陈爽:《世家大族与北朝政治》,第197页。
④ 参见周建江:《太和十五年——北魏政治文化变革研究》,广东人民出版社,2001年,第48页。
⑤ 周建江:《太和十五年——北魏政治文化变革研究》,第54页。

更不待论"①。齐州房氏的房宣明被"高祖擢为中书博士"②,很显然是因了冯太后主政的机缘。

房景先等人"太和中,例得还乡"③,显然是北魏官方在太和时期颁布了一个条例,允许"平齐民"中符合相应条件的人可以返回青齐地区。随着这一条例的实行,"平齐郡之组织与名称当然都无存在必要了。因此,平齐郡的建制和平齐民称谓在太和中消失,是没有什么可以奇怪的"④。

房氏诸人循例从桑乾回到齐州,家族的发展又回到了此前的运行轨道上,即在郡县凭借家族势力及家学优势担任郡县实权属吏、在任郡职后又扶持家族势力增长,互为因果。房景先一回乡即"郡辟功曹,州举秀才",后来又任"齐州中正",自然是要着力扶持房氏家族发展的。房坚,字千秋,在太和中任"齐州中正"时更是直接保举其子,可谓扶持家族势力发展的显例:"高祖临朝,令诸州中正各举所知,千秋与幽州中正阳尼各举其子。高祖曰:'昔有一祁,名垂往史。今有二奚,当闻来牒。'"⑤房景远担任"齐州主簿",与参机要,握有乡里实权。"次客"身份的房崇吉虽被北魏委以官职,但因与崔道固的恩怨而致仕途不顺,曾投靠任谯郡太守的族叔房法延。按当时的情形,房法延也应当具备"客"身份,其仕途情形当如同迁京师的"上客"房法寿一样,虽任有官职,却是发展平淡。由于缺少较高的起点发展平台,房法延这一宗支的子孙到了太和时期也只能如同回到齐州的"平齐民"房氏诸人一样循例发展。房法延之子房亮,"太和中,举秀才,为奉朝请"。之后"拜秘书郎,又兼员外散骑侍郎",作为中书侍郎宋弁的副手出使萧齐,以此功劳转任"尚书二千石郎中、济州中正"。此后房亮一直在外做官,但其弟房诠却在家做"本州中正"⑥,同样握有乡里实权。可见齐州房氏在返回齐州之后的确又重新走上了之前的发展道路。

① 唐长孺:《魏晋南北朝史论拾遗》,第 112 页。
②《魏书》卷四十三,第 972 页。
③《魏书》卷四十三,第 978 页。
④ 严耀中:《魏晋南北朝史考论》,第 220 页。
⑤《魏书》卷四十三,第 972 页。
⑥《魏书》卷七十二,第 1621 页。

自太和时起至北魏分裂,这一时期其他房氏诸人的宦海经历如下表①:

人名	朝代	仕宦情况	史料来源
房坚	北魏	太和初,高祖擢为秘书郎,迁司空咨议、齐州大中正。出为濮阳太守。世宗时,复为司空咨议,加立忠将军。卒,赠南青州刺史。	《魏书》卷四十三
房三益	北魏	高祖拜为员外散骑侍郎。寻出为太山太守,转兖州左军府司马。还,除左将军。正光中卒。	《魏书》卷四十三
房景伯	北魏	景伯生于桑乾。李冲拔为奉朝请、司空祭酒、给事中、尚书仪曹郎。除齐州辅国长史。除清河太守。后迁太尉中郎、司徒咨议参军、辅国将军、司空长史。以母疾去官。	《魏书》卷四十三
房景先	北魏	郡辟功曹。解褐太学博士。著作佐郎,修国史。寻除司徒祭酒、员外郎。累迁步兵校尉,领尚书郎,齐州中正。	《魏书》卷四十三
房景远	北魏	齐州主簿。	《魏书》卷四十三
房宣明	北魏	高祖擢为中书博士。迁洛,转议郎,试守东清河太守。记室参军。	《魏书》卷四十三
房敬宝	北魏	奉朝请、征北中兵参军、北征统军、宁远将军。	《魏书》卷四十三
房敬道	北魏	开府参军事。	《魏书》卷四十三

综合来看,自太和之后至北魏分裂为东、西魏,房氏为宦虽然未能进一步达到中央的核心高层,但在地方上的仕途却也算顺利。借孝文帝朝改革之力重新发展起来的齐州房氏在孝文帝朝之后的世宗宣武帝朝、肃宗孝明帝朝的发展又如何?世宗、肃宗两朝共历 28 年时间,这一阶段是北魏走向衰败的阶段,世道混乱,在此背景下,房氏虽也算顺利,但其发展亦不尽如人意。

本是为巩固北魏政权的太和改革,没有达到孝文帝预期中使北魏成为

---

① 参见房春艳:《中古房氏家族研究》,中国知网(www.cnki.net),第45—46 页。

中国政治和军事霸主的目的,反而出现了"往在代都,武质而政安;中京以来,反华而政乱"①的局面,"最要紧的是,改革致使了拓跋鲜卑本族的分裂"②,进而导致了孝明帝正光四年(523)六镇士兵大起义,而六镇起义的结果是引发了以后葛荣起义等一系列冲击北魏政权的事件发生并促使其一步步垮台。

孝文帝决绝地从平城迁都洛阳,对于孝文帝而言,"迁都洛阳不仅为解决与南朝的对立这样一个政治军事上的课题,而且还意味着'移风易俗',也就是从胡族国家转换到中国式的普遍性意义的国家"③。为了完成这种体制转换,孝文帝先后进行了一系列改制措施:改官制、禁胡服、断北语、改姓氏、定族姓。这一系列的改制措施,使"北魏的文化延袭了汉魏晋的全部文化成果,成为南北朝时期最完善、最完备的文化"④,但却造成了迁至中原地区的鲜卑族文化的完全中断,"拓跋鲜卑的民族性在中央级和普通的民众层面上全部丧失"⑤,南迁中原地区的鲜卑族已完全汉化了。而与此同时,在北方草原边界上的代北地区,掌控着精锐武装力量防卫柔然、高车游牧部落的以武功见长的鲜卑族精英人物却仍然延续着原来的文化传统。在北魏都平城的时代,因为都城近在边界,朝廷与皇室重视边镇,鲜卑武功精英人物及镇兵的待遇优厚,而且容易得到升迁,所以那时出镇边镇的俱是鲜卑族旧日的"亲贤"和"高门子弟"。

但问题是经过孝文帝的改制,尤其是太和十九年(495)孝文帝颁布诏书明定族姓,将鲜卑八姓比同汉姓第一流高门,其余鲜卑贵族随着祖先官爵高卑人姓或入族,中原的鲜卑贵族就此门阀化了,由此获得了各种政治特权与物质利益,门阀化后的中原鲜卑贵族也沾染了汉姓门阀卑薄武人的陋习,他们阻断了代北边界鲜卑精英人物的仕途上升路径,"然其往世房分留居京者得上品通官,在镇者便为清途所隔"⑥,形成了"同一氏族的人只因

① 《魏书》卷七十八,第1725页。
② 严耀中:《中国历史4·两晋南北朝史》,人民出版社,2009年,第315页。
③ 〔日〕谷川道雄著,李济沧译:《隋唐帝国形成史论》,第102页。
④ 周建江:《太和十五年——北魏政治文化变革研究》,第129页。
⑤ 周建江:《太和十五年——北魏政治文化变革研究》,第130页。
⑥ 《魏书》卷十八,第430页。

居京和出镇的不同而政治待遇高卑悬绝"①,更有甚者,边镇下层镇兵还与降户刑徒为伍,甚至"役同厮养"。因此孝武帝改革之后,无论镇将还是镇兵,都已对朝廷产生了严重的不满与对立情绪。由此孝文朝之后政治事态发展的结果是"一方面是北镇的防御确实少不了那些旧日的'亲贤'和'高门子弟',另一方面迁洛的贵族又不肯把改革后获得的种种好处割舍一部分让仍在北镇的同胞分享。于是物质生活的差别致使价值观念的异化,使得鲜卑族人由此一分为二"②。孝文帝时起一分为二的鲜卑族人,陈寅恪将其称之为"洛阳汉化与六镇鲜卑化"两大集团,对于两大集团冲突发展的走向,陈寅恪指出:"自宣武以后,洛阳之汉化愈深,而腐化乃愈甚,其同时之代北六镇保守胡化亦愈固,即反抗洛阳之汉化腐化力因随之而益强,故魏末六镇之乱,虽有诸原因,如饥馑虐政及府户待遇不平之类,然间接促成武泰元年(528)四月十三日尔朱荣河阴之大屠杀实胡族对汉化政策有意无意中之一大表示,非仅尔朱荣、费穆等一时之权略所致也。"③

孝文帝朝的政治以汉化为首要目标,"这种变革于中国历史进程宏观而言,无论怎样强调都不过分;但于拓跋鲜卑民族而言,无论怎样贬之也不过分。两极的矛盾评价就是孝文帝汉制变革的结果。就北魏朝的政治进程而言,孝文帝的汉化努力正是国家、民族危机的开始"④,因为事实表明"拓跋贵族在汉化这个接受高级文明的过程中,优先接受的是其生活质量的享受,而对其道德伦理规范则相对滞后,如此结果就是政治上的迅速腐败"⑤,这是北魏政权最大的政治、文化危机。与这个文化吸收的浅表性选择相关联的是北魏国家的汉儒文化学校教育机制事实上并没有建立,"学校教育在孝文帝朝虽大力强调,但迁都洛阳的五年间,孝文帝并未真正解决问题,而是留给了后人。可见孝文帝朝空享文教兴隆的美名"⑥。之后北

① 唐长孺:《魏晋南北朝隋唐史三论——中国封建社会的形成和前期的变化》,武汉大学出版社,1992年,第194页。
② 严耀中:《中国历史4·两晋南北朝史》,第316页。
③ 陈寅恪:《隋唐制度渊源略论稿》,生活·读书·新知三联书店,2001年,第48页。
④ 周建江:《太和十五年——北魏政治文化变革研究》,第131页。
⑤ 严耀中:《中国历史4·两晋南北朝史》,第322页。
⑥ 周建江:《太和十五年——北魏政治文化变革研究》,第139页。

魏的学校教育勉强建立起来是在正光二年(521)三月,而此时距迁都洛阳已经27年!但刚建立起来的学校系统还来不及发挥影响,就因局势的混乱而化为乌有,"暨孝昌之后,海内淆乱,四方校学所存无几"①。汉儒文化教育机制未能真正确立,这才是北魏后期政治纲纪失范的深层根源。

　　太和二十三年(499)四月,孝文帝崩,其第二子继位,是为世宗宣武帝。在孝文帝亲政的八年间,兴建新都、推行汉化、南伐萧齐,三件大事几乎同步启动。孝文帝的汉化改革使北魏政治转向衰落,而兴建新都与五年间三伐萧齐又使北魏后期的经济亦滑向崩溃边缘,遗留给宣武帝的局面并不乐观。宣武帝即位后不久就不得不发布了"蠲罢"诏书:"比年以来,连有军旅,役务既多,百姓凋弊。宜时矜量,以拯民瘼。正调之外,诸妨害损民一时蠲罢。"②但诏书归诏书,实际却没有多少执行力度,因为宣武帝在位时扩修洛阳、大兴佛堂建筑以及对萧齐长达八年的持续战争,业已耗空了北魏的家底。而且宣武帝在政治上并没有什么大的作为,官场的黑暗腐败情形更趋加剧,所以北魏在宣武帝朝已经衰落了。宣武帝三十三岁病崩,继位的肃宗孝明帝只有六岁,其母胡太后得以专权主政。由于胡太后的强势作风,激发了统治集团内部的矛盾,导致反复的宫廷政变发生,权柄不断由皇室的一个贵族手中向另一个贵族手中转移,在这个过程中,朝廷的政治规范,即所谓纲纪,化为乌有,'自是朝政疏缓,威恩不立,天下牧守,所在贪惏'"③。在胡太后主政十余年之后,六岁的孝明帝已逐渐长大成人,自然而然地也形成了一个权力中心,长大了的皇帝要求亲政,这就与胡太后产生了矛盾,于是"母子之间,嫌隙屡起","肃宗所亲幸者,太后多以事害焉"④。由于矛盾激化,肃宗皇帝甚至一度密令尔朱荣带兵入洛阳,试图以武力强迫胡太后归政。待尔朱荣兵至上党,肃宗不知何故地又以私诏止住了尔朱荣军队的前进。武泰元年(528)二月,胡太后毒杀肃宗,以三岁的临洮王子钊为主。尔朱荣因此"称兵渡河",胡太后旋被尔朱荣以兵拘归河阴,"太后

①《魏书》卷八十四,第1842页。
②《魏书》卷八,第193页。
③ 严耀中:《中国历史4·两晋南北朝史》,第323页。
④《魏书》卷十三,第339—340页。

及幼主并沉于河"①。"胡太后的结局,也预示着北魏皇朝的命运。因为此后皇帝都系军阀所立,且在军阀势力转换中,轮流登基又下台,并最后悲惨地被结束生命。"②

由于孝文朝并没有建立汉儒文化的学校传承机制,加之门阀化的鲜卑贵族浅表性地选择吸收汉儒文化,北魏皇室其他成员的汉化程度并不是很高,孝文帝朝之后的宣武帝朝因为肃宗亲政重新规划行政事务的分配,皇室成员入阁,这就使北魏又回到了贵族把持朝政的旧路,"北魏政务的决断已被控制在新组建的'八座议事'机构手中,官员的选拔、任命均须经过此机构方才能够被认可。'八座'的权力是皇帝赐予的,也是拓跋鲜卑古已有之的传统"③。鲜卑贵族又重新走到了政治舞台的前面,汉族士人被逐渐排挤出中枢系统。神龟二年(519),因征西将军张彝之子仲瑀上封事"求铨削选格,排抑武人,不使豫清品"而引发鲜卑武士骚乱,胡太后"大赦以安之,因令武官得依资入选","这一事件的严重性在于它标志着体制汉化的最后终结"④。

在北魏宣武、孝明两朝逐渐回归贵族、军人集团旧制造成政治混乱、经济崩溃的同时,上天似乎也不再眷顾北魏,自然灾害频仍。据统计,"从景明元年(500)到孝明帝武泰元年(528),共发生大风灾害14次,洪水灾害9次,冰雹灾害6次,暴风雪灾害4次,严霜灾害25次,其他怪异灾害63次","地震28次,山崩4次"⑤。山东境内水旱灾害严重,如景明二年(501),青、齐、徐、兖因灾发生大饥荒,死者万余。永平四年(511),青、齐、徐、兖再次发生大饥荒。在此种天灾人祸不断的情形下,各地起义持续不断。

在上述朝廷中枢变局、汉族士人被排挤出中枢的大背景下,齐州房氏的发展只能局限于地域。在各地起义不断的情形下,生处乱世的齐州房氏,其主要业绩也只能是利用宗族势力协助官府平定齐州当地的起义事

---

① 《魏书》卷十三,第340页。
② 严耀中:《中国历史4·两晋南北朝史》,第324页。
③ 周建江:《太和十五年——北魏政治文化变革研究》,第143页。
④ 严耀中:《中国历史4·两晋南北朝史》,第324页。
⑤ 周建江:《太和十五年——北魏政治文化变革研究》,第135、137页。

件。东清河太守杜昶反叛，东清河郡居山险，小规模的农民起义队伍多聚众于此，而这里也是房氏家族的居住地，所以官府急派时任齐州长史的房氏房景伯任东清河太守，房景伯携家族势力，以义安抚，东清河郡遂安定下来。孝昌元年（525）葛荣起义后，齐州房氏房坚之子房祖渊跟从章武王融攻打葛荣，死于战阵中。孝昌（525—527）中，齐州房氏的乡人刘苍生、刘钧、房须等起义，攻陷郡县，多次击败州军。时齐州房氏房三益次子房士达正丁父忧在家，刺史元欣逼其为将镇压起义，房士达以丁忧之名推辞。元欣找到房士达密友冯元兴劝其出任，谓"今合境从逆，贼徒转炽。若万一州陷，君家岂能独全？"房士达不得已出任军将，领州郭之人二千余人，东西出击，镇压了此次起义。武泰元年（528），山东境内爆发了规模更大的邢杲起义，惧房士达威名，"越郡城西度，不敢攻逼"①。

孝明帝武泰元年（528）"河阴之变"后到孝武帝永熙三年（534）西入关中，北魏实已是名存实亡，基本上陷入军阀混战之中。乱世之中，房氏子弟只有房士达、房敬道两人勉强还留下了一点历史记录。永安（528—530）末，房士达转任济南太守。时局动荡，房士达理智地选择了不到京师做官，而是留任本郡，当时人以此为荣，"士达不入京师，而频为本州郡，时人荣之"②。永安末，刺史萧赞被起义的城民赵洛周逐走，城内无人主理政事。洛周等人认为房士达历任本郡，大有民望，于是到其家请他摄理州事。永熙二年（533）年，房士达去世，年仅三十八岁。房敬道，永熙（532—534）中，任开府参军事。

谯郡太守房法延是房崇吉的族叔，房法延第三子房悦的墓志铭云其"胤自陶唐，别姓房氏，汉司空公植十一世孙"、"兴和三年岁次辛酉六月辛丑朔辛亥薨于济州灵县之本宅"、"粤以其年十一月己巳朔十七日乙酉葬于鸣犊沟之东"③。"灵县，汉代设置，属清河郡，故城在今山东高唐县西南。"④可知房法延这一支系虽属清河房氏，但他们并不居住于齐州，而是一

---

① 《魏书》卷四十三，第976页。
② 《魏书》卷四十三，第976页。
③ 《文史资料丛刊》第2辑，文物出版社，1978年，第109页房悦墓志图版。
④ 山东省博物馆文物组：《山东高唐东魏房悦墓清理纪要》，《文史资料丛刊》第2辑，第107页。

直居住于济州灵县。

房法延长子房亮,字景高,卒于北魏孝庄帝永安二年(530),时年七十一。"太和中,举秀才,为奉朝请。拜秘书郎,又兼员外散骑侍郎,副中书侍郎宋弁使于萧赜。还,除尚书二千石郎中、济州中正。兼员外常侍,使高丽,高丽王托疾不拜。以亮辱命,坐白衣守郎中。后除济北太守,转平原太守,以清严称。"①

房亮二弟房悦,字季欣,本传云其卒于东魏孝敬帝兴和二年(540),年七十,与墓志所记略有差异,但由于墓志纪年岁次无误,考订者认为这是本传抄录、刻印而致误。"解褐广平王怀国常侍,转青州平东府中兵参军,加宣威将军。迁高阳太守,转广川太守,加镇远将军。普泰(531—532)中,济州刺史张琼表所部置南清河郡,仍请悦为太守,朝廷从之。凡历三郡,民吏安之。迁平东将军,太中大夫。"②然墓志铭所载房悦仕宦经历要详细得多,"广平王文献王以帝子之尊、母弟之重,托郡马于俊车,礼申和于上席,宾寮之盛,尽美当时。引公为国常侍。又除青州镇东府中兵参军,又除司徒广平王城司参军,又除司空京兆王长流参军,转司徒胡公刑狱参军,三列台局,仍游蕃邸,并蒙优遇,有异条流。芒芒下邑,刑政多爽;总总庶民,翘仰云露。出为高阳太守,宽猛相济,德礼兼齐。威慑豪强,惠绥鳏弱。四民安业,百族欢娱。迁广川太守,异绩如一。入为平南将军、太中太夫"③。房悦去世后,朝廷赠使持节都督济州军事征东将军、济州刺史,谥曰宣成公。

第三节 "关中旧意"与房氏的"乡园自养"

冯太后主持的太和前期改革的成果之一是太和十年(486)用"三长制"取代"宗主督护制"。由于"三长皆是豪门多丁为之"④,"因此原来那些宗

---

① 《魏书》卷七十二,第 1621 页。
② 《魏书》卷七十二,第 1622 页。
③ 《文史资料丛刊》第 2 辑,第 109 页房悦墓志图版。
④ 《北史》卷四十二,第 1559 页。

主的实际利益并无多大损失,他们虽然失去了对荫附者的一些剥削,但也得到了本人及家属免除征役的特权。在唐中期之前,力役地租是国家征收百姓的一种主要形式,所以好处也是可观的。更重要的是,魏晋以降士庶之别的一大标准就是在于是否有免役的权力。给三长及其三长以上的人士免役之权,巩固了老士族的地位,也使十六国以来北方的地方有势力宗族进入士族范围,当然皆大欢喜"①。北魏官府既然提供了这样一种势力扩张的制度机制,地方上的士庶家族自然都迎来了势力大扩张的时机。这样一种在体制下地域势力顺势大扩张的结果,发展到高齐末期时,皇室中央已经不堪重负,高齐政权不得不采取了"裁并州郡"的措施来抑制地方势力的发展,其结果是引发了士庶地域势力对皇室的群体抵触,以至于周武帝平齐时,"山东衣冠多迎周师"②,出现了地域势力集体性背叛的情形。之后北周灭齐,隋杨代周,不仅沿袭了北齐"裁并州郡"以压抑山东地方势力的措施,而且新添了士族"中央化"的新举措,山东旧齐士人自此无奈地进入一个发展低潮期。齐州房氏于此也不得不奉行"丘园自养"的自保策略,经历了宦海的又一个起落。

一、关陇集团的形成

"从太和十七年迁都到孝文帝逝世的几年间,北魏国家的财力已基本上被耗尽,消耗在南征的庞大军费支出和建设新城市上面。在这种情况下,北部边镇仰赖中央政府财政拨款以生存的情况也将出现改变,北魏已无力再支付北部边镇巨大的经费开支。而北方边镇的自然地理条件又做不到经济上的自给自足。虽有部分屯田,但那只是安置军人的一种措施,非是生存发展性项目,故此根本满足不了北部边镇的日常消费。因此,经过孝文帝朝后的几年消耗之后,北部边镇已完全空虚,从世宗宣武帝朝的开始,北部边镇便频频告急,引起远在几千里之外的中央政府的关注,危险的征兆在逐步形成。"③

---

① 严耀中:《中国历史 4·两晋南北朝史》,第 309 页。
② 《隋书》卷七十四,第 1692 页。
③ 周建江:《太和十五年——北魏政治文化变革研究》,第 160 页。

　　尽管有前述北魏宣武、孝明帝两朝向鲜卑旧制的回归，但门阀化的鲜卑贵族主政并没有改变孝文帝时期所形成的洛阳汉化与代北六镇鲜卑化两个集团对立的情形，因此无论镇兵还是镇将，都已对洛阳朝廷产生了严重的不满与对立情绪。而且由于平城"北京根旧，帝业所基"，包括拱卫的代北六镇更不能没有拓跋族人，"于是就禁止他们再迁往南方"①，这导致了两大集团间更加尖锐的政治对立，"本宗旧类，各各荣显，顾瞻彼此，理当愤怨"②。

　　政治、经济危机所导致的北镇鲜卑人的愤怨，终于在正光四年(523)被引爆。当时蠕蠕主阿那瓌发兵攻六镇，而怀荒镇将于景却不给防卫的镇兵分发粮廪，镇兵于是杀掉于景举义。随后沃野镇人因高阙戍主虐待部下，镇民破六韩拔陵聚众杀镇将起义，"号真王元年"，攻占沃野镇，"诸镇华、夷之民往往响应"③，北方边镇起义大爆发，至正光五年，六镇尽为义军所有，义军众二十余万。为了对付这二十余万义军，北魏除求助于宿敌柔然出兵外，还利用早期收编的部落兵，这直接导致了契胡尔朱部的壮大，其时领民酋长是尔朱荣。

　　正光六年(525)六月，在柔然主阿那瓌与北魏军元渊的夹击下，破六韩拔陵义军失败，兵民二十余万被迫迁河北冀(今河北冀县)、定(今河北定县)、瀛(今河北河间)三州就食，然而此时河北亦是"饥馑连年，户口流散"，八月起，各地镇民陆续再次起义，并逐渐汇聚在葛荣旗下，拥众数十万，号称百万。在葛荣义军发展壮大的同时，尔朱荣已通过拥立孝庄帝和诛杀胡太后而实际控制了北魏政权。武泰元年(528)九月，葛荣进兵洛阳，由于葛荣依仗兵多骄敌，尔朱荣趁机设计埋伏，大败葛荣军并将其生擒，部众悉降。尔朱荣"以贼徒既众，若即分割，恐其疑惧，或更结聚，乃普告勒各从所乐，亲属相随，任所居止，于是群情喜悦，登即四散，数十万众一朝散尽。待出百里之外，乃始分道押领，随便安置，咸得其宜。擢其渠帅，量力

---

① 严耀中：《中国历史4·两晋南北朝史》，第326页。
②《北史》卷五十六，第2046页。
③《资治通鉴》卷一百四十九，第4675页。

授用,新附者咸安"①。起事以来六镇军人二十余万,至此尽归于尔朱氏控
制,由于尔朱荣采用"擢其渠帅,量力授用"的方式收抚六镇军人,所以六镇
二十余万军人并没有完全分散,其实际控制权在相当程度上仍然处于六镇
起事以来的原有渠帅系统手中,这自成一统的六镇军人集团背后自然隐含
着强大的政治军事力量,所以尔朱氏倒台之后,六镇军人集团作为力量主
体实际主宰了北方中国的历史发展。

平复葛荣之后,尔朱荣又先后派兵平定了关西等其他地方的动乱和农
民起义,掌控着北魏最强大的兵权,而且还实际控制着北魏朝政,一时权倾
朝野,"身虽居外,恒遥制朝廷,广布亲戚,列为左右,伺察动静,小大必知。
或有侥幸求官者,皆诣荣承候,得其启请,无不遂之"②。这与尔朱荣所立的
孝庄帝形成了尖锐的政治利益冲突,"于是庄帝密有图荣之意。"③永安三年
(530)九月,借口尔朱皇后(尔朱荣女儿)生子,孝庄帝于殿下设下伏兵,招
尔朱荣进宫,趁其不备将其斩杀。

由于镇兵是降兵,"为契胡陵暴,皆不聊生。大小二十六反,诛夷者半。
犹草窃不止"④,因此,六镇降兵对尔朱部族早已有不服和反叛之心。尔朱
荣健在时,以其武勇谋略尚自能镇伏住六镇渠帅,尔朱荣一死,尔朱家族的
尔朱世隆、尔朱仲远、尔朱兆、尔朱天光虽然还控制着北魏劲军,但这些人
皆属有勇少谋之辈,亦且群龙无首不相统属,自然而然地再也压服不住那
些久历战阵、已有反叛之心的六镇渠帅们。原怀朔镇人高欢在这种情形
下,有意笼络六镇降兵,借尔朱兆醉言使其统带镇兵之机,奔向山东自立门
户,从而形成了怀朔系军人集团,在关东与尔朱氏家族武装对抗并消灭尔
朱氏势力。

在高欢自立门户与尔朱家族武装对抗的同时,西部关中崛起了原六镇
武川系的军人集团。武川镇的主要代表人物是宇文泰兄弟、贺拔岳兄弟等
人,他们因六镇之乱而离开武川镇,"武川镇民各家在离镇以后,经过不同

---

① 《魏书》卷七十四,第1650页。
② 《魏书》卷七十四,第1654页。
③ 《魏书》卷七十四,第1654页。
④ 《北史》卷六,第213页。

的遭遇又重新聚集于尔朱氏手下。当时,六镇之乱以后的北方的各种势力都掌握在尔朱氏手中,因此这些武川镇出身者在尔朱氏的据点晋阳合流,也可以说是时势所然"①。重聚在一起的武川镇人旋因军事行动而分成了两部分,一部分先是留在晋阳,之后随同贺拔胜一道驻防荆州;而另一部分由贺拔岳、侯莫陈悦率领,作为尔朱天光的副将在永安三年(530)随尔朱天光一道到关中平定万俟丑奴的起事势力。当年即平定了关陇地区,关陇遂为尔朱氏所掌控。在尔朱荣被孝庄帝设计诛杀后,高欢脱离尔朱氏的控制自立门户与尔朱氏作战,尔朱天光不听贺拔岳稳固关中的建议,率本部兵与高欢决战,结果被高欢歼灭,关陇之地遂被武川镇贺拔岳、侯莫陈悦二人所控制,这成为武川系军人集团发展的基点,"贺拔岳西征实际上就是武川镇军阀形成的发端"②。当高欢击溃尔朱氏集团后,控制关陇地区的贺拔岳隐然与高欢相抗,故高欢密令侯莫陈悦对付贺拔岳,侯莫陈悦"素服威略,既承密旨,便潜为计"③,永熙三年(534)正月,侯莫陈悦诱杀贺拔岳。贺拔岳被杀后,其部下左厢大都督李虎奔至荆州,请贺拔岳之兄贺拔胜来统带贺拔岳的余部,但贺拔胜本人没有答应,只派亲信独孤信前往,而其时贺拔岳余部已然推举另一名武川镇将领宇文泰为首领,宇文泰以为贺拔岳报仇为借口,拒绝北魏政府征调其部队到洛阳的命令,一直将侯莫陈悦追至牵屯山歼灭,从而在关陇地区确立了自己的权威,宇文泰集团就此形成。"当贺拔岳旧部推戴'同类'的宇文泰并成为一支独立的力量时,实际上也就迈出了关陇政权形成的第一步,而这一事件对后来的周、隋、唐政权来说具有十分重要的意义。"④宇文泰集团形成及其发展的结果,就是之后包括齐州房氏在内的众多山东士族家族"累叶陵迟"的历史命运。

　　尔朱荣死后,关中之外的以贺拔胜为核心的另一部分武川镇人如何抉择? 这个抉择实际上奠定了关陇集团形成的另一个基础,因为它决定了之后孝武帝终于选择入关而为关陇集团取得统系正宗的政治地位,吸引大批

---

① 〔日〕谷川道雄著,李济沧译:《隋唐帝国形成史论》,第 277 页。
② 谷川道雄著,李济沧译:《隋唐帝国形成史论》,第 284 页。
③ 《魏书》卷八十,第 1784 页。
④ 〔日〕谷川道雄著,李济沧译:《隋唐帝国形成史论》,第 282 页。

士人入关加入关陇集团中。

作为久历战阵的战将,且在尔朱氏阵营时日已久,贺拔胜对尔朱氏阵营诸人的文功武略自然知之甚稔,尔朱荣一死,何去何从? 贺拔胜理智地选择了支持皇室。所以北魏孝庄帝诛杀尔朱荣后,贺拔胜虽然赶赴尔朱荣家中应变,但他以孝庄帝有备而反对进攻皇宫,表明了他效忠北魏皇室的立场。尔朱氏势力撤离洛阳时,贺拔胜并未随之离去,而是留在了洛阳,"庄帝甚嘉之"①,由此贺拔胜开始受到北魏皇室的重用。尔朱氏集团策立节闵帝(531—532 年)后,贺拔胜"除右卫将军,进号车骑大将军、右光禄大夫、仪同三司"②。而节闵帝旋被高欢所杀,再策立孝武帝。因为贺拔胜对皇室的忠心,孝武帝即位之初,即任命贺拔胜为领军将军,统领洛阳的卫戍部队,包括禁军在内。将负责自身安全的部队交由贺拔胜统带,可见其时北魏皇室已视其为亲信腹心。"当尔朱氏立节闵帝时,对事态的发展有所预料的洛阳政府使贺拔岳为歧华秦雍诸军事、关西大行台、雍州牧,计划如有不测,天子即入关在此避难。"③而孝武帝上位后亦有结援贺拔岳为倚靠的打算,所以"主上(孝武帝)不亲勋贤,而招集群竖。数遣元士弼、王思政往来关西,与贺拔岳计议。又出贺拔胜为荆州刺史,外示疏忌,实欲树党,令其兄弟相近,冀据有西方"④。当贺拔胜出任荆州刺史时,原武川镇的独孤信、杨忠等人又汇聚在了一起,形成了武川系的第二支力量,其势力不亚于贺拔岳的力量。在魏孝武帝与高欢决裂后,孝武帝西入关中,贺拔胜亦准备入关,但受阻于高欢,在数年后方才得以辗转从萧梁入关,然"当初在胜荆州刺史任内之军士,或直接进入关中,或先赴魏孝武帝再入关中,其数甚多",毛汉光因此称其为"贺拔胜集团"。由于贺拔胜入关较晚,所以"在贺拔胜返回关中后,这个军系的名义领袖是胜,实际领导者是独孤信、杨忠等人"⑤。

① 《魏书》卷八十,第 1780 页。
② 《魏书》卷八十,第 1781 页。
③ 〔日〕谷川道雄著,李济沧译:《隋唐帝国形成史论》,第 280 页。
④ 《北齐书》卷二十一,第 291 页。
⑤ 毛汉光:《中国中古政治史论》,第 198—199 页。

武川系的两支力量汇聚于关中,而以宇文泰集团一系为主,宇文泰融冶关陇地域胡汉各族力量构建成关陇集团,以关中为本位徐图发展,转弱为强,其后终于得以灭北齐,进而一统天下。陈寅恪教授指出:"有唐一代三百年间其统治阶级之变迁升降,即是宇文泰'关中本位政策'所鸠合集团之兴衰及其分化。盖宇文泰当日融冶关陇胡汉民族之有武力才智者,以创霸业;而隋唐继其遗产,又扩充之。其皇室及佐命功臣大都西魏以来此关陇集团中人物,所谓八大柱国家即其代表也。当李唐初期此集团之力量犹未衰损,皇室与其将相大臣几全出于同一之系统及阶级,故李氏据帝位,主其轴心,其他诸族入则为相,出则为将,自无文武分途之事,而将相大臣与皇室亦为同类之人,其间更不容别一统治阶级之存在也。至于武曌,其氏族本不在西魏以来关陇集团之内,因欲消灭唐室之势力,遂开始施行破坏此集团之工作,如崇尚进士文词之科破格用人及渐毁府兵之制等皆是也。此关陇集团自西魏迄武曌历时既经一百五十年之久,自身本已逐渐衰腐,武氏更加以破坏,遂至分崩堕落不可救止。其后皇位虽复归李氏,至玄宗尤称李唐盛世,然其祖母开始破坏关陇集团之工事竟及其身而告完成矣。此集团既破坏后,皇室始与外朝之将相大臣即士大夫及将帅属于不同之阶级。"①

虽然宇文泰当初融冶各方势力为关陇集团,但武川系的两支力量之间还是有些利益冲突的。不过为了共同的利益,在独孤信统带贺拔胜一系力量时,还是先后达成了妥协。至独孤信被赐死,杨忠成为贺拔胜集团的第三代领袖人物。由于杨忠善于韬光养晦保全力量,到了他的手里,贺拔胜集团就成了仅存的还没有被宇文氏所整合的势力。这就是他的儿子杨坚后来能够聚集一批宇文氏的反对者的原因之一,进而形成了杨氏代周的条件。

但贺拔胜集团对关陇集团发展的贡献还是不小的,因为荆州是贺拔胜集团的根本,而且贺拔胜、独孤信等人在荆州的经营也确实颇得人心。孝武帝入关投宇文泰,贺拔胜集团既是孝武帝精心培植,而且又有与宇文泰

① 陈寅恪:《唐代政治史述论稿》,第234—235页。

同为武川镇人的渊源,遂自然而然地加入关中系统中。贺拔胜集团对荆州的经营为关中地区筑起了稳定荆州、安定南线的屏障,这对于宇文泰集团的安全、发展都具有相当重要的意义。所以孝武西迁后,"时荆州虽陷东魏,民心犹恋本朝。乃以信为卫大将军、都督三荆州诸军事,兼尚书右仆射、东南道行台、大都督、荆州刺史以招怀之。……信乘胜袭荆州。东魏刺史辛纂勒兵出战。士庶既怀信遗惠,信临阵喻之,莫不解体。……于是三荆遂定"①。大统六年(540)"侯景寇荆州,太祖令信与李弼出武关。景退,以信为大使,慰抚三荆"②。西魏利用贺拔胜荆州集团对荆州的长期经营,是西魏"取威定霸,以弱为强"过程中相当重要的一环,对其"南清江汉,西举巴蜀"③发展思路的决策也是具有一定诱导影响作用的。宇文泰长达五年的"图江陵之志"④,不能没有荆州集团的影响力存在。

　　总之,武川镇兵将因缘际会,形成了关陇系、荆州系两支力量,不仅得以组成关陇集团的骨干,而且相得益彰地作出了以关中为本位、"南清江汉,西举巴蜀"战略决策。随着西魏废帝二年(553)、三年(554)巴蜀、荆州入于宇文泰之手,加上其本身控制的关陇之地,诸葛武侯当年"跨有荆益、两路出击"一统天下的物质基础在宇文泰手里成为现实,转弱为强,灭掉北齐就只是时间先后的问题了。以关陇集团为根底的周、隋关中王朝展现在历史舞台上。

二、关陇集团的文化落后面貌与"关中旧意"

　　自东、西魏对立,双方"务在兼并",身处于两个政权中的士人亦不自觉地随之相互排斥,或者说相互轻视、敌视,这种排斥状况即使到了唐太宗那里也都还有些遗留,更不用说在灭北齐不久的隋朝。《颜氏家训·风操篇》云:"近在议曹,共平章百官秩禄,有一显贵,当世名臣,意嫌所议过厚。齐朝有一两士族文学之人,谓此贵曰:'今日天下大同,须为百代典式,岂得尚

---

① 《周书》卷十六,第264页。
② 《周书》卷十六,第265页。
③ 《周书》卷二,第38页。
④ 《资治通鉴》卷一百六十五,第5107页。

作关中旧意？明公定是陶朱公大儿耳！'彼此欢笑，不以为嫌。"①上引说明
在隋开皇九年（589）平陈之后，关陇集团的"关中旧意"依然还很浓厚，而原
旧齐山东士人则以诙谐的方式强调要抛弃、打破原来的"关中旧意"而创新
的百代典式。所谓"关中旧意"，是指关陇集团自西魏以来针对东魏、旧齐
境内山东士族的敌视态度和行为而采取的一种防范、压制策略，具体的做
法有迁离本乡、仕途压制、不认齐资等，即消解山东士族地域上的潜在势力
和限制他们在政治上的发展。在"关中旧意"政策之下，"周隋政权始终没
有对他们平等地开放仕途"②，由此山东士人在周隋两朝甚至于唐前期一直
都仕途坎坷。

　　自东、西魏分立时起，直到北周取得巴蜀、荆州之前，西魏、北周无论军
队战斗力、经济力量，比之东魏、北齐都处于劣势，故"齐谓兼并有余，周则
自守不足"③。在文化方面，西魏、北周尤其比北齐显得落后。在没有取得
巴蜀、荆州地区之前，西魏、北周所管地区的文化风貌，诚如《隋书·地理
志》所总结的情形：

　　　　雍州……考其旧俗，前史言之详矣。化于姬德，则闲田而兴让，习
　　于嬴敝，则相稽而反唇。斯岂土壤之殊乎？亦政教之移人也。京兆王
　　都所在，俗具五方，人物混淆，华戎杂错。去农从商，争朝夕之利，游手
　　为事，竞锥刀之末。贵者崇侈靡，贱者薄仁义，豪强者纵横，贫窭者窘
　　蹙。桴鼓屡惊，盗贼不禁，此乃古今之所同焉。自京城至于外郡，得冯
　　翊、扶风，是汉之三辅。其风大抵与京师不异。安定、北地、上郡、陇
　　西、天水、金城，于古为六郡之地，其人性犹质直。然尚俭约，习仁义，
　　勤于稼穑，多畜牧，无复寇盗矣。雕阴、延安、弘化，连接山胡，性多木
　　强，皆女淫而妇贞，盖俗然也。平凉、朔方、盐川、灵武、榆林、五原，地
　　接边荒，多尚武节，亦习俗然焉。河西诸郡，其风颇同，并有金方之
　　气矣。

① 颜之推撰，王利器集解：《颜氏家训集解》，上海古籍出版社，1980年，第81页。
② 牟发松：《旧齐士人与周隋政权》，《文史》第62辑，第97页。
③ 《北史》卷六十四，第2290页。

梁州……汉中之人，质朴无文，不甚趋利。性嗜口腹，多事田渔，虽蓬室柴门，食必兼肉。好祀鬼神，尤多忌讳，家人有死，辄离其故宅。崇重道教，犹有张鲁之风焉。每至五月十五日，必以酒食相馈，宾旅聚会，有甚于三元。傍南山杂有獠户，富室者颇参夏人为婚，衣服居处言语，殆与华不别。西城、房陵、清化、通川、宕渠，地皆连接，风俗颇同。汉阳、临洮、宕昌、武都、同昌、河池，顺政、义城、平武、汶山、皆连杂氐羌。人尤劲悍，性多质直。皆务于农事，工习猎射，于书计非其长矣。①

而同期东魏、北齐所管地区的文化风貌，《隋书·地理志》总结云：

冀州……信都、清河、河间、博陵、恒山、赵郡、武安、襄国，其俗颇同。人性多敦厚，务在农桑，好尚儒学，而伤于迟重。前代称冀、幽之士钝如椎，盖取此焉。俗重气侠，好结朋党，其相赴死生，亦出于仁义。故《班志》述其土风，悲歌慷慨，椎剽掘冢，亦自古之所患焉。前谚云"仕官不偶遇冀部"，实弊此也。魏郡，邺都所在，浮巧成俗，雕刻之工，特云精妙，士女被服，咸以奢丽相高，其性所尚习，得京、洛之风矣。语曰："魏郡、清河，天公无奈何！"斯皆轻狡所致。汲郡、河内，得殷之故壤，考之旧说，有纣之余教。汲又卫地，习仲由之勇，故汉之官人，得以便宜从事，其多行杀戮，本以此焉。今风俗颇移，皆向于礼矣。长平、上党，人多重农桑，性尤朴直，盖少轻诈。河东、绛郡、文城、临汾、龙泉、西河，土地沃少塉多，是以伤于俭啬。其俗刚强，亦风气然乎？太原山川重复，实一都之会，本虽后齐别都，人物殷阜，然不甚机巧。俗与上党颇同，人性劲悍，习于戎马。离石、雁门、马邑、定襄、楼烦、涿郡、上谷、渔阳、北平、安乐、辽西，皆连接边郡，习尚与太原同俗，故自古言勇侠者，皆推幽、并云。然涿郡、太原，自前代已来，皆多文雅之士，虽俱曰边郡，然风教不为比也。②

---

① 《隋书》卷二十九，第829页。
② 《隋书》卷三十，第860页。

豫州……洛阳得土之中,赋贡所均,故周公作洛,此焉攸在。其俗
尚商贾,机巧成俗。故《汉志》云"周人之失,巧伪趋利,贱义贵财",此
亦自古然矣。荥阳古之郑地,梁郡梁孝故都,邪僻傲荡,旧传其俗。今
则好尚稼穑,重于礼文,其风皆变于古。谯郡、济阴、襄城、颍川、汝南、
淮阳、汝阴,其风颇同。南阳古帝乡,搢绅所出,自三方鼎立,地处边
疆,戎马所萃,失其旧俗。①

[青州]……吴札观乐,闻齐之歌曰:"泱泱乎大风也哉,国未可量
也。"在汉之时,俗弥侈泰,织作冰纨绮绣纯丽之物,号为冠带衣履天
下。始太公以尊贤尚智为教,故士庶传习其风,莫不矜于功名,依于经
术,阔达多智,志度舒缓。其为失也,夸奢朋党,言与行谬。齐郡旧曰
济南,其俗好教饰子女淫哇之音,能使骨腾肉飞,倾诡人目。俗云"齐
倡",本出此也。祝阿县俗,宾婚大会,肴馔虽丰,至于蒸脍,尝之而已,
多则谓之不敬,共相诮责,此其异也。大抵数郡风俗,与古不殊,男子
多务农桑,崇尚学业,其归于俭约,则颇变旧风。东莱人尤朴鲁,故特
少文义。②

兖州……东郡、东平、济北、武阳、平原等郡,得其地焉。兼得邹、
鲁、齐、卫之交。旧传太公唐叔之教,亦有周孔遗风。今此数郡,其人
尚多好儒学,性质直怀义,有古之风烈矣。③

[徐州]……彭城、鲁郡、琅邪、东海、下邳,得其地焉……其在列
国,则楚、宋及鲁之交。考其旧俗,人颇劲悍轻剽,其士子则挟任节气,
好尚宾游,此盖楚之风焉。大抵徐、兖同俗,故其余诸郡,皆得齐、鲁之
所尚。莫不贱商贾,务稼穑,尊儒慕学,得洙泗之俗焉。④

---

① 《隋书》卷三十,第843页。
② 《隋书》卷三十,第862页。
③ 《隋书》卷三十,第846页。
④ 《隋书》卷三十一,第873页。

从上引两个政权地区的文化风貌情形看,西魏、北周境内只有河西这一个点尚称得上"尚俭约,习仁义,勤于稼穑",其他地区皆是"质朴无文"、"书计非其长"、"工习猎射",为戎、胡族游猎文化分布区,即令京兆地区也是"华戎交错"。而东魏、北齐境内青、齐、徐、兖、豫、冀诸州皆是"重农桑"、"好尚儒学"、"重于礼文",为汉儒文化分布区。众所周知,与周边戎胡族游猎文化相较,在中古时期汉儒文化已建立起更为先进的制度文明。因此,相较而言,西魏、北周比东魏、北齐处于文化落后状态,故此《北史·恩幸传》总序评论曰:

> 大宁之后,奸佞浸繁,盛业鸿基,以之颠覆,生灵厄夫左衽,非不幸也。

大宁是北齐武成帝高湛即位时所用的年号,由于高湛即位后荒淫无道,又宠信和士开,日与之游戏握槊而不理朝政,自此北齐政局日见败坏。所以说北齐"盛业鸿基"自此开始颠覆,以致北齐被北周所灭。而北齐境内山东文人竟视此为"左衽"之耻,可见西魏、北周在当时的文化落后状态,直被北齐士人视之有如夷狄之区!"是撰写此'生灵厄夫左衽'的文人士大夫站在内齐外周的立场上,指斥北周为'左衽'的夷狄,痛惜齐之见灭于周沦为夷狄的世界。"①

既然当时北齐境内士人对关陇集团抱着一种文化自高心态,自然而然地不屑与之为伍,正所谓"道不同不相为谋",因此在西魏、北周政权中,只有当初随孝武帝入关时所带的少量关东士人,以及后来有忠于北魏皇室的零散入关的少数山东士人,绝大多数的山东士人则对关陇集团采取了一种敌视态度而拒绝与关陇政权合作,"所以关陇集团不是不要山东、江左的人才,而是山东、江左的人才看不起经济文化都远逊的关陇,而不愿西投为其所用"②。为了招揽人才,就必须解决文化落后问题并树立起文化正统的形

---

①　黄永年:《六至九世纪中国政治史》,上海书店出版社,2004 年,第 49 页。
②　黄永年:《六至九世纪中国政治史》,第 42—43 页。

象来,为此宇文泰不得不祭起了源起于关中地域的《周官》旗帜,陈寅恪指出:"洛阳文物人才虽经契胡之残毁,其遗烬再由高氏父子之收掇,更得以恢复炽盛于邺都。魏孝文以来,文化之正统仍在山东,遥与江左南朝并为衣冠礼乐之所萃,故为宇文泰所不得不深相畏忌,而与苏绰之徒别以关陇为文化本位,虚饰周官旧文以适鲜卑野俗,非驴非马,藉用欺笼一时之人心。"①但尽管竖起《周官》礼制大旗,仍然是应者寥寥,其结果"在当时南北分立、东西对峙的三方政权中,以西魏、北周的文人学士最称奇缺,因此之故,西魏、北周对文学之士求贤若渴"②。关陇地区的文化落后面貌稍有改观的契机是南朝陈霸先与西魏通好之后,"南北流寓之士,各许还其旧国",一时出现南方文士成批入关,"西魏北周向称粗陋的文化学术有所改观,但就整体文化实力而言,仍与关东、江南政权有显著差距,这是北周灭齐以后致力于搜扬山东文士的重要原因"③。

　　既然北齐山东士人站在了"内齐外周"的立场上不与关陇集团合作,东西两个统治集团、文人士子之间的隔阂自然显现出来,这种隔阂直到唐太宗时其内心深处还有明显流露。"太宗尝言及山东、关中人,意有同异。行成正侍宴,跪而奏曰:'臣闻天子以四海为家,不当以东西为限;若如是,则示人以隘陋。'太宗善其言,赐名马一匹、钱十万、衣一袭。"④在唐太宗内心深处的"东西之限",并不是针对山东寒族,而是针对以"崔卢李郑"为首的山东高门。山东士人高门所持的"内齐外周"立场,就意味着潜在于他们背后的地域势力的真正立场,齐州房氏的房彦谦就有"痛本朝倾覆,将引率忠义,潜谋匡辅"⑤的表现,而这正是北周灭北齐之后最大的担忧和隐患。更为显著的是,"内齐外周"的山东士人并没有因为北周灭了北齐就立刻消除与关陇集团的隔阂而与其主动合作,而是采取了消极应对的办法,主动隐退家园,实在不能隐、不得已的情形下,宁愿出仕山东州郡也不愿意到关中

---

① 陈寅恪:《隋唐制度渊源略论稿》,第49页。
② 牟发松:《旧齐士人与周隋政权》,《文史》第62辑,第89页。
③ 牟发松:《旧齐士人与周隋政权》,《文史》第62辑,第89页。
④ 《旧唐书》卷七十八,第2703页。
⑤ 《隋书》卷六十六,第1561页。

任职朝廷。在上述山东士人不合作、所把持的地域势力隐然相抗的情况下,北周及以后代周而立的杨隋政权不得不对山东士人采取了防范措施,此为关陇政权的"关中旧意",直到唐太宗,作为继承关陇集团政治成果的王朝主持者,面对仍然没有消失的山东地域势力,不能说这种"关中旧意"的防范之心就会淡然而去。

"周武帝平齐,山东衣冠多迎周师"①,这只是因为在高齐皇权与地方豪右的权力博弈中,绝大多数山东汉族豪右势力都受到了打击,而且随着高齐末期政局混乱,山东汉族地方豪右势力彻底丧失了对高齐王廷的认同而群体性地走向了它的对立面。虽然山东衣冠放弃了高齐政权,但这并不意味着他们同时也放弃了他们的文化立场,绝大部分山东士人不与关陇集团为伍的思想一仍其旧,其最明显的表现就是对北周的征辟诏令一再漠然视之。早在建德五年(576)十二月,即北周灭北齐、占邺都的当月,北周武帝就发布诏令"诸亡入伪朝,亦从宽宥。官荣次序,依例无失。其齐伪制令,即宜削除。邹鲁缙绅,幽并骑士,一介可称,并宜铨录"②,试图通过宽宥、保持官荣秩禄等措施将旧齐山东人才吸纳到统治集团中来,然而效果似乎不尽理想,所以次年(577)三月发诏"山东诸州,各举明经干治者二人。若奇才异术,卓尔不群者,弗拘多少";七月"诏山东诸州,举有才者,上县六人,中县五人,下县四人,赴行在所,共论政事得失";九月诏"东土诸州儒生,明一经已上,并举送,州郡以礼发遣"③。尽管开出种种条件,但并未获得山东士人的如斯响应,直到隋朝初年的情形还是山东士人"多未应起":

> 君临天下,所须者材,苟不求材,何以为化? 自周平东夏,每遣搜扬,彼州俊人,多未应起。或以东西旧隔,情犹自疏;或以道路悬远,虑有困乏,假为辞托,不肯入朝。如能仕者,皆得荣位,沉伏草莱,尚为萌伍,此则恋目下之利,忘久长之策。刺史守令,典取人情,未思此理任而不送。朕受天命,四海为家,关东关西,本无差异,必有材用,来即铨

---

① 《隋书》卷七十四,第1692页。
② 《周书》卷六,第99页。
③ 《周书》卷六,第102、103、104页。

叙,虚心待之,犹饥思食。彼州如有仕齐七品已上官,及州郡县乡望县功曹已上,不问在任下代,材干优长堪时事者,仰精选举之。纵未经仕官,材望灼然,虽乡望不高,人材卓异,悉在举限。或旧有声绩,今实老病;或经犯贼货、枉法之罪,并不在举例。①

上引开皇二、三年隋文帝令山东三十四州刺史举人敕,说明了山东俊人因"东西旧隔,情犹自疏"而以各种理由滞留在家"不肯入朝"的事实。

　　其实山东俊人之不肯入朝,除了文化原因外,还在于以武川系为核心的关陇集团是一个具有权力排他性的集团,不可能做到对山东士人平等地开放仕途。在关陇集团形成的过程中,血缘和地缘关系起到了很大的作用,北镇作为镇民的第二故乡,"他们在这一迁徙地内形成了新的地域社会,这里的社会秩序既非国家所定,也非部族共同体旧有的成规,而是由'豪杰'与民众的指导与被指导关系创造出的新的自律性秩序"②。"北镇的'豪杰'们以血缘、地缘关系为基础,形成了一种同类意识非常强烈的社会。"③在这样的一个社会结构下,"'乡里'武川镇之中的纵向与横向的人际关系经过内乱的磨难,最终成为关中军事政权的核心结构"④。这也就是说,关中军事政权的核心权力层只有与武川镇具有纵向或横向关系的人才能进入,而其他地域系统的人只能在外围服务而不能进入核心权力层。这种情形自宇文泰割据关陇时即已露雏形,至孝武入关就已明显展现。宇文泰的关陇集团由宇文泰亲信、贺拔岳余部、贺拔胜集团、侯莫陈悦集团余部、魏帝禁卫军及其将领五部分构成。⑤ 其中魏帝禁卫军及其将领中有一部分非武川镇人,他们属于入关山东士人系统,而他们在关陇政权中日益被边缘化的痕迹十分明显,尤以王思政为最。王思政为太原祁人,之前北魏皇室欲图关陇为西援时,他是双方的联络人,也是孝武入关中的建议人

---

① 许敬宗编,罗国威校证:《文馆词林校证》卷六百九十一,中华书局,2001 年,第 409—410 页。
② 〔日〕谷川道雄著,李济沧译:《隋唐帝国形成史论》,第 285—286 页。
③ 〔日〕谷川道雄著,李济沧译:《隋唐帝国形成史论》,第 290 页。
④ 〔日〕谷川道雄著,李济沧译:《隋唐帝国形成史论》,第 293 页。
⑤ 毛汉光:《中国中古政治史论》,第 13 页。

之一。入关后,"综观王思政在西魏政权中之拜职,皆在关陇地区之外,如玉壁、荆州、颍川等地,而其军旅,乃'令募精兵',所以王思政所领之兵极可能是荆州、河南等地所募之兵及州郡兵,并非关陇集团军府之兵"①,在受到边缘化排斥的情形下,"大统之后,思政虽被委托,自以非相府之旧,每不自安"就在情理之中。即使是追随魏孝武的武川镇人念贤,也因"自始在关东发展之时,与贺拔岳等早先入关者关系日远","入关以后念贤戍守地区是河州、秦州一带,这比王思政防守玉壁、弘农、荆州、颍川居于关东较具重要性,但仍不是宇文泰之核心区——雍州至华州一带"②。在西魏草创之初即已入关加入宇文泰集团的山东高门博陵崔猷,有军功畴略,在文武两途对宇文泰集团都有具体贡献,算是最成功的入关山东士人,也只是"已经相当接近(关陇)集团核心了"③,终于未能进入核心层。连追随魏帝入关及最早投奔宇文泰集团的山东士人都被关陇集团权力核心层边缘化,更不用说北齐亡后入关的山东士人会受到周隋政权的打压,北齐亡后随驾入关的十八文士,"他们中间,除了李德林外,不是罢免,就是除名,或者任非所好,不是他们理想中的清显之职"④,就算最受重用的李德林,也是"运属兴王,功参佐命,十余年间竟不徙级"⑤。

既有文化立场不同而产生的不与关陇集团合作的情绪,复因根本无法进入核心权力层以实现政治经济目标的诉求,山东士人于是大多"晦迹丘园",就这样原旧齐境内山东士人对周隋政权远远疏离了。以往周、齐对立时显性的"东西之限"由此转而为隐性的地域势力对抗。

三、齐州房氏在周、隋两朝的"丘园自养"

"在作为士大夫安身立命之所这点上,北齐之远胜于北周是不争的事实。"⑥在北朝出现东西分裂后,齐州房氏一直在东魏、北齐治下发展,目前

---

① 毛汉光:《中国中古政治史论》,第209页。
② 毛汉光:《中国中古政治史论》,第211页。
③ 毛汉光:《中国中古政治史论》,第194页。
④ 牟发松:《旧齐士人与周隋政权》,《文史》第62辑,第96页。
⑤ 《隋书》卷四十二,第1208页。
⑥ 黄永年:《六至九世纪中国政治史》,第48页。

史籍中还没有发现齐州房氏有入关的房支。碑铭中目前也只发现清河房虎一支入关。

在东魏(534—550)时期,这十余年房氏的仕宦记录并不显达,但仍可以看出分两途发展,一途是利用家族力量在地方发展,如房三益长子房士隆就利用家族力量在本郡乡任职,兴和(539—542 年)中,任职本郡东清河太守,带盘阳镇将;另一途是离开家乡到朝廷任职,基本上处于中央核心政治圈的外围,如房士隆之弟房士素,在武定(543—550 年)中,任太尉咨议参军。房景伯之子房文烈,曾任司徒左长史、吏部郎,武定中任职"尚书三公郎中"。房景先之子房延祐,武定末任职太子家令,后跟从魏收修国史。房超,武定末,任司徒录事参军、济州大中正。

北齐(550—577 年)时期,齐州房氏史籍中留名的有房豹、房熊二人。房豹,字仲幹。依靠家族在地域上的影响力,十七岁就被聘为齐州主簿。之后释褐出任北齐大将慕容绍宗的开府主簿兼行台郎中,随慕容绍宗一道在颍川一带防卫西魏的王思政。河清(562—564 年)年间,房豹被授谒者仆射,拜为西河太守(治今山西汾阳)。在任职西河太守期间,以清静无为不扰民为宗旨,扶贫济弱,深得当地百姓好评。迁博陵太守(治今河北安平),政绩甚佳,在博陵以能著称,人称"博陵君"。再迁乐陵太守,普行教化,与民休息,百姓因之安居乐业。北齐被北周所灭,房豹归还本乡,"丘园自养"①。房熊事迹不彰,只知曾行清河、广川二郡守。

尽管从天保七年(556)北齐中央以"裁并州郡"的形式开始压制地域势力的增长,但由于房氏在齐州经营百余年,其地域影响力似乎并没有受到多大的影响。北齐亡后,房豹虽然回归家乡"丘园自养",其家族影响力仍在。慑于房氏的地域影响力,北周新任命的牧守到任之时,仍然会循例派人致礼,官佐们也都要投送名刺以表达敬意。② 房豹无子,以其兄长房熊之子房彦诩过继为嗣。《房彦诩墓志》中详述了房氏地域势力形成的主要方式:"物议时谈,弗之尚也。家富于□,性好周急。千里之客,仓廪每虚;一

---

① 《北史》卷三十九,第 1416 页。
② 《北史》卷三十九,第 1416 页。

面之交,车马同弊。及还游故里,毕散余金。邀啸长吟,叶归田之致;荒涂幽径,会招隐之心。"①通过广交朋友、周急乡里、赈济宗党等方式,齐州房氏建立起强大的地域影响力。这种以"义举"而不是以"势威"建立的地域影响力显然是令人心悦诚服的,有两件事例很好地说明了齐州房氏的这种地域影响力。房景远,字叔遐。他"重然诺,好施与。频岁凶俭,分赡宗亲;又于通衢以食饿者,存济甚众"②,从而建立起房氏的地域影响力。当平原刘郁经过齐、兖之境遭遇劫贼时,刘郁大呼说:"与君乡近,何忍见杀。"劫贼问其乡亲,刘郁回答说:"齐州主簿房阳是我姨兄。"房阳是房景远小字。劫贼曰:"我食其粥得活,何得杀其亲。"遂还衣物,蒙活者二十余人。房彦谦,"齐亡,归于家。周帝遣柱国辛遵为齐州刺史,为贼帅辅带剑所执。彦谦以书谕之,带剑惭惧,送遵还州,诸贼并各归首。及高祖受禅之后,遂优游乡曲,誓无仕心"③。

辅带剑不惧官府而应房彦谦书信之劝送归辛遵,可见房彦谦在地方上的潜在影响力。而这种影响力恰恰是周隋官府最为担心的,因为房彦谦曾经有"痛本朝倾覆,将引率忠义,潜谋匡辅"的举动,事情虽不果而止,但这种行为本身无疑已引起北周及其之后的杨隋官府的高度警惕。更为关键的是,如同房彦谦这样的行为并不是个案,而是山东大姓豪强的群体性行为。如范阳卢氏的卢思道是周武帝平齐后随驾入关的十八文士之一,入关不久即借口"母疾"回到了家乡,"遇同郡祖英伯及从兄昌期、宋护等举兵作乱,思道预焉"④。然而这件事的关键之处并不在于卢思道本人的"预"与不"预",而在于卢思道回乡之前,其从兄卢昌期等所代表的范阳卢氏家族地域力量已经"预"兵反对关中政权。这次反对关中政权的起事,虽被北周大将宇文神举率军平定,但反映了山东地方大姓豪强携其地域势力并不臣服于关中政权的统治这个事实,所以关中政权就不能不以山东地域势力作为假想敌、潜在对手作出预防性措施。

---

① 吴纲:《全唐文补遗》卷七,第 240 页。
② 《魏书》卷四十三,第 982 页。
③ 《隋书》卷六十六,第 1561—1562 页。
④ 《隋书》卷五十七,第 1398 页。

关中政权对付山东地域势力的思路,即"关中旧意",就是要将其消解。其措施之一,是将在地方上有影响力、有势力的主要人物征调入关中任职,俾使地方群龙无首。在这种措施下,有着强大地域影响力正在"丘园自养"的房豹就"频被征命"。"清河房氏不过是山东第二流士族,诸如范阳卢氏、博陵崔氏等山东高门,由他们领导或参与叛乱,对当局的威胁之大,后果之严重,自可想见……正是鉴于山东大姓豪强在社会上的潜在势力,关中朝廷不能不'颇以山东为意',不能不有'东西之限',必欲强山东旧族豪强征离家乡而后快。"①山东旧族豪强们自然不愿意离开家乡,所以以各种理由"婆娑乡里",房豹就"固辞以疾"不应关中朝廷的征命。在杨氏代周之前,关中朝廷对山东士人的征命虽然严厉,但地方官既然要借重地方豪强来稳定秩序,在执行力度上也就并不严格,存在着一定的官方人情,即前引隋文帝诏书中所说"刺史守令,典取人情"以致"任而不送",因此山东士人如房豹、张波等一大批人还能够勉强做到"丘园自养"。

杨坚代周,实际上是关陇集团中武川镇贺拔胜集团一系力量的崛起,尤其出身于贺拔胜集团的高颎和韦孝宽,为杨坚代周和平定宇文皇室力量的叛乱作出了巨大的贡献。当时反对杨坚影响力最大的是相州总管尉迟迥、青州总管尉迟勤叔侄二人,韦孝宽乃是平定尉迟迥叔侄的主将。在尉迟叔侄的反杨坚队伍中,原旧齐山东士人纷纷参与,"赵、魏之士,从者若流,旬日之间,众至数十万"②。山东旧族豪强势力反杨坚的踊跃,使杨坚在稳固其统治之后加大了北周以来征命山东人士入关中的力度,一再苦相敦逼。《金石萃编》卷四十三《房彦谦碑》云:

> 公闲心闲馆,以风素自居,清虚味道,沉冥寡欲,恭敬以撙节,退让以明礼。潜隐之操,始擅于州间,高亮之风,日闻于海内。于是群公仰德,邦君致礼。物 色 斯辩,雄 节 盈涂。郡三辟功曹,州再辟主簿,其后不得已而从命。公明天人之际,述尧舜之道。其处也,将委质于众

---

① 牟发松:《旧齐士人与周隋政权》,《文史》第62辑,第96页。
② 《隋书》卷一,第3页。

妙之门,栖神不死之地;其出也,将宏奖名教,博利生民。舟楫可期,英灵有感,州郡 之 职非其志焉。然公以周隋禅代之交,纪纲弛紊,亦既从政,便以治乱为怀。眷言州壤,在情弥切,乃整齐风俗,申明狱讼,进善黜恶,导德齐礼,虽在乡国,若处王朝,政教严明,吏民悦伏。见危拯难,临财洁己。利物之 仁,不自为德,不贪之宝,必畏人知。开皇初,频诏 搜 扬人物,秦王出 至 京洛,致书辟召,州县并苦相敦逼,公辞以痼疾,且得遂情偃仰。其后隋文帝忌惮英俊,不许晦迹丘园。公且权维縶,方应荐举。七年,始入京省,授吏部承奉郎。是时齐朝资荫,不复称叙,鼎贵高门,俱从九品释褐。朝廷以公望实之重,才艺之优,故别有此授,以明则哲之举。俄迁监察御史,每杖节巡省,纠逖奸慝,以存公正, 以 变 浇 风,转授秦州总管录事参军事。汉阳重镇,京辅西门,管辖一方,允斯盛选。寻以朝集入京,与左仆射齐公总论考课之法,黜陟之方。齐公对岳牧以下,大相叹伏,其后具以公言敷奏。仍有升擢之辟, 然 非知己之主竟不能见用,左迁许州长葛县令。公镇之以清静,文之以礼乐,讼以道息,灾因德弭,百姓感悦,咸不忍欺,爱之如慈亲焉,敬之如明神焉。襁负知归,颂声载路,解代之后,吏民追思惠政,树碑颂德。在长葛秩未满,以考绩尤异,迁郤州司马。此州荆邓之郊,华夷踌杂, 习 俗残犷, 民 情检诐。公化之以仁爱,敦之以淳厚,期月之间,咸知迁革。寻以州废,解任言归。夜观星象,昼察人事,知天地之将闭,望箕颍以载怀。乃于蒙山之阴,结构岩穴,非唯在乎避世,固亦潜以相时。然大业之初,始班新令,妙选贤良为司隶刺史,公首膺斯举,有诏追赴京洛。公以朝纲浸以颓坏,此职亦是宏济之一方,便起而就征。览辔登车,即有澄清天下之志,于是激浊扬清,风驰草偃。行能之类,望景以听升迁;苛暴之徒,承风而解印绶。进擢者縻爵不致谢言,绳纠者受刑而无怨色。自非道在至公,信以被物,其孰能与于此焉。

从碑文可知,隋开皇初频诏搜扬人物,房彦谦依然以"痼疾"为借口而"且得遂情偃仰",直到开皇七年(587)随着隋文帝征命力度的再度加强,房彦谦终于无法回避而被迫到京。为何如此?

这是因为隋朝对山东地域势力的消解措施之二是力图斩断山东士族豪强的再生机制。陈寅恪先生指出:"所谓士族者,其初并不专用其先代之高官厚禄为其唯一之表征,而实以家学及礼法等标异于其他诸姓。"①钱穆先生指出:"一个大门第,决非全赖于外在之权势与财力,而能保泰持盈达于数百年之久;更非清虚与奢汰,所能使闺门雍睦、子弟循谨,维持此门户于不衰。当时极重家教门风,孝弟妇德,皆从两汉儒学传来。"②由此可知,传统士族的再生性取决于其家族的才学、富庶、权势三要素。才学自有家学渊源,官府权力直接干预所不能及,乃通过选官标准的更换实行方向性导引,文帝以"志行修谨、清平干济"二科举人,及至隋炀帝创设科考进士之途,终于寻找到对士族思想的控制之道,诱使天下英雄入其彀中。对于士族的富庶,隋文帝通过新颁均田令与大索貌阅等措施与豪强争夺人口,"定其名,轻其数,使人知为浮客,被强家收太半之赋;为编甿奉公上,蒙轻减之征"③。对于士族的权势,则直接剥夺了原先把持在士族手中的用人权。开皇三年(583),"操人主之威福,夺天朝之权势"的州郡中正之选举品第权被废止,"中正"称"乡官",成为"不知时事"的闲职,开皇十五年(595),裁革乡官,士族与地方政权之间的联系就此被切断。在废止中正职权的同时,隋文帝又将地方刺史、郡守自辟僚属的权力收归中央,统由吏部任命,地方官员与当地士族勾连的纽带亦被切断。经过这一系列的措施以及这些措施在入唐后被唐廷沿用,传统阀阅士族再生的机制不再,山东传统阀阅士族遂日趋没落,遂有入唐以后在科举制下新的士族阶层产生。

"不问在任下代,材干优长堪时事者,仰精选举之。纵未经仕官,材望灼望,虽乡望不高,人材卓异,悉在举限",隋文帝在试图将所有地方有影响力的"乡推领袖"都征入关中的同时,还曾企图效法秦皇移徙山东之民以实

---

① 陈寅恪:《唐代政治史述论稿》,第259页。
② 钱穆:《国史大纲》,商务印书馆,1994年,第309—310页。
③ 杜佑著,王文锦等点校:《通典》卷七,第156页。

边塞,从根本上解决山东地域势力的乡里基础。这件事虽为太子杨勇谏阻而罢,但杨坚一系列旨在削弱山东地域势力的连串举措无疑已使山东地域势力产生了极大的危机感。这一势力群体自然也不甘心,乃图谋扶持新的势力维护者来取代杨坚掌控中央权力。就是在这种背景下,曾两度总领旧齐之地、与山东地域势力关系密切的太子杨勇被认定为合适的人选。

通过对太子杨勇僚属、婚姻关系的统计分析,"太子勇曾两度出镇山东,与朝中以高颎为首之山东大臣关系密切,其僚属多山东人,联姻皇室之山东家族皆与勇有关,由此我们认定,山东势力为支持勇之势力"①,可以认为,山东地域势力在隋初时已渐汇聚于太子杨勇周围。开皇六年(586),太子杨勇再次出镇洛阳,借此之机,洛阳人高德上书请隋主为太上皇,传位于皇太子。其年杨坚四十五岁,正值盛年,当然不肯退位,他说:"朕承天命,抚育苍生,日旰孜孜犹恐不逮,岂效近代帝王传位于子自求逸乐者哉!"②前此山东地域势力为了应对杨坚的消解,通过各种借口不入关洛应职以达到"婆娑乡里"的目的。但在高德上书之闹剧事件后,山东地域势力与关陇集团的纠纷显然明朗化了,其表现为"隋文帝忌惮英才,不许晦迹丘园"。其实准确地说,应是隋文帝"忌惮山东地方英才"再为乱阶。出现势力集结这种情形,"天性沉猜"的杨坚自然不会等闲视之,随即着手对太子山东势力进行防范并加强了对山东地域势力消解的力度,采取了强行勒送的方式,山东士人的"丘园自养"再也没有可能性,此前州县长官对山东人士"典取人情"、"任而不送"的情形不再,遂有房彦谦等开皇七年(587)在"州县苦相敦逼"之下因为害怕被"维絷"才不得已到京应职。《隋书》卷六十六《房彦谦传》云:

> 开皇七年,刺史韦艺固荐之,不得已而应命。吏部尚书卢恺一见重之,擢授承奉郎,俄迁监察御史。后属陈平,奉诏安抚泉、括等十州,以衔命称旨,赐物百段,米百石,衣一袭,奴婢七口。迁秦州总管录事

---

① 姜望来:《魏周隋唐关陇集团与山东势力》,武汉大学硕士学位论文 2005 年,中国知网(www.cnki.net),第 38 页。
② 《资治通鉴》卷一百七十六,第 5485—5486 页。

参军。尝因朝集,时左仆射高颎定考课,彦谦谓颎曰:"书称三载考绩,
黜陟幽明,唐、虞以降,代有其法。黜陟合理,褒贬无亏,便是进必得
贤,退皆不肖,如或舛谬,法乃虚设。比见诸州考校,执见不同,进退多
少,参差不类。况复爱憎肆意,致乖平坦,清介孤直,未必高名,卑谄巧
宦,翻居上等,直为真伪混淆,是非瞀乱。宰贵既不精练,斟酌取舍,曾
经驱使者,多以蒙识获成,未历台省者,皆为不知被退。又四方悬远,
难可详悉,唯量准人数,半破半成。徒计官员之少多,莫顾善恶之众
寡,欲求允当,其道无由。明公鉴达幽微,平心遇物,今所考校,必无阿
枉。脱有前件数事,未审何以裁之?唯愿远布耳目,精加采访,褒秋毫
之善,贬纤介之恶。非直有光至治,亦足标奖贤能。"词气侃然,观者属
目。颎为之动容,深见嗟赏。因历问河西、陇右官人景行,彦谦对之如
响,颎顾谓诸州总管、刺史曰:"与公言,不如独与秦州考使语。"后数
日,颎言于上,上弗能用。①

　　房彦谦虽任隋官职,但到底还是无法改变"上弗能用"的状况的。这不
是他一个人的问题,它与隋杨皇室对在朝山东士人势力的防范、清洗有关。
尽管山东士人不能进入关陇集团把持的核心权力层,但在这个权力层外围
的山东士人还是不少,这其中包括一批灭齐之前以及灭齐过程中主动投诚
的旧齐山东士人。这些在朝山东士人利用他们手中的权力吸纳被征调入
关中的山东士人,悄然扩展山东士人在朝的群体力量。其中的表现之一,
就是山东高门范阳卢恺利用手中所掌握的吏部选人权力将关中政权"不限
资荫,唯在得人"——"选无清浊"的用人原则悄悄易改为"甄别士流"——
"阀阅取士",这自然对山东士人更为有利。"自周室以降,选无清浊。及恺
摄吏部,与薛道衡、陆彦师等甄别士流"②,山东在朝势力潜然扩张。开皇七
年(587)房彦谦被迫到京应职时,就在山东在朝势力的关照下得到了越资
"擢授","吏部尚书卢恺一见重之,擢授承奉郎,俄迁监察御史"。然而"甄

① 《隋书》卷六十六,第1562页。
② 《隋书》卷五十六,第1384页。

别士流"与"自周室以降,选无清浊"的消解山东士族力量的用人原则显相背离,终于引发开皇十二年(592)的"山东朋党案"。《隋书》卷五十六《卢恺传》云:

> 拜礼部尚书,摄吏部尚书事。会国子博士何妥与右仆射苏威不平,奏威阴事。恺坐与相连,上以恺属吏。宪司奏恺曰:"房恭懿者,尉迟迥之党,不当仕进。威、恺二人曲相荐达,累转为海州刺史。又吏部预选者甚多,恺不即授官,皆注色而遣。威之从父弟彻、肃二人,并以乡正诣吏部。彻文状后至而先任用,肃左足挛蹇,才用无算,恺以威故,授朝请郎。恺之朋党,事甚明白。"上大怒曰:"恺敢将天官以为私惠!"恺免冠顿首曰:"皇太子将以通事舍人苏夔为舍人,夔即苏威之子,臣以夔未当迁,固启而止。臣若与威有私,岂当如此!"上曰:"苏威之子,朝廷共知,卿乃固执,以徼身幸。至所不知者,便行朋附,奸臣之行也。"于是除名为百姓。未几,卒于家。自周氏以降,选无清浊,及恺摄吏部,与薛道衡、陆彦师等甄别士流,故涉党固之谮,遂及于此。①

何妥因为与苏威之子苏夔争议音律,而朝士因为苏威的原因而附同苏夔,何妥不服而奏苏威"与礼部尚书卢恺、吏部侍郎薛道衡、考功侍郎李同和等共为朋党",而隋朝宪司坐实"朋党"案的理由是卢恺等人"注色而遣"选用山东人,以及曾参与过尉迟迥之党的山东士人房恭懿等人"不当仕进"而进,这实在是触及了杨氏关陇集团的底线,于是"上大怒","知名之士坐威得罪者百余人"②。"这次朋党事件的焦点在于用人,从用人的主持者、用人的方针,以及所用的人来看,这次朋党事件的地域性质是明显的。"③此次事件受影响者百余人,山东士人在朝势力遭到一次大清洗。本来就因高德上书事件而引起对山东士人力量在朝汇聚高度警惕的隋文帝,不可能对开皇六年(586)以后卢恺等人"注色而遣"的小动作毫无觉察,这不符合他"天

---

① 《隋书》卷五十六,第1384页。
② 《隋书》卷四十一,第1187页。
③ 牟发松:《旧齐士人与周隋政权》,《文史》第62辑2003年第1期,第99页。

性沉猜"的本性。音律论争事件由来已久,其实无关政局大势,但它作为一个引子导向了山东士人的"朋党"问题,这只能是何妥早就摸准了隋文帝的心理,而隋文帝正好借此机会清洗山东士人在朝势力而大张旗鼓罢了。在隋文帝加意防范山东士人在朝势力增长、汇聚的情形下,对如房彦谦等一些受卢恺"一见重之"的人就更是关注,所以尽管房彦谦受到高颎的极力推荐,而"上弗能用"的情况就不可避免,仕途不顺也就在情理之中。

山东士人在朝力量汇聚于太子周围并通过高德上书事件体现出来的夺权迹向,成为隋文帝的心病,但其时隋朝外忧重重,只得隐忍不发。隋初外忧来自南北政权的夹击,北方草原地带的突厥、吐谷浑、党项以及在北魏时期就占据了中原政权辽东故地的朝鲜高丽,随着杨隋政局趋于稳定并逐渐强大,北方、西北方与东北方各少数民族"基于部落联盟血缘关系的坚韧和政治、经济利害的一致性,于是就暗中勾结,遥相呼应,形成一股抵制隋王朝军事扩张的强大伏流,成为笼罩整个北方草原地区的强大弧形,以至不断向南发展,对隋朝边地进行掠夺和侵扰"①。尤其高丽王,在西晋王朝灭亡后的数百年间,"一方面同中原政权保持着密切联系,另方面它既同北方草原各族结成强大弧形,又泛海同江南世家大族结为与国,以此南北夹击中原政权"②,正是因为高丽有此联陈南北夹击中原政权的态势,才有"高丽王汤闻陈亡,大惧,治兵积谷,为拒守之策"③。开皇八年(588),隋文帝以晋王杨广为帅伐陈,开皇九年,平陈。以杨广为帅,是隋文帝有意培植藩王势力以制约太子杨广势力扩展的措施。平陈之后,隋文帝终于有精力顾及山东势力集聚于太子杨勇周围的问题,于是开始限制太子杨勇的权力扩展。开皇九年冬至日,隋文帝借百官朝贺太子之机发诏限制太子权力,《隋书》卷四十五《房陵王勇传》记载:

> 其后经冬至,百官朝勇,勇张乐受贺。高祖知之,问朝臣曰:"近闻至节,内外百官,相率朝东宫,是何礼也?"太常少卿辛亶对曰:"于东宫

---

① 金宝祥等:《隋史新探》,兰州大学出版社,1989年,第85页。
② 金宝祥等:《隋史新探》,第87页。
③ 《资治通鉴》卷一百七十八,第5559页。

是贺,不得言朝。"高祖曰:"改节称贺,正可三数十人,逐情各去。何因有司征召,一时普集,太子法服设乐以待之? 东宫如此,殊乖礼制。"于是下诏曰:"礼有等差,君臣不杂,爰自近代,圣教渐亏,俯仰逐情,因循成俗。皇太子虽居上嗣,义兼臣子,而诸方岳牧,正冬朝贺,任土作贡,别上东宫。事非典则,宜悉停断。"自此恩宠始衰,渐生疑阻。①

正是在隋文帝有意培植藩王势力、削弱太子势力的背景下,房彦谦才有"方忧危乱"的论断:"初,开皇中,平陈之后,天下一统,论者咸云将致太平。彦谦私谓所亲赵郡李少通曰:'主上性多忌克,不纳谏争。太子卑弱,诸王擅威,在朝唯行苛酷之政,未施弘大之体。天下虽安,方忧危乱。'"②其子房玄龄亦有同样的看法,《旧唐书》卷六十六房玄龄本传云:"尝从其父至京师,时天下宁晏,论者咸以国祚方永,玄龄乃避左右告父曰:'隋帝本无功德,但诳惑黔黎,不为后嗣长计,混诸嫡庶,使相倾夺,储后藩枝,竞崇淫侈,终当内相诛夷,不足保全家国。今虽清平,其亡可翘足而待。'"

自平陈之后,隋文帝对太子杨勇进行抑制,恩宠始衰,渐生疑阻,太子杨勇地位卑弱,遂有太子通过山东士人扩展在朝势力的表现。开皇十二年(592)卢恺朋党案时,卢恺曾经向隋文帝申辩过提拔苏夔是奉太子令所为,"皇太子将以通事舍人苏夔为舍人,夔即苏威之子,臣以夔未当迁,固启而止。臣若与威有私,岂当如此!"卢恺大象元年(579)拜东京吏部大夫,大象二年杨勇为洛州总管、东京小冢宰,是卢恺曾为杨勇之属下,及至杨勇为太子,自然会通过卢恺安插一些自己的亲信,朋党案中的苏夔不过是其中一例而已。卢恺朋党案的另一重要人物薛道衡,"太子诸王争相与交","后坐抽擢人物,有言其党苏威,任人有意故者,除名,配防岭表。晋王广时在扬州,阴令人讽道衡从扬州路,将奏留之。道衡不乐王府,用汉王谅之计,遂出江陵道而去"③。可见朋党案发后,晋王杨广欲招揽薛道衡,而薛道衡因为太子之故而宁愿配送岭南也"不乐王府",因此得罪晋王杨广,以致后来

---

① 《隋书》卷四十五,第1230—1231页。
② 《隋书》卷六十六,第1566页。
③ 《隋书》卷五十七,第1407页。

枉死。因此,卢恺朋党案所遭清洗的百余人中,实有不少为太子安插之党羽,汇聚于太子周围的山东势力遭到一次大削弱,太子地位变得更加卑弱。而房彦谦在平陈之后不久就已认清太子卑弱的形势,只因房彦谦本就与卢恺、薛道衡等太子党羽关系密切,"内史侍郎薛道衡,一代文宗,位望清显,所与交结,皆海内名贤。重彦谦为人,深加友敬,及兼襄州总管,辞翰往来,交错道路。炀帝嗣位,道衡转牧番州,路经彦谦所,留连数日,屑涕而别"①。

房彦谦父子对时局的共同看法决定了他们之后在隋末纷乱时的政治选择,从父子俩的言论看,至少他们是同情太子勇的,这也就意味着隋末纷乱时,房氏不会站在隋炀帝的立场上,也决定了房玄龄之后与唐太宗的组合。

在卢恺朋党案后,隋文帝又通过刘居士案进一步剪除太子羽翼。太子杨勇的势力除朝官外,最为重要的可倚靠力量是其亲卫集团,这个亲卫集团中以刘居士为核心人物。"上柱国彭公刘昶与帝有旧,帝甚亲之。其子居士,任侠不遵法度,数有罪,上以昶故,每原之。居士转骄恣,取公卿子弟雄健者,辄将至家,以车轮括其颈而棒之,殆死能不屈者,称为壮士,释而与交。党与三百人,殴击路人,多所侵夺,至于公卿妃主,莫敢与校。或告居士谋为不轨,帝怒,斩之,公卿子弟坐居士除名者甚众。"②而刘居士"为太子千牛备身"③,太子千牛备身负责东宫的侍从宿卫,刘居士所结党羽三百余人,其成员皆"公卿子弟雄健者",实为太子有意配养的少壮力量,"刘居士集团为忠于太子勇之公卿子弟集团(包括关陇子弟与山东子弟)"④。开皇十七年(597),隋文帝以"谋不轨"为名"捕居士党与,治之甚急",剪除了太子杨勇的重要力量,使其地位更加卑弱。开皇二十年(600),太子杨勇被废,隋文帝下诏处死、处罚太子亲信十四人,"十四人中,除邹文腾、夏侯福、何𫠜、沈福宝、晋文建五人出身不详外,其余九人有七个出自山东:元旻、元淹、元衡,河南人;唐令则,北海平寿人;崔君绰,崔彦穆子,清河东武城人;

① 《隋书》卷六十六,第 1563 页。
② 《资治通鉴》卷一百七十八,第 5556—5557 页。
③ 《隋书》卷八十,第 1808 页。
④ 姜望来:《魏周隋唐关陇集团与山东势力》,武汉大学硕士学位论文 2005 年,第 46 页。

章仇太翼,瀛州民;高龙义,即高义,北齐宗室。这一方面进一步证实了山东势力支持太子勇之立场,另一方面也表明山东势力受到文帝之严厉打击"①。经过隋文帝的清洗,山东地域势力在朝的力量已不成气候,到大业九年(613)隋炀帝借故再次发动山东朋党案时,为首的郎蔚之、郎楚之不过是山东地域的二流士族,受牵连的也只九人而已,山东地域势力在朝力量已确然式微。② 而在太子杨勇之后,受到清洗的山东人士也一直在寻求新的政治利益维护者。当统管山东五十二州的并州总管汉王杨谅"以太子谮废,居常快快,阴有异图"之时,山东人士很快又重新汇集于杨谅麾下,"左右私人,殆将数万"③。而杨谅"阴有异图"的方略是进据关陇、退保关东旧齐之地,"王(杨谅)所部将吏家属,尽在关西,若用此等,即宜长驱深入,直据京都,所谓疾雷不及掩耳。若但欲割据旧齐之地,宜任东人"④。杨谅二策并举,所网罗者应多有山东人,因为要利用他们在家乡的地域影响力,如郭提即属此类被网罗之人。郭提"隋仁寿四年(604)被征,除阳平之发干县主簿……俄而文帝升暇,嗣君篡位,衅彰盘石,兵起晋阳。君地势膏腴,乡推领袖,虽潜身窜影,终挂网罗"⑤。杨谅并州起事后,"汉王谅之反也,州县莫不响应"⑥。"及高祖崩,谅发兵反,州县响应,众至数十万。"⑦"汉王谅之反也,河东豪杰以城应谅。"⑧可见杨谅原治下山东五十二州旧齐之地人士的积极响应,他们广泛参与了反杨广的起事,"杨谅起事太原,正是以河东豪杰等旧齐人士为基本力量"⑨。

齐州房氏的房彦谦、房玄龄父子正是如郭提一样的"乡推领袖",是否也如郭提一样被网罗进杨谅的队伍,史无明文。但其时房玄龄正任隰城(今山西汾阳)尉,恰为汉王杨谅所管区内之下属,杨谅事败后,房玄龄"坐

① 姜望来:《魏周隋唐关陇集团与山东势力》,第40页。
② 参见牟发松:《旧齐士人与周隋政权》,《文史》2003年第1期。
③《隋书》卷四十五,第1245页。
④《隋书》卷四十五,第1245页。
⑤ 周绍良主编:《唐代墓志汇编》,第33页。
⑥《隋书》卷七十一,第1641页。
⑦《隋书》卷二十三,第656页。
⑧《隋书》卷六十六,第1559页。
⑨ 牟发松:《旧齐士人与周隋政权》,《文史》2003年第1期。

累,徙上谷"①。房彦谦父子只是与太子直系党羽卢恺、薛道衡等人关系密切,顶多也只能算是太子杨勇的外围支持力量。当杨谅打着为太子杨勇鸣不平的旗号出现时,作为太子杨勇曾经的支持者与同情者,房彦谦至少对此事并不反感,所以他没有让其子房玄龄离职以避祸,而且在杨谅事败后还写信给炀帝宠臣张衡,试图通过张衡为杨谅党与平反说情:

又汉王构逆,雁罪者多,彦谦见衡当途而不能匡救,以书谕之曰:

窃闻赏者所以劝善,刑者所以惩恶,故疏贱之人,有善必赏,尊贵之戚,犯恶必刑。未有罚则避亲,赏则遗贱者也。今诸州刺史,受委宰牧,善恶之间,上达本朝,慑悼宪章,不敢怠慢。国家祗承灵命,作民父母,刑赏曲直,升闻于天,夤畏照临,亦宜谨肃。故文王云:"我其夙夜,畏天之威。"以此而论,虽州国有殊,高下悬邈,然忧民慎法,其理一也。

至如并州畔逆,须有甄明。若杨谅实以诏命不通,虑宗社危逼,征兵聚众,非为干纪,则当原其本情,议其刑罚,上副圣主友于之意,下晓愚民疑惑之心;若审知内外无虞,嗣后篡统,而好乱乐祸,妄有觊觎,则管、蔡之诛,当在于谅,同恶相济,无所逃罪,枭悬孥戮,国有常刑。其间乃有情非协同,力不自固,或被拥逼,沦陷凶威,遂使籍没流移,恐为冤滥。恢恢天网,岂其然乎? 罪疑从轻,斯义安在?

……

并州之乱,变起仓卒,职由杨谅诡惑,诖误吏民,非有构怨本朝,弃德从贼者也。而有司将帅,称其愿反,非止诬陷良善,亦恐大点皇猷。足下宿当重寄,早预心膂,粤自藩邸,柱石见知。方当书名竹帛,传芳万古,稷、契、伊、吕,彼独何人? 既属明时,须存謇谔,立当世之大诫,作将来之宪范。岂容曲顺人主,以爱亏刑,又使胁从之徒,横贻罪谴? 忝蒙眷遇,辄写微诚,野人愚瞽,不知忌讳。②

---

①《新唐书》卷九十六,第3853页。
②《隋书》卷六十六,第1563—1565页。

隋文帝之防范与更易太子，是隋朝朝政盛衰转变之机的关键。首先为防范太子势力增长而扶植强藩以牵制太子，于是有晋王杨广领师平陈并从此坐镇江淮十余年，这使得杨广可以利用江淮物质与人才"阴谋夺嫡，并有割据江淮的政治图谋"①。随着杨广阴谋的推进，太子杨勇终于被废。在杨勇被废的过程中，隋文帝对原支持太子杨勇的山东势力及公卿子弟势力的剪除与打击，使他们潜然走向了新立太子杨广的对立面，这就使得在隋文帝死后继位的隋炀帝杨广可以真正信任的力量只有他在江淮的藩邸旧臣与江淮人士，而隋炀帝重用江淮人士及信重江淮人组成的军队的结果，"使文帝时在高层政治中处于排他地位的关陇人士受到排抑，这使大业时期（605—618年）的高层政治孕育着深刻的危机"②。

与重用江淮人士所引起的高层政治危机相比，隋炀帝对太子杨勇余党的继续打击所引发的下层危机要显得更直接、更猛烈。本来亲卫、勋卫、翊卫三卫出身是隋文帝时代公卿子弟仕途显达的主要途径，作为曾经支持过太子杨勇的重要力量，隋炀帝对他们不甚信任，将原由三卫承担的御前宿卫职责改由他所信赖的江南兵承担，同时通过"制魏、周官不得为荫"等制度来压低三卫的身份地位，造成公卿子弟与隋炀帝互相的政治疏离与隔阂，"本为隋王朝统治基础力量之三卫由此走向隋王朝的对立面，成为隋末大乱不可忽视之力量，在隋唐嬗替之社会巨变中扮演了极其重要之角色"③。支持太子杨勇的另一支力量山东士人及其地域势力，更是直接成了隋炀帝的假想敌，山东地域势力在军事、经济、人才等各方面的巨大潜力及其对太子勇的支持，使隋炀帝对山东地域势力充满了疑惧，因此遵奉文帝遗志加快经略洛阳，以改变"关河悬远，兵不赴急"的状况。而为了防范可能来自山东的叛乱，隋炀帝甫一即位就对山东地域势力采取了"如秦之防六国"式的布防。仁寿四年（604）十一月，"发丁男数十万掘堑，自龙门东接

---

① 何德章：《江淮地域与隋炀帝的政治生命》，《武汉大学学报》1994年第1期，第88页。
② 何德章：《江淮地域与隋炀帝的政治生命》，第92页。
③ 姜望来：《魏周隋唐关陇集团与山东势力》，武汉大学硕士学位论文2005年，中国知网（www.cnki.net），第50页。

长平、汲郡,抵临清关,渡河,至浚仪、襄城,达于上洛,以置关防"①。这条环洛阳的弧形防线有效地维护了关中政权核心战略区的安全,但同时也将洛阳周边数郡之外的河北、山东旧齐之地完全置于了中央政权的核心区域之外。这样的设防,更加加重了山东地域势力心理上对朝廷的不满与对抗情绪。

山东地域势力由心理上的不满直接转化为实质性的反抗,源于征高丽。山东半岛是沿海优良的水军基地,在南北军事行动中有着相当重要的攻防作用。隋文帝平陈时,青州总管燕荣就自东莱(郡治掖,今山东掖县)傍海入太湖直接攻克陈朝后方重镇吴郡。对高丽用兵,亦可从山东渡海直攻高丽本土威胁其首府平壤。高丽北边弧形势力对隋朝的威胁,隋文帝"疾焉,欲征之久矣"②,曾以杨谅攻高丽,失败而归。炀帝"承先旨",开运河,大集天下兵以征高丽,都是以山东为水军集结地,由此带给今山东地区沉重的赋役负担,本来就对朝廷充满不满的山东地域势力因之激化为实质性的敌对对抗,以长白首义为导索,凭借山东特有的地理险要,山东遂成为隋末农民起义的渊薮。隋亡唐兴,动荡之际,房氏再迎发展机遇。

第四节　齐州房氏在唐代的盛衰

自西晋永嘉南渡以来至隋朝末,江南地区数百年的持续发展,虽然在这里没能产生出可以一统中国的强大武装力量,但它区域性持续进步的结果到隋朝末期终于影响到全域历史进程。如果没有江南数百年积聚下来的财力、人力支持,晋王杨广即使有夺宗之想也是不可能实现的。杨广上位的背后,实际是江淮人士数百年政治利益诉求的结果,这注定杨广不能再完整地贯彻"关中旧意"以完全维护关陇统治集团的利益,关陇集团在炀帝朝受到江淮人士的排挤,于是关陇集团上层人物与皇权、江淮人士之间

①《隋书》卷三,第60页。
②《隋书》卷六十七,第1581页。

产生了激烈的利益冲突。与此同时,因周隋"关中旧意"持续施行而受到压制的旧齐山东地域势力,因其政治利益诉求得不到满足而与隋朝中央形成了隐然抗衡。随着隋炀帝的上位,在炀帝朝关陇集团上层人物与旧齐山东地域势力有了共同的政治利益追求。因为这种共同的政治利益追求,在杨玄感起事时,这两方力量结成了政治联盟。尽管这个联盟起事失败,但留下的余势,在隋末信奉谶言"李氏将兴"的背景下,上述的政治联盟因着李渊、李密的联络分别在晋阳、瓦岗寨得以再次建立。在李密的联盟中,青、齐、兖系统山东豪强力量成了这一联盟中的主干力量,因为山东豪强为瓦岗主力,影响着李密不敢轻离山东根本而西入关中,遂为李渊占得先机而据有关中,继承关陇集团政治遗产而得以建立大唐王朝。又因与关陇集团贵族的天然联系,在瓦岗寨势力衰弱之后,李密自然而然地选择了投靠关中的李唐政权,由此机缘使瓦岗余部力量最后归于秦王李世民之手。"李世民改变了关陇与山东联盟中山东豪杰为主的局面,建立了关陇为主、山东豪杰为用的新联盟,用之不疑,不但因之统一了中原、夺取了帝位,而且建立了贞观武功。"[1]

值此风云变幻之际,鉴于有隋政治发展之态势,齐州房氏的房玄龄选择辅佐秦王李世民,遂有唐初期房氏的"凌阁家声"。因错判形势,房玄龄后人在唐太宗后期站错辅助阵营,以致在唐高宗朝盛极而衰。

一、房氏的"凌阁家声"

关陇集团的政治遗产,一是自宇文泰凝聚关陇人物形成关陇集团以来的人物群体,二是以关陇之地为根本、"南清江汉,西举巴蜀"之拥巴蜀、据荆襄东向争夺天下的政略。李渊作为关陇集团核心人物之一李虎的孙子,对于关陇集团转弱为强夺取天下的这两大遗产,自然是非常清楚的。在谋划起兵时,李渊之子李世民又借鉴历史进言李渊"请同汉祖,以观时变"[2],因此李渊最后定策的结果是全面获取关陇集团遗产,取关中、拥巴蜀、据荆

---

① 李锦绣:《论"李氏将兴"——隋末唐初的山东豪杰研究之一》,《山西师范大学学报》1997 年第4 期,第40 页。
② 温大雅:《大唐创业起居注》,上海古籍出版社,1983 年,第4 页。

襄,再如汉祖那样据险养威"以观时变"。所以李渊一起兵,就直奔关陇集团遗产:大业十三年(617)七月起兵攻向关中,轻兵急进,沿途决不恋战,十一月上旬即攻取长安,经短暂休整后,即于十二月派李孝恭取山南秦巴谷地,派詹俊略取巴蜀。武德元年(618)二月又派郑元璹将兵出商洛、徇南阳,派马元规徇安陆及荆、襄。① 这一连串的军事行动数月之内完成,尽据北周旧地,可见李渊集团的战略目标极为明确。在徇取荆襄之后,李渊集团即进入据险养威"以观时变"阶段,直到武德二年(619)才开始东向争夺天下。

早在太子勇被废之前,房玄龄就已断定隋朝"其亡可翘足而待",从那时起,房玄龄就一直在观察时势、人物以便乱世之后可以择明主而辅。大业十三年(617)天下大乱,其时房玄龄齐州老家李密所属的瓦岗势力正强,然而"慨然有忧天下志"的房玄龄并没有加入李密集团。当李渊自晋阳兵进关中,以房玄龄的政治眼光,自然是已看出李渊集团继承关陇集团遗产争夺天下的意图,天下当为李渊集团所有,所以他选择了加入李渊集团并择李世民而辅。"会义旗入关,太宗徇地渭北,玄龄杖策谒于军门,温颜博又荐焉。太宗一见,便如旧识,署渭北道行军记室参军。玄龄既遇知己,馨竭心力,知无不为。"②

与时为敦煌公的李世民的相会,房玄龄是"杖策"而往,而"太宗一见,便如旧识",可见房玄龄之论策极合李世民的心意。思此情形,颇类当年诸葛草庐之中为刘备论"三分天下"之策。房玄龄当年所论之策的具体内容如何,史籍缺载,今已不得而知。按理而论,李世民是李渊定策的重要参与者,取关中、拥巴蜀、据荆襄"以观时变"的战略还是李世民向李渊建议的,此当是房、李会谈的重要内容。而一谈及这个战略,就必然会得出按这个战略尽据北周旧地之后的李渊集团统一天下只是时间早晚问题的结论,如是争天下则大事已定,接下来要谈的问题自然是如何守天下,然则如何守、由谁来守就是问题的核心,隋朝之守天下失败的教训就是眼前的一个现实

---

① 《资治通鉴》卷一百八十五,第5766、5770、5774页。
② 《旧唐书》卷六十六,第2460页。

龟鉴,由谁来守天下必定是此次房、李谈策的核心问题,而房玄龄早在太子杨勇被废之前就一直在关注这个问题,所以房玄龄所论之策就是解决统一天下之后由谁来守天下的策略,这正合李世民的心意,自然是一谈"便如旧识"。由谁来守天下? 房玄龄选择的自然是李世民,所谈论的内容乃是李世民"必欲经营四方",而这也正是李世民对自己的期许,房玄龄于此有"定策之功"。

　　房、李二人既互为知己,自此之后乃为既定目标加意努力,李世民本人注重培植上层在朝力量,而房玄龄则为李在下层收接心腹之士,于是就有房玄龄"贼寇每平,众人竞求珍玩,玄龄独先收人物,致之幕府。及有谋臣猛将,皆与之潜相申结,各尽其死力"①。房玄龄的这个收结人物的工作看来做得很好,所以唐太宗评价说:"汉光武得邓禹,门人益亲。今我有玄龄,犹禹也。"②

　　然则李世民所培植的在朝羽翼,一开始就受到李渊的警惕并加以剪除,其事乃表现为刘文静与裴寂之争事件。《旧唐书》卷五十七刘文静本传云:

　　　　文静自以才能干用在裴寂之右,又屡有军功,而位居其下,意甚不平。每廷议多相违戾,寂有所是,文静必非之,由是与寂有隙。③

　　此事从表面上看是刘文静自负才干而不服裴寂,因此在廷议中否定裴寂的政见。但从深层次看则是李世民的小集团与李渊团队的政治利益有分歧。武德二年(619)冬十月"杀民部尚书鲁国公刘文静"④,《旧唐书》卷五十七《刘文静传》记其被杀之由云:

　　　　文静尝与其弟通直散骑常侍文起酣宴,出言怨望,拔刀击柱曰:

①《旧唐书》卷六十六,第2460页。
②《新唐书》卷九十六,第3854页。
③《旧唐书》卷五十七,第2293页。
④《旧唐书》卷一,第10页。

"必当斩裴寂耳!"家中妖怪数见,文起忧之,遂召巫者于星下被发衔刀,为厌胜之法。时文静有爱妾失宠,以状告其兄,妾兄上变。高祖以之属吏,遣裴寂、萧瑀问状。文静曰:"起义之初,忝为司马,计与长史位望略同;今寂为仆射,据甲第,臣官赏不异众人,东西征讨,家口无托,实有觖望之心。因醉或有怨言,不能自保。"高祖谓群臣曰:"文静此言,反明白矣。"李纲、萧瑀皆明其非反。太宗以文静义旗初起,先定非常之策,始告寂知;及平京城,任遇悬隔,止以文静为觖望,非敢谋反,极佑助之。而高祖素疏忌之,裴寂又言曰:"文静才略,实冠时人,性复粗险,忿不思难,丑言悖逆,其状已彰。当今天下未定,外有勍敌,今若赦之,必贻后患。"高祖竟听其言,遂杀文静、文起,仍籍没其家。文静临刑,抚膺叹曰:"高鸟逝,良弓藏,故不虚也。"①

由上引可知,唐高祖之决意杀刘文静,是因为刘文静有"反"意而招致唐高祖"素疏忌之"。本来刘文静察高祖有四方之志而与高祖"深自结托",因此成为与谋太原首义起事反隋的重要人物之一。显然在唐高祖口中的刘文静之"反"不是他谋叛反"唐",引起唐高祖对刘文静"素疏忌之"的是刘文静自太原定策之初就挟"知其豪杰"的地域影响力朋党于李世民,而且还曾试图将唐高祖死党裴寂拉入李世民阵营,"文静见高祖厚于裴寂,欲因寂开说,于是引寂交于太宗,得通谋议"②,因此在唐高祖口中的刘文静之"反"实是他党与于李世民反对高祖本人。而刘文静确为李世民之重要党羽。武德元年(618)七月李世民担任西讨元帅征拒薛举,"以文静为元帅府长史"。这次战败后刘文静被除名,不久就又随从李世民讨伐薛举之子薛仁杲,因战功复其爵邑并拜民部尚书领陕东道行台左仆射。武德二年(619)从李世民镇守长春宫。作为李世民党羽的刘文静与作为唐高祖重要助手的裴寂在"廷议"中的政见"多相违戾",就绝不是所谓的刘文静以"才能"自高,而是代表着李世民与唐高祖的政见相左,所以当唐高祖以"反"罪

① 《旧唐书》卷五十七,第2293—2294页。
② 《旧唐书》卷五十七,第2290页。

欲杀刘文静时,太宗李世民自然要"极佑助之"。然唐高祖不想有异己之势力存在,终于借裴寂之手将刘文静杀之。因此,刘文静与裴寂之争事件的"背后又是一场李渊李世民父子之争,诛杀刘文静是李渊、裴寂剪除李世民的羽翼"①。

由于一开始就受到了唐高祖的高度防范与剪除,李世民在朝官系统发展力量的效果甚微,显然不如房玄龄在下层交结心腹之士的效果良好,因为之后助李世民登上帝位的主要力量并不来自上层朝官系统。但唐高祖既然已注意到李世民的在朝结党,又怎么可能忽略他通过房玄龄在下层的大"收人物"！高祖曾对侍臣评说房玄龄"此人深识机宜,足堪委任。每为我儿陈事,必会人心,千里之外,犹对面语耳"。此段评论足以说明唐高祖一直在关注李世民身边的事和人,所以面对李世民的"收人物",唐高祖绝不会掉以轻心,对此,唐高祖采取将李世民所收人物拜官职外迁的办法来予以消解,于是就出现了"时府中多英俊,被外迁者众,太宗患之"的局面。在此种情形下,房玄龄献上"丢卒保帅"之策,为李世民精选础石之臣,想方设法保留于秦府,于此为唐太宗再立一大功。房玄龄为李世民所留础石之臣以杜如晦最为出名:

> 时府中多英俊,被外迁者众,太宗患之。记室房玄龄曰:"府僚去者虽多,盖不足惜。杜如晦聪明识达,王佐才也。若大王守藩端拱,无所用之;必欲经营四方,非此人莫可。"太宗大惊曰:"尔不言,几失此人矣!"遂奏为府属。②

房玄龄为唐太宗立下的最大功劳,当属他利用所收得的"各尽其死力"的人物扶助唐太宗登上帝位,以此之功而被图形凌烟阁,从而为房氏赢得"凌阁家声"。辅佐李世民登基的过程充满危险,在太子李建成势力的伺机反扑之下,连房玄龄、杜如晦等人都一度被遣出王府归家。《旧唐书》卷六

---

① 黄永年:《六至九世纪中国政治史》,第126页。
② 《旧唐书》卷六十六,第2468页。

十四《齐王元吉传》云：

> 会突厥郁射设屯军河南，入围乌城。建成乃荐元吉代太宗督军北讨，仍令秦府骁将秦叔宝、尉迟敬德、程知节、段志玄等并与同行。又追秦府兵帐，简阅骁勇，将夺太宗兵以益其府。又谮杜如晦、房玄龄，逐令归第。高祖知其谋而不制。[①]

上引文中尤该注意者，乃"高祖知其谋而不制"，此实为唐高祖自武德二年（618）开始剪除李世民羽翼以来一贯之压制策略。

先论李世民势力增长与房玄龄之关系。当时旧制，"君之嗣嫡不可以师师"，作为皇太子的长子李建成要留在长安辅助唐高祖，其余诸子又年幼，只能任用次子李世民领兵出征。从武德元年（617）六月至十一月，李世民率军西征，击败割据陇右的薛举、薛仁杲父子，陇右平。与此同时，李渊用计麻痹李密，有意诱使李密与王世充展开决战。李密中计与王世充决战，双方损失惨重，李密败逃入关中投奔李渊。至此，李唐以关陇"据险养威"的战略目标已初步实现，遂于同年十二月开始经略山东地区，唐高祖任命李世民为太尉、陕东道行台尚书令，镇长春宫，节制关东兵马，开始实施东向争天下的战略目标。武德二年闰二月乙酉，"李密旧将徐世勣以黎阳之众及河南十郡降，授黎州总管，封曹国公，赐姓李氏"[②]。兹事历史影响十分深远，盖因缘此事，汇聚于瓦岗军中的青齐兖徐豪杰力量逐渐归于李世民之手，影响了以后从唐高祖后期到唐高宗、武后朝的政局。李密、翟让的瓦岗军所控制的主要地区为今豫东和山东地区，"东至海岱，南至江淮，莫不遣使归密"[③]，瓦岗军实际上是以今山东人为主体的反隋力量，李密曾说："我之所部，并是山东人。"[④]瓦岗军的主体是翟让所部，"让所部兵并齐、济

---

① 《旧唐书》卷六十四，第2421—2422页。
② 《旧唐书》卷一，第9页。
③ 《旧唐书》卷五十三，第2220页。
④ 《旧唐书》卷五十三，第2219页。

间渔猎之手,善用长枪"①,亦善于马战,"隋末青、齐之健者颇以马军见称,此亦可注意之点"②。尤其翟让所部骁将单雄信、徐世勣等人俱是青、齐本地豪强,常积粟数千钟,财力殷实,因此,翟让所部实是以青齐豪强、青齐土著为骨干的山东地域武装,善于水陆作战,战斗力很强。而李密所部乃其鸠合杨玄感起事失败后逃亡之山东士族势力及隋室降臣部众,尤其大业十二年(616)四月隋将裴仁基率众投降李密后,李密势力大增,"已足以与翟让之徒党抗衡",李密终于火拼翟让,翟让被杀之后,李密未能鸠合其内部以成一坚强之团体③,所以李密败后,力量星散,也不敢再投奔翟让系统的徐世勣,不得已率亲信入关中投唐,而原属翟让所部的一小部分投降王世充,大部余众往依徐世勣,于是"东至于海,南至于江,西至汝州,北至魏郡,勣并据之",徐世勣遂成为瓦岗余部青齐豪强的领袖。陈寅恪先生指出:"徐世勣者,翟让死后,实代为此系统之领袖,李密不过以资望见推,而居最高之地位耳。密既降唐,其土地人众均为世勣所有,世勣于王世充、窦建德与唐高祖鼎峙竞争之际,盖有举足轻重之势,其绝郑夏而归李唐,亦隋唐间政权转移之大关键也。"④李世民趁节制关东兵马的机会,将这支战斗力极强的青齐部队收为己用,"建立了关陇为主、山东豪杰为用的新联盟,用之不疑,不但因之统一了中原、夺取了帝位,而且建立了贞观武功"⑤。而这支青齐部众终能为李世民所用,其间亦有房玄龄的贡献。

按,房玄龄为唐太宗所立功勋之一是"及有谋臣猛将,皆与之潜相申结,各尽其死力"。细检新、旧《唐书》贞观诸臣列传,杜淹、杜如晦叔侄、薛收等文士谋臣为房玄龄所引进,猛将除张亮之外,殆无他人为房玄龄引进,则房玄龄"潜相申结,各尽其死力"的猛将何在?而检之史传、碑铭,确能为唐太宗尽其死力之臣如李勣、秦琼、程知节、张亮、房仁裕等人,并皆瓦岗群豪,而如前述,瓦岗群豪、部众中多是青齐土著。青齐之地,恰正是房氏数

① 温大雅:《大唐创业起居注》卷二,第24页。
② 陈寅恪:《金明馆丛稿初编》,生活·读书·新知三联书店,2001年,第258页。
③ 唐长孺等编:《汪篯隋唐史论稿》,中国社会科学出版社,1981年,第261—269页。
④ 陈寅恪:《金明馆丛稿初编》,第254页。
⑤ 李锦绣:《论"李氏将兴"——隋末唐初的山东豪杰研究之一》,《山西师范大学学报》1997年第4期,第40页。

百年经营影响力之所在地域。既与瓦岗群豪有乡党之谊,则房玄龄可以"潜相申结"的谋臣猛将更多地就是这批归于李世民治下的青齐群豪、山东英杰。徐世勣的部下张亮,即属其中"潜相申结"者之一,亮"隶于徐勣。及勣以黎阳归国,亮颇赞成其事","房玄龄、李勣以亮倜傥有智谋,荐之于太宗,引为秦府车骑将军。渐蒙顾遇,委以心膂"①;骁将房仁裕还是房玄龄的堂叔,这自然更是房玄龄"潜相申结"的对象。

　　次说唐高祖抑制李世民势力发展一贯之策略。李世民"必欲经营四方"之志为唐高祖察觉后,唐高祖遂有意限制李世民势力之发展,武德二年(619)十月杀刘文静剪除羽翼案不过是其措施之一,其后又采取藩王牵制、培养太子势力的办法来限制李世民。自武德二年十月以后,凡李世民领兵出征,高祖皆以齐王元吉为李世民的副手以牵制李世民。更在武德四年(621)五月山东初平之后,统兵将帅多委任建成、元吉,基本上不再给李世民统兵出征的机会,"武德后期李世民已当不成大战役的最高统帅,这个重要地位已逐步为建成、元吉所取代"②。这个取代过程自然是李渊有意为之的,本来为了方便经略山东,李渊允许李世民"于管内得专处分"③,然而李世民利用此特许权力在经略山东期间大肆扩充私人势力,"不仅把精兵良将收归秦府作为私甲,把山东的文士谋臣作为秦府的智囊顾问,把本该归公的胜利果实占为己有,而且发展到对李渊公然顶撞对抗"④,为此李渊气愤地对裴寂批评李世民说:"此儿典兵既久,在外专制,为读书汉所教,非复我昔日子也。"这种专制不遵令敕的情形就不是李渊所能容忍的了,"自是于太宗恩礼渐薄,废立之心,亦以此定,建成、元吉转蒙恩宠"⑤。就这样在武德后期李渊一步步展开了限制李世民的措施,直到李世民失去大战役的指挥权。由于失去了最高统帅权,原属李世民统管的兵马、将士,只能眼睁睁地看着被建成、元吉"将夺太宗兵以益其府",这正合唐高祖之意,自然不

---

① 《旧唐书》卷六十九,第 2515 页。
② 黄永年:《六至九世纪中国政治史》,第 137 页。
③ 《旧唐书》卷六十四,第 2415 页。
④ 黄永年:《六至九世纪中国政治史》,第 133 页。
⑤ 《旧唐书》卷六十四,第 2416 页。

会去阻止。随着兵将调离,李世民日渐陷入势单力孤之处境,其死臣程知节云"大王手臂今并翦除,身必不久"①。

面对"身必不久"的危险处境,李世民也在思考自安之策,"时太宗为隐太子建成、巢王元吉所忌,因召公瑾,问以自安之策,对甚合旨,渐见亲遇"②。为确保"自安"计,李世民决定经营洛阳,即使将来朝廷斗争失败也可以凭此以为东山再起的据点,"太宗以隐太子、巢刺王之故,令大雅镇洛阳以俟变。大雅数陈秘策,甚蒙嘉赏"③,可见温大雅经营洛阳还是很有成效的。在温大雅的官方层面经营之外,李世民同时又命令房玄龄所荐的亲信张亮率兵千余人在民间层面去经营洛州,"会建成、元吉将起难,太宗以洛州形胜之地,一朝有变,将出保之。遣亮之洛阳,统左右王保等千余人,阴引山东豪杰以俟变,多出金帛,恣其所用。元吉告亮欲图不轨,坐是属吏,亮卒无所言,事释,遣还洛阳"④。

然而李世民的第一谋臣房玄龄为李世民所筹谋的却不仅仅是"自安",而是"宏图",因此建议李世民"遵周公故事":

> 太宗尝至隐太子所,食,中毒而归,府中震骇,计无所出。玄龄因谓长孙无忌曰:"今嫌隙已成,祸机将发,天下恟恟,人怀异志。变端一作,大乱必兴,非直祸及府朝,正恐倾危社稷。此之际会,安可不深思也!仆有愚计,莫若遵周公之事,外宁区夏,内安宗社,申孝养之礼。古人有云,'为国者不顾小节',此之谓欤!孰若家国沦亡,身名俱灭乎?"无忌曰:"久怀此谋,未敢披露,公今所说,深会宿心。"无忌乃入白之。太宗召玄龄谓曰:"阽危之兆,其迹已见,将若之何?"对曰:"国家患难,今古何殊。自非睿圣钦明,不能安辑。大王功盖天地,事钟压纽,神赞所在,匪藉人谋。"因与府属杜如晦同心戮力。⑤

① 《旧唐书》卷六十八,第 2504 页。
② 《旧唐书》卷六十八,第 2506 页。
③ 《旧唐书》卷六十一,第 2360 页。
④ 《旧唐书》卷六十九,第 2515 页。
⑤ 《旧唐书》卷六十六,第 2460 页。

夺宗以安社稷的策略经房玄龄明确提出后,得到秦府核心人员的一致赞同,房玄龄遂与杜如晦一道"同心戮力"。尽管史籍并未明载房、杜二人"同心戮力"经营了些什么事,然而可以肯定的是,房、杜二人为了完成此等大事,必须要秘密汇聚大量的人手,其最大的成果之一就是秘密鸠集了八百死士。"李世民手下曾经暗中准备了一支八百人的精悍队伍,就隐藏在长安。这当然是非法武装,因为是暗中进行的,朝廷似乎也没有觉察。这支队伍,在玄武门之变时从天而降,发挥了关键作用"①。其次当属谋求军队领袖的支持,当时在唐军中最有影响力的军队领袖无疑是关陇方面的李靖、山东方面的徐世勣,而此二人俱曾为李世民部属,"太宗将诛萧墙之恶,以匡社稷。谋于卫公李靖,靖辞。谋于英公徐勣,勣亦辞。帝以是珍此二人"②。李世民珍此二人的原因在于二人表态中立,所领导的军队不会介入李世民与李建成之间的纷争,事态不会扩大到天下大乱而无法收拾,这就使李世民无后顾之忧。而实际上二人支持李世民的态度还是很明确的,李靖、李勣等数言于李世民:"大王以功高被疑,靖等请申犬马之力。"③可以这么说,二李的态度是支持李世民的,但他们不亲自参与其中。

在经过大量准备后,在李世民的主持下,房玄龄、杜如晦等人精心策划了针对太子李建成、齐王李元吉的"斩首"行动,于武德九年(626)六月四日成功袭杀太子李建成,其事史称"玄武门之变"。《旧唐书》卷六十五《长孙无忌传》叙此事变云:

> 武德九年(626),隐太子建成、齐王元吉谋将害太宗,无忌请太宗先发诛之。于是奉旨诏密召房玄龄、杜如晦等共为筹略。六月四日,无忌与尉迟敬德、侯君集、张公谨、刘师立、公孙武达、独孤彦云、杜君绰、郑仁泰、李孟尝等九人,入玄武门讨建成、元吉,平之。④

① 孟宪实:《孟宪实讲唐史——从玄武门之变到贞观之治》,广西师范大学出版社,2007年,第67页。
② 刘餗:《隋唐嘉话》卷上,中华书局,1979年,第4页。
③ 《旧唐书》卷六十四,第2418页。
④ 《旧唐书》卷六十五,第2446页。

黄永年先生认为"玄武门之变实际上是李世民及其少数私党处于力穷气索时的一次冒险尝试,纵使未获禁军的支持参与也在所不顾"①。这里黄永年先生显然忽视了房玄龄、杜如晦等人之前的筹略工作,以及玄武门行动之前李世民团队为此而进行的系列组织工作。

在玄武门行动之前,李世民的两个重要谋臣房玄龄、杜如晦已被李渊借机逐出秦府,"有敕不许更事(秦)王"②,为了玄武门行动,李世民特使长孙无忌密召房、杜二人回府筹划。此前因为李世民对行动迟疑不决,房、杜二人为激发李世民下定决心,没有随长孙无忌回秦府,并回答说:"敕旨不听复事王,今若私谒,必坐死,不敢奉教。"李世民果然大怒,对尉迟敬德说:"玄龄、如晦岂叛我邪!"命尉迟敬德持其佩刀前往再请二人,尉迟敬德对二人转述了李世民决意行动的心声:"王已决计,公宜速入共谋之。"③于是房、杜二人扮作道士,与长孙无忌一道回到秦府谋议。

由李世民主持、房杜二人参与的这次行动前谋议,首先选定了"斩首"行动的地点:玄武门内。这是建成、元吉必经之地,"当时高祖既在南北海池,去玄武门不远,则建成、元吉出东宫北门沿宫城北墙往西进入玄武门,自为到达南北海池最便捷的途径"④。在玄武门内行动,既可以防止建成、元吉二人逃离,又可以保证在建成、元吉援兵到达前完成行动。

其次是利用禁军防卫的漏洞,选定了九人直接进行刺杀行动。禁军防卫的漏洞是太子建成、秦王李世民、齐王元吉三人出入禁中皆可以携带武器:"武德初,高祖令太宗居西宫之承乾殿,元吉居武德殿后院,与上台、东宫昼夜并通,更无限隔。皇太子及二王出入上台,皆乘马携弓刀杂用之物,相遇则如家人之礼。"⑤利用这个双方习见不疑的行为,由李世民率领平时常伴随在左右的尉迟敬德、侯君集、张公谨、刘师立、公孙武达、独孤彦云、杜君绰、郑仁泰、李孟尝九名猛将从事直接刺杀行动,"太宗将左右九人至

---

① 黄永年:《六至九世纪中国政治史》,第145页。
② 《旧唐书》卷六十八,第2498页。
③ 《资治通鉴》卷一百九十一,第6009页。
④ 黄永年:《六至九世纪中国政治史》,第147页。
⑤ 《旧唐书》卷六十四,第2416页。

玄武门"①。

再次，由秦叔宝、程知节、张士贵、段志玄、屈突通等著名勇将率八百死士在宫内阻援。"且大王素所蓄养勇士八百余人，在外者今已入宫，擐甲执兵，事势已成"②，这表明秦王所蓄养的死士本就有一部分在宫中任禁卫，在他们的接引下，散在宫外的一部分人于行动前夕混入宫中。"六月四日，太宗率长孙无忌、尉迟敬德、房玄龄、杜如晦、宇文士及、高士廉、侯君集、程知节、秦叔宝、段志玄、屈突通、张士贵等于玄武门诛之。"③这是一份不完全的参与者名单，其中有策划人员，也有行动人员。其中秦叔宝、程知节、张士贵、段志玄、屈突通等行动人员在其各自的传记中并没有直接参与玄武门内刺杀的记载，而且混入宫内的八百死士也需要有人统带，秦叔宝、程知节、张士贵、段志玄、屈突通等勇将正是其人，他们的任务就是阻援、接应，其职责就是率领八百死士保障前述九人有足够的时间完成"斩首"任务。

复次，部署了高士廉等人在宫外负责行动的接应工作。"时太宗为雍州牧，以士廉是文德皇后之舅，素有才望，甚亲敬之。及将诛隐太子，士廉与其甥长孙无忌并预密谋。六月四日，士廉率吏卒释系囚，授以兵甲，驰至芳林门，备与太宗合势。"④当然，真正的"系囚"是无法完成这样的策应工作的，但如果是事前所蓄养的死士故意入狱而聚集于此则又另当别论。"时隋祚已终，太宗潜图义举，每折节下士，推财养客，群盗大侠，莫不愿效死力。"⑤当生命危机来临之机，李世民还想着安排张亮去洛阳阴接山东豪俊，而这一批早就愿意效死力的群盗大侠，李世民又怎么会忘记？问题是将他们安置在何处才能不引起官方注意？以无关紧要的小错入狱隐藏汇集于监狱，这样既可完成在长安城的聚集且又不易为对方发现，这种方法本也是江湖人常用的策略。更何况高士廉要率吏卒授兵甲，如果事前没有安置好吏卒、没有足够的武器储备，这也是难以做到的，显然高士廉这里也

① 《旧唐书》卷六十四，第 2418 页。
② 《资治通鉴》卷一百九十一，第 6008 页。
③ 《旧唐书》卷二，第 29 页。
④ 《旧唐书》卷六十五，第 2442 页。
⑤ 《旧唐书》卷二，第 22 页。

是一个潜心经营以俟变的据点。

诚如黄永年先生通过常何墓碑所揭示出的那样,秦王方面的确没有取得玄武门禁军的支持,但秦王方面周密的策划与准备,以八百骁勇、数十精锐战将围杀门内建成、元吉的十数人,就在局部地区形成了压倒性的优势而取得了玄武门行动的胜利,绝不是什么单凭少数私党孤注一掷的冒险行为。而这一切的成功,得益于房、杜二人较早就开始的力量蓄积,于此房、杜二人为唐太宗立下了"定社稷"的大功,因此贞观元年论功行赏时,以玄龄及长孙无忌、杜如晦、尉迟敬德、侯君集五人为第一,赐实封千三百户。

> 太宗因谓诸功臣曰:"朕叙公等勋效,量定封邑,恐不能尽当,各许自言。"皇从父淮安王神通进曰:"义旗初起,臣率兵先至。今房玄龄、杜如晦等刀笔之吏,功居第一,臣窃不服。"上曰:"义旗初起,人皆有心。叔父虽率得兵来,未尝身履行阵。山东未定,受委专征,建德南侵,全军陷没。及刘黑闼翻动,叔父望风而破。今计勋行赏,玄龄等有筹谋帷幄、定社稷之功,所以汉之萧何,虽无汗马,指踪推毂,故得功居第一。叔父于国至亲,诚无所爱,必不可缘私,滥与功臣同赏耳。"①

综上所述,房玄龄自武德元年开始为李世民筹谋帷幄,到贞观元年立下定社稷的大功,这一切都得到了唐太宗的肯定。缘此功劳,贞观十七年(643)与长孙无忌等二十四人图形凌烟阁,"赞景业于草昧,翼淳化于隆平。茂绩殊勋,冠冕列辟;昌言直道,牢笼搢绅。宜酌故实,弘兹令典,可并图画于凌烟阁。庶念功之怀,无谢于前载;旌贤之义,永贻于后昆"②。齐州房氏后人自此有了"凌阁家声"的骄傲,齐州房氏的宦海历程亦于此达到辉煌的顶峰。

二、房玄龄一脉在唐高宗朝的衰落

贞观十年(636)后,房玄龄身不由己地卷入了皇子储位之争中,这给齐

---

① 《旧唐书》卷六十六,第2461页。
② 《旧唐书》卷六十五,第2452页。

州房氏的发展埋下了衰落的伏笔。

　　唐太宗登位后,立长子李承乾为皇太子。但皇帝的威权毕竟十分诱人,不可避免地引起了其他皇子的觊觎,加上隋代杨广及唐太宗本人靠经营得位的例子就在眼前,所以在太子承乾安稳地做了十年太子之后,终于因为魏王李泰的经营而出现了储位危机。

　　事情的契机很微妙。唐太宗在房玄龄、魏徵等人的协助下适应当时的形势,推行了一系列完善国家制度的政治、经济、文化新举措,且总结隋亡的历史教训,政治比较清明,经济发展较快,文化昌盛繁荣,史称"贞观之治"。在治理国家的过程中,唐太宗深深地感悟到"马上得天下,不能马上治天下",治理天下必需文治。而且唐太宗理政要达到的最大目的乃是"长守富贵"①、"子孙长久,社稷永安"②。而要使李唐王朝世代勿替,则此更需文治,因此,曾经的"马上皇帝"唐太宗心理上的天平自觉不自觉地就偏向到了文治方面,潜移默化中影响到他对事、对人的评价标准,表现到具体的人和事上,就是对善文尚文的魏王李泰表现出特别的喜爱,"朕之爱子,实所钟心"③,其结果是造成了有尚武倾向的太子李承乾心理上巨大的压力,"承乾恐有废立,甚忌之"④。太子储位危机于是出现,而房玄龄因唐太宗之喜好而倾向于魏王李泰,默许其子房遗爱加入了李泰的阵营。

　　《资治通鉴》卷一百九十六贞观十七年二月戊申条记太子储位危机云:

　　　　魏王泰多艺能,有宠于上,见太子有足疾,潜有夺嫡之志,折节下士以求声誉。⑤

　　《旧唐书》魏王泰本传云其"少善属文",魏王泰充分运用了他这一少善属文多艺能的优势,以"折节下士"之姿态获得了巨大声誉,致使"太宗渐爱

---

① 吴兢:《贞观政要》卷六,上海古籍出版社,1978 年,第 211 页。
② 《旧唐书》卷六十三,第 2401 页。
③ 《旧唐书》卷七十六,第 2655 页。
④ 《旧唐书》卷七十六,第 2648 页。
⑤ 《资治通鉴》卷一百九十六,第 6191 页。

重之"①,其爱重表现条列如后:

贞观十年(636),魏王泰已成年,其时唐太宗执政十年,心理上已经产生变化,渐渐开始爱重尚文的李泰,因此唐太宗并没有按照惯例将其外放地方任官,而是遥领相州都督,将他独留于长安。同年,"太宗以泰好士爱文学,特令就府别置文学馆,任自引召学士"②。"任自引召学士"引起的后果相当严重,这让魏王李泰的私结朋党无疑有了合法的正当理由,"自和当年李世民、李元吉之分别开文学馆置学士同样有政治意图,除邀誉外还在培植私党羽翼"③。

还是贞观十年,"又以泰腰腹洪大,趋拜稍难,复令乘小舆至于朝所。其宠异如此"。可以说唐太宗对魏王的宠爱到了无以复加的地步,时"魏王泰有宠于上,或言三品以上多轻魏王。上怒,引三品以上,作色让之曰:'隋文帝时,一品以下皆为诸王所颠踬,彼岂非天子儿邪!朕但不听诸子纵横耳,闻三品以上皆轻之,我若纵之,岂不能折辱公辈乎!'房玄龄等皆惶惧流汗拜谢。"④房玄龄自此明了了唐太宗对魏王泰的态度。

贞观十二年(638),司马苏勖以自古名王多引宾客,以著述为美,劝泰奏请修撰《括地志》,结果唐太宗批准了,李泰奏引著作郎萧德言、秘书郎顾胤、记室参军蒋亚卿、功曹参军谢偃等就府修撰,"于是大开馆舍,广延时俊,人物辐凑,门庭如市"⑤。四年后此书修成上奏,唐太宗诏令付秘阁,赐李泰物万段,主撰者萧德言等都获得了赏赐。此书再次为魏王泰获得了大声誉,现有辑佚本。

贞观十四年(640),太宗亲自到李泰的延康坊宅探视,宣布赦免他的辖地雍州及长安大辟罪以下犯人,免收延康坊百姓当年租赋,又赐泰府官僚帛有差。

贞观十五年(641),唐太宗每月给李泰的各种用品,"有逾于皇太子",

① 《旧唐书》卷七十六,第2648页。
② 《旧唐书》卷七十六,第2653页。
③ 黄永年:《六至九世纪中国政治史》,第161页。
④ 《资治通鉴》卷一百九十四,第6123页。
⑤ 《资治通鉴》卷一百九十六,第6174页。

被褚遂良上书谏止。

贞观十六年(642),唐太宗经常要与李泰谈论天文地理、道德文章,让李泰迁居武德殿。此事被魏徵谏阻,李泰搬回原来的宅第。

由上述可见,从贞观十年到十六年,唐太宗的确对魏王泰宠爱有加,再加上此时太子李承乾本身出了一些小问题,群臣当中不免有人产生了太宗要更换太子的想法,"时太子承乾失德,魏王泰有宠,群臣日有疑议"①。在此情形下,"潜有夺嫡之志"的魏王泰当然更要借宠造势,"上命黄门侍郎韦挺摄泰府事,后命工部尚书杜楚客代之,二人俱为泰要结朝士。楚客或怀金以赂权贵,因说以魏王聪明,宜为上嗣;文武之臣,各有附托,潜为朋党"②。以夺嫡为政治目标的魏王朋党既成,太子储位岌岌可危。

魏王李泰"潜有夺嫡之意,招驸马都尉柴令武、房遗爱等二十余人,厚加赠遗,寄以腹心"③,这里所指出的柴令武、房遗爱虽被寄以腹心,但这两人其实少不更事,并没有多丰富的政治斗争经验,真正能为魏王泰带来实际政治利益的人其实都是唐太宗身边的大臣,如韦挺、杜楚客、崔仁师、岑文本、刘洎等人。尤其"魏王党最重要的靠山是房玄龄","第一,魏王党中年轻一辈中有房玄龄的儿子房遗爱。第二,唐太宗对魏王的偏爱人人明白,房玄龄是最懂唐太宗,又从不自作主张,唐太宗明确表示过要提拔魏王,所以房玄龄肯定是倾向魏王的。第三,贞观十三年(639),房玄龄被任命为太子少师,一个很重要的名誉头衔,但是,当太子准备仪式要正式参拜这个太子少师的时候,房玄龄在犹豫很久后还是没有参加这个仪式。史书记载,说他谦逊,其实他是不想成为有地位危机的这个太子的保护人"④。

说房玄龄是魏王党的最大靠山也许太过,但房玄龄在太子与魏王的争斗中态度暧昧、倾向于魏王泰是可以肯定的,所以房玄龄被太子党及其他小政治团体认为属于魏王党,因此在魏王泰失败之后,遭到了新上太子位

---

① 《资治通鉴》卷一百九十六,第6177页。
② 《资治通鉴》卷一百九十六,第6191页。
③ 《旧唐书》卷七十六,第2655页。
④ 孟宪实:《孟宪实讲唐史——从玄武门之变到贞观之治》,第184页。

的晋王李治政治团体的清洗。

在魏王党的经营下，太子李承乾的缺点被无限放大，承受不住巨大压力的太子承乾进退失据，昏招连连，再也无力挽回局面，"时泰有宠，太子承乾多过失，太宗微有废立之意"①，太子储位问题遂在贞观十六年(642)成为国家最大急务：

> 八月，丁酉，上曰："当今国家何事最急？"谏议大夫褚遂良曰："今四方无虞，唯太子、诸王宜有定分最急。"上曰："此言是也。"②

李承乾做了十多年的太子，诸王名分早定，何以又要重定名分？太子还没有被废黜之前，魏王党羽崔仁师就曾密请唐太宗确立李泰为太子，③而太宗也只是将崔仁师明升暗降了事，显然在魏王李泰的一步步紧逼下，太子地位已然朝不保夕。在这种情形下，进退失据的太子承乾集团制定了兵变的行动预案：寻机率兵闯入西宫，以兵威逼唐太宗退位。这本来是一个很机密的计划，很不幸的是，东宫属下、太子的亲信纥干承基因齐王李祐齐州叛乱而受牵连当死，为了保命，纥干承基向唐太宗告发了太子承乾的密谋，长孙无忌、房玄龄等人奉令核查，结果属实，贞观十七年(643)，太子李承乾就此被废。

"太子承乾既获罪，魏王泰日入侍奉，上(唐太宗)面许立为太子，岑文本、刘洎亦劝之。"④虽然魏王李泰的经营的确逼使太子承乾倒台而为他获得太子储位赢得了机会，唐太宗的确也因为喜爱李泰而面许立为太子，然而他们朋党经营的后果却实在令唐太宗心有余悸，"一分朋党即今所谓政治上的小集团，必欲罢难休，最后非危及皇帝本身不可。唐高祖李渊当太上皇的滋味，前朝隋文帝杨坚亦有见杀于其次子炀帝杨广的嫌疑，李世民岂能不考虑，更何况自己就是此种矛盾斗争中的过来人。如今看到自己的

---

① 《旧唐书》卷七十七，第 2670 页。
② 《资治通鉴》卷一百九十六，第 6176—6177 页。
③ 《旧唐书》卷七十四，第 2621 页。
④ 《资治通鉴》卷一百九十七，第 6195 页。

儿子也向父辈学习,以承乾为首的小集团已准备向自己下手,李泰小集团也难保不来这一着,为自己免当杨坚、李渊起见,不如当机立断,忍痛割爱,把这两个小集团同时粉碎。这完全是从自己的利害打算"①。出于利害关系,唐太宗最终也没有同意让魏王李泰做太子,而是选择了晋王李治做太子。

"太子承乾得罪,太宗欲立晋王,而限以非次,回惑不决。"②"长孙无忌固请立晋王治。"③结果受到长孙无忌力挺的李治当上了太子,参与这次定储会议的人物除长孙无忌外,还有房玄龄、李勣、褚遂良。黄永年先生认为李治之所以被选为太子,主要是其出生于贞观二年(628)六月,"则贞观十七年才十六岁,前此更是幼小,十二三岁的小孩子当然没有营私结党的可能性。这不是他比李泰、李承乾来得恬淡或无能,而是为年龄所限"④。前此李治年幼时当然没有结党的可能性,但到贞观十七年时,他十六岁了,已基本成年了,或许他本人可能没有多强的权力欲望,但其府属、戚友在魏王泰、太子承乾结党营私的背景下难道会没有想法?若非如此,为何长孙无忌要"固请立晋王"?因此李治及其背后的团队在贞观十七年太子危机后还是有经营的,采用的是"以弱制敌",其手段更加高明,只从李治扳倒李泰的过程就可见其一斑。

且看李治小团体的经营。不管政治斗争如何激烈,李世民心中尚存有骨肉父子亲情,"保全儿子们是他最大的心愿"⑤。"太子承乾之败,太宗谓侍臣曰:'欲何以处承乾?'群臣莫敢对,济进曰:'陛下上不失作慈父,下得尽天年,即为善矣。'帝纳其言。"⑥"上不失作慈父,下得尽天年",唐太宗在处理承乾问题上的态度,来济能看出来,李治团队当然也能看出来,所以为李治制定的上位招牌策略就是"仁孝"牌:"晋王仁孝,当为嗣。"利用"仁孝"牌有何好处呢?一是可以让李世民放心,李治团队不会如承乾小团体

---

① 黄永年:《六至九世纪中国政治史》,第 162 页。
② 《旧唐书》卷六十五,第 2452 页。
③ 《资治通鉴》卷一百九十七,第 6195 页。
④ 黄永年:《六至九世纪中国政治史》,第 164 页。
⑤ 孟宪实:《孟宪实讲唐史——从玄武门之变到贞观之治》,第 195 页。
⑥ 《旧唐书》卷八十,第 2742 页。

兵变一样来针对他；二是如果李治上位，他的仁孝可以使其兄弟们得到保全，"得尽天年"，这正是李世民最希望看到的结果。所以立李治为皇太子后，李世民满意地说："我若立泰，则是太子之位可经营而得。自今太子失道，藩王窥伺者，皆两弃之，传诸子孙，永为后法。且泰立，则承乾与治皆不全；治立，则承乾与泰皆无恙矣。"①

但是如何让李世民确信李治仁孝呢？李治团队以强势迫使李泰出昏招，并抓住其漏洞证明了李治的"仁孝"：首先是强势"固请立晋王李治"，对李泰形成压力，而李泰为了早日确定自己的太子地位，采用两手应对策略，一是"青雀入怀"，李泰向唐太宗李世民表态会保全李治，结果这一表态中的漏洞被李治团队抓住而扭转了局面。唐太宗说："昨青雀自投我怀云：'臣今日始得与陛下为子，更生之日也。臣唯有一子，臣百年之后，当为陛下杀之，传国晋王。'父子之道，故当天性，我见其如此，甚怜之。"唐太宗说这番话的目的本来是想立李泰的，但李治团队的褚遂良立即识破了其中的漏洞，说："陛下失言。伏愿审思，无令错误也。安有陛下百年之后，魏王执权为天下之主，而能杀其爱子，传国于晋王者乎？陛下昔立承乾为太子，而复宠爱魏王，礼数或有逾于承乾者，良由嫡庶不分，所以至此。殷鉴不远，足为龟镜。陛下今日既立魏王，伏愿陛下别安置晋王，始得安全耳。"太宗涕泗交下曰："我不能。"②李泰两手应对策略之二是威胁李治。"魏王泰恐上立晋王治，谓之曰：'汝与元昌善，元昌今败，得无忧乎？'"③本来李泰威胁李治的目的是想迫使李治主动退出竞争，不料李治团队为李治制定了"以弱制敌"的对策，李治并没有采取主动向唐太宗告发李泰的做法，而是让李治成天在唐太宗面前扮出一副魂不守舍、忧心忡忡的样子，"治由是忧形于色，上怪，屡问其故，治乃以状告；上怃然，始悔立泰之言矣"④。自此，唐太宗改变了立魏王泰的主意，终于立李治为皇太子。

李治得为太子，固然是"仁孝"牌对路，其实还是取决于他背后团队力

①《资治通鉴》卷一百九十七，第6196—6197页。
②《旧唐书》卷八十，第2731—2732页。
③《资治通鉴》卷一百九十七，第6195页。
④《资治通鉴》卷一百九十七，第6195页。

量的强大及易于把握。前已陈述李世民夺取天下的班底乃是关陇贵族与山东豪杰的政治联盟，而且这个联盟中"关陇为主、山东豪杰为用"①，现在这个联盟的主要代表人物长孙无忌、徐世勣（即李勣）等人归于李治帐下。"李勣已后，实无好将"②，这是唐高宗对李勣的追思评论，实际上早在贞观后期，李勣就已是李靖之后最出色的将领。"李世勣与李治的关系，曾经是上下级的关系，李治是晋王，是并州都督，而李世勣是长史，典型的上下级。虽然李治并不到太原去，但李世勣在太原所取得的所有成绩，都有李治的一份。在传统政治中，这种既有的故吏关系，是最牢靠的关系。李世勣可以肯定是李治的支持者。"③所以对于李治的支持团队——政治联盟，李世民还是很放心的。他所担心的问题是他死后，这个政治联盟中的领导权还能不能保证以关陇为主，因此他要事前作出安排，所以太宗临死前将李勣贬出为叠州都督。这样确立李治为太子的四重臣，房玄龄于高宗登基前一年（贞观二十二年，648）病死，李勣又早被贬为叠州都督离京，到李治登基时，托命重臣就只有长孙无忌与褚遂良了。李勣之贬，按太宗对李治的话说是"汝于李勣无恩，我今将责出之。我死后，汝当授以仆射，即荷汝恩，必致其死力"④，这固然是太宗御臣之术，然其中的深意"乃是唐太宗把山东豪杰出身的李勣斥出宫廷，使李勣无法如长孙无忌、褚遂良等人以贞观顾命大臣的身份进入高宗朝政治核心当中"⑤。唐太宗之所以如此做，实是担心他所建立的关陇为主、山东豪杰为用的政治联盟的性质在他死后会被改变进而危及李唐政权。因为太宗一死，李勣的军、政智慧，当时朝中无人出乎其上，而且经历过隋末战争洗礼的山东地域势力中的文、武杰出之士如崔义玄等一批仍然健在，若李勣进入高宗朝核心政治层，朝中关陇为主的政治联盟料难以持续；自周隋以来关中政权就恐惧担心的山东朋党问题，一直就是关中朝廷所关注的焦点之一，而以李勣"人皆为用"的情形，不能不

① 李锦绣：《论"李氏将兴"——隋末唐初的山东豪杰研究之一》，《山西师范大学学报》1997年第4期，第40页。
② 王溥：《唐会要》卷九十七，中华书局，1955年，第1732页。
③ 孟宪实：《孟宪实讲唐史——从玄武门之变到贞观之治》，第198页。
④ 《旧唐书》卷六十七，第2487页。
⑤ 任世英：《李勣与唐前期政局》，《历史教学》1998年第9期，第16页。

令人顾虑朋党问题。故唐太宗为安全计,势必要将李勣贬出朝廷,非关李勣与高宗两无恩义之实,实际上李勣与高宗的关系还是相当密切的。李勣被贬后,高宗即位仅八天就将其召回并委以重任,但遭此之贬的李勣对自己所处地位的情势心知肚明而只好采取了韬光养晦的策略,对高宗召开的几次内廷会议都借故缺席。

　　就这样,经李治及其团队的经营,李治成为太子。尽管失败后的魏王党羽刘洎、崔仁师、岑文本、韦挺等人积极与李治团队合作,但还是遭到了无情的清洗。李治当上太子以后,刘洎向唐太宗建议加强对太子的教育,唐太宗"敕洎令与岑文本同马周递日往东宫,与皇太子谈论"①,这是刘洎等人向新太子集团传递的合作信号,唐太宗也有意弥合双方缝隙,所以令原魏王党的刘洎、岑文本等与皇太子讲论。即使这样,刘洎仍然被褚遂良借机诬告犯大逆不道,太宗被迫赐刘洎自尽,"也不是刘洎这些人不合作,刘洎本人就不计前嫌,热心工作。关键是得胜的一方不要他们合作,他们希望独占"②。

　　要保护好房玄龄,是长孙皇后的遗托。长孙皇后临病终之前,与太宗辞诀,"时玄龄以谴归第,后固言:'玄龄事陛下最久,小心谨慎,奇谋秘计,皆所预闻,竟无一言漏泄,非有大故,愿勿弃之。'"③尽管有长孙皇后的遗嘱、唐太宗的信任,只是房玄龄既已被视为魏王党的人,自然也免不了遭清洗的命运。

　　贞观十九年(645)春正月,为"不遗后世忧",唐太宗决定御驾亲征辽东,命房玄龄为长安留守,就有人借机对房玄龄发乱。"上之发京师也,命房玄龄得以便宜从事,不复奏请。或诣留台称有密,玄龄问密谋所在,对曰:'公则是也。'玄龄驿送行在。上闻留守有表送告密人,上怒,使人持长刀于前而后见之,问告者为谁,曰:'房玄龄。'上曰:'果然。'叱令腰斩。玺书让玄龄以不能自信,'更有如是者,可专决之'。"④唐太宗为何不问情由

①《旧唐书》卷七十四,第2611页。
② 孟宪实:《孟宪实讲唐史——从玄武门之变到贞观之治》,第203页。
③《旧唐书》卷五十一,第2166页。
④《资治通鉴》卷一百九十七,第6217页。

就将告密者一刀斩杀？谁在背后想整治房玄龄？唐太宗其实是心知肚明的，之所以一刀斩杀告密者，"那就是唐太宗不想知道，或者说不愿意知道真相"①。

萧瑀"性狷介，与同寮多不合"②，这说明萧瑀在为人处事上还是有些问题的。"时房玄龄、杜如晦新用事，皆疏瑀而亲德彝，瑀不能平"③，由此在贞观初年萧瑀与房玄龄结下小隙。贞观二十年（646），房玄龄遭受排挤之时，与房玄龄有嫌隙的萧瑀也趁机出来落井下石，诬蔑房玄龄谋反："房玄龄与中书门下众臣，朋党不忠，执权胶固。陛下不详知，但未反耳。"④而《旧唐书》卷六十三《萧瑀传》记此事更为详尽："'玄龄以下同中书门下内臣，悉皆朋党比周，无至心奉上。'累独奏云：'此等相与执权，有同胶漆，陛下不细谙知，但未反耳。'""累独奏"一语，说明萧瑀对房玄龄的攻击不止一次。唐太宗自然明了房玄龄没有结党，更加不会反叛，认为萧瑀言辞太过，因此对萧瑀说："为人君者，驱驾英材，推心待士，公言不亦甚乎，何至如此！"靠着唐太宗的信任，房玄龄再一次度过危机。

贞观二十二年（648），房玄龄病逝。在唐太宗的保护下，房玄龄侥幸地得以终享天年，可是其后代却没有这么幸运。房玄龄病重将终，唐太宗与太子亲临其家诀别，为使房玄龄死去放心，"即目授其子遗爱右卫中郎将，遗则中散大夫，使及目前见其通显"⑤。贞观十三年（639）春，"玄龄自以居端揆十五年，男遗爱尚上女高阳公主，女为韩王妃，深畏满盈，上表请解机务"⑥。《旧唐书》房玄龄本传云"玄龄自以居端揆十五年，女为韩王妃，男遗爱尚高阳公主，实显贵之极"。的确，房氏宦途在房玄龄时期达到了发展的高峰。贞观二十三年（649 年），唐太宗病逝，皇太子李治登基，是谓唐高宗，原先的晋王太子团队终于得掌大权，继续寻找机会清洗原魏王泰系的残余力量，房遗爱就在清洗之列，是谓"房遗爱谋反"案，齐州房氏后人受此

---

① 孟宪实：《孟宪实讲唐史——从玄武门之变到贞观之治》，第 204 页。
② 《资治通鉴》卷一百九十八，第 6240 页。
③ 《资治通鉴》卷一百九十二，第 6025 页。
④ 《资治通鉴》卷一百九十八，第 6240 页。
⑤ 《旧唐书》卷六十六，第 2467 页。
⑥ 《资治通鉴》卷一百九十五，第 6143 页。

牵连,自此衰落。

　　房遗爱尚唐太宗女高阳公主,是谓国婚。国婚本是好事,但唐朝士族之家皆不乐国婚,盖因唐朝公主中有一小部分倚势骄横无礼,闺风不谨,且不识大节,若此国婚则成为家门的悲哀。不幸的是,房遗爱所尚的高阳公主恰好就是这一小部分中的一个,史书云其"主既骄恣"①、"主骄蹇"②。唐太宗起初相当宠爱高阳公主,爱屋及乌,对房遗爱也特别关照,给他的待遇也远远超出其他公主驸马,高阳公主因此"负所爱而骄"。高阳公主闺风不谨,在一次与房遗爱远郊打猎的时候,巧遇和尚辩机,高阳一见就非常喜欢,立即搭建帐篷与之私通,为堵住房遗爱之口,就送给房遗爱两个漂亮女子,又私下里送给辩机以亿计的财物。京城御史擒获一名盗贼,在追勒盗贼赃物的过程中竟然发现了宫中物品金宝神枕,盗贼供认得自辩机,而辩机招认此为公主所赠,于是高阳公主闺风不谨的情形大白于天下,唐太宗极为震怒,腰斩了辩机,又斩杀了协助高阳公主通奸的奴婢十余人,公主怨恨不已。后来高阳公主又与和尚智勖、惠弘、道士李晃等人私通。最令人头痛的是高阳公主不识大节,弄得家门不和。按当时制度,房玄龄所立功勋获得的爵位当由长子房遗直继承,"房遗直以嫡当拜银青光禄大夫",对此高阳公主十分嫉妒,房遗直只好上书太宗,要将爵位让给房遗爱,结果唐太宗没有批准。房玄龄死后,高阳公主又鼓动房遗爱闹着与房遗直分家析产,又反诬房遗直,房遗直只好上书自辩,唐太宗狠狠地责备了高阳公主一通,高阳公主这才作罢。此后唐太宗不再宠高阳,高阳意气怏怏,非常怨恨唐太宗。唐太宗薨,高阳公主连一点悲哀的心情都没有。

　　房遗爱、柴令武等人原本结党于魏王泰门下,魏王泰失败后,因房玄龄还在世,他们一时也没有受到晋王李治太子团队的清洗。李治登基后,他们没有吸取教训,仍然结党在一起。"先是,驸马都尉薛万彻坐事除名,徙宁州刺史,入朝,与遗爱款昵,对遗爱有怨望语,且曰:'今虽病足,坐置京

────────────────

① 《旧唐书》卷六十六,第2467页。
② 《新唐书》卷九十六,第3858页。

师,鼠辈犹不敢动。'因与遗爱谋,'若国家有变,当奉司徒荆王元景为主'。元景女适遗爱弟遗则,由是与遗爱往来。元景尝自言,梦手把日月。驸马都尉柴令武,绍之子也,尚巴陵公主,除卫州刺史,托以主疾留京师求医,因与遗爱谋议相结。"①但房遗爱本身"诞率无学,有武力",他所继承的是房氏家学中的武的方面,根本没有足够的政治智慧来策划所谓的谋反大事,其背后乃是有高阳公主的主使,所以后来许敬宗就轻蔑地说:"遗爱乳臭儿,与一女子谋反,势何所成!"②高阳公主虽撺掇房遗爱策划议事,但其本身亦缺乏远见,不足以成大事,一直还惦记着房遗直所继承的房玄龄爵位那点小事,"谋黜遗直而夺其封爵,永徽中诬告遗直无礼于己"③。无奈之下,房遗直为自保计,只好上书自证清白并告发了公主与遗爱私下里的一些谋议,"遗直亦言遗爱及主罪,云:'罪盈恶稔,恐累臣私门。'"④唐高宗于是委派长孙无忌鞫按此事,而长孙无忌正要清洗魏王泰余党及潜在威胁,于是借此大好机会将此案扩大化,彻底清除了魏王余党及对高宗有潜在威胁的吴王恪。

　　房遗爱等人的谋议,其实也就是团队争位失败之后不满唐高宗登基而私下里聚会口头发发牢骚而已,并无任何实质性动作,当然也就没有实质性证据,唯一的证据乃是高阳公主指使"掖廷令陈玄运伺宫省机祥,步星次"⑤,也就是打探一下宫廷动向而已,仅凭这些所谓"证据"当然不足以以"谋反"定案。但长孙无忌不肯就此善罢甘休,终于诱导着房遗爱将祸水引向了吴王恪。

　　李治当上太子后,地位并不稳固。因为他的"以弱制敌"策略,唐太宗心中也认为他太"仁弱",恐怕无法守住李氏江山,因此又想另立吴王恪。贞观十七年(643)十一月,"上疑太子仁弱,密谓长孙无忌曰:'公劝我立雉奴,雉奴懦,恐不能守社稷,奈何!吴王恪英果类我,我欲立之,何如?'无忌

---

① 《资治通鉴》卷一百九十九,第6280页。
② 《资治通鉴》卷二百,第6313页。
③ 《旧唐书》卷六十六,第2467页。
④ 《资治通鉴》卷一百九十九,第6280页。
⑤ 《新唐书》卷八十三,第3648页。

固争,以为不可。上曰:'公以恪非己之甥邪?'无忌曰:'太子仁厚,真守文良主;储副至重,岂可数易? 愿陛下熟思之。'上乃止。"①雉奴是唐高宗的小字,可见在魏王泰之后吴王恪成为了李治最强大的竞争对手,所以李治团队的长孙无忌必欲清除之,"恪有文武才,太宗常以为类己,欲立为太子,无忌固争而止,由是与无忌相恶,恪名望素高,为物情所向,无忌深忌之,欲因事诛恪以绝众望"②。这些事情,身为魏王党争太子储位干将的房遗爱自然相当清楚,所以当长孙无忌对他进行"免死"诱供时,"遗爱知之,因言与恪同谋,冀如纥干承基得免死"③。

房遗直这一供,就坐实了所谓的"谋反案",几乎所有与原晋王太子团队不睦的人员都给网罗了进去,永徽四年(654)春,由高阳公主之不识大节而引发的"房遗爱谋反案"定案,"新除房州刺史、驸马都尉房遗爱,司徒、秦州刺史、荆王元景,司空、安州刺史、吴王恪,宁州刺史、驸马都尉薛万彻,岚州刺史、驸马都尉柴令武谋反"。二月,涉案人员被处置,"遗爱、万彻、令武等并伏诛;元景、恪、巴陵高阳公主并赐死。左骁卫大将军、安国公执失思力配流嶲州,侍中兼太子詹事、平昌县公宇文节配流桂州"④。这些人中吴王恪纯属长孙无忌有意陷害,所以吴王恪临死时痛骂长孙无忌"窃弄威权,构害良善,宗社有灵,当族灭不久!"⑤长孙无忌、褚遂良素与江夏王李道宗一直不和,长孙无忌亦借房遗爱案将之构陷,"上言道宗与遗爱交结,配流象州"。史臣评述说:"道宗军谋武勇,好学下贤,于群从之中,称一时之杰。无忌、遂良衔不协之素,致千载之冤。"⑥

作为案件的尾声,吴王恪的同母弟蜀王愔被废为庶人,安置于巴州;房遗爱的几个儿子被流放岭表,薛万彻的弟弟薛万备被流放交州。继承爵位的房遗直,高宗永徽初任其为礼部尚书、汴州刺史。受永徽三年(653)房遗爱案的影响,房遗直虽因先人功勋被免于追责,然亦被削去所

---

① 《资治通鉴》卷一百九十七,第6206页。
② 《资治通鉴》卷一百九十九,第6280页。
③ 《资治通鉴》卷一百九十九,第6280页。
④ 《旧唐书》卷四,第71页。
⑤ 《资治通鉴》卷一百九十九,第6281页。
⑥ 《旧唐书》卷六十,第2357页。

有官职,"除名为庶人"①。房玄龄的这几支后裔自此远离朝廷中央高层,
淡出人们的视野,以至于史籍中连房遗直、房遗爱、房遗则三人子嗣的姓
名也没能留下,受子、媳之累的齐州房氏房玄龄一脉在高宗朝确实衰
落了。

三、齐州房氏后裔天宝以前的仕宦经历

唐高宗以后房氏的活动已难见于史乘,所幸目前所出碑铭文字尚可补
阙一部分。

房玄龄子女除史传所载三子一女外,据碑铭所载,尚有一子一女。女
已失名,据《唐故密亳二州刺史赠安州都督郑公碑》②云:"夫人清河郡君
房氏,隋司隶刺史皇朝赠徐州都督临淄定公之孙,太尉(阙二十九字)。"
子名房遗义,《唐故朝议郎行东海郡录事参军房府吴夫人墓志铭并序》
记云:

> 公讳承先,字承先,清河人也。昔舜封尧子于房,爰锡我族。洎雅
> 为清河太守,肇允厥居。夫其礼乐承家,衣冠奕世,式叙令德,以宣宠
> 光。即我曾祖彦谦府君,隋监察御史、郇州司马、泾阳宰,唐赠徐州刺
> 史;柏署飞乌,冶中展骥,始鸣琴而述职,终露冕而追荣。祖玄龄府君,
> 皇开府仪同三司、尚书左仆射、中书令、梁国公;登庸三台,敷赞百揆,
> 时仰珪璋之德,朝资社稷之臣。父遗义府君,皇太子舍人、谷州刺史,
> 青宫辅德,皂盖司藩,挺杞梓之良材,体江山之逸气。公即使君之元子
> 也,识量森邃,心期激昂,业绍家声,人推国宝。尝以为孝悌者仁之本,
> 恭俭者行之纯,忠信者政之纲,德礼者身之干,念存斯义,实获我心。
> 公之自强,有令闻也,年弱冠,以崇文生升第,解褐补东海郡录事参军。
> 游刃惟新,直绳不紊,莅事以简,能声载扬,故君子题之。满岁薄游,至
> 于江表。以开元有三年二月廿二日不幸遇疾,终于豫章郡,春秋卅有

---

① 《旧唐书》卷六十六,第 2467 页。《新唐书》、《资治通鉴》均云房遗直被贬铜陵尉。
② 董诰等编:《全唐文》卷二百二十,第 2224 页。

八。冥昧归魂，翩翩绛旐，亲交悽歔，行路嗟称，天道如何，斯人永逝。以开元有三年三月十七日假葬于洪崖邑之东原。夫人天水吴氏，皇广州新会宰玄纵府君之息女也。有子二人：长曰安禹，次曰晋晋，先兄而没。初安禹为尉开封也，夫人以从子之道，板舆东征，祸集高堂，悲生风树，惟兹至性，泣血崩摧，礼称颜丁，无以加也。服阕，转左骁卫骑曹。誓将改卜原茔，躬亲负土，谋龟筮而未协，践霜露而增悲。阆水惊波，藏舟遽往，终天不及，埋恨何申。孙琮等纯孝夙闻，聿遵先志，以今辛卯岁十月庚戌朔廿四日迁祔于偃师县首阳乡之原，礼也。寒郊苦雾，平楚凄风，一兹泉壤，万古攸同。①

据上碑铭文字，在史传资料所记房遗直、房遗爱、房遗则三子之外，房玄龄尚有一子名房遗义。房遗义有一子名房承先，房承先有二子名房安禹、房晋晋，房晋晋早亡，房安禹有子房琮。从碑铭记载上看，直到开元（713—741年）时期房遗义系子孙仕途顺利。

按中古时期士族大家的惯例，当卷入政治派系纷争时，为避免覆巢之危，通常会安排不同宗支加入不同的派系，则无论哪一方胜利或失败，总有一支能承继家族发展。房玄龄当是吸取了这个经验，在看到房遗爱的婚姻情形与政治斗争失败之后，为留下房氏一脉而作了避免覆巢之危的安排，让房遗义进入太子东宫做了太子舍人。多亏有了这样的安排，在房遗爱这样的所谓"谋反"大案中，房遗义这一支系幸而没有受到大的牵连，所以这一支系还勉强能保持仕宦相继，继承先业，房遗义将其子取名承先，自当是深深体会了房玄龄作此安排的本意。

然上引碑文之可注意者有三：一是房琮等后人迁葬承先之柩于河南偃师县首阳乡，而非齐州故里；二是房承先之出身乃是由崇文生解褐补东海郡录事参军；三是任满后壮游天下，不幸病故于江西。

房遗义应该是随房玄龄安家于京城长安，在其谷州刺史任满之后回到了京城，房承先作为其唯一的子嗣，当也是与其父一起同住于京城。房承

---

① 周绍良、赵超主编：《唐代墓志汇编续集》，第637—638页。

先死时,其子房安禹"为尉开封",按当时"夫死从子"的习俗,安禹之母吴氏夫人就从京城搬到了开封,所以碑文云"夫人以从子之道,板舆东征"。之后房安禹这一支没有再回京城,而是就地安居于开封附近,所以房琮等后人迁葬其祖房承先于河南偃师县首阳乡,而非齐州故里。但房氏在齐州原籍家大业大,房家园直到晚唐还非常有名,齐州故里有房氏偌大家业,房氏后人为何不再回齐州故里? 这一变化与魏晋时期双家制存在的前提条件消失有关,所以房氏的发展道路也就随时代变化而改变。

"一个缙绅家族通常有一个乡村家和一个城市家"①,北朝士族大部分都是这种"城市乡村之双家形态",而这种双家制形态的制度基础是九品中正制。在九品中正制下,国家用人选拔都要通过中正官,"凡由中正品评者,皆据其德行人能、家族阀阅而给予不同品第(乡品),然后授以各种官职。未经中正品评者,不得仕为品官",而且在九品中正制的实施过程中"又出现凭借父祖官爵获得二品(乡品)高第,得以入仕清显并累世居官的家族"②。在这种情况下,缙绅家族就必须依赖乡里基础,通过各种方式成为乡里领袖,才能获得中正官的品评等级而入仕,因此在乡里的发展就意味着入仕机会。"惟大小中正官必须本州郡县人担任,可以说中正官是连接中央与地方人物的线路,居于地方的领袖仍被重视",在隋朝之前,齐州房氏人物如房坚、房景先等皆曾任过齐州大中正。"隋代废除中正官,推荐权与任官权皆属中央,中央与地方的通道断绝,长期留在地方将失去官宦机会,惟有居住在京畿地区的人士才有较多的机会。魏晋南北朝时期士族控制中正官通道,又以双家形态以充塞选举通道的两端,至此本郡据点并没有以前那样重要,家族中最优秀的子弟乃谋长居京邑以谋出路。"③也就是说在自隋朝开始,"隋氏罢中正,举选不本乡曲,故里闾无豪族,井邑无衣冠。人不土著,萃处京畿"④,乡村的家在新的制度面前已无关紧要了,双家制存在的前提条件消失,因此隋唐时期士族、缙绅活动的重心开始了由乡

①　毛汉光:《中国中古社会史论》,第55页。
②　《中国大百科全书·中国历史》,中国大百科全书出版社,1992年,第942页。
③　毛汉光:《中国中古社会史论》,第242页。
④　杜佑著,王文锦等点校:《通典》卷十七,第417页。

村到城市的转变,尤其是向两京地区的迁徙。在新的科举选举制下,"唐代官僚制度中的选制对地方人物产生巨大的吸引力,使郡姓大族疏离原籍、迁居两京,以便于投身官僚层"①,正是在这种吸引力下,房遗义一系为了获得较多的官宦机会,放弃了在原籍齐州的发展,再没有回到齐州故里,其他房氏宗支也是纷纷迁居于河南、京兆一带。依据目前所出唐代二十一方房氏家族男性成员墓志,"房氏家族墓葬地大体不出河南、京兆一带。一般说来,该家族墓葬地,往往也就意味着其周围一带便是该家族旧宅与茔宅有关之田产的所在地,这也反映出京兆、河南这两处基本是房氏家族活动的主要地区"②。

　　事实上自隋朝废中正官,任免权归吏部,州郡无复辟署,"地方人士在州郡连担任僚属之职的机会也没有了"③,原籍居家既无发展前景,所有士族之家的发展道路只能遵循官方给定的新的科举道路前行,房氏自莫能外,清河齐州房氏、清河河南房氏都是如此。《房玄龄碑》云房玄龄"年十有八,俯从宾贡"、房基"隋大业七年(611),任国学生。义究三冬,文穷百遍。虽颜子入室,无以过也。既预宾贡,策应甲科,授宣议郎,未之超擢"④。所谓"宾贡",意指房玄龄和房基均为地方州郡推荐而参加科举考试,即《旧唐书》房玄龄本传所云"本州举进士"。在通过了科举考试之后才能授予官职,房玄龄"授羽骑尉",房基"授宣议郎",官职都不高,所以称"未之超擢"。

　　房基这一支系是较早入关与北周合作的清河房氏宗支,"曾祖虎,周大都督、大将军、太子太师,□、恂、长、恒四州刺史,平阳公;祖渊,周直阁将军、隋豫章太守、安政公;父翙,隋右卫将军、礼部尚书、崇国公,皇朝朗、浙二州刺史、饶阳男。"隋朝"为了保证当朝贵族和高官子弟世代做官,门荫也逐步形成了制度。一般以父祖封爵和资荫为官者,要先任千牛或三卫"⑤。

———————————

① 毛汉光:《中国中古社会史论》,第 333 页。
② 房春艳:《中古房氏家族研究》,陕西师范大学硕士学位论文 2007 年,中国知网(www.cnki.net),第 37 页。
③ 毛汉光:《中国中古社会史论》,第 243 页。
④ 周绍良主编:《唐代墓志汇编》,第 211 页。
⑤ 吴宗国:《唐代科举制度研究》,辽宁大学出版社,1992 年,第 13 页。

房基之祖、父辈在隋皆为高官,封爵都是"国公",按隋朝制度可以享受门荫。然而在当时似乎已有重视科举考试入仕的倾向,门荫得官已有点让人瞧不起,如李密以父荫为左亲侍,宇文述就对他说:"弟聪令如此,当以才学取官。三卫丛脞,非养贤之所。"①李密听后大喜,"因谢病,专以读书为务,时人希见其面"。在时人看轻门荫得官的情形下,房基就没有选择以门荫直接任千牛或三卫,而是选择了以门荫入国子学任国学生,努力学习之后参加科举考试,这种形式发展到唐朝已形成得官的主要途径之一,"门荫入仕主要有两个途径,一是通过学馆,二是直接以门荫入仕","通过学馆,就是充当弘文馆、崇文馆或国子学、太学的学生,学成后通过考试,或出仕,或参加科举。科举及弟,'若本荫高者,秀才、明经上等加本荫四阶,已下递降一等'。"②然"而国子学和太学生需业成考试合格,通两经以上始能出仕或应举。这不仅需要几年的刻苦学习,考试也较弘文、崇文生严格得多,对于亲贵高官子弟也并非一件易事"③。房基以国学生应举得高第甲科,自然是要经过努力学习的,而崇文生房承先就要轻松得多。

房遗义之子房承先"年弱冠,以崇文生升第,解褐补东海郡录事参军",应该还是享房玄龄的余荫,因为崇文生是有严格的资格和人数限定的,东宫崇文馆"生二十人,以皇缌麻以上亲,皇太后、皇后大功以上亲,宰相及散官一品、功臣身食实封者、京官职事从三品、中书黄门侍郎之子为之"④。"凡弘文、崇文生,皇缌麻以上亲,皇太后、皇后大功以上亲,一家听二人选。职事二品以上、散官一品、中书门下正三品同三品、六尚书等子孙并侄,功臣身食实封者子孙,一荫听二人选。京官职事正三品、同中书门下平章事、供奉官三品子孙,京官职事从三品、中书黄门侍郎并供奉三品官、带四品五品散官子,一荫一人。"⑤按房玄龄的功勋和官职,至少可以门荫一人。靠着房玄龄的余荫,房承先可以入崇文馆成为崇文生。"其弘文、崇文馆学生,

---

① 《旧唐书》卷五十三,第 2207 页。
② 吴宗国:《唐代科举制度研究》,第 15 页。
③ 吴宗国:《唐代科举制度研究》,第 16 页。
④ 《新唐书》卷四十四,第 1160 页。
⑤ 《新唐书》卷四十五,第 1173 页。

虽同明经、进士,以其资荫全高,试取粗通文义"①、"课试既浅,艺能亦薄"②,可见崇文生纯属照顾性质,考试相当轻松,碑铭云房承先"公之自强,有令闻也",当是碑铭粉饰之辞。

开元三年(715),房承先三十八岁,则其出生于唐高宗仪凤二年(677),其弱冠之年是武周神功元年(697)。房承先得官时已是武则天执政末期,八年后即神龙元年(705),武则天驾崩。"进士之科虽设于隋代,而其特见尊重,以为全国人民出仕之唯一正途,实始于唐高宗之代,即武曌专政之时。"③在武则天当政时期,大开制科,"增加了科举入仕的人数。但比起杂色入流和门荫入仕来,科举入仕者在入流总数中仍然只占很小比重。但是,在高宗、武则天时期,高级官员中特别是宰相中明经、进士和制科等科举出身者的比重,却在不断上升"④。房承先虽靠门荫得以释褐,但只是个总录众曹文簿的录事参军,离高级官员的距离还很遥远,这当然有负房遗义所担负的房玄龄的那份期盼。既然靠门荫无法进入高级官员行列,房承先就只能依靠科举!张柬之就是在进士及第任青源县丞之后再于永昌元年(689)应贤良方正科制举而升为了高级官员。但唐代科举考试及第与否,并不单靠考试成绩,还要靠"时誉"即考生平时的知名程度来确定等第。"时誉"的获得,无非一靠请托、行卷,二靠行万里路,以广交游,广延声誉。于是乎房承先就在录事参军期满之后"满岁薄游,至于江表"。

房玄龄嫡传子孙之仕途,据碑铭文字可考者尚有房遗直曾孙房愿。《唐故吏部常选房愿墓志铭并序》⑤云:

> 房氏之子,名愿,河南洛阳人也。其前出自唐尧之后,汉司空植之裔孙,隋司隶校尉彦谦之来孙,尚书左仆射、太子太傅、司空赠太尉梁

---

① 《旧唐书》卷四十三,第1829页。
② 《旧唐书》卷八十七,第2851页。
③ 陈寅恪:《唐代政治史述论稿》,第205—206页。
④ 吴宗国:《唐代科举制度研究》,第167页。
⑤ 房氏后人房恒贵先生据碑铭拓片整理。

国公玄龄之玄孙,礼部尚书遗直之曾孙,白洲司马燕客之孙,今太子舍人习祖之仲子。心明神清,节高气远;倜傥兴滞,纵横有识。赞著大夫陈元伯见而美之。将欲觊室,既而纳采,已在去秋,及平请期,亦许来岁。载廿七,斋郎出身,吏部常选。百丈之木起于毫末,千里之驹发于跬步;悲微芳之易歇,痛坠业而难留。天祸吾门,豈归于汝。呜呼哀哉! 享年廿九,以天宝五载闰十月廿二日 薨 于东京怀仁里之私第,以其月廿五日薄西山葬于三川乡之原,礼也。

据此可知,房遗直支系传承如下:

房彦谦——房玄龄——房遗直——□□□——房燕客——房习祖——房愿

由于《新唐书》所记房遗直支系从第五代孙房阶起始,中间缺失了四代子孙的姓名,据此碑则可补齐三代。房燕客任职白洲司马,亦曾在容州都督府治下任户曹。卢藏用云邓武龙、房燕客、苏奭等人"学古入官,励精祗务,声高列寀,化洽为邦"①,房燕客应当是通过科举而得官,其子房习祖亦是科举得官,而且在科考时还得到了名士韩朝宗的荐举。李白《与韩荆州书》云:"而君侯亦一荐严协律,入为秘书郎。中间崔宗之、房习祖、黎昕、许莹之徒,或以才名见知,或以清白见赏。"②房愿在开元二十七年(739)"斋郎出身,吏部常选",以门荫得官。盖因其父房习祖官至太子舍人,官秩正六品,已享有"斋郎"门荫资格。斋郎隶太常寺,太庙斋郎以五品以上子孙及六品职事官并清官子为之,六考而满;郊社斋郎以六品职事子为之,八考而满。斋郎录用员额既多,考满之后试两经,文义粗通者即送吏部应选,得官较容易,"这对于一般高官子孙,特别是六品职事官并清官子来说,是一条相当便捷的入仕之途"③,房愿走的正是这样一条途径,可惜英年早逝,二十九岁就去世了。

房颖叔,据《唐仆尚承郎表》,"大足元年(701)春,由地官郎中迁天侍。

---

① 董诰等编:《全唐文》卷二百三十八,第2409页。
② 董诰等编:《全唐文》卷三百四十八,第3533页。
③ 吴宗国:《唐代科举制度研究》,第18页。

未上,卒"①。房颖叔为齐州房氏四祖长房之外三祖的嫡传宗支,现发现与
其有关的墓志四方。"夫人讳□,字鹿娘,清河郡县人也。……十代祖谌,
南燕广平郡守。随燕南度,遂居于齐,今为济南人焉。自后汉尚书令司空
讳植,十有八代,累侍金闺,咸分虎竹,焜煌簪组,炳燿台阶。王父正则,尚
书考功、吏部二员外;显考颖叔,尚书吏部侍郎。夫人即公之元女也。"②"初
公以弱冠见于父友吏部侍郎房公讳颖叔,有知人之见,眷深国士,以元女妻
焉。"③"夫人清河郡君房氏,吏部侍郎颖□之孙,恒州刺史光庭之女。"④房
光庭,"往祖任太原,因生冀地,后游京国,便以居焉"⑤。天宝十载(751),
房光庭因病去世,时年六十一岁。房光庭的恒州刺史,或恐是书丹有误,文
献所载房光庭只任过慈州刺史,"房光庭为尚书郎,故人薛昭流放,而投光
庭,光庭匿之。既败,御史陆遗逸逼之急。光庭惧,乃见时宰。时宰曰:'公
郎官,何为匿此人?'曰:'光庭与薛昭有旧,以途穷而归光庭,且所犯非大
故,得不纳之耶? 若擒以送宫,居庙堂者,复何以待光庭?'时宰义之,乃出
为慈州刺史,无他累。"⑥"夫人,清河人也。唐帝尧之裔,汉司空之后。随考
功民曹侍郎山基府君之曾孙。皇朝考功郎中、太子中允正则府君之孙。皇
朝相州刺史、吏部侍郎颖叔府君之季女也。"⑦

　　房颖叔的高祖是清河房景伯,则据《魏书》卷四十三、《北史》卷三十九
及上引墓碑资料的补阙,房颖叔一支世系如下:

　　房谌——房□——房远庆——房爱亲——房景伯(高祖)——房文烈(曾祖)——
房山基(祖)——房正则(父)——房颖叔——房鹿娘姐妹、房光庭——房光庭女

　　可见经唐代碑铭文字补阙之后,房颖叔这一支系也成为齐州房氏自房
谌以来十一代人传承关系完整无缺的支系,中间没有任何缺代。

　　"往祖任太原,因生冀地",这是追叙房爱亲曾作为平齐民而被迁往桑

① 严耕望:《唐仆尚承郎表》,中华书局,1986 年,第 557 页。
② 周绍良主编:《唐代墓志汇编》,第 1493 页。
③ 周绍良主编:《唐代墓志汇编》,第 1418 页。
④ 周绍良主编:《唐代墓志汇编》,第 2111 页。
⑤ 周绍良主编:《唐代墓志汇编》,第 1652 页。
⑥ 李昉:《太平广记》卷四百九十四,第 4053 页。
⑦ 吴纲主编:《全唐文补遗》(千唐志斋新藏专辑),三秦出版社,2006 年,第 201 页。

乾之地,其子房景伯就出生于桑乾。房景伯,李冲拔为奉朝请,孝文帝太和时循例返齐州,曾任齐州辅国长史、清河太守。其子房文烈,任北齐司徒左长史、吏部侍郎。文烈之子房山基,"仕隋,历户部、考功侍郎,并著能名,见称于时"①,房山基当隋末之乱时,曾领兵数万以应李密,"滑公李景、考功郎中房山基发自临渝,刘兴祖起于白朔,崔白驹在颍川起,方献伯以谯郡来,各拥数万之兵,俱期牧野之会"②。房山基之子房正则,据墓志铭云任"尚书考功、吏部二员外",房正则之子房颖叔任吏部侍郎。自房文烈至房颖叔,四代人均任职吏部从事官员考选工作,故史传称房颖叔"自其高祖景伯至颖叔,四代咸居选部,时论荣之"③。房颖叔之子房光庭亦曾在选部以考功元外郎知贡举,"神龙元年(705)已来,累为主司者:房光庭再,太极元年(712)、开元元年(713)"④,应该说自其高祖以后五代人咸居选部。

隋末之时,房玄龄入关陇辅李世民,房山基出关中辅李密,一个家族不同宗支参加到不同的政治集团,也可以认为是出于家族的安排,士族之家不同宗支加入不同派系以确保之后家族能顺利发展本也是时艰之时的惯例。从现有资料看,齐州房氏房颖叔这一支系自高祖景伯以后的仕宦相当顺利。

与房玄龄、房颖叔等人同时代的齐州房氏尚有房仁裕支系。房仁裕是房景伯季弟房景远的后裔,与房玄龄、房山基同时代而远较二人年轻,故其仕唐时间较两人更长。房仁裕,新、旧《唐书》无本传,《旧唐书》零散所记房仁裕的业绩只有两件:一是永徽四年(653)冬十月领兵讨平陈硕贞民变,"戊申,睦州女子陈硕贞举兵反,自称文佳皇帝,攻陷睦州属县。婺州刺史崔义玄、扬州都督府长史房仁裕各率众讨平之"⑤;另一件是龙朔二年(662)领衔议修礼仪,"依房仁裕等议,总加修附,垂之不朽。其礼及律疏有相关涉者,亦请准此改正"⑥。依托家族家学,房仁裕年轻时文武兼修,而尤以武

① 《北史》卷三十九,第 1423 页。
② 《旧唐书》卷五十三,第 2218 页。
③ 王钦若:《册府元龟》卷七百七十一,第 9166 页。
④ 王谠撰,周勋初校证:《唐语林校证》卷八,中华书局,1987 年,第 719 页。
⑤ 《旧唐书》卷四,第 72 页。
⑥ 《旧唐书》卷二十七,第 1023 页。

功为显,自十八岁起就以"雄略过人"见称。其时"炀帝失驭,海内骚动",人皆有心,当时几股有影响力的势力分别为占据关中的李渊集团、占据东都的王世充集团、以瓦岗为中心占据洛口的李密集团。在齐州房氏宗支房玄龄奔李世民、房山基奔李密之后,房仁裕可以选择的力量就只剩下占据东都的王世充。王世充"内怀徼幸,卑身礼士,阴结豪俊,多收众心"①,在当时也是一时无二,因此房仁裕就选择了投奔王世充,王世充以其为龙骧将军。随着对王世充了解的逐渐加深,房仁裕知王世充"非真 主 "②,不能成就大事,"又与裴仁基等谋背王(世)充,将归 政越王侗 "③。裴仁基,李密败后为王世充所俘,因其子行俨战无不胜而受王世充猜忌,遂"与世充所署尚书左丞宇文儒童、尚食直长陈谦、秘书丞崔德本等谋反,令陈谦于上食之际,持匕首以劫世充,行俨以兵应于阶下,指麾事定,然后出越王侗以辅之。事临发,将军张童仁知其谋而告之,俱为世充所杀"④。裴仁基被杀,参与其事的房仁裕出逃而投奔当时力量最强的关陇李渊集团。房仁裕奔唐之后于李世民帐下屡立战功,因此死后定谥号曰"忠"⑤,陪葬昭陵,时人恭称房仁裕为"房忠公",崔融为此而撰《赠兵部尚书房忠公神道碑并序》,勒铭于昭陵,此碑于1975年移入昭陵博物馆。

房仁裕本人"弱冠而孤","孤仔一身,终鲜兄弟",靠母亲李氏抚养长大。据《清河太夫人碑》碑阴,房仁裕娶妻太原王氏,生五女十男。"长女□□王妃,年十三,未婚而薨,第二女六岁与妃同夭。第六息先贞,任国子监□□,聪俊绝伦,诗书无停,昼夜竭思妍精,遂伤心腑,苗而不秀,十八而亡,浩降天慈并赐医药,朋友祭哭者三千余人,自幼及长咸赖太夫人之慈训,今并陪葬此域。"据此记载,房仁裕第六子房先贞早亡,陪葬于祖母清河太夫人墓旁。其余子女的大致情况是:子先礼,云骑尉朝请郎密王府户曹参军事奉义郎,行泉州录事参军事;子先孝,云骑尉左亲卫通直郎,行□

---

① 《隋书》卷八十五,第1895页。
② "主",原阙文,据前后文义拟补。
③ "政越王侗",据《隋书》卷七十《裴仁基传》拟补。
④ 《隋书》卷七十,第1634页。
⑤ 王溥:《唐会要》卷七十九,第1461页。

州司士参军事奉义郎,行并州阳曲县令;子先忠,云骑尉宣德郎□□州参军事奉义郎□□□□□□;子先恭,通直郎行杞王府兵曹参军事,□□□□□□□□□□;子先慎,宣德郎守江王府兵曹参军事武骑尉;子先□,年十三任宏文馆学生授太子左千牛……另有一女嫁于宋师。碑铭文中只记载了房仁裕三女六男的状况,其余二女四男未见载录。《清河太夫人碑》立于唐高宗显庆元年(656)六月十五日,由房仁裕亲赴润州江宁采石监造,房仁裕长子房先礼安立。

与房颖叔支系一样完整无缺,其世系排列如下:

房谌——房□——房远庆——房爱亲——房景远(高祖)——房敬道(曾祖)——房子旷(祖)——房仁裕(父)——房先礼、房先质、房先孝、房先忠、房先恭、房先慎——房先质子房宣、房温,房先忠子房涣、女清河妃——房宣子房都、房宁,房温女释辩惠。

从现有碑铭资料看,齐州房氏仁裕支系在入唐以后的仕宦相当顺利,甚至还很显耀。房仁裕之孙房涣先后曾任资州、忻州、兴州等州刺史[1],开元十八年(720)房涣在忻州刺史任上作《七岩山摩崖题铭》,刻于忻州七岩山,其中云"祖金紫光禄大夫左领军大将军讳仁裕,佐命功臣,名书唐史"[2],新、旧《唐书》皆无房仁裕本传,则其"佐命功臣"之具体业绩无从知晓,然而这绝不是空穴来风。前已述及房玄龄为唐太宗所立功勋之一是"及有谋臣猛将,皆与之潜相申结,各尽其死力",青齐瓦岗群雄如李勣、秦琼、程知节、张亮等人为房玄龄所"潜相申结"的对象,房仁裕既以"雄略过人"见称,又是房玄龄族叔,当然是在房玄龄的"潜相申结"之列。从唐太宗贞观九年(635)赐授房仁裕母"清河太夫人"看,房仁裕必被唐太宗、房玄龄等所亲信,则可以推测的是房仁裕参与了玄武门谋议和行动,是以房涣有乃祖"佐命功臣"之说。可能是房仁裕当时尚属年轻,顶多也就是被安排率领八百死士之一队阻敌打援,或者干脆就是后备队,所处位置不重要,其在玄武门行动中的功绩也就并不突出,没有特别记载也在情理之中。然而"追赠赐封"、"封妻荫子"是古代为官的最高荣耀,得有大功勋才能得到,房仁裕在

---

[1] 参见郁贤皓:《唐刺史考全编》,安徽大学出版社,2000年,第2819、3061页。
[2] 陈尚君:《全唐文补编》卷三十六,中华书局,2005年,第441页。

贞观九年其母获得"清河太夫人"赐封,自然是有大功勋,联想"佐命功臣"之语,这个大功勋就只能是房仁裕为玄武门行动的功臣之一。

我们看到,房景伯、房景远支系在唐代也脱离了齐州原籍,房景伯支系定居于京兆地区,"后游京国,便以居焉"。房景远支系定居于河洛地区,"权窆于洛阳邙山之原,礼也"。如此,齐州房氏的三个主要宗支均离开了齐州原籍而迁住于两京之地,齐州原籍房氏的发展便逐渐衰落,终至于不可声闻。

与前述房光庭同时代的碑铭所记房氏还有房有非支系,房有非亦因病逝于天宝十载(751),时年五十五岁。房有非夫妻二人均有墓志铭,其妻《唐故清河公汲郡尚夫人墓志铭并序》①云:

> 公讳有非,字郎子,洛阳河南人也。昔帝尧让位与舜,舜封尧子丹朱于房,是子陵,因为房氏。自虞宾垂裕,道德相承,仪表人伦,共称名族。汉有司空植,至晋有将军谌,随慕容德至南阳,生子四人,分为四祖,并为雅望夷忱,式迄乎圣朝。衣冠盖代,高曾及祖,同禀清虚,能韬不世之才,竟体无名之道。父恩礼,位以才进,远任儁州。天命有违,中途遇害。呜呼! 公始孩稚,年未免怀,以此神枢飘零,孤魂不归。山川莫测,赖慈亲抚育,燥温无亏。及乎弱冠,仁义咸备,所恨何辜薄祐,唯独伶仃,以此咸哀。终身不仕,志惟清忧色养,居常全己,而终无忝厥祖。天宝十载七月十二日,卒于仁里,春秋五十有五,权殡于邙山之原。夫人尚氏,凤承家轨,免己存孤,不坠蒸尝,育成四子。时逢艰阻,戎羯乱常,河洛沸腾,生灵涂炭。长子南容不胜残酷,避地大梁;次子南宇、南察,宇则名拘陇右,察则随舅征行,生死莫知,关山隔绝。小女一娘,幼子南宝,左右扶持,温清敬奉,得终余寿,岂不天之福欤? 上元年(760)三月廿八日,卒于家第,春秋五十有以。其时日月虽明,道路犹梗,在堂权殡……归茔祔葬,以建中二年(781),岁次辛酉,十月丙戌朔,廿四日己酉。

---

① 周绍良主编:《唐代墓志汇编》,第 1826 页。

房有非墓志铭,《大唐故高道不仕清河房君墓志铭并序》[1]云:

　　君讳有非,其先汉清河太守稚(当作雅),后至于晋朝议大夫行通事舍人思玄,君即思玄拾壹代孙也。因官移居,今为河南郡河南县都会乡人焉。曾崇珍,皇东阳郡录事;祖嘉福,皇景城郡景城县丞;毗赞有声,副贰咸化。父知礼,汝阳郡崖川府别将,爪牙龙栖,知命保禄。君忠孝含才,高道不仕。若乃父慈子孝,兄友弟恭,内和外诚,自家刑国,先人后己,名利不窥,廉洁任真,与物无竟,穷六经之奥,探百氏之幽,音肆知微,方术得妙,见存之能既备,未来之业广施。分半产以助伽蓝,尽一心而专顶礼。劳神苦思,寻善多方,冒霜露以伤颜,勤营家而损寿。西山之药,不获延龄;东岱之魂,俄婴促命。以天宝十载七月十一日卒于洛阳永泰里,年五十有五。即以其载八月廿二日壬申,葬于邙山,礼也。岩岩高阙,行路伤嗟,日落云愁,更深月苦。长子南容、次子南宗、次子南察、次子南宝,并孝极曾闵,仁齐颜冉。

　　细审两方墓志,一方墓志云房有非为齐州房氏四祖之后裔,但却错记房谌随慕容德南度至南阳,而另一方墓志竟将清河始祖房雅误成房稚,却又云其为晋朝议大夫行通事舍人房思玄之后裔,前后矛盾,显示出房有非后人实际并不清楚齐州房氏先祖的基本事迹,而这一点在齐州房氏嫡传后人那里是断不可能出错的,墓主房有非当为与齐州房氏嫡传支系疏远已久的远亲旁支。

　　赖碑铭文字尚能补阙的清河房氏宗支还有房献支系,但其碑铭并没有追溯远祖世系,因此无法判定他们与齐州房氏的亲缘关系。《唐故朝散大夫行洪州都督府丰城县令上柱国公士谯郡清河房府君墓志铭并序》云:"君讳诞,字文绚,魏郡清河人也……曾祖献,隋朝议大夫、行襄州襄阳县令……祖泰,隋朝议郎、行青州录事参军……考□,唐处士……以乾封元年(666)授轻车都尉,解褐授宣德郎、授沧州胡苏县丞……转任袁州萍乡县

----

① 周绍良主编:《唐代墓志汇编》,第1658页。

令,护军、公士如故……又任朝议郎、行黄州司马、柱国,经考□加五品,道赞六条,光□千里……既而周运□□,唐祚再隆,贲帛旌贤,制举及第。俄授洪州丰城县令、上柱国,经考归致仕。"①《唐故朝请郎行黄州司法参军奉敕检校上阳内作判官房君墓志并序》载:"族之伊始,尧孙有房侯之封;望之所兴,汉代为清河之守。清河房氏,厥惟旧哉!公讳孚,字脩凝,即其苗裔。曾祖献,襄阳县令;祖泰,青州录事参军;考文绚,丰城县令……经翊卫选授朝请郎、黄州司法参军……以本官奉敕检校上阳宫内作判官……以开元十九年(723)岁次辛未八月廿二日因疾终于河南府洛阳县归仁里之私第,以其年十月丙子朔十日乙酉迁厝于邙山之平乐乡,礼也……子楚珍、志清、志察、坚璋等。"②《周故处士房君墓志铭》云:"公讳场,字全珪,清河郡人也。因官寓洛,尔其家焉。氏族徽献,可略言矣。曾祖献,齐任青州参军;祖泰,隋任襄阳县令;并材职惟允,抚赞循良。父策,唐授文林,业由学广……顷以昆弟从宦,述职江淮。公恋切连枝,行寻岐路……以天授三年(692年)壹月十一日,卒于洪州之旅第……嗣子智远等。"③上引墓志中房献、房泰之官职虽有互乙,但其世系传承却并不紊乱,综上所述三方墓志,房献支系世系情况如下:

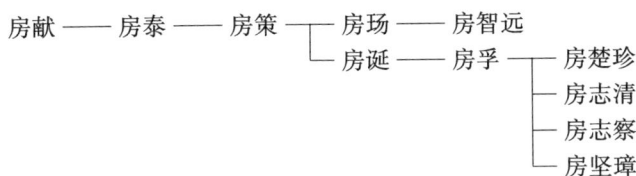

房献 ── 房泰 ── 房策 ┬ 房场 ── 房智远
　　　　　　　　　　　└ 房诞 ── 房孚 ┬ 房楚珍
　　　　　　　　　　　　　　　　　　├ 房志清
　　　　　　　　　　　　　　　　　　├ 房志察
　　　　　　　　　　　　　　　　　　└ 房坚璋

　　房献支系的仕宦道路在唐前期颇有代表性。唐代即便承认隋资,但房献、房泰的官品显然也还不具备荫子入仕的资格,因此房策的仕途只能靠科举,墓志云房策"处士"、"策授文林,业由学广",房策以"学广"通过科举考试而"策授文林","文林郎"是一个无职事、从九品上的散官,不能给子嗣带来"门资入仕"的好处。房策之子房诞也只能通过科举考试,"以乾封元

① 周绍良、赵超主编:《唐代墓志汇编续集》,第 427 页。
② 周绍良主编:《唐代墓志汇编》,第 1385 页。又《唐代墓志汇编续集》开元 039 再次录校。
③ 周绍良主编:《唐代墓志汇编》,第 850 页。

年(666)授轻车都尉,解褐授宣德郎、授沧州胡苏县丞",在随后的仕途中,房诞应该是表现出较强的工作能力,经吏部考"劳"而获得了五品官的品阶,"经考劳加五品,道赞六条,光□千里"。唐祚再隆,政归李氏,房诞再次参加科举,"制举及弟","俄授洪州丰城县令、上柱国,经考归致仕"。"勋官二品及县男以上、散官五品以上子若孙,补诸卫及率府之翊卫",房诞已到五品官阶,具有了门荫嗣子的资格,其子房孚得以凭荫入"三卫"。"诸卫及率府之翊卫考以八。考满,兵部校试,有文,堪时务,则送吏部;无文,则加其年阶,以本色迁授。"①房孚"经翊卫"考满而"选授朝请郎、黄州司法参军"。房献这一支系的仕宦经历,显示出在唐代前期的制度规定下大多数人从仕的基本路径,循这一基本路径,做得好的也可以进入高官行列,"直到玄宗时期,门资入仕仍是高官的主要来源之一。开元宰相中就有八人是以门荫入仕的"②。房献这一支系最终没能进入高官行列。从墓志可以看出,房献这一支系也迁离了原籍。

与房献支系有同样仕宦经历的房氏宗支尚有房宣支系,这一支系也没有追溯远祖世系,同样无法判定他们与齐州房氏的亲缘关系。《大周故贝州清河县尉柱国房府君墓志铭并序》云:"君讳逸,字文杰,魏郡清河人也……曾祖宣,隋任郑州荥阳县丞……祖恭,隋任定州司马……考策,唐处士……以门荫宿卫,仍附成均监读书。九重弈弈,侍卫足以表忠贞;三馆锵锵,经术足以取青紫。上元三年(676),以明经举,射策甲第,解褐补扬州海陵县尉……秩满,授贝州清河县尉……嫡孙琳,次子文林郎玄之,少子左金吾卫翊卫玄则,季子乡贡明法及第兴昌等,因心遂远……以圣历二年(699)岁在己亥二月景戌朔十七日壬寅合葬于邙山之原,礼也。"③《唐故舒州长史房君墓志铭并序》云:"君讳众,字□□,河南洛阳人也。本家代比,徙居河南,自三世祖曾祖父杰,贝州清河县令;高祖兴昌,长沙郡长沙县令;父广曜,朝州朝阳县令……君起授高平

---

① 李林甫撰,陈仲夫点校:《唐六典》卷五,中华书局,1992 年,第 155 页。
② 吴宗国:《唐代科举制度研究》,第 171 页。
③ 周绍良主编:《唐代墓志汇编》,第 940 页。

郡固府左果毅。君俯偭从政,坚固能事,课效椎先,赏劳斯□,遂再授河南金谷府折冲,赐紫金鱼袋,转授舒州长史……以其年十一月七日迁祔北邙山先坟之近也。孤子继宗等……"①综上引两方墓志,房宣支系世系传承情况如下:

房宣 — 房恭 — 房策 — 房逸 ┬ 房□□ — 房琳
　　　　　　　　　　　├ 房玄之
　　　　　　　　　　　├ 房玄则
　　　　　　　　　　　└ 房兴昌 — 房□ — 房□ — 房广曜 — 房众 — 房继宗

　　房宣支系的房宣、房恭,在隋的官职不高,官品也低,皆在六品以下,入唐后的房策也只是处士,连散官也不是,更无官品,但房策之子房逸却能"以门荫宿卫,仍附成均监读书"就有些令人生疑。按唐制,房逸只能靠祖辈官品,六品以下顶多具有"品子"的资格,其职事"为亲王府之执仗乘"②而非宿卫,品子在番上、纳课期满后可以到兵部简试,"皆限十周年则听其简试,文理高者送吏部,其余留本产司,全下者退还本色"③,所以房逸"以门荫宿卫"乃是后人文饰之词,而其附成均监读书则是可信的,因为按照制度,靠门荫获得出身,无论是千牛、三卫,还是斋郎、品子,均需通过考试简择才能任职,房逸当是在充"品子"时通过附成均监读书,参加明经制举及第而得以"解褐补扬州海陵县尉"。房逸的入仕途径,正是当时六品以下低级官吏子入仕的主要途径。从墓志中我们同样看到,这一支系也不在原籍而是迁到了河南洛阳附近。

　　现存碑铭还有一些清河房氏宗支的零散记载,他们与齐州房氏的关系,尚须进一步的材料才能详细考证,现具列于后备考:

　　《大唐故苑西面副监孝子房公墓志铭并序》云:"公讳惠琳,字惠琳,清河人也……曾祖粲,建州司户参军;祖士丰,将作丞;考亮,吏部选。公……解褐调补总监主簿,无何改蜀州清城县尉……转长宁公主府长史大农……丁太夫人之忧去官……既免服,诏以忠臣资于孝子,除延州延水县令,寻迁

---

① 周绍良、赵超主编:《唐代墓志汇编续集》,第718—719页。
② 《旧唐书》卷四十三,第1833页。
③ 李林甫撰,陈仲夫点校:《唐六典》卷五,第156页。

汾州灵石县令……入拜苑西面副监。以开元廿年五月十六日遘疾,卒于崇化里第也,时年六十五。夫人汝南周氏……以廿一年三月十二日祔葬于龙首原先茔,礼也。"①

《大周故将仕郎房君之墓志铭并序》云:"君讳怀亮,字智玄,京兆人也……曾祖宪,唐任营缮监甄官署令……祖丰,唐任都台主事……授公将仕郎。"②

《大唐蒋公夫人房氏墓志铭并序》云:"夫人姓房氏,清河人也。曾祖玄通,通议大夫,颍川郡长史。干橹六籍,学优之誉传;纲佐百城,沂康之咏著。祖广济,朝散大夫、殿中侍御史。德义在躬,且闻干人之盅;清白持宪,是谓克勤于邦。父谞,太原府寿阳县尉。道迈管政,经术擅通儒之美;位登京甸,僚友推能吏之名。"③

《唐故处士房君(僧)墓志铭并序》云:"君讳僧,字处元,齐郡人也……曾祖敏,齐任扬州刺史。祖祭,随任黔州石城县令。祖皇朝诏授并州平乐县令。并茂范英声。"④

依赖目前所发现的碑铭文字对齐州房氏唐前期仕宦经历的补阙只能至此为止。通过补阙,我们可以看到,随着九品中正制在隋朝的罢废,自房玄龄起,尽管还有资荫入仕,房氏后人也不得不逐渐走向主要依靠科举入仕的道路,房氏的经历不过是当时所有士族发展道路改变的一个缩影而已。

四、唐后期齐州房氏后裔的仕宦经历

唐后期齐州房氏后裔的活动,限于材料,现所知的只有房玄龄后裔。据《新唐书》卷七十一及前节所列相关碑铭,可得房玄龄子嗣传承世系表如下:

① 周绍良主编:《唐代墓志汇编》,第1410页。
② 周绍良主编:《唐代墓志汇编》,第864页。
③ 吴钢主编:《全唐文补遗》(千唐志斋新藏专辑),《大唐蒋公夫人房氏墓志铭》,第238页。
④ 吴钢主编:《全唐文补遗》(千唐志斋新藏专辑),《唐故处士房君(僧)墓志铭并序》,第39页。

房玄龄
├─ 房遗直
│　　└─ 房□□
│　　　　└─ 房燕客
│　　　　　　└─ 房习祖
│　　　　　　　　└─ 房愿
│　　　　　　　　　　└─ 房阶
│　　　　　　　　　　　　└─ 房鲁
│　　　　　　　　　　　　　　└─ 房重
│　　　　　　　　　　　　　　　　└─ 房谔
├─ 房遗爱
│　　└─ 房□□
│　　　　├─ 房□
│　　　　│　　└─ 房绛
│　　　　│　　　　├─ 房晦
│　　　　│　　　　│　　└─ 房凝
│　　　　│　　　　└─ 房勖
│　　　　│　　　　　　└─ 房克让
│　　　　│　　　　　　　　├─ 房邺
│　　　　│　　　　　　　　└─ 房复
│　　　　└─ 房沼
├─ 房遗则
└─ 房遗义
　　　└─ 房承先
　　　　　├─ 房安禹
　　　　　│　　└─ 房琮
　　　　　└─ 房晋晋

房谔：房从约、房从绎、房从绚、房从绾

上列房玄龄裔孙辈的仕宦情形分述如下：

房遗直支系：其嫡子已失名，不可考。其孙房燕客曾任白洲司马。其重孙房习祖任太子舍人。房愿为吏部常选。房愿之子房阶，曾任大理司直，司直为从六品官，奉旨巡察四方，复核各地的案件，"若寺有疑狱则参议之"。房阶之子房鲁，字咏归，进士及第。[1] 房鲁之子房重，字慕，曾任武功尉。房重之子房谔，任大理寺评事，从八品下级官员。房谔生四子，名房从约、房从绎、房从绚、房从绾。

房遗则支系，其子嗣史籍失载。房遗义支系的情况，至唐玄宗开元（713—741 年）以后失载。

───────────

① 陈尚君：《全唐文补编》，第 896 页。

　　房遗爱的四个儿子均流放岭表，姓名也已失考。其第四子有一子，名房沼，曾任监察御史。房遗爱的长子有一孙，名房绛。房绛生二子，分别名房晦、房勋。房晦之子名房凝，字玄俭，曾任郓州刺史。房勋之子名房克让，曾任光州刺史。① 房克让子名房邺，字正封。

　　综合上述房玄龄直系子孙的仕宦情形，我们可以看到自唐高宗朝淡出中央中枢后，房玄龄的子孙们再也没有能进入中央中枢，其子孙最高的官职是州刺史。刺史依所任州的地位情况，其官品是从三品或正四品上，已越过唐朝五品通贵的界限，享有荫子、免役的特权。从时段来看，从唐宪宗元和（806—820 年）至唐武宗会昌（841—846 年）间是齐州房氏在唐后期的一个发展小高峰。正是在这个时期，房凝、房克让兄弟任刺史，房鲁中进士，而为房氏获取声誉贡献最大的则是房鲁。

　　房克让任光州刺史留下的唯一事迹是元和十四年（819）八月乙亥，"归光州茶园于百姓，从刺史房克让之请也"②。房凝任郓州刺史，无任何事迹留下。兄弟俩都做到刺史，而依《新唐书·宰相世系表》，他们的父、祖、高祖均无官职，不可能是通过门荫得官，则房克让兄弟俩之得官只能是依靠科举中进士。由于刺史至少是正四品，房克让之子房邺是可以通过门荫得官的，但史籍已阙其官职，无由得其详。房邺勉强传其家学，有文名于世，其后代已无闻。

　　房鲁何年中进士已不可考，但他中进士后按唐人惯例题名于慈恩寺大雁塔，留下了一段"新婿房郎"的佳话。"西明慈恩多名画，慈恩塔前壁有湿耳狮子跌心花，为时所重。圣善、敬爱，亦有古画。圣善木塔院多郑广文画并书，敬爱山亭院有雉尾若真。砂子上有进士房鲁题名处。后有人题诗曰：'姚家新婿是房郎，未解芳颜意欲狂。见说正调穿羽箭，莫教射破寺家墙。'寺西北角有病龙院并吴画。"③唐人于新科进士榜下择婿为婚，蔚为风气。房鲁进士题名，姚家择婿，时人以为美谈，遂有《题进士房鲁题名处》之诗名世。房鲁以文章知名于世，李商隐《樊南乙集序》云："时同寮有京兆韦

① 参见郁贤皓：《唐刺史考全编》卷一百三十二，第 1803 页。
② 王钦若：《册府元龟》卷一百六，第 1267 页。
③ 李昉：《太平广记》卷二百一十二，第 1623—1624 页。

观文、河南房鲁、乐安孙朴、京兆韦峤、天水赵璜、长乐冯颖、彭城刘允章,是数辈者,皆能文字。"①与房鲁一样"皆能文字"的同僚数辈者,皆一时俊彦,如刘允章祖孙父子四代相继进士及第,彭城刘氏以此声名远播。房鲁中进士,与这些俊彦们互相唱和,久违的士林再次响起齐州房氏的声音。然而房鲁后裔似乎未能延续进士之路,其子、孙皆县尉、评事之类的八品小吏,显是因凭房鲁的门荫入仕而起点太低,即使循资格也升职无望。

除房玄龄外,别无其他齐州房氏人物入选新、旧《唐书》本传,这自然是因为齐州房氏在贞观一朝之后就再也没有出过有足够历史影响的人物。尽管有上述房氏在元和至会昌年间的一度复振,但齐州房氏后人的最高官职也只是刺史,其余皆丞、尉之类的属吏,刺史县佐也有以政声入选本传的,想来房氏后人在刺史县佐任上也是政声平平,自然淡出史学家的视野,不予入传,遂使房氏史实湮没。以现所知,唐后期大多数时候,齐州房氏中人仕宦沉落于低级官僚层面,趋近于寂寥无闻。

总结而言,齐州房氏之走向寂寥,乃是自北齐、周、隋至唐朝对地域势力制度性拆解的必然结果,只不过房玄龄一系经由巅峰滑向低谷,遂使这种制度性消解在房氏这里就变得更加引人注目。

清河房氏之兴起,循着汉代"通经致仕"的制度安排,综合东武城的经济与人文基础,在王莽末期清河始祖房雅定居于清河郡东武城,合齐学、鲁学于一炉,粹成房氏家学于清河郡,清河房氏地域势力于此开端。到东汉末期房植以经学知名,创下"天下规矩房伯武"的名号,隐然成为汉末党人的精神领袖,结门生义故于当时,家学、人物两旺,清河房氏的地域势力于焉大成,房氏步入士族行列,事详本书第三章第一节。魏晋动荡之际,清河房氏以其地域势力为基,守其家学而士望不坠,房氏中人房旷兄弟屹为关东士望翘楚。至隆安四年(400),清河房谌率宗族随南燕慕容德南渡定居于济南,以是有齐州房氏。借南燕制度、济南地利、宗族人力,不数年间齐州房氏于济南郡已成为有数的强宗大族。齐州房氏第三代杰出人物房元庆被青州刺史沈文秀杀害时,其子房爱亲可以凭借房氏乡部之力抗衡刺史

---

① 董诰等编:《全唐文》卷七百七十九,第8136页。

沈文秀而为其父亲复仇。"爰亲率勒乡部攻文秀"①,以乡部之力对立地方官府,势力之强悍,一至于斯! 如不是因为血亲复仇,我们无缘以见识当日房氏地域势力之雄厚。幸而房氏之强悍势力,在房氏追求"博爱"、讲究"善行"的家风原则下,并不施诸地方乡民,庶几无负乡里清望。

　　齐州房氏的地域势力不过是南燕以来青、齐、兖地域士族势力之一小股。"北方汉姓士族,其性质上是郡级地方豪族"②,这些郡级地方豪族凭着所掌握的势力"若遇间隙,先为乱阶"③,这是一个令任何中央政权都不能安心的政治问题。对于这种地域势力,任何中央政权都必欲消解之而后快,所以包括房氏在内的青齐豪族士望,自北魏历东魏、北齐、北周、杨隋以迄于唐初,百数年间都受到了来自帝制中央一以贯之的强行压制。自北魏据青齐地区,就将包括房氏在内的青齐士望数百家尽迁于"平齐郡"。然而这只是人事上的暂时抑制,并不具备制度上的长效机制以彻底瓦解这股地域势力。待得这批"平齐民"历尽艰辛,终于可以循例回到青齐地区,其地域势力发展仍复如初。地域势力之形成,实有汉魏以来制度运转的长效性机制蕴藏于其中,此仲长统所谓"选士而论族姓阀阅"④、王符所谓"以族举德,以位命贤"⑤,察举、荐举制度及其运转成为地方豪族掌控地方权力、发展地域势力的制度化工具。"豪族所拥有的势力,与皇帝所掌握的政治力,常常徘徊在冲突与妥协之间"⑥,地方豪族与中央隐然分权,为皇廷所不能容忍。到得北齐初年,文宣帝高洋抓住时机于天保七年(556)采取并省郡县、设镇迁豪的方式大规模地打击豪族地域势力,之后武成帝高湛又颁"河清新制",堵塞了豪族利用佛教邑义树声威、拓展势力的途径。⑦ 经此打击,北方汉姓士族的元气大伤。尽管如此,北齐合并郡县减少官吏人数、迁豪

---

① 《魏书》卷四十三,第976页。
② 毛汉光:《中国中古社会史论》,第92页。
③ 杜佑著,王文锦等点校:《通典》卷三,第62页。
④ 严可均:《全后汉文》卷八十九,商务印书馆,1999年,第954页。
⑤ 王符撰,龚祖培校点:《潜夫论》,辽宁教育出版社,2001年,第34页。
⑥ 毛汉光:《中国中古社会史论》,第77页。
⑦ 侯旭东:《地方豪右与魏齐政治——从魏末启立州郡到北齐天保七年并省州郡县》,《中国史研究》2004年第4期,第79页。

族于异地以动摇其根基等方法仍然只是人事上的抑制性措施,还是不具备制度上的长效消解机制,因为他没有涉及地方豪族成为豪族、士族的制度工具。"操人主之威福,夺天朝之权威"①,地方豪族通过选举制度把持郡县属吏用人权、世代掌控地方行政权力才是郡级豪族一再产生的根源,宗族乡里的"乡推领袖"而兼实际上的地方"政治领袖",才是郡级豪族地域势力的真正底蕴。北齐抑制豪族的措施显然并没有撼动豪族群体地方政治领袖的地位,故在北齐的打击措施下,具体的某一家豪族的确会受到抑制而削弱,但是新的豪族会在掌控地方权力的制度化运转过程中一再产生出来。直到隋文帝以"中央化"策略对地方豪族势力进行消解才具备了制度的意义。隋文帝开皇三年(583),州郡中正之选举品第权被废止,"中正"称"乡官",成为"不知时事"的闲职。开皇十五年(595),又裁革乡官,士族豪族与地方政权之间的联系就此被切断。在废止中正职权的同时,隋文帝又将地方刺史、郡守自辟僚属的权力收归中央,统由吏部任命,地方官员与当地士族豪族互相勾连的纽带亦被切断。豪族凭借家族势力在地方上世代为官的制度基础在隋文帝的新制度设计下不存在了,豪族再也不可能成为地方上实际的"政治领袖",抑制地域势力发展的措施于此具有了制度钳制的长效性,则他们的衰落下去也就只是时间长短的问题了。只是隋祚短暂,抑制效果还没能真正显露出来,因此"到了唐代,与大姓的关系仍是治理地方的关键"②。

隋文帝废除九品中正制度后为士族、豪族设计的新仕进道路是科举、门荫并举,这两项制度均为唐朝所继承并加以完善,其中抑制豪族势力发展的意图,经制度运转的长效性日益显露出来,唐代地方豪族势力在各自地域上的影响力逐渐被削弱并最终消失。按唐朝的门荫制度规定:门荫入仕"即使最高的一品子也只能从正七品上叙,最低的从五品孙正九品上叙,比科举出身者不过高出两三阶。他们要步入五品成为高级官吏,还有六至十二阶的漫长历程。如按四考中中,四考进一阶的正常途径迁转,需要二

① 《资治通鉴》卷八十一,第 2587 页。
② 韩昇:《南北朝隋唐士族向城市的迁徙与社会变迁》,《历史研究》2003 年第 4 期,第 51 页。

十四年至四十八年。循资格实行后,还有停选的问题,所需时间更长。因此,从制度本身来说,门荫制度既不能保证高官子弟可以做到高官,更不能保证高官后代长保富贵"①。也就是说,唐代的门荫只给做官资格,至于做到什么官,就要靠个人的能力大小。前文已述,早在隋末时李密靠门荫得官就已开始被人看轻,即使这样,直到元和(806—820 年)以前,"门荫一直还是大官僚世袭高位的一种手段,子弟以荫授官还被看作是一种正常的出身"②。在唐朝,门荫得官既被人看轻,而且起点比隋朝又低,要想有好的出身跻身高级官员,只能是通过科举进身。然而按唐代科举考试的制度设计,为了获取"时望"和应试便利,应举者必须离开乡村到文化资源集中的城市尤其是京洛地区居住,这才有利于科举考试以及以后的居官。因此,士族、豪族们从唐初就已开始了向城市迁居的活动,尤其他们在居官以后,唐朝允许他们携带直系家属父母、妻子随官就任,这批人从此离开了原籍,中唐以后"留在原籍的士族与徙居于中央或普通城市的士族联系渐趋减少,促使士族在乡村的影响日益减小,逐渐失去了士族累世不衰的社会基础。离开了原籍的士族,一旦离开科名,失去官位,就丧失了士族地位,因此,科举制度在很大程度上分化和促进了士族的衰落"③。"今仕家不著籍于乡间,亦已久矣!"④由此可见经由唐代制度性的拆解,士族离开乡间,地方势力确实被有效地抑制了。在这样的制度背景下,齐州房氏之衰就已成为必然。

在帝制中央制度性拆解地域势力的背景下,齐州房氏家族的衰落,自房玄龄应隋朝科举之时起就已悄然开始,如果没有房玄龄与唐太宗在泾阳的风云际会,房氏也可能没有机会达到他们的仕途顶端。即使到达顶端,房氏也没能绕过唐朝制度为他们设计的仕进路径,房玄龄、房仁裕、房颖叔各支系为了仕进先后了离开了齐州原籍,其后裔或以门荫,但更多的却是徜徉在科场举业之中,至有如房承先客死江表异乡者。随着唐初齐州房氏

① 吴宗国:《唐代科举制度研究》,第 254—255 页。
② 吴宗国:《唐代科举制度研究》,第 256 页。
③ 金滢坤:《中晚唐五代科举与社会变迁》,人民出版社,2009 年,第 284 页。
④ 董诰等编:《全唐文》卷七百三十四,第 7579 页。

三大主支离开齐州原籍,其后裔为了科举纷居于两都之邑,到唐后期,齐州房氏的齐州祖籍早已被人淡忘而去。即令因榜下择婿而天下传名的房玄龄直系裔孙房鲁,已被人径直称为"河南房鲁",房氏过去的清河郡望、齐州故里终归于沉寂。

时局,决定了齐州房氏的宦海浮沉。"通经致仕",九品中正,房氏有了清河郡望和齐州籍贯,为此他们盘桓于乡村原籍,赢得士流清名。"慈恩塔下题名时,十七人中最少年",唐代的"科场博名",房氏为此远离乡村,蹴居城市,昔日的家学文化由众人集腋一改而为独自续貂,昔日关东士望翘楚泯然已众。去留之间,盛衰之际,制度之路,非唯齐州房氏一族!

第三章

齐州房氏家族文化研究

唐为国久,传世多,而诸臣亦各修其家法,务以门族相高。其材子贤孙不殒其世德,或父子相继居相位,或累数世而屡显,或终唐之世不绝。呜呼,其亦盛矣! 然其所以盛衰者,虽由功德薄厚,亦在其子孙。①

直到唐代仍然存在的"诸臣亦各修其家法,务以门族相高"的风尚沿自汉末,钱穆先生曾指出:"一个大门第,决非全赖于外在之权势与财力,而能保泰持盈达数百年之久;更非清虚与奢汰,所能使闺门雍穆,子弟循谨,维持此门户于不衰。当时极重家教门风,孝弟妇德,皆从两汉儒学传来。"②而所谓的当时"极重门风"、"各修其家法",实因为各个家族能够不断发展的真正深层内因乃是家族世代传承不绝的家学文化,"当时门第传统共同理想,所希望于门第中人,上自贤父兄,下至佳子弟,不外两大要目:一则希望其能具孝友之内行,一则希望其能有经籍文史学业之修养。此两种希望,并合成为当时共同之家教。其前一项之表现,则成为家风;后一项之表现,则成为家学"③。陈寅恪先生亦指出:"盖有自东汉末年之乱,首都洛阳之太学,失其为全国文化学术中心之地位,虽西晋混一区宇,洛阳太学稍复旧观,然为时未久,影响不深。故东汉以后学术文化,其重心不在政治中心之首都,而分散于各地之名都大邑。是以地方之大族盛门乃为学术文化之所寄托。中原经五胡之乱,而学术文化尚能保持不坠者,固由地方大族之力,而汉族之

---

① 《新唐书》卷七十一,第 2179 页。
② 钱穆:《国史大纲》,第 309—310 页。
③ 钱穆:《中国学术思想史论丛》卷三,东大图书出版公司,1977 年,第 171 页。

学术文化变为地方化及家门化矣。故论学术,只有家学之可言,而学术文化与大族盛门常不可分离也。"①可以说,家族之发展全在于家学渊源。

中古时期家族文化主要以家法形式表现出来,齐州房氏传承数百年,虽非山东一流高门,然也是家学渊源。其家学的内涵,与当时其他家族并无大的差异,也是着重强调内行与积能,其内行以清白为品,其积能则文武兼修,故当今房氏后人赞其先祖云"恒慕凌阁思高仪,贵留清白兼仁智"②。

第一节　清河世泽

齐州房氏源起于清河房氏。自西汉末房雅为清河太守而定居清河,在当时当地的文化背景下,房氏家学自然以儒学、经学传家,到东汉顺帝(125—144)时,房氏家学传承已有百十余年,清河房氏家学所培养出来的房植,蔚然已成一代宗师,一代楷模,时人誉称"天下规矩房伯武",遂被公推为当时士林之精神领袖。

一、房氏家法之源
——天下规矩房伯武

房植,《后汉书》无其本传,其事迹及学术只有零散记载。"房植,字伯武,清河人,以经学知名,永和中为李固荐。与陈留杨伦、河南尹存、东平王恽、陈国何临同日征用。"③房植亦以贤能著称,魏文帝曹丕初为丞相、魏王之时所旌表的二十四贤中,清河房植就名列其中:太尉河南杜乔、太常燉煌张奂、侍中河内向诩、太傅汝南陈蕃、太尉沛国施延、少府颍川李膺、司隶沛国朱寓、太仆颍川杜密、大鸿胪颍川韩融、司空颍川荀爽、司空清河房植、聘士彭城姜肱、太尉下邳陈球、司空山阳王畅、征士陈留申屠蟠、卫尉山阳张俭、大司农北海郑玄、征士乐安冉璆、太尉汉中李固、有

---

① 陈寅恪:《金明馆丛稿初编》,第147—148页。
② 房氏后人房恒贵先生撰联。
③ 〔清〕田易等撰:《畿辅通志》卷七十八,《文渊阁四库全书》第505册,第873页。

道太原郭泰、益州刺史南阳朱穆、尚书会稽魏朗、聘士豫章徐稺、度辽将军安定皇甫规。其后魏明帝曹叡又亲为二十四贤撰写述状，为房植撰状云："植，少履清苦，孝友忠正。历位州郡，政成化行。既登三事，靖恭衮服。虽季文相鲁、晏婴在齐，清风高节不是过也。"

相比于魏明帝，时人东汉人蔡邕为房植所撰墓志铭的评价更高："公，言非法度，不出于口；行非至公，不萌于心。治身，则伯夷之洁也；俭啬，则季文之约也；尽忠，则史鱼之直也；刚平，则山甫之励也。总兹四德，式是百辟。夙夜匪懈，以事一人。枉丝发，树私恩，不为也；讨无礼，当强暴，弗避也。是以功隆名显。在世孤特，不获恺悌宽厚之誉，享年垂老，至于积世。门无立车，堂无宴客，衣不变裁，食不兼味，虽《易》之贞厉，《诗》之羔羊，无以加也。明明在公，实惟房后。诞应正德，式作汉辅。邪慝是仇，直亮是与。刚则不吐，柔则不茹。媚兹天子，以靖土宇。"

蔡邕为房植同时代人，曹丕去汉不远，其时房植之事迹犹在史册，其评断当非虚语。从现有史籍资料看，在房植良好的德性、经学成就外，为房植赢得上述"清风高节"、"式是百辟"声誉的事件，应当是其在东汉末党锢事件中所持的政治立场。

关于东汉党锢事件，《后汉纪》卷二十二记云：

（延熹九年，166 年）九月，诏收膺等三百余人，其逋逃不获者，悬千金以购之，使者相望于道，其所连及死者不可胜数，而党人之议始于此矣。

而史载东汉党锢事件最早发源于房植。《后汉书》卷六十七叙其事云：

初，桓帝为蠡吾侯，受学于甘陵周福，及即帝位，擢福为尚书。时同郡河南尹房植有名当朝，乡人为之谣曰："天下规矩房伯武，因师获印周仲进。"二家宾客，互相讥揣，遂各树朋徒，渐成尤隙，由是甘陵有南北部，党人之议自此始矣。后汝南太守宗资任功曹范滂，南阳太守成瑨亦委功曹岑晊，二郡又为谣曰："汝南太守范孟博，南阳宗资主画诺。南阳太守岑公孝，弘农成瑨但坐啸。"因此流言转入太学，诸生三万余人,郭林宗、贾伟节为其冠,并与李膺、陈蕃、王畅更相褒重。学中语曰:"天下模楷李元礼,不畏强御陈仲举,天下俊秀王叔茂。"又渤海公族进阶、扶风魏齐卿,并危言深论,不隐豪强。自公卿以下,莫不畏其贬议,屣履到门。①

　　两书所记"党人之议"的起始时间虽有差异,这只是看问题的起点不同,但其实则一。袁宏《后汉纪》所记延熹九年其实是"党人之禁"的开始时间,而"党人之议"的起始时间则应始于汉桓帝刘志建和元年(147)即位之后的清议,其事以房植为发端,是以之后范晔评述云"凡党事始自甘陵、汝南,成于李膺、张俭,海内涂炭,二十余年,诸所蔓衍,皆天下善士"。

　　党锢事件的发端与东汉后期频繁的幼主继位事件密切相关。东汉自第四位皇帝和帝刘肇开始,到最后一位皇帝献帝刘协,几乎都是幼主即位。详见下表:

皇帝姓名	即位年龄及在位时间			
	即位年龄	在位起始年	在位结束年	在位年数
和帝刘肇	10	88 年	105 年	18
殇帝刘隆	1	105 年	106 年	1
安帝刘祜	13	106 年	125 年	20
顺帝刘保	11	125 年	144 年	20
冲帝刘炳	2	144 年	145 年	1
质帝刘缵	8	145 年	146 年	2
桓帝刘志	15	146 年	167 年	22
灵帝刘宏	13	168 年	189 年	22
少帝刘辩	15	189 年	189 年	1
献帝刘协	9	189 年	220 年	32

---

① 《后汉书》卷六十七,第 2185—2186 页。

"东京皇统屡绝,权归女主,外立者四帝,临朝者六后,莫不定策帷帘,委事父兄,贪孩童以久其政,抑明贤以专其威"①,长达百年的东汉幼主即位问题,不可避免地出现了外戚与宦官交替专权的政治局面。在外戚、宦官专权政治下,贿赂公行,尤其是他们垄断了仕途,所任用的重要官员全都是外戚党羽、宦官爪牙,控制了从中央到地方的政权机构,一般士人仕进无门。顺帝阳嘉二年(133),李固殿堂对策,就尖锐地指出了外戚宦官专政所导致的"今之进者,唯财与力"②的黑暗政治现象,并提出"权去外戚,政归国家"、"罢退宦官,去其权重"等相关政治主张。

面对外戚、宦官交互专权的黑暗政治,仕进无门的太学生与郡县儒生利用当时的"清议"之风与一些有识官员如李固等人结合起来对外戚宦官的黑暗专政进行舆论抨击,"激扬名声,互相题拂;品核公卿,裁量执政"③,这些舆论抨击在当时确实起到一定影响,"并危言深论,不隐豪强。自公卿以下,莫不畏其贬议,屣履到门"。在顺帝朝以前,对于外戚宦官专政的抨击,还只是个别或少数人的行动,没有形成为一股势力。但在桓帝即位后,"主政荒谬,国命委于阉寺,士子羞与为伍,故匹夫抗愤,处士横议",反对宦官外戚的士子们遂逐渐凝聚在一起,开始形成一股力量,其最早的凝聚中心即在房植的家乡——清河郡,房植于此隐然成为士子们的精神领袖,即前引所云房植、周福"各树朋徒"、"互相讥揣"。正是双方力量首先对阵于清河(后来梁冀改清河之名为甘陵),赵翼才认同汉末党禁,"起于甘陵南北部"④。

凝聚在房植周围的力量,由于史籍散佚,目前所知的仅有荀淑、赵岐等数人。赵岐,《后汉书》本传云其"永兴二年(154),辟司空掾",《全后汉文》卷六十二赵岐小传云:"永兴中,辟司空房植掾,后辟大将军梁冀府。举理剧为皮氏长,去官为郡功曹。延熹初,以忤宦官,逃难四方。遇孙嵩,藏之复壁中。后遇赦,辟司徒胡广府,擢并州刺史,坐党事免。灵帝初,复遭党

---

① 《后汉书》卷十,第401页。
② 《后汉书》卷六十三,第2074页。
③ 《后汉书》卷六十七,第2185页。
④ 赵翼著,王树民校证:《廿二史札记校证》,中华书局,1984年,第106页。

锢。"荀淑,"光禄勋杜乔、少府房植举淑对策,讥刺贵幸,为大将军梁冀所
忌"①。荀淑建和三年(149)卒,但其子荀爽、侄子荀昱、荀昙皆名列党人,
荀昱与李膺同死,荀爽、荀昙遭党锢。其他可以推测的是,房植所凝聚的
力量多是他所荐举的士人及其学生。当时著名经师皆收徒教学,与房植
对立的甘陵周福就是当时著名经师之一,他广收学徒,桓帝为蠡吾侯时就
是受学于周福。房植既以经学知名,当然也是广收学徒的。师徒门生之
谊,本是东汉时期联系最为紧密的社会关系之一,门生对师长甚至对其家
人都有道义上的隶属关系,因此,凝聚在房植周围的力量必定也包含着他
的门生。

　　房植为李固所荐而得官,是为李固故吏。按当时陈俗,东汉社会后期
故吏一经辟置,即类同家臣,被荐者称举荐者为府主、举主,为其效劳,致送
赙赠,甚至生死相依,同患共难。府主、举主死后,故吏要服三年之丧,并继
续事其后人或为其经纪家财。当时一些累世公卿的门阀大族,如弘农杨
氏、汝南袁氏等,门生、故吏遍于天下,成为门阀大族强大的外围政治力量。
房植本身品行正直不阿,对专权误国者大为痛恨,所以蔡邕赞其"讨无礼,
当强暴,弗避也"。当时李固、胡广、黄琼等人都致力于反对宦官外戚专权,
进行着"权去外戚,政归国家"、"罢退宦官,去其权重"的政治努力。房植既
蒙李固举荐,理所当然地视李固为其政治领袖而加入到反对外戚、宦官专
权的行列。

　　汉顺帝刘保三十岁时壮年而逝,时皇太子刘炳两岁继位,是为冲帝,在
位仅五个月,其后质帝刘缵八岁即位,死时也才九岁。其间朝政皆由外戚
梁太后、大将军梁冀等人会同宦官势力把持。冲帝死后,为避免再次出现
外戚宦官把持朝政的局面,太尉李固等人坚决主张立年长者清河王刘蒜为
帝,"固以清河王蒜年长有德,欲立之,谓梁冀曰:'今当立帝,宜择长年高明
有德,任亲政事者,愿将军审详大计,察周、霍之立文、宣,戒邓、阎之利幼
弱。'冀不从,乃立乐安王子缵,年八岁,是为质帝"②。立质帝之后,李固仍

---

① 《后汉书》卷六十二,第2049页。
② 《后汉书》卷六十三,第2083页。下引同卷文字不另注。

致力于限制宦官势力的发展,"时太后以比遭不造,委任宰辅,固所匡正,每辄从用,其黄门宦者一皆斥遣,天下咸望遂平,而梁冀猜专,每相忌疾"。质帝虽年幼,但很聪慧,梁冀"忌帝聪慧,恐为后患,遂令左右进鸩"①而谋杀了质帝。质帝既死,因此又要重议立嗣问题,李固援引司徒胡广、司空赵戒、大鸿胪杜乔等人再次欲立清河王刘蒜为帝:

> 固、广、戒及大鸿胪杜乔皆以为清河王蒜明德著闻,又属最尊亲,宜立为嗣。先是蠡吾侯志当取冀妹,时在京师,冀欲立之。众论既异,愤愤不得意,而未有以相夺。中常侍曹腾等闻而夜往说冀曰:"将军累世有椒房之亲,秉摄万机,宾客纵横,多有过差。清河王严明,若果立,则将军受祸不久矣。不如立蠡吾侯,富贵可长保也。"冀然其言。明日重会公卿,冀意气凶凶,而言辞激切。自胡广、赵戒以下,莫不慑惮之。皆曰:"惟大将军令。"而固独与杜乔坚守本议。冀厉声曰:"罢会。"固意既不从,犹望众心可立,复以书劝冀。冀愈激怒,乃说太后先策免固,竟立蠡吾侯,是为桓帝。②

《后汉书》卷五十五《章帝八王列传》记刘蒜事云:

> 冲帝崩,征蒜诣京师,将议为嗣。会大将军梁冀与梁太后立质帝,罢归国。
>
> 蒜为人严重,动止有度,朝臣太尉李固等莫不归心焉。初,中常侍曹腾谒蒜,蒜不为礼,宦者由此恶之。及帝崩,公卿皆正议立蒜,而曹腾说梁冀不听,遂立桓帝。语在《李固传》。蒜由此得罪。
>
> ……
>
> 梁冀恶清河之名,明年,乃改为甘陵。梁太后立安平孝王子经侯理为甘陵王,奉孝德皇祀,是为威王。③

---

① 《后汉书》卷六十三,第2085页。
② 《后汉书》卷六十三,第2086页。
③ 《后汉书》卷五十五,第1805—1806页。

综上引可知,在冲帝、质帝之后,清河王刘蒜以年长明德著闻,又份属最尊亲,是最适合继位的人选。但有两个原因却导致他没有得继皇位:一是刘蒜"为人严重",不与宦官势力合流。当代表宦官势力的曹腾前往刘蒜处试探他的态度时,"蒜不为礼,宦者由此恶之",宦官势力因此只得另寻可以控制的人来继承皇位。二是当时控制朝政大权的大将军梁冀的个人权欲私心,不愿意立年长者为帝。刘蒜年长而动止有度,两次面临继位机会,朝中"公卿皆归心焉"①、"清河王蒜明德著闻,又属最尊亲,宜立为嗣,朝廷莫不归心"②,因此刘蒜若即位,自有一批支持他的朝臣势力,梁冀就再也不能把持朝政,为"富贵可长保"计,梁冀听从曹腾的建议,逆朝廷公卿之意而强行立蠡吾侯刘志为帝,是为桓帝。

但刘志却并不是继承皇位的适合人选,"从家世上来看,此前所立的质帝,若论辈分,还比刘志小一辈(质帝是章帝的玄孙,桓帝是章帝的曾孙),可见,如果不是偶然的因素,由外藩入继的刘志并不在皇位继承人的名单上,毕竟,他的父亲刘翼属于戴罪之身,史书上记载:蠡吾侯刘翼,顺帝时为平原王,后被贬为蠡吾侯"③。刘志继位时已有十五岁,也基本懂事了,知道他得位的名声不正,又得不到朝堂大臣们的支持,不免对这些原先支持刘蒜的大臣心怀不满和猜忌,于是借"诽讪朝廷,疑乱风俗"的小故展开对这批朝臣的清理,"于是天子震怒,班下郡国,逮捕党人,布告天下,使同忿疾,遂收执膺等。其辞所连及陈寔之徒二百余人,或有逃遁不获,皆悬金购募。使者四出,相望于道。明年,尚书霍谞、城门校尉窦武并表为请,帝意稍解,乃皆赦归田里,禁锢终身。而党人之名,犹书王府"④。

前文已述房植属于李固故吏,其政治立场与李固相同。蠡吾侯刘志为帝后,拔擢他的老师周福为尚书,周福自然是拥戴刘志继帝位的成员之一,但刘志继位的背后却又站着外戚与宦官的身影。周福为著名学者,任尚书本来无可厚非,但因刘志的缘故,无形中就被归入了外戚宦官势力的阵营,

---

① 《资治通鉴》卷五十二,第1701页。
② 《资治通鉴》卷五十三,第1707页。
③ 秦蓁:《溯源与追忆:东汉党锢新论》,《史林》2008年第3期,第3页。
④ 《后汉书》卷六十七,第2187页。

这就走到了原先反对宦官势力、支持清河王刘蒜的房植的对立面。同属清河郡的房植、周福分属两个不同阵营,刘蒜竞帝位失败后回到清河国,成为当地的政治议论焦点,更是加剧了清河郡两个阵营的紧张气氛,双方宾客见面之时不免"互相讥揣,遂各树朋徒,渐成尤隙,由是甘陵有南北部,党人之议自此始矣"。在此种情势下,房植在其家乡自然而然成为反宦官外戚势力的精神领袖,遂被党人誉称为"天下规矩房伯武"。所以之后的"党锢事件的实质,是桓帝对反对自己即位的士大夫群体——他们的精神领袖是房植,政治领袖是李固、杜密——的猜忌和报复"①。

要之,房植首先是以经学著名的,然史籍失传,其作品今已无一见,对其经学成就也就无从谈起。但其品德风范,却因蔡邕撰写碑铭而为世人久传,由此我们可以一睹清河房氏家法的源头。

二、清河发源时期房氏的家学

家学文化传承需要家族中代有才人,自东汉末至北魏之前,清河房氏虽有士望,允称代有才人,然遗憾的是由于世事动荡,史籍散佚,在北魏天兴三年(400)房谌迁济南之前的清河房氏人物,史籍记载寥寥无几,以至于无法详探自东汉末到北魏这一历史时期房氏的家族文化。目前所知的自东汉末到北魏之前这一时期的清河房氏人物仅有房丽、房乾、房仲发、房旷、房默等少数几人。

晋北中郎参军苏彦撰《苏子》一书,其中记有"赵之贤人"房丽轶事。清河郡古属赵地,西晋时的"赵之贤人"房丽自当属清河房氏。房丽再次体现了自房植以来家族文化的"贤"——乐于助人的内行。其轶事云:房丽从城东门外经过,看见一行商的车轴锁销脱落了。锁销脱落了的车,在行驶中极易发生车轮甩出而物毁人亡的事故,于是房丽赶紧上前将这个安全隐患告诉那个行商,谁知那行商不以为意,房丽又再次提醒他。对于房丽的一再善意提醒,那行商不但不感谢,反而发怒说:"我的锁销掉了就掉了,要你多管闲事。"苏彦得知此事,认为那行商太无良心,比于草木尚且不如,遂

---

① 秦蓁:《溯源与追忆:东汉党锢新论》,《史林》2008 年第 3 期,第 4 页。

记其事于书中以警示后人："惠加于己,而反怒之,吾欲比之草木,草木有心矣。"①

房乾,"晋初有房乾,本出清河,使北虏,留而不遣,虏俗谓'房'为'屋引',因改为'屋引氏'。乾子孙随魏南迁,复为房氏,而河南犹有屋引氏,唐云麾将军、弘江府统军、渭源县公丰生,即其后也"②。房乾后人随魏南迁,定居于洛阳并恢复房姓,遂以洛阳所在地的河南郡为郡望,不再称"清河"郡望,是谓"河南房氏",与齐州房氏并为清河发源的房氏宗支。

傅咸,傅玄之子,西晋著名文学家。曾出任冀州刺史,清河郡在其治下。傅氏自傅咸之后徙居清河,是为清河傅氏。时任武都太守的房仲发赠给傅咸一柄折扇,按当时旧习,折扇上应该有房仲发的诗文及题铭。从齐州房氏的房景伯可以"佣书自给"以及房彦谦、房玄龄父子的书法成就看,书法应当是清河房氏的家学技能之一,这也是当时大多数世家的传统技能。因此房仲发所赠送给傅咸的那柄折扇,必是书法、题铭俱佳,傅咸感其心意,觉得无以回报,遂撰《扇铭并序》一文以记其事,其序云"武都太守房仲发遗扇,无以报之,为铭以识之",其铭云"扇为德,盖有云。取于执政,用为君清。凉风既兴,是焉屏处。行藏惟时,孔颜齐矩"③。虽然史籍缺乏房仲发文学作品的相关记载,但等闲作品也不能入傅氏法眼而为之特作铭记,所以还是可以从此中窥知房氏家传书法、文学的不俗。

西晋之后的清河房氏现只知有房旷、房默兄弟,两兄弟因被王猛看重而举荐给苻坚。据《太平御览》卷四九五引《十六国春秋·前秦录》云:"梁说,字伯言,博学有隽才,与弟熙俱以文藻清丽见重于时。时人为之语曰:'关东堂堂,二申两房。未若二梁,瑰文绮章。'"其中的二申,指申胤、申绍;两房,则指房默、房旷兄弟。透过这则时谣,可知两房兄弟在当时也是以文藻华丽名世。

可以断言,房氏居清河时期,其家学在经学、文学两个方面都应有不俗

---

① 严可均辑:《全上古三代秦汉三国六朝文·全晋文》卷一百三十八,中华书局,1958年,第2256页。
② 《新唐书》卷七十一,第2399页。
③ 严可均辑:《全上古三代秦汉三国六朝文·全晋文》卷五十二,第1761页。

成绩,只是限于材料散佚而无法细究。至于房氏家法之内行,自"天下规矩房伯武"始,到贤人房丽,所记虽是微末小事,仍可见证家族子孙还延续着"总兹四德,式是百辟"的人文传统。

第二节　齐州房氏文化的内涵

自房谌迁居济南,房氏家族参与的种种历史活动因其重要性而渐被载入史乘,从齐州房氏诸人的传记记载中,家族文化较之居清河时期而变得清晰起来。

一、清白为官,泽加于民
——齐州房氏的居官文化

齐州房氏家族的居官文化表现在两个方面:一是居官中自身的品行操守准则;二是居官中的行政处事准则。

房氏居官中自身的品行操守准则以"清白"为目标。房彦谦一直遵循"清白"为官的原则,他曾从容教诲其子房玄龄说:"人皆因禄福,我独以官贫。所遗子孙,在于清白耳。"①房彦谦的兄长房彦诩"外持公正,内抚乡情。剖断谐其宽猛,言行尽其忠信。邦国不空,时誉俄远。释褐仪同开府行参军,寻除殿中侍御史。方直之操,以法措枉;仁恕之道,自己及物"②。房三益,字敬之,先仕于南朝,南阳被北魏攻克后依附于魏,"三益了了,殊不恶"③,这是北魏孝文帝与房三益长谈之后的总体评价,其意为"三益很聪敏,相当不错",房三益因此被拜为员外散骑侍郎,不久被派任命为太山太守,转任兖州左军府司马,"所在以清和著称"。房亮,"历济北、平原二郡太守,以清严称"④。房文杰任扬州海陵县尉时,"清以驭俗,廉以当官,声流贡

---

① 《隋书》卷六十六,第 1566 页。
② 吴钢主编:《全唐文补遗》第七辑,第 240 页。
③ 《魏书》卷四十三,第 975 页。
④ 《北史》卷四十五,第 1677 页。

橘之区,誉动惟杨之外"①。房广济任朝散大夫、殿中侍御史,"德义在躬,且闻幹人之蛊;清白持宪,是谓其勤于邦"②。

房氏居官,执政行事,首先以"简"著称。房彦谦"年十八,属广宁王孝珩为齐州刺史,辟为主簿。时禁网疏阔,州郡之职尤多纵弛。及彦谦在职,清简守法,州境肃然,莫不敬惮"。房景伯"除齐州辅国长史,值刺史死,敕行州事。政存宽简,百姓安之"③。房恭任隋定州司马,"其令可以肃权豪,其政可以光风俗"④。

其次,房氏居官行政以为民办实事为宗旨。房玄龄的叔祖房豹任乐陵太守时,"政贵清静,甚著声绩","风教修理,称为美政"。"迁乐陵太守,镇以凝重,哀矜贫弱,豹阶庭简静,圄图空虚。"⑤"郡濒海,水味多咸苦,豹命凿一井,遂得甘泉,迤迤以为政化所致。豹罢归后,井味复咸。"⑥房景伯,"后值清河太守杜昶外叛,郡居山险,盗贼群起,除清河太守。郡民刘简虎曾失礼于景伯,闻其临郡,阖家逃亡。景伯督切属县捕擒之,即署其子为西曹掾,命喻山贼。贼以景伯不念旧恶,一时俱下,论者称之。旧守令六年为限,限满将代,郡民韩灵和等三百余人表诉乞留,复加二载。后迁太尉中郎、司徒谘议参军、辅国将军、司空长史"⑦。房彦谦"以秩满,迁长葛令,甚有惠化,百姓号为慈父"。仁寿(601—604 年)中,隋文帝令持节使者巡行州县,考察长吏能否,"以彦谦为天下第一,超授都州司马。吏民号哭相谓曰:'房明府今去,吾属何用生为!'其后百姓思之,立碑颂德。都州久无刺史,州务皆归彦谦,名有异政"⑧。

复次,房氏居官以"忠"于职守为本。房景先"累迁步兵校尉,领尚书郎,齐州中正,所历皆有当官之称"⑨。房彦谦"直道守常,介然孤立,颇为执

① 周绍良主编:《唐代墓志汇编》,第 940 页。
② 吴钢主编:《全唐文补遗》(千唐志斋新藏专辑),第 238 页。
③ 《魏书》卷四十三,第 977 页。
④ 周绍良主编:《唐代墓志汇编》,第 940 页。
⑤ 《北齐书》卷四十六,第 646 页。
⑥ 《北史》卷三十九,第 1416 页。
⑦ 《魏书》卷四十三,第 977 页。
⑧ 《隋书》卷六十六,第 1562—1563 页。
⑨ 《魏书》卷四十三,第 978 页。

政者之所嫉","彦谦亦慨然有澄清天下之志,凡所荐举,皆人伦表式。其有弹射,当之者曾无怨言。司隶别驾刘炫,陵上侮下,讦以为直,刺史惮之,皆为之拜。唯彦谦执志不挠,亢礼长辑,有识嘉之。炫亦不敢为恨"①。房彦谦"及周师入邺,齐主东奔,以彦谦为齐州治中。彦谦痛本朝倾覆,将率忠义,潜谋匡辅"。房法延之子房亮任平原太守时,"时冀州刺史、京兆王愉据州反,平原界在河北,与愉接境。愉乃遣人说亮,唉以荣利。亮即斩其使人,发兵防捍。愉怒,遣其大将张灵和率众攻亮。亮督厉兵民,喻以逆顺,出城拒击,大破之"②。房伯玉,为平齐民,后逃奔南朝,"为萧鸾南阳太守"。北魏高祖孝文帝南伐,攻克宛外城,命舍人公孙延景宣诏劝降伯玉:"天无二日,土无两王,是以躬总六师,荡一四海。宛城小戍,岂足以御抗王威? 深可三思,封侯胙土,事在俯仰。"伯玉回答说:"外臣荷国厚恩,奉任疆境,为臣之道,未敢听命。伏惟游銮远涉,愿不损神。"高祖又再次派人威逼利诱房伯玉说:"朕亲率麾旆,远清江沔,此之小戍,岂足徘徊王师? 但戎辂所经,纤介须珍,宜量力三思,自求多福。且卿早蒙萧赜殊常之眷,曾不怀恩,报以尘露。萧鸾妄言入继道成,赜子无子遗。卿不能建忠于前君,方立节于逆竖,卿之罪一。又顷年伤我偏师,卿之罪二。今鉴旆亲戎,清一南服,不先面缚,待罪麾下,卿之罪三。卿之此戍,多则一年,中则百日,少则三旬,克珍岂远? 宜善思之,后悔无及。"伯玉回答说:"昔蒙武帝恺悌之恩,忝侍左右,此之厚遇,无忘夙夜。但继主失德,民望有归。主上龙飞践极,光绍大宗,非直副亿兆之深望,实兼武皇之遗敕。是以勤勤恳恳,不敢失坠。往者,北师深入,寇扰边民,辄厉将士,以救苍生。此乃边戍常事,陛下不得垂责。"后来北魏攻克宛城,房伯玉面缚而降。高祖孝文帝引见房伯玉并其参佐二百人,对房伯玉说:"朕承天驭宇,方欲清一寰域,卿蕞尔小戍,敢拒六师,卿之愆罪,理在不赦。"房伯玉回应说:"臣既小人,备荷驱使,缘百口在南,致拒皇略,罪合万死。"高祖曰:"凡立忠抱节,皆应有所至。若奉逆君,守迷节,古人所不为。卿何得事逆贼萧鸾,自贻伊谴!"伯玉对曰:"臣

① 《隋书》卷六十六,第1565—1566页。
② 《魏书》卷七十二,第1621页。

愚痴晚悟,罪合万斩,今遭陛下,愿乞生命。"高祖曰:"凡人惟有两途:知机获福,背机受祸。劳我王师,弥历岁月,如此为降,何人有罪！且朕前遣舍人公孙延景城西共卿语云:'天无二日,土无二王。'卿答云:'在此不在彼。'天道攸远,变化无方,卿宁知今日在此不在彼乎?""伯玉乞命而已,更无所言。高祖以思安频为伯玉泣请,故特宥之。"①

二、孝悌为行、博爱乐善的处家之道

自东汉以来的发展,清河房氏已步入魏晋士族行列,虽非山东的一流高门,但也是有数的二流魏晋旧门。所谓魏晋旧门,"第一是有相当长久的历史;第二是其祖上曾经有过高官贵爵的人物;第三,族派繁衍,枝叶茂盛;第四是聚族而居,族大势强,引人注意。尤其是聚族而居,成为社会上以郡望相标榜的根据"②。因为旧门聚族而居,人数众多,必须要妥善处理好居家关系,所以几乎所有魏晋旧门均以儒家礼法为核心制定了各种规矩来约束大家族成员的日常行为关系,从而形成诸家族各自大同小异的"家法",即处家之道。房氏处家之道也是如斯,细析之,可分为"孝悌为行"、"博爱乐善"两个方面。

（一）孝悌为行

孝悌的行为,即儒家之"父慈子孝,兄友弟恭",这是儒家礼法为处理家族成员关系所设计的最好状态。齐州房氏也是按照这个理想状态来处理大家族成员的关系的。

孝悌为行,在子女方面是"孝顺长辈",古人分为两个方面,一是对父母生前的"孝养",二是在父母离世后的"丁忧"。房氏讲"孝"道,于上述两个方面都做得很出色,其中以房景伯、房彦谦、房玄龄为最。房景伯,字长晖,"生于桑乾,少丧父,以孝闻"。"家贫,佣书自给,养母甚谨"。"及母亡,景伯居丧,不食盐菜,因此遂为水病,积年不愈"③。房熊,字子威,"性至孝,聪明有节概"。其第六子房彦谦,字孝冲,年"十五,出后叔父子贞,事所继母,

---

① 《魏书》卷四十三,第973—974页。
② 史念海:《唐代历史地理研究》,中国社会科学出版社,1998年,第391页。
③ 《魏书》卷四十三,第977页。

有逾本生,子贞哀之,抚养甚厚。后丁所继母忧,勺饮不入口者五日。事伯父乐陵太守豹,竭尽心力,每四时珍果,口弗先尝。遇期功之戚,必蔬食终礼,宗从取则焉"①。房玄龄"父病绵历十旬,玄龄尽心药膳,未尝解衣交睫。父终,酌饮不入口者五日"②。"司空房玄龄事继母,能以色养,恭谨过人。其母病,请医人至门,必迎拜垂泣。及居丧,尤甚柴毁。太宗命散骑常侍刘洎就加宽譬,遗寝床、粥食、盐菜。"③平时孝养父母比较出色的人,撰写墓志铭时一般会在墓志中特意提及,如房玄龄的堂兄弟房夷吾,"有隋之世,天下休昌。八道屡行,九皋斯听。皆欲编名异等,乐奏嘉宾。终以亲在期年,固求膝下。而入尽孝第(悌),出接州闾。见颜色而知温,瞻衣冠而可畏。昔许邵在邑,行旅为之修容;王烈居乡,狂夫为之改行。方之于君,彼多惭也"④。房悦"幼而和雅,长焉余稐。宗族称其孝悌,乡党服其温良"⑤。房玄龄的次女——莱州刺史郑仁恺之妻,"性纯孝,初丁公忧,哀毁逾礼,乃表奏男智度、女光严出家,以申追福(阙二十四字)悲(阙)今日西阶之葬"⑥。房场"公仁惟恕己,孝必竭亲"⑦。房逸,"事父母而孝全,居弟兄而友备"⑧。房有非,"山川莫测,赖慈亲抚育,燥温无亏。及乎弱冠,仁义咸备,所恨何辜薄佑,唯独伶仃,以此咸哀。终身不仕,志惟清忧色养,居常全己,而终无忝厥祖"。房有非之子女房一娘、房南宝对母亲尚氏夫人"左右扶持,温清敬奉"⑨。房颖叔季女在家传孝文化的教育下,"柔嘉正性,贤明峻节。兹固天授,匪因师训。洎归于段氏,不逮事舅姑,常感叹曰:'永莫佐于尸雍,终徒悲于主馈。'每至祭祀,克陈馨香,丰备惟心,恭敬如在。虽陈门孝妇、蔡氏礼君,无以加也"⑩,等等。

---

① 《隋书》卷六十六,第 1561 页。
② 《旧唐书》卷六十六,第 2459 页。
③ 吴兢:《贞观政要》卷五,第 160 页。
④ 吴钢主编:《全唐文补遗》第七辑,第 241 页。
⑤ 《文史资料丛刊》第 2 辑,文物出版社,1978 年,第 109 页房悦墓志图版。
⑥ 董诰等编:《全唐文》卷二百二十,第 2225 页。
⑦ 周绍良主编:《唐代墓志汇编》,第 850 页。
⑧ 周绍良主编:《唐代墓志汇编》,第 940 页。
⑨ 周绍良主编:《唐代墓志汇编》,第 1826 页。
⑩ 吴钢主编:《全唐文补遗》(千唐志斋新藏专辑),第 201 页。

孝悌为行,在父祖辈方面的表现是"父慈母爱",主要是长辈对下一代的关爱与教育。房玄龄的大伯房彦询"最知名,以魏勋门嫡孙,赐爵永始县子,特为叔豹所爱重。病卒,豹取急,亲送枢还乡,悲痛伤惜,以为丧当家之宝"①。房景先,字光胄,父房爱亲早亡,由其母亲教导成人,"幼孤贫,无资从师,其母自授《毛诗》、《曲礼》"②。房彦谦,字孝冲,"彦谦居家,每子侄定省,常为讲说督勉之,亹亹不倦"③。房玄龄"尝诫诸子以骄奢沉溺,必不可以地望凌人,故集古今圣贤家诫,书于屏风,令各取一具,谓曰:'若能留意,足以保身成名。'又云:'袁家累叶忠节,是吾所尚,汝宜师之。'高宗嗣位,诏配享太宗庙庭"④。房颖叔季女"而况闺门之范、肃雍之德乎!夫人年始廿有二,荆州府君不幸早世,悲夫黄鹤,咏彼柏舟。训子克家,至于从政,忠孝并矣。教女壶则,迨乎事人,法度备矣。君子谓夫人可以为天下母师已"⑤。房玄龄次女"及御车有典,结镜言归,芬若椒(阙二十三字)匡夫(阙)范训子知方,博综书林,深明觉道"⑥。

孝悌为行,在同辈之间是"兄弟友爱"。房景伯"性复淳和,涉猎经史,诸弟宗之,如事严亲。及弟亡,蔬食终丧,期不内御,忧毁之容,有如居重。其次弟景先亡,其幼弟景远期年哭临,亦不内寝。乡里为之语曰:'有义有礼,房家兄弟。'廷尉卿崔光韶好标榜人物,无所推尚,每云景伯有士大夫之行业"。房景先"沉敏方正,事兄恭谨,出告反面,晨昏参省,侧立移时,兄亦危坐,相敬如对宾客。兄曾寝疾,景先侍汤药,衣冠不解,形容毁瘁。亲友见者,莫不哀之"。房景远"天性小急,不类家风。然事二兄至谨,抚养兄孤,恩训甚笃"⑦。房景伯三兄弟的确相互关爱,其父亲早亡,作为平齐民在桑乾,房家贫困无助,房景伯只好靠给人抄书为生,并供给其弟房景先读书。房景先时年十二岁,稍懂事之后即十分体谅其兄,对母亲说:"岂可使

---

① 《北史》卷三十九,第 1416 页。
② 《魏书》卷四十三,第 978 页。
③ 《隋书》卷六十六,第 1566 页。
④ 《旧唐书》卷六十六,第 2467 页。
⑤ 吴钢主编:《全唐文补遗》(千唐志斋新藏专辑),第 201 页。
⑥ 董诰等编:《全唐文》卷二百二十,第 2224 页。
⑦ 《魏书》卷四十三,第 983 页。

兄佣赁以供景先也,请自求衣,然后求学。""其母哀其小,不许。苦请,从之。"房景先长大成人后,学识渊博,善于鉴识人才,其族弟房士达"有才气",景先评说士达"此儿俶傥,终当大其门户"①,这种评价大大地鼓舞了同族兄弟上进的信心,也充分表达了兄弟间的友爱。

（二）博爱乐善

"不独亲其亲",是谓大爱无疆,这是儒家"仁"、"礼"价值观下的行为设计,房氏正是这一核心价值观的身体力行者。"乐善好施"是当时实现这一核心价值观的最普遍形式,齐州房氏诸人正是这么做的。

房法寿"性好酒,爱施,亲旧宾客率同饥饱,坎壈常不丰足。毕众敬等皆尚其通爱"②。房景远,字叔遐,小字阳,"重然诺,好施与。频岁凶俭,分赡宗亲;又于通衢以食饿者,存济甚众"③。房彦谦"家有旧业,资产素殷,又前后居官,所得俸禄,皆以周恤亲友,家无余财,车服器用,务存素俭。自少及长,一言一行,未尝涉私,虽致屡空,怡然自得"④。房彦诩"家富于 财 ,性好周急。千里之客,仓廪每虚;一面之交,车马同弊。及还游故里,毕散余金"⑤。房悦"轻财好施,而必先于亲表;汜踪接人,而加隆于故旧"⑥。

三、通瞻经史、兼涉佛道的家学文化

"魏晋旧门"除了上节所述高官厚禄、家族繁茂等诸要素外,还有一个最重要的要素就是其家学积淀,"所谓士族者,其初并不专用其先代之高官厚禄为其唯一之表征,而实以家学及礼法等标异于其他诸姓"⑦。齐州房氏家学分两类:一是学术学识;二是应用技能。学术学识主要以史学、文学、经学为主。应用技能以书法、文武艺为主。

齐州房氏史学以房景伯兄弟三人最为突出。"景伯性淳和,涉猎经史,

---

① 《魏书》卷四十三,第 975 页。
② 《魏书》卷四十三,第 970 页。
③ 《魏书》卷四十三,第 982 页。
④ 《隋书》卷六十六,第 1566 页。
⑤ 吴钢主编:《全唐文补遗》第七辑,第 240 页。
⑥ 《文史资料丛刊》第 2 辑,文物出版社,1978 年,第 109 页房悦墓志图版。
⑦ 陈寅恪:《唐代政治史述论稿》,第 259 页。

诸弟宗之。"房景先"昼则樵苏,夜诵经史,自是精勤,遂大通赡"。房景远
"好史传,不为章句"①。房氏史学尤其房景先的史学才能得到了当时学林
同仁的认可,被举荐参与修撰国史,"时太常刘芳、侍中崔光当世儒宗,叹其
精博,奏兼著作佐郎,修国史。侍中穆绍又启景先撰《宣武起居注》"②。房
景先之子房延祐,"虽夙涉朝位,并非史才"③,但因为房氏家传史学的影响,
房延祐仍得以列入《魏书》编撰人员之列。房氏史学传至房玄龄,"博览经
史",亦具有史学才能,唐太宗因此任命房玄龄领衔监修《晋书》、主持史馆
工作。入唐以后修史工作是当时最为荣耀的三件事之一,有流行语述其事
云:"年轻有为,进士出身,编修国史,娶四姓女。"高宗朝宰相薛元超就以不
能参与编修国史而引为毕生之恨:"吾不才,富贵过分,然平生有三恨:始不
以进士擢第,不得娶五姓女,不得修国史。"④齐州房氏数代人皆得以参与编
修国史工作,这正是齐州房氏史学成就的莫大荣耀。

　　齐州房氏的文学,史籍记载齐州房氏有很多人都以文学才能闻名,只
可惜其作品都已失传。房灵宾,"文藻不如兄灵建,而辩悟过之。灵建在
南,官至州治中、渤海太守,以才名见称。兄弟俱入国,为平齐民。虽流漂
屯圮,操尚卓然"。"灵建子宣明,亦文学著称,雅有父风。"⑤房彦谦天性颖
悟,由其长兄房彦询亲教读书,"所有文笔,恢廓闲雅,有古人之深致"。而
房彦询文学才能出众,"雅有清鉴",不幸病死,其叔父房豹以为"丧当家之
宝",悲哀不已。房彦询曾任鸿胪寺监馆一职,当时鸿胪寺官员的选任条件
是选择"雅学详当明枢达理者",这是因为诗赋酬答也是当时外交工作的一
项重要内容。"初,彦询少时为监馆,尝接陈使江总。及陈灭,总入关,见彦
询弟彦谦曰:'公是监馆弟邪?'因惨然曰:'昔因将命,得申言款。'彦询所赠
总诗,今见载《总集》。"⑥《江总集》三十卷,可惜现辑佚的《江总集》一卷本
中已不见房彦询之诗。"监馆的职责,不仅负责管理客馆的具体事务,还负

---

① 《北史》卷三十九,第1424页。
② 《北史》卷三十九,第1424页。
③ 《北齐书》卷三十七,第488页。
④ 刘𫗧:《隋唐嘉话》卷中,第28页。
⑤ 《魏书》卷四十三,第971—972页。
⑥ 《北史》卷三十九,第1416页。

有外交接待的职责。房彦询作为监馆向来使赠诗,这是当时外交接待工作中的常事。"①至唐代,房玄龄"善属文","在秦府十余年,常典管记,每军书表奏,驻马立成,文约理赡,初无草稿"。在诗的唐代,房玄龄应当有不少诗作,可惜均已失传,《全唐诗》无其诗作,唯收有一联句"登封日观禅云亭"。据王泾《大唐郊祀录》卷八,房玄龄曾作有郊庙乐辞《祭社稷乐章》②,现也是仅存篇目。其他齐州房氏人物的诗作已佚,现《全唐诗》所存房姓诗作,多为河南房氏房琯一系的作品。

唐代齐州房氏人物存世的文赋作品,现知有房仁裕之孙房涣的《翠峰亭记》与《七岩山摩崖题铭》、房玄龄裔孙房邺《少华山佑顺侯碑颂》、房鲁的《上节度使书》等少数几篇。

房涣于忻州刺史任上作《七岩山摩崖题铭》,其文曰:

> 祖金紫光禄大夫左领军大将军讳仁裕,佐命功臣,名书唐史。父银青光禄大夫左金吾卫大将军讳先忠,才兼六韬,蒙国宠荣。大唐开元十八年二月廿三日,朝散大夫忻州刺史上柱国清河房涣,因来北谷,监采铜铆,登山历览,怅然有怀,遂思此州山川之铭,乃书其事,以题石壁云。
>
> 山川绮错,寔曰秀容。金峰作镇,木水荡胸。汉皇忻口,夏后前踪。表栖白鹤,山列青松。
>
> 铭自书。③

房涣于天宝中(742—756 年)兴州刺史任上作《翠峰亭记》,其文曰:

> 我皇帝道高前圣,德迈三皇,天下晏然,四方无事。朝廷清谧,常思蹈舞之仪;宫苑欢娱,每赐春游之赏。天恩广备,锡赉见沾,旬日飞

① 黎虎:《汉唐外交制度史》,兰州大学出版社,1998 年,第 203 页。
② 陈尚君辑校:《全唐诗补编》,中华书局,1992 年,第 1796 页。
③ 陈尚君辑校:《全唐文补编》,第 441 页。

筋，求诸胜地。武兴泉石，触目惊人，况卜良游，自 须 奇绝。顺政游胜，郡南十里，山障重复，石壁干云，渌水澄湾，清泠见底，岗峦掩映，葱翠难名。虽王羲之兰亭，未足云比；石季伦金谷，岂可同年。涣叨忝专城，常沾宴赏，同诸英佐， 得 尽欢游。天宝八载三月二十日， 太 守 房涣自书。①

房邺作《少华山佑顺侯碑颂》：

上嗣位九年，以宗室弄兵，皇居失守，大驾东狩，至于华岳。明年，同华连帅太傅许公罢藩邸兵，复诸子位，正皇储，立母后。朝廷义安，中外咸若。又明年，宫阙复就，乘舆反正，封少华佑顺侯，崇祀也。始者内兵扩起，右辅骚然。惊跸难追，宗社不复。扶持关辅，徒为扃鐍。抗表奉迎，莫回天眷。公即驰单骑诣行在所，肉袒徒跣，雪泣上言曰："庙主不行，陵寝不告。苍黄顺动，莫知攸往。况西无正名之伐，东异省方之行。南征无复国之期，北济乏召君之虑。华当阙右，不远王畿。未亏巡狩之名，免负出君之耻。可以为百辟会朝之地，诸侯输贡之府。地虽不广，足以助供亿。兵则非众，足以备捍御。"时也说论确然，宸心不返。宣问往复，至于再三。嘉谟不听，忠言不纳。大事将去，群心汹然。关内诸侯，惟公独任。非神启圣，不能释明主之疑。非神佑忠，不能壮纯臣之节。既而上察公之志，不可夺也。谅公之言，不可复也。由是天回日转，龙起云从。乃眷是邦，因驻清跸。上复交泰之道，下无疑间之忧。内难既夷，外兵以息。皇嗣之不正者，滨于五纪，今则因公以正之。坤仪之不定者，殆乎百稔，今则因公以定之。君臣以协，父子以亲，夫妇以伦，有国之大本也。公一举而得之，岂笔舌所能论哉？咸以公仗顺讨逆，神实佑之。佑顺之封，非神莫尸。玺书爰来，牲币以告。是命下客，书石志之。邺耳目奇功，缞绖具美。授简执笔，略无愧

---

① 董诰等编：《全唐文》附《唐文续拾》卷四，第11212页。

辞。姑录许公贞顺之诚,少华保佑之实,以明报神,以劝事君。至于极天镇地之崇,固国经邦之力,降神生贤之运,仙峰灵掌之奇,岳有旧封,国有常祀,今之纪述,故不复云。颂曰:

惟华之始,因山以纪。莲峰东秀,终南西峙。少华居中,不封不纪。岁在景辰,暴兵中起。天子震惊,蒙尘旅次。岂无近藩,诸侯莫至。惟我许公,闻风奋臂。一骑迎銮,六龙回辔。行朝有亭,行庙有位。宗戚以归,兵戎以弭。爰立母后,始正皇嗣。乃君乃臣,乃父乃子,家国大伦,礼无违事。祉既启侯,封亦明祀。金天之毗,佑顺之美,乃刻贞珉,永证惇史。①

房鲁作《上节度使书》:

今之君侯,垂金印,结紫绶。处内则堂高数仞,侍婢娟然,衣罗纨,鸣珥环,出声态者累百;居外则戟列重扉,介夫毅然,执弓矢,拥铁钺,侯指令者数千。君侯目视飞鸿,气如横蜺;而贡士布衣有尘,饥僮无色。蹇驴竭蹶,而来干谒,诚志业不怍,气容自若。且以干望为心,亦不能无愧。其望非望,饮酏啮肥,被鲜曳华,指捷乘骏也。所以望者,盖砥行立名之流,非附青云之士,焉得施于世? 其愧非愧,布衣粝食,饥僮蹇驴也。所以愧者,彼何人也? 予何人也? 夫贾居阛阓,藏其货物,俟有求者,虽巨人必恭然而请。贾人言其直,则高之曰:必若干乃得,求者率不能小减而市矣! 及其人持物货,历户而自唱曰:"某好物,某好货。"其将市虽小儿童,则艴然视之。问其直几何? 其唱者且平其值,必愈卑之,十七八戏耳! 诚金玉其物货,只以盗有而窃置为宜。然何以至是? 彼不求此望售也。

士之干人亦然。士非不能隐山林群麋鹿,脱俗姿态。又思孔子十历,削逐如此,而不足以求行道。学孔子者,又安得傲然自遂,而独善耶? 亦非得已。富贵之人,能趋求贫贱之人,人必不谓假声势也,又不

---

① 董诰等编:《全唐文》卷八百一十九,第8629—8630页。

谓谄佞也，又不谓利也。贫贱之人，趋求富贵之人，而大谓之假声势
也，中谓之谄佞也，下谓之利也。且见自书传，称说当时英豪智能者，
或云礼士，或云爱客，或云荐宠后辈。及言穷约节义者，则不过不谄于
富贵，不惑于贫贱而已。

　　今之君侯，不惟其不礼士，不爱客，不荐宠后辈，盖无意趋求贫贱
之人。贫贱之人趋求之，往往得罪过，不一二而已。惟阁下有古英豪
之气，必能招求穷困者，大道之行，则泽布四海矣！不则云卷一丘。阁
下识某之心，非有觊于阁下，而云云其说，阁下且视之为何如？其礼岂
不然耶？他侯尽于荣戟之前。某再拜。①

　　房涣生活于唐朝最盛之时，作品中充溢着自豪、宁静、幸福的心情，然
于作品本身则只是朴实的风景纪实之作。乾宁五年(898)十月一日，唐昭
宗敕封少华山为佑顺侯②，房邺《少华山佑顺侯碑颂》以平实的语言叙述了
宗室弄兵平复后封少华为佑顺侯的前因后果。房鲁，字咏归，曾游于浯溪，
并没有留下游记作品，只是于浯溪石壁书铭"房鲁〔会〕昌五中冬六日
来"③，此题名为颇类今人"到此一游"的涂鸦。房鲁曾登进士第④，《上节度
使书》类似于李白的《与韩荆州书》，当为科举前的干谒作品一类，作品辞气
甚是慷慨。然总的看来，现存齐州房氏诸人的文赋作品只能算是唐人中的
中下之作，既无房氏家学"恢廓闲雅"的作品意境，也远没有达到早期房氏
诸人以"文藻"、"文学著名"的程度。

　　齐州房氏的经学，直到唐末应该是一直传承不绝，因为科举考试也要
考经学，房氏后人一直致力于科举。房氏诸人，房灵宾"从父弟坚，字千秋，
少有才名"。房士达，"少有才气"。房亮"好学，有节操"。房悦"学大义于
五经，采奇异于百氏。怡如辞赋，雅好斯文"⑤。房彦诩"明辩有学识"⑥，

---

① 董诰等编：《全唐文》卷九百二，第9411页。
② 《唐会要》卷四十七、《旧唐书》卷二十系封佑顺侯事于光化元年(898)七月，未知孰是。
③ 陈尚君辑校：《全唐文补编》卷七十三，第896页。
④ 董诰等编：《全唐文》卷九百二，第9411页。
⑤ 《文史资料丛刊》第2辑，文物出版社，1978年，第109页房悦墓志图版。
⑥ 《北史》卷三十九，第1416页。

"少游庠序,涉历群言。起儒席之膏肓,通玄门之关键。虽隐曜含光,声实潜畅,栖神毓德,徽猷藉甚……惟君幼若成人,早游名辈。俊才与神姿并秀,雅道共天性相符。礼义入周孔之门,清虚存黄老之术"①。房夷吾"以韶龀之年,早闻令誉;章甫之际,遂播奇声。居三省而持身,游六艺而娱志。虽复垂帷闭户,未足比其精勤;四字五行,讵可方其览识"②。房守仁"少闻训典,惟令惟聪。衣芦未比其仁,怀橘讵方其学。始从青佩,已致诗人之嗟;既覆合珪,屡蒙君子之叹"③。房彦谦"好学,通涉五经"④,"其后受学于博士尹琳,手不释卷,遂通涉五经"⑤。

齐州房氏经学作品现仅存房景先《五经疑问》十数条,见载于《魏书》卷四十三,今转录于后:

先作《五经疑问》百余篇,其言该典,今行于时,文多,略举其切于世教者:

问王者受命,木火相生。曰:五精代感,禀灵者兴。金德方隆,祯发华渚;水运告昌,瑶光启祚。人道承天,天理应实,受谢既彰,玄命若契。相生之义,有允不违。至如汤武革命,杀伐是用,水火为次,遵而不改。既事乖代终,而数同纳麓。逆顺且殊,祯运宜异,而兆征不差,有疑符应。

问禹以鲧配天,舜不尊父。曰:明明上天,下土是冒。道高者负宸四方,神积者郊原斯主。是以则天,不能私其子;绍尧,不敢尊其父。鲧既罪彰于山川,受殛于羽裔,化质与鳞甲为群。铭精不能上乘箕尾,而厚尊配于国阳,当升烟之大礼。苟存及躬,以乱祀典。降上帝为罪鬼之宾,奏夹钟为介虫之乐,奉天之道,不乃有沦乎?

问汤尊稷废柱。曰:神积道存,异世同尊;列山见享,绵纪前代。

---

① 吴钢主编:《全唐文补遗》第七辑,第 240 页。
② 吴钢主编:《全唐文补遗》第七辑,第 241 页。
③ 吴钢主编:《全唐文补遗》第七辑,第 242 页。
④ 《旧唐书》卷六十六,第 2459 页。
⑤ 《隋书》卷六十六,第 1561 页。

成汤革命承天，当愆阳之运，不思理数之有时，黜元功于百世。且毕、箕感应，风雨异征，尊播殖之灵，而邀滂澍之润，升废之道，无乃谬与？若柱不合荐，虞夏应失之于前；如以岁久宜迁，百神可计日而代。求之二三，未究往旨。

问汤克桀，欲迁夏社为不可；武王灭纣，以亳社为亡国之诫。曰：神无定方，唯人为主，道协无为，天地是依，弃德弗崇，百灵更祀。周武承天，礼存咸秩，升后稷当四圭之尊，贬土只隔牲币之享。就如言之，稷禀灵威，诚允聿追之宜，社非商祖，孝乎乃考之咎，殷鉴致诫，何独在斯？

问《易》著革命之爻，而无揖让之象。曰：玄黄剖别，人道为尊，含灵伫化，故义始元首。是以飞龙启征，大人载就。及理运相推，帝图异序。虞宾以为善终顺守，有惭未尽，不显揖让之象，而著已日之美。岂可兆巨衅为贻厥之谋，训万世而开安忍之□？求之反衷，未识理恕。

问《周礼·秋官》司烜氏，邦若屋诛，为明竁焉。曰：王道贵产，法理尚恩。旧德见食，八象载其美；五宥三刺，《礼经》宝其仁。是以禄父巨衅，殷礼不辍；三监乱德，蔡胤犹存。罪莫极于无上，逆莫甚于违天。行大辟祸不及族，理正刑愆止于身。何恶当参夷之祸？何戾受沦殄之辜？

问《仪礼》，继母出嫁，从为之服，《传》云"贵终其恩"。曰：继母配父，本非天属，与尊合德，名义以兴。兼鞠育有加，礼服是重。既体违义尽，弃节毁慈，作嫔异门，为鬼他族，神道不全，何终恩之有？方齐服是追，哭于野次，苟存降重，无乃过犹不及乎？

问《礼记》，生不及祖父母，父母税丧，已则否。曰：服以恩制，礼由义立。慈母三年，孙无缌葛者，以戚非天属，报养止身。祖虽异域，恩不及己，但正体于下，可无服乎？且缟冠玄武，子姓之服。缥练之后，缞经已除，犹怀惨素，未忍从吉，况斩焉。初之创巨方始，复吊之宾，尚改缁袭，奉哀苫次，而无追变，孝子孝孙，岂天理是与？

问《左氏传》，齐人杀哀姜，君子以为不可。曰：受醮从天，人伦所重。保育异宗，承奉郊奠。而乃肆极昏淫，祸倾合之尊；怙乱无终，殄灭诞鞠之爱。齐桓匡翼四方，正存刑矩。割不忍之恩，行至公之法。方生贬违，以杀为甚。而神道幽默，祸降未期，虽穷勃履朝，臣不宜纠，既事反人灵，咎将有所，施之取衷，孰为优允？

问《公羊传》，王者之后郊天。曰：神不谬享，帝无妄尊。介丘偏祀，犹不歆季氏之旅；昊天至重，岂可纳废飨之虔？唐虞已往，事无斯典；三后已降，始见其文。揖让之胄，礼不上通，昏瘝后烬，四圭是主。此便至道相承，乾无二统。纯风既诐，玄牡肆尊，礼不虚革，庶昭异闻。

问《榖梁传》，鲁僖三十一年夏四月，"卜郊不从，乃免牲"，《传》曰"乃者，亡乎人之辞也"。曰：乐以观风，礼为教本，其细已甚，民不堪命。齐不加兵，屈于周典。僖公鲁之盛君，告诚虔祀，穆卜迎吉，而休征不至。若推咎于天，则神不弃鉴；归愆于人，则颂声宜替。既命龟失辰，灵威弗眷，郊享不从，配天斯缺。即《传》所言，殆非虚美，何承而制？

问《尚书·胤征》，羲和诘其罪，乃季秋月，朔辰弗合于房。曰：衡纪不移，日月有度。炎凉启辰，次舍无代。履端屡臻，归余成闰。是以爰命羲和，升准徂节，使晷数应时，火流协运。致望舒后律，耀灵爽次。即官阙永，容可为愆。玄象一差，未成巨戾。且杪秋岂回星之辰，授衣非合璧之月。叙食弗当，积失加诛；律度暂差，便遘殄绝。仁者之兵，义不妄兴；王赫斯举，将有异说。

问《毛诗》，"十月之交，朔日辛卯，日有食之，亦孔之丑"。曰：日月次周，行舍有常，分至之候，不为愆咎。今同之辰而为深戾者，专以金木相残，指日成衅。推步不一，容可如之。若谪见正阳，日维戊午，生育相因，犹子归母，但以阴阳得无深忌乎？若为忌也，朔亦应为灾；如不忌也，辛卯岂独成丑？且举凡之始，以属月时，系之在日，有爽明例。义不妄构，理用何依？

问《论语》，河不出图，泣麟自伤。曰：圣人禀灵天地，资识未形，齐生死于一同，等荣辱于彼我。孔子自生不辰，从心告齿，乐正既修，素王斯著。方兴吾已之叹，结反袂之悲，进涉无上之心，退深负杖之惧。圣达之理，无乃缺如？

符玺郎王神贵答之,名为《辩疑》,合成十卷,亦有可观。前废帝时奏上之。帝亲自执卷,与神贵往复,嘉其用心,特除神贵子鸿彦为奉朝请。①

房景先的《五经疑问》,其主旨是详解儒家"修齐治平"的"仁"、"爱"核心原则与"德治"思想。王朝更代,自春秋以后以"五德终始"说来解释,但"五德终始"说极易将人的思想导入"天命"所定的泥潭,因此房景先对此释疑。认为五德终始虽是天道使然,然"天道"即"人道",所以"人道承天,天理应实",因此要高度重视社会的"人道",其实是"人道"决定了朝代的更替,"相生之义,有允不违"。房景先的释疑,使"五德终始"说重归西周以来"敬德保民"的"德治"思想轨道,以"理性"、"理数"来思考人世间的变化,避免了重陷人世命运"天命"所定的思想泥潭。修齐治平,是儒家的治国途径,是"王道"政治实现的手段,房景先对"修齐治平"的各个方面进行了释疑,认为"王道贵产,法理尚恩",应该实行"行大辟祸不及族,理正刑愆止于身"的审刑原则,要有"割不忍之恩,行至公之法"的理刑态度。在房景先的经学思想中,"理"与"义"是其核心观点,认为"孝子孝孙,天理是与"、"仁者之兵,义不妄兴";认为"乐正既修"是"圣达之理"实现的手段,因此处理日常生活要遵循"理"、"义"原则。如他认为继母再嫁,作嫔异门,于己属于"体违义尽,弃节毁慈";如再为其从为之服,属于"过犹不及",因此继母改嫁之后不应当为其终服。

应当说,房景先的经学在当时确实起到了拨乱反正的作用,故史书以"切于世教"来评定其价值,诚为不虚。多赖史传的摘要记录,我们尚能见到房氏文化的精髓所在,日后房玄龄在贞观朝任宰相时的许多措施与施政理念,我们都可以从这里找到其源头! 如"仁者之兵,义不妄兴",就是房玄龄在处理辽东边境问题上的根本原则,正是基本于这个原则,房玄龄在《谏伐高丽表》中提出了"三可伐,余不可伐",从而将唐太宗伐高丽的战争处于有理、有节、有据的正义防卫范围内。再如"行大辟祸不及

①《魏书》卷四十三,第978—982 页。

族,理正刑愆止于身",就是日后房玄龄主持《贞观律》所坚持的基本理念,《贞观律》"在缘坐之制方面,改旧律之兄弟缘坐处死、祖孙缘坐配流之法,为谋反大逆者祖孙、兄弟缘坐俱配没,恶方犯法者俱配流"①等等,就是房玄龄本家学刑律理念而作的具体令文修改。

房氏家学既以经史之学为主体,同时也旁涉佛、道二家。房彦诩"起儒席之膏肓,通玄门之关键"、"礼义入周孔之门,清虚存黄老之术";房有非"廉洁任真,与物无竞。穷六经之奥,探百氏之幽。音肆知微,方术得妙。见存之能既备,未来之业广施。分半产以助伽蓝,尽一心而专顶礼";房颖叔季女"身之履者,洁也;心之依者,道也。见身知有为之理,观心识无碍之宗。俄通四禅,深入三昧,寥然解脱,湛乎清净,不可得而称也"②。房玄龄次女"深明觉道"。所谓"觉道",即佛学。"佛者,觉也。在乎方寸。"③

四、开略有术、运筹帷幄的技艺传承

房氏家学除了文学、经史修养外,还讲究文、武兼修的技能培养。齐州房氏人物以"武勇"、"将略"著称,见诸史乘者,如房宗吉"少骁勇";房法寿"少好射猎,轻率勇果,结群小而为劫盗……招集壮士,常有百数……玄邈以法寿为司马,累破道固军,甚为历城所惮";房伯玉"果敢有将略";房伯玉从父弟房思安"有勇力"④。见诸碑铭者,如房仁裕在母亲陇西李氏的教导下,文武兼修,"入居上将,出牧名藩,圣恩金紫"⑤;房场"骁略殉谋,勋班武骑"⑥。

颜之推曾对当时的文武兼修有过详细论析:"士君子之处世,贵能有益于物耳,不徒高谈虚论,左琴右书,以费人君禄位也。国之用材,大较不过六事:一则朝廷之臣,取其鉴达治体,经纶博雅;二则文史之臣,取其著述宪章,不忘前古;三则军旅之臣,取其断决有谋,强干习事;四则藩屏之臣,取

---

① 刘俊文:《唐律疏议笺解》,中华书局,1996年,第15—16页。
② 吴钢主编:《全唐文补遗》(千唐志斋新藏专辑),第201—202页。
③ 《旧唐书》卷九十六,第3028页。
④ 《魏书》卷四十三,第972页。
⑤ 董诰等编:《全唐文》附《唐文拾遗》卷六十三,第11075页。
⑥ 周绍良主编:《唐代墓志汇编》,第850页。

其明练风俗,清白爱民;五则使命之臣,取其识变从宜,不辱君命;六则兴造之臣,取其程功节费,开略有术,此则皆勤学守行者所能辨也。人性有长短,岂责具美于六涂哉?但当皆晓指趣,能守一职,便无愧耳。"①因此所谓的文武兼修,其中的"武"道,并不单指军事才能,它其实包含两个层面:一是程功节费之术;二是运筹帷幄之术。在文武兼修中,突出一种才能,以其他才能为辅助,房氏中人正是如此施为,形成了家族中文武兼修的家学传统。

　　房氏之人以武勇建军功,已前见述。房氏于其子弟程功节费之术的培养主要是培养其具体技能,如书法、律令、财经等技能,依托家族文化环境,以言传身教、耳闻目睹为教导方式,房夷吾及房玄龄次女就是这种方式培养起来的典型。房夷吾"又以家世能官,宗多循吏,数闻疑谳,尝经缮写。是以心闲法令,手善书刀。才称庠序之庭,声冠人伦之表"②。房玄龄次女"博综书林",与家庭环境是密不可分的,因为玄龄对其次女不仅鼓励有加,而且还亲自训练其参政、文史等各种技能,"公特所钟爱,每谓亲族曰:'我女实贤明。'尝退朝之余,时与参谋政事"③。度支郎中"掌判天下租赋多少之数,物产丰约之宜,水陆道途之利。每岁计其所出而度其所用,转运征敛送纳,皆准程而节其迟速。凡和籴和市,皆量其贵贱,均天下之货,以利于人。凡金银宝货绫罗之属,皆折庸调以造。凡天下舟车水陆载运,皆具为脚直,轻重贵贱、平易险涩而为之制。凡天下边军,有支度使,以计军资粮仗之用。每岁所费,皆申度支会计,以长行旨为准"④。这个官职需要具备财经能力与计算能力,非一般人所能任,而房玄龄"以度支系天下利害,尝有阙,求其人未得,乃自领之"⑤。可见房氏家学中确有对子弟"程功节费"之术的培养,从而兼具财经与计算能力,不然房玄龄绝不能做出自领"度支郎中"的举动。

---

① 颜之推著,王利器集解:《颜氏家训集解》,第290—291页。
② 吴钢主编:《全唐文补遗》第七辑,第241页。
③ 董诰等编:《全唐文》卷二百二十,第2224页。
④《旧唐书》卷四十三,第1827页。
⑤《资治通鉴》卷一百九十五,第6143—6144页。

　　书法是房氏的家学技能之一。现只知房氏房彦谦父子都"工草隶"①，尤其房彦谦"又善草隶，人有得其尺牍者，皆宝玩之"②。房玄龄堂弟房夷吾"手善书刀"。因为房彦谦曾为司隶刺史，因此书史上人称"房司隶"。

　　房氏父子的书法作品今虽不存，但其草隶成就之评语见载于唐李嗣真《书后品》。李嗣真曾将其所见书家作品分为四品十等，列陆机、袁崧、李夫人、谢朓、庾肩吾、萧纶、王褒、斛斯彦明、房彦谦、殷令名、张大隐、蔺静文、钱毅十三人为下上品，评十三人书法特点云："士衡以下，时然合作。踳杂不伦，或类蚌质珠胎，乍比金砂银砾。陆平原、李夫人犹带古风，谢吏部、庾尚书创得今韵。邵陵王、王司空是东阳之亚，房司隶、张益州参小令之体。蔺生正书，甚为鲜紧，殊有规则。钱氏小篆、飞白，宽博敏丽，太宗贵之。斛斯笔势，咸有由来。司隶宛转，颇称流悦，皆藉名美。殷氏擅声题署，代有其人。嗟乎！有天才者，或未能精之；有神骨者，则其功虚弃。但有佳处，岂忘存录！"③列谢安、康昕、桓玄、邱道护、许静、萧子云、陶弘景、释智永、刘珉、房玄龄、陆柬之、王知敬十二人为中中品，评各人书法特点云："谢公纵任自在，有螭盘虎踞之势；康昕巧密精勤，有翰飞莺唶之体。桓玄如惊蛇入草，铦锋出匣；刘珉比颠波赴壑，狂涧争流。隐居颖脱，得书之筋髓，如丽景霜空，鹰隼初击。道护谬登高品，迹乃浮漫。陆柬之学虞草体，用笔则青出于蓝，故非子云之徒。正、隶功夫恨少，不至高绝也。智永精熟过人，惜无奇态矣。房司空雕文抱质，王家令碎玉残金。房如海上双鹇，王比云间孤鹤。"④唐人窦泉《述书赋》评房彦谦书法云："隋则元平嗣芳，讹熟名扬，彦谦草力，浮紧循常。糟粕右军之化，依稀夫子之墙，皆如益星榆之众象，无月桂之孤光。刘元平，珉之子，洁志高蹈，隋赠贞范先生，今见具姓名行书二纸。房彦谦，清河人，司隶刺史，今见具姓名草书十纸。"评房玄龄书法云："房文昭则雅而和，隐乃讹，精神乏气，胸臆余波，若蘋萍异品，共泛中河。房乔，字元龄，清河

————————————

① 《隋书》卷六十六，第 1561 页。
② 《隋书》卷六十六，第 1566 页。
③ 张彦远辑：《法书要录》卷三，上海书画出版社，1988 年，第 87 页。
④ 张彦远辑：《法书要录》卷三，第 85 页。

人,彦谦子,官至司空,赠太尉文昭公。"①

　　房玄龄本人也好钻研书法,唐太宗曾以王羲之《乐毅论》摹写本赐房玄龄等六人,贞观十三年(639)四月九日,"奉敕内出《乐毅论》,是王右军真迹,令将仕郎、直弘文馆冯承素模写,赐司空、赵国公长孙无忌,开府仪同三司、尚书左仆射、梁国公房玄龄,特进、尚书左仆射、申国公高士廉,吏部尚书、陈国公侯君集,特进、郑国公魏徵,侍中、护军、安德郡开国公杨师道等六人,于是在外乃有六本,并笔势精妙,备尽楷则。褚遂良记"②。"《兰亭》、《乐毅》,尤闻宝重,常令揭书人汤普彻等揭《兰亭》,赐梁公房玄龄已下八人"③。

第三节　齐州房氏的文化交流圈

　　"谈笑有鸿儒,往来无白丁",刘禹锡《陋室铭》形象地道出了不同文化层次的人有着不同的社会交流圈层。"好风凭借力,扶我上青云",在讲究"门当户对"的中古时期,家族文化积淀也是婚姻中必须考虑的一个重要构成要素,互相借力姻亲家族的力量共同谋求本家族仕途、文化两方面的发展,是当时士族政治生活的重要内容,也是家族文化延续的重要手段。齐州房氏作为魏晋旧门大姓,自然也是有着不俗的社会文化交流圈与婚姻圈。

一、齐州房氏家族的交友圈

　　现有传记资料表明,唐代以前,齐州房氏以房法寿兄弟、房景先兄弟、房彦谦父子为核心呈映出三个交友圈层。

　　(一)房法寿、房崇吉兄弟的"武"

　　房法寿所处的时代,正是北魏方强、南朝转弱的时代,这一时代战争频仍,青齐地区各大家族以武为显的子弟颇多。房法寿"少好射猎,轻率勇

---

① 董诰等编:《全唐文》卷四百四十七,第4570、4572页。
② 张彦远辑:《法书要录》卷三,《褚遂良揭本〈乐毅论〉记》,第105页。
③ 董诰等编:《全唐文》卷二百六十八,第2724页。

果"①,所走的出仕道路正是"武"途,"人以群分,物以类聚",房法寿的交流圈子中诸人自然大都是以"武"显达的人,如崔道固、傅三宝、毕众敬等。

崔道固的家族乃是著名的清河崔氏,道固为崔琰八世孙,其父崔辑南迁青州后任泰山太守。清河崔氏世代以文史、医学传家,亦兼修武学,崔道固"美形容,善举止,便弓马,好武事"②。正因为崔道固修武学,所结交的人也以武人为主,"道固之在客邸,与薛安都、毕众敬邻馆,时以朝集相见,本既由武达,颇结僚旧。时安都志已衰朽,于道固情乃疏略,而众敬每尽殷勤。"崔道固因此对刘休宾、房法寿说:"古人云'非我族类,其心必异',信不虚也。安都视人殊自萧索,毕捒固依依也。"③道固兄目连子僧祐,"与房法寿、毕萨诸人皆不穆。法寿等讼其归国无诚,拘之岁余,因赦乃释。后坐与沙门法秀谋反,伏法"④。

傅乾爱与其兄傅融一道自清河"南徙渡河,家于盘阳,为乡闾所重"。清河傅氏也是文武兼修的家族,傅融有三子:灵庆、灵越、灵根,傅融"意谓其三子文武才干堪以驾驭当世"⑤。傅三宝,傅乾爱之子,当与房法寿、房崇吉有一定的交往,因为房崇吉之母即清河傅氏之人,傅氏即其舅族。房法寿既立意以盘阳为献礼来救房崇吉母妻,自然要与房崇吉的舅族联系协助,所以房法寿攻打盘阳归魏时就得到了傅三宝的大力襄助。入魏后,傅三宝因"与房法寿等同效盘阳,赐爵贝丘子"⑥。

房法寿"爱施",不计自身丰足与否都要使"亲旧宾客率同饥饱"的做法,赢得"毕众敬等皆尚其通爱"⑦。毕众敬的家族乃是郓州东平毕氏,在青齐地区也是有名的大家族之一。唐太宗时修《氏族志》,毕氏与吕氏、万氏同为郓州东平郡官方认可的三大士族高门。房法寿"结群小而为劫盗"的成长经历与毕众敬完全类同,"毕众敬,小名捒,东平须昌人。少好弓马射猎,交结轻

---

① 《魏书》卷四十三,第 969 页。
② 《魏书》卷二十四,第 629 页。
③ 《魏书》卷二十四,第 630 页。
④ 《魏书》卷二十四,第 631 页。
⑤ 《魏书》卷七十,第 1555 页。
⑥ 《魏书》卷七十,第 1561 页。
⑦ 《魏书》卷四十三,第 970 页。

果,常于疆境盗掠为业"①。由于经历相同,又同在北魏为官,房、毕二人自然交往甚欢。

房法寿归魏后,"诏以法寿为平远将军,与韩麒麟对为冀州刺史"②,以此韩麒麟成为房法寿在北魏的第一个僚友同事,此人文武兼修,以武见长,"麒麟幼而好学,美姿容,善骑射"③。

房法寿族弟房崇吉也是以"骁勇"著名,所结交的人自然也是以"武"见称的豪侠之士,"清河张略之亦豪侠士也,崇吉遗其金帛,得以自遣"④。汉唐间的张氏家族家学,"旧族以经学为主,新门以文学为主,是这五支张氏家族的家学特点"⑤,是一个以文为主的家族,同时也修武学,因此清河张氏出有张略之这样的豪侠之士与房崇吉结为朋友。清河张氏与房氏一样是随慕容德南渡的河北士族,"曾祖恂,散骑常侍,随慕容德南度,因居齐郡之临淄县"⑥。北魏平青齐,清河张谠主动归降,"后至京师,礼遇亚于薛、毕,赐爵平陆侯"。而张谠"性开通,笃于接恤,青、齐之士,虽疏族末姻,咸相敬视。李敷、李䜣等宠要势家,亦推怀陈款,无所顾避。毕众敬等皆敬重之,高允之徒亦相器待"⑦。由此可知平齐之后归于北魏的青齐豪雄之间的互相交往还是相当密切的,因此房崇吉图谋南奔之时,自然而然地出金帛请其豪侠好友清河张略之为之打点。

总的看来,房法寿、房崇吉兄弟所结交者多是南渡青齐之地的士族之家,这些家族都是以文为主、文武兼修的士族之家。战乱期间,以武著称的房法寿兄弟所结交的人自然都是那些家族中以"武"而显达者。

(二) 房景先兄弟的"文"

古人所谓"贫文富武",房景伯、房景先、房景远三兄弟的父亲房爱亲在

---

① 《魏书》卷六十一,第 1359 页。
② 《魏书》卷四十三,第 970 页。
③ 《魏书》卷六十,第 1331 页。
④ 《魏书》卷四十三,第 975 页。
⑤ 郭锋:《唐代士族个案研究——以吴郡、清河、范阳、敦煌张氏为中心》,厦门大学出版社,1999年,第 157 页。
⑥ 《北史》卷四十五,第 1674 页。
⑦ 《北史》卷四十五,第 1663 页。

北魏平齐时未主动归降，"随例内徙，为平齐民"。房景伯三兄弟出生于平齐民居地——桑乾，时既无家族之力扶持，其父又早逝，家庭失去支柱，因此家境贫寒，房景伯三兄弟只能以"文"来求发展。其实这也是当时大多数有平齐民身份的士族之家的共同发展道路，如清河人张烈，字徽之，"少孤贫，涉猎经史，有气概，时青州有崔徽伯、房徽叔，与烈并有令誉，时人号'三徽'"①。张烈在"孝文时，入官代都，历侍御、主文中散。迁洛，为太子步兵校尉"，其发展经历与房氏在孝文太和时期摆脱平齐民身份进入仕途的经历一致。这一时期与张烈一样以"经史"享有令誉的青州"房徽叔"，应当是清河齐郡房氏的子弟，非清河齐州房氏子弟，只是现已不知其家世传承关系而无法确定为清河哪一宗支。张烈在洛，与房法寿次子房叔祖为同僚，曾共同支持崔光韶反对元颢。②

　　房氏家传书法精妙，家境贫寒的房景伯遂以书法技能抄写书籍为生，"佣书自给，养母甚谨"。房景伯亦同时继承了家传的经史之学，"尚书卢渊称之于李冲，冲时典选，拔为奉朝请、司空祭酒、给事中、尚书仪曹郎"③。卢渊，字伯源，其家族为范阳卢氏，属第一等高门。卢渊"性温雅寡欲，有祖父之风，敦尚学业，闺门和睦"④。李冲为卢渊姻亲，卢渊"与仆射李冲特相友善。冲重渊门风，而渊祇冲才官，故结为婚姻，往来亲密。至于渊荷高祖意遇，颇亦由冲"⑤。卢渊乃卢度世之子，而房景伯族父房崇吉之母清河傅氏是卢度世"继外祖母兄之子妇"。外祖母兄，即卢度世母亲的舅舅，则房傅氏为卢度世舅爷的女儿，乃是卢度世的中表长辈。房崇吉所防守的升城为魏军攻破时，房崇吉母妻陷魏军之中，"皆亡破军途，老病憔悴。而度世推计中表，致其恭恤。每觐见傅氏，跪问起居，随时奉送衣被食物"。清河崔氏与范阳卢氏本有多重姻亲之谊，青齐地区被魏军攻陷后，卢度世面对"诸崔坠落，多所收赎。及渊、昶等并循父风，远亲疏属，叙为尊行，长者莫不毕

---

① 《北史》卷四十五，第 1674 页。
② 《魏书》卷六十六，第 1482—1483 页。
③ 《魏书》卷四十三，第 977 页。
④ 《魏书》卷四十七，第 1047 页。
⑤ 《魏书》卷四十七，第 1050 页。

拜致敬"①。可知在北魏建平齐郡之后,卢氏父子对其在平齐郡的姻亲戚属并没有割断交往,房景伯母清河崔氏、房崇吉母傅氏等人与卢度世、卢渊有着或近或远的多重亲属关系,则卢渊与房景伯等人的交游就有了必然的联系。故房景伯的经史才名,首先获得了"敦尚学业"的卢渊的称赞而向当时主持典选工作的李冲推荐,李冲认可了卢渊的推荐,房景伯由此得官,从而进一步与卢渊、李冲等形成了门生故吏的交往关系。

　　房景先的学术交流圈目前所知有刘芳、崔光、穆绍等人。"时太常刘芳、侍中崔光当世儒宗,叹其精博,光遂奏兼著作佐郎,修国史"②,刘芳、崔光被誉称为"当世儒宗",房景先兄弟与此二人的学术往来有一定的必然性。刘芳北徙为平齐民时"年十六",刘氏亦北朝著名书法家族,利用书法技能谋生,"芳虽处穷窘之中,而业尚贞固,聪敏过人,笃志坟典。昼则佣书,以自资给;夜则读诵,终夕不寝。至有易衣并日之敝,而澹然自守,不汲汲于荣利,不戚戚于贱贫。乃著《穷通论》以自慰焉。芳常为诸僧佣写经论,笔迹称善。卷直以一缣,岁中能入百余匹。如此数十年,赖以颇振。由是与德学大僧,多有还往"③。房景先在平齐郡时,"幼孤贫,无资从师,其母自授《毛诗》《曲礼》","昼则樵苏,夜诵经史,自是精勤,遂大通赡"④。既是书法名家,抄写经籍能脱贫致富,在当时的文化氛围下也属正常。房、刘两家学术相通是必然的,因为刘芳的舅舅为齐州房氏的房元庆,其在任青州刺史建威府司马任时为刺史沈文秀所杀,房元庆乃是房景先的祖父,刘芳之母是房景先的姑祖母,因此房景先兄弟与刘芳论戚属关系为姑表叔侄关系,按当时礼仪,年节之际房氏兄弟应该要拜省其姑祖母。尤其是房、刘两家都被迫迁至平齐郡后,双方往来应该比较密切,而且景先、刘芳二人相似的谋生、求学经历,更是容易激发二人的感情并引起共鸣,因此房景先的学术自始至终都为刘芳所知晓,所以才能"叹其精博",才会奏请其为"著作佐郎,修国史"。房景先、崔光二家的学术交往也是有必然性的。崔光,本

---

① 《魏书》卷四十七,第1062页。
② 《魏书》卷四十三,第978页。
③ 《魏书》卷五十五,第1219页。
④ 《魏书》卷四十三,第978页。

名孝伯,其家族为清河崔氏。其父崔灵延"与刘彧冀州刺史崔道固共拒国军",因此在慕容白曜收平三齐后,崔光"年十七,随父徙代",到平齐郡后也是利用崔氏祖传书法技能谋生,"家贫好学,昼耕夜诵,佣书以养父母"①。崔光为崔亮从兄,时人雅称二人为大、小崔生。崔亮内徙桑乾为平齐民,"时年十岁,常依季父幼孙,居家贫,佣书自业"②。崔亮、崔光自平齐民进入仕途也是因为李冲的推荐,"时陇西李冲当朝任事,亮从兄光往依之,谓亮曰:'安能久事笔砚,而不往托李氏也? 彼家饶书,因可得学。'亮曰:'弟妹饥寒,岂可独饱? 自可观书于市,安能看人眉睫乎!'光言之于冲,冲召亮与语,因谓亮曰:'比见卿先人《相命论》,使人胸中无复怵迫之念。今遂亡本,卿能记之不?'亮即为诵之,涕泪交零,声韵不异。冲甚奇之,迎为馆客。冲谓其兄子彦曰:'大崔生宽和笃雅,汝宜友之;小崔生峭整清彻,汝宜敬之。二人终将大至。'冲荐之为中书博士。转议郎,寻迁尚书二千石郎"③。崔亮兄弟因此与李冲也有门生故吏的关系。崔亮从父弟崔光韶"事亲以孝闻"、"性严毅,声韵抗烈,与人平谈,常若震厉",亦是因李冲举荐得官。崔光韶与房景伯兄弟等交游甚欢,"廷尉崔光韶好标榜人物,无所推尚,每云景伯有士大夫之行"④。崔亮之父"元孙,刘骏尚书郎","清河房爱亲妻崔氏者,同郡崔元孙之女"⑤,崔亮、崔光、崔光韶兄弟是房景先兄弟的舅舅。房景先兄弟的学问首先是其母亲崔氏亲传,与崔亮兄弟之所学相通,与舅舅们互相请益自在情理之中,之后舅舅提携外甥、"叹其精博"、标榜人物也就毫不奇怪了。综上所述,因亲戚、僚友关系的叠加,房景伯、房景先兄弟形成了与刘芳、崔光、崔亮、崔光韶、卢渊、李冲等人的文化交流圈子。

　　房景先后来又蒙穆绍举荐修撰《世宗起居注》,房景先与穆绍之间纯是僚友交游。穆绍,字永业,"绍无他才能,而资性方重,罕接宾客,希造人门"⑥,由此可知穆绍实是寡于交游。孝文帝"以其贵臣世胄,顾念之。九岁

①《魏书》卷六十七,第1487页。
②《魏书》卷六十六,第1476页。
③《魏书》卷六十六,第1476页。
④《魏书》卷四十三,第977页。
⑤《魏书》卷九十二,第1980页。
⑥《魏书》卷二十七,第671页。

除员外郎,侍学东宫,转太子舍人。十一尚琅邪长公主,拜驸马都尉、散骑侍郎,领京兆王愉文学"。房景先修撰国史后不久"寻除司徒祭酒、员外郎"。寡于交游的穆绍之所以推荐房景先撰《世宗起居注》,实是因他与房景先的公务交集而看重房景先的史学才能。

房景远曾蒙益州刺史清河傅竖眼推荐为昭武府功曹参军,但房景远"以母老不应,竖眼颇恨之"①。傅竖眼"文武器干,知名于时"②。"竖眼性既清素,不营产业,衣食之外,俸禄粟帛皆以飨赐夷首,赈恤士卒。抚蜀人以恩信为本,保境安民,不以小利侵窃。有掠蜀民入境者,皆移送还本土。捡勒部下,守宰肃然。远近杂夷相率款谒,仰其德化,思为魏民矣。是以蜀民请军者旬月相继。"③傅竖眼本人无疑传承了其清河祖先的德业,但他教子不成功,三子敬和、敬仲、敬绍皆无德行:"长子敬和,敬和弟敬仲,并好酒薄行,倾侧势家";"敬绍险暴不仁,聚货耽色,甚为民害,远近怨望焉。""敬绍颇览书传,微有胆力,而奢淫倜傥,轻为残害。又见天下多事,阴怀异图,欲杜绝四方,擅据南郑。"④子孙不肖,必累其家族戚属及故吏,是以房景远不愿与傅氏有故吏之情,故而婉辞傅竖眼的荐举。

（三）房彦谦父子"门无杂宾"的交友圈

"谈笑有鸿儒,往来无白丁",刘禹锡所自豪的交游层次,适足以诠释房彦谦父子的交友状况——房彦谦父子交友"门无杂宾"。这个"门无杂宾"的朋友圈,其成员包括王劭、高构、郎茂、郎颖、柳彧、薛孺、李少通、李文博、温君悠等人,尽皆士族之家。

房彦谦兄弟七人,长兄房彦询早逝,现所知其唯一的交游是其任监馆期间的陈朝使节、文学家江总,房彦谦亦曾与之面晤。

房彦谦本人的交友圈,史云"太原王劭、北海高构、蒨县李纲、中山郎茂、郎颖、河东柳彧、薛孺,皆一时知名雅澹之士,彦谦并与为友。虽冠盖成

---

① 《魏书》卷四十三,第983页。
② 《魏书》卷七十,第1562页。
③ 《魏书》卷七十,第1558页。
④ 《魏书》卷七十,第1560—1561页。

列,而门无杂宾"①。

太原王劭,字君懋,少好学,以经史著名。"劭在著作,将二十年,专典国史,撰《隋书》八十卷。多录口敕,又采迂怪不经之语及委巷之言,以类相从,为其题目,辞义繁杂,无足称者,遂使隋代文武名臣列将善恶之迹,埋没无闻。初撰《齐志》,为编年体,二十卷,复为《齐书》纪传一百卷,及《平贼记》三卷。或文词鄙野,或不轨不物,骇人视听,大为有识所嗤鄙。然其采摘经史谬误,为《读书记》三十卷,时人服其精博。爰自志学,暨乎暮齿,笃好经史,遗落世事。用思既专,性颇恍忽。"②

北海高构,字孝基,"性滑稽,多智,辩给过人,好读书,工吏事",在隋朝以吏能著称,"时为吏部者,多以不称职去官,唯构最有能名"③。"时人以构好剧谈,颇谓轻薄,然其内怀方雅",吏部尚书牛弘透过高构滑稽本性之后的"内怀方雅"而特重视高孝基的才能,"吏部侍郎高孝基,鉴赏机晤,清慎绝伦,然爽俊有余,迹似轻薄,时宰多以此疑之。唯弘深识其真,推心委任。隋之选举,于斯为最。时论弥服弘识度之远"④。高构善于品鉴人才,其品鉴推荐的隋唐名臣有房玄龄、杜如晦、高士廉、崔明信、杜淹等人,"所举杜如晦、房玄龄等,后皆自致公辅,论者称构有知人之鉴"。高构与薛道衡相交甚深,确为文友,"河东薛道衡才高当世,每称构有清鉴,所为文笔,必先以草呈构,而后出之。构有所诋诃,道衡未尝不嗟伏"⑤。

蒋县李纲,字文纪,"纲少慷慨有志节,每以忠义自许。初名瑗,字子玉,读《后汉书·张纲传》,慕而改之"⑥。李纲既以忠义自许,又乐于举荐,是以交游甚广,李纲所举荐者多以文史学行知名,如温大雅兄弟,"大雅性至孝,少好学,以才辩知名"。"大雅弟大有,字彦将,性端谨,少以学行称。隋仁寿中,尚书右丞李纲表荐之,授羽骑尉。"⑦王珪,"高祖入关,丞相府司录李纲荐珪贞

---

① 《北史》卷三十九,第 1422 页。
② 《隋书》卷六十九,第 1609—1610 页。
③ 《隋书》卷六十六,第 1556 页。
④ 《隋书》卷四十九,第 1309 页。
⑤ 《隋书》卷六十六,第 1557 页。
⑥ 《旧唐书》卷六十二,第 2373 页。
⑦ 《旧唐书》卷六十一,第 2359、2362 页。

琼有器识,引为世子府谘议参军"①。颜师古,"师古少传家业,博览群书,尤精诂训,善属文。隋仁寿中,为尚书左丞李纲所荐,授安养尉"②。

房彦谦与温大雅之父温君悠既属同僚,亦是朋友。温君悠,"北齐文林馆学士,隋泗州司马。大业末,为司隶从事"③,此期房彦谦任司隶刺史,"会置司隶官,盛选天下知名之士。朝廷以彦谦公方宿著,时望所归,征授司隶刺史"④。既志趣相投,温君悠、李纲、薛道衡、房彦谦等人遂结为朋友。温君悠之子温彦博,字大临,"幼聪悟,有口辩,涉猎书记。初,其父友薛道衡、李纲常见彦博兄弟三人,咸叹异曰:'皆卿相才也。'"⑤之后温彦博曾荐房玄龄于李世民,"会义旗入关,太宗徇地渭北,玄龄杖策谒于军门,温彦博又荐焉。太宗一见,便如旧识,署渭北道行军记室参军"⑥。由此可见,父辈相知,其子辈也多相熟相知,所谓世家子弟大半如此。以上这些人皆房彦谦、房玄龄父子朋友圈中人,之后他们得以在贞观朝同朝为臣,互相荐引是一个重要原因,日后房玄龄亦因此遭萧瑀朋党之谗。

中山郎茂,字蔚之。"茂少敏慧,七岁诵《骚》、《雅》,日千余言。十五师事国子博士河间权会,受《诗》、《易》、《三礼》及玄象、刑名之学。又就国子助教长乐张率礼受《三传》群言,至忘寝食。家人恐茂成病,恒节其灯烛。及长,称为学者,颇解属文。"⑦"茂性明敏,剖决无滞,当时以吏干见称。"郎茂精通文史,曾撰《州郡图经》一百卷奏之,赐帛三百段,以书付秘府⑧。郎颖,字楚之。"少与兄蔚之,俱有重名。隋大业中,蔚之为左丞,楚之为尚书民曹郎。炀帝重其兄弟,称为二郎。楚之,武德初为大理卿,与太子少保李纲、侍中陈叔达撰定律令。后受诏招谕山东,为窦建德所获,胁以兵刃,又诱以厚利,楚之竟不为屈。"⑨

---

① 《旧唐书》卷七十,第 2527 页。
② 《旧唐书》卷七十三,第 2594 页。
③ 《旧唐书》卷六十一,第 2359 页。
④ 《隋书》卷六十六,第 1565 页。
⑤ 《旧唐书》卷六十一,第 2360 页。
⑥ 《旧唐书》卷六十六,第 2460 页。
⑦ 《隋书》卷六十六,第 1554—1555 页。
⑧ 《隋书》卷六十六,第 1555 页。
⑨ 《旧唐书》卷一百八十九,第 4961 页。

河东柳彧,字幼文,"少好学,颇涉经史"①。柳彧为官以正直耿介闻名,任治书侍御史期间,"当朝正色,甚为百僚之所敬惮"。隋文帝"嘉其婞直",赞许柳彧说:"大丈夫当立名于世,无容容而已。"柳彧为官勇于执法,不避权贵,"持节巡省河北五十二州,奏免长吏赃污不称职者二百余人,州县肃然,莫不震惧。上嘉之,赐绢布二百匹、毡三十领,拜仪同三司。岁余,加员外散骑常侍,治书如故"②。柳彧为官清廉,隋文帝"以其家贫,敕有司为之筑宅。因曰:'柳彧正直士,国之宝也。'其见重如此"。柳彧的正直为官,起到了正本清源的重要作用,"隋承丧乱之后,风俗颓坏,彧多所矫正,上甚嘉之"。

河东薛道衡、薛孺兄弟为房彦谦密友,"内史侍郎薛道衡,一代文宗,位望清显,所与交结,皆海内名贤。重彦谦为人,深加友敬。及兼襄州总管,辞翰往来,交错道路。炀帝嗣位,道衡转牧番州,路经彦谦所,留连数日,屑涕而别"③。薛道衡,字玄卿。"道衡六岁而孤,专精好学。年十三,讲《左氏传》,见子产相郑之功,作《国侨赞》,颇有词致,见者奇之。其后才名益著"④,成为当时文坛领袖、一代文宗,"暗牖悬蛛网,空梁落燕泥"诗句至今仍为绝响。薛道衡历仕北齐、北周、隋三朝,与李德林、卢思道齐名,同时也是相当要好的朋友,"待诏文林馆,与范阳卢思道、安平李德林齐名友善"。薛道衡在诗文辞赋才能之外,其政治眼光也相当深远,"与侍中斛律孝卿参预政事,道衡具陈备周之策,孝卿不能用。及齐亡,周武引为御史二命士"⑤。开皇八年(588)三月隋伐陈,薛道衡与役,高颎与薛道衡夜谈伐陈形势,薛道衡为其剖析双方优劣,断言隋必胜、陈必亡,高颎高兴地对薛道衡说:"君言成败,事理分明,吾今豁然矣。本以才学相期,不意筹略乃尔。"⑥薛道衡支持太子杨勇,晋王杨广曾拉拢薛道衡,"道衡不乐王府,用汉王谅之计,遂出江陵道而去"。由是晋王杨广对薛道衡怀恨在心,"于是拜司隶

①《隋书》卷六十二,第1481页。
②《隋书》卷六十二,第1484页。
③《隋书》卷六十六,第1563页。
④《隋书》卷五十七,第1405页。
⑤《隋书》卷五十七,第1406页。
⑥《隋书》卷五十七,第1407页。

大夫,将置之罪。道衡不悟。司隶刺史房彦谦素相善,知必及祸,劝之杜绝宾客,卑辞下气,而道衡不能用"①,终于被隋炀帝借故杀害。薛道衡从兄薛孺,亦与房彦谦相善,"孺清贞孤介,不交流俗,涉历经史,有才思,虽不为大文,所有诗咏,词致清远。开皇中,为侍御史、扬州总管司功参军。每以方直自处,府僚多不便之。及满,转清阳令、襄城郡掾,卒官。所经并有惠政。与道衡偏相友爱,收初生,即与孺为后,养于孺宅。至于成长,殆不识本生。太常丞胡仲操曾在朝堂,就孺借刀子割爪甲。孺以仲操非雅士,竟不与之。其不肯妄交,清介独行,皆此类也"②。薛收后来被房玄龄引荐给李世民,成为李世民帐下三大腹心谋士之一。

"初,开皇中,平陈之后,天下一统,论者咸云将致太平。彦谦私谓所亲赵郡李少通曰:'主上性多忌克,不纳谏争。太子卑弱,诸王擅威,在朝唯行苛酷之政,未施弘大之体。天下虽安,方忧危乱。'少通初谓不然,及仁寿、大业之际,其言皆验。"③赵郡李少通为房彦谦密友,史书无其本传,可以确定的是李少通为文字学家,曾任密州行军,其撰著有《杂字要》三卷、《今字辩疑》三卷④、《俗语难字》一卷⑤。

河内张衡,字建平。"黄门侍郎张衡,亦与彦谦相善。"⑥张衡为晋王杨广藩邸僚属,"及晋王广为河北行台,衡历刑部、度支二曹郎。后以台废,拜并州总管掾。及王转牧扬州,衡复为掾,王甚亲任之。衡亦竭虑尽诚事之,夺宗之计,多衡所建也"。张衡"以藩邸之旧,恩宠莫与为比,颇自骄贵"。鉴于张衡在隋炀帝处的影响力,房彦谦曾致书信与张衡,冀望其匡救时弊,"张衡得书叹息,而不敢奏闻"。张衡亦精通经史,"衡幼怀志尚,有骨鲠之风。年十五,诣太学受业,研精覃思,为同辈所推"。"衡又就沈重受《三礼》,略究大旨。"⑦

---

① 《隋书》卷五十七,第 1413 页。
② 《隋书》卷五十七,第 1413 页。
③ 《隋书》卷六十六,第 1566 页。
④ 《隋书》卷三十二,第 943 页。
⑤ 《旧唐书》卷四十六,第 1986 页。
⑥ 《隋书》卷六十六,第 1562 页。
⑦ 《隋书》卷五十六,第 1391—1392 页。

博陵李文博亦是薛道衡、李纲、房玄龄等人朋友圈中人。李文博精擅经史，"性贞介鲠直，好学不倦，至于教义名理，特所留心。每读书至治乱得失，忠臣列士，未尝不反覆吟玩"，"若遇治政善事，即抄撰记录，如选用疏谬，即委之臧否"，"文博本为经学，后读史书，于诸子及论尤所该洽。性长议论，亦善属文，著《治道集》十卷，大行于世"①。李文博的文才议论，为薛道衡所看重，"开皇中，为羽骑尉，特为吏部侍郎薛道衡所知，恒令在听事帷中披检书史，并察己行事。……道衡每得其语，莫不欣然从之"。李文博为官清廉，"后直秘书内省，典校坟籍，守道居贫，晏如也。虽衣食乏绝，而清操逾厉，不妄通宾客，恒以礼法自处，侪辈莫不敬惮焉"。然而李文博虽精擅文史，却无吏治才能，"文博商略古今，治政得失，如指诸掌，然无吏干"。由于李文通无吏干，考绩定等下考，多年都不得升调，薛道衡时任司隶大夫，遇李文博于东都洛阳，了解情况后遂奏其为从事，"因为齐王司马李纲曰：'今日遂遇文博，得奏用之。'以为欢笑。其见赏知音如此。"李文博得为从事时，曾于洛下专访房玄龄，相送于衢路。"玄龄谓之曰："公生平志尚，唯在正直，今既得为从事，故应有会素心。比来激浊扬清，所为多少？"文博遂奋臂厉声曰："夫清其流者必洁其源，正其末者须端其本。今治源混乱，虽日免十贪郡守，亦何所益！"……于时朝政浸坏，人多赃贿，唯文博不改其操，论者以此贵之。遭离乱播迁，不知所终。"②李文博所著《治道论》，在朋友圈中流传，柳"或尝得博陵李文博所撰《治道集》十卷"③。

总的看来，房彦谦、房玄龄父子在唐朝以前的朋友圈子或以博通经史知名，或以吏干著称于世，可谓一个文史精英交流圈。

（四）碑铭所示唐代齐州房氏的交友圈

入唐以后，齐州房氏仅房玄龄一人《唐书》中有本传，而且本传中没有提及他的朋友们，齐州房氏的交友圈就只能靠碑铭文字稍得补阙。

房彦谦、薛道衡所建立的友谊，在其下一代房玄龄、薛收之间仍得以延续。《大唐故中书令赠光禄大夫秦州都督薛公墓志铭》云："公讳震，字元

① 《隋书》卷五十八，第1431—1432页。
② 《隋书》卷五十八，第1432页。
③ 《隋书》卷六十二，第1484页。

超,河东汾阴人也。……祖道衡,齐中书、黄门二侍郎,隋吏部、内史二侍郎、上开府仪同三司、都督陵邛裕襄四州诸军事、四州刺史、襄州总管、司隶大夫,皇朝赠上开府、临河公。父收,上开府兼陕东道大行台金部郎中、天策上将府记室、文学馆学士、上柱国、汾阴男、赠定州刺史、太常卿,谥曰敏。……六岁,袭汾阴男。受《左传》于同郡韩文汪,便质大义。闻天王狩于河阳,乃叹曰:'周朝岂无良相,何得以臣召君!'文汪异焉。宰辅之器,基于此矣。八岁,善属文,时房玄龄、虞世南试公咏竹,援毫立就,卒章云:'别有邻人笛,偏伤怀旧情。'玄龄等即公之父党,深所感叹。"①据此可知,房玄龄、薛收延续了上一代的交好,是以薛收之子薛元超称房玄龄为"父党"。薛收,"聪明博学。秦府初开,为记室参军"②。薛收得为秦府记室即是房玄龄所推荐,"秦府记室房玄龄荐之于太宗,即日召见,问以经略,收辩对纵横,皆合旨要。授秦府主簿,判陕东道大行台金部郎中"③。薛收以生父薛道衡冤死,立誓不仕于隋,"以父在隋非命,乃洁志不仕。大业末,郡举秀才,固辞不应。义旗起,遁于首阳山,将协义举",是以薛收在秦府旗下特为尽心竭力,"武德六年(623),以本官兼文学馆学士,与房玄龄、杜如晦特蒙殊礼,受心腹之寄"④。薛收早逝,"太宗深追悼之,后谓房玄龄曰:'薛收不幸短命,若在,以中书令处之。'"⑤

　　房玄龄与鲁郡泗水盖氏应有一定交游。《唐故曹州离狐县丞盖府君墓志铭》云:"府君讳蕃,字希陈,鲁郡泗水人也。……元魏邳州刺史灵之曾孙,北齐泗水主簿平棘令晖之孙,隋许昌令洪之子也。"盖希陈"操履中正,少私寡欲,澹如也。博览经传,尤精王易。幼孤,事兄嫂甚谨,乡邑称之。未弱冠,隋大业初,以父荫入为太庙斋郎。久之,授尧台府司马。此后金革日用,丧乱弘多,皇泰仍饥,开明连祸,窘身虐政,自拔无由。及皇唐威灵畅于东夏,以隋官降授文林郎,从时例也。府君以为遭天人革命之秋,君子经

① 周绍良、赵超主编:《唐代墓志汇编续集》,第278页。
② 刘肃:《大唐新语》卷六,中华书局,1984年,第88页。
③《旧唐书》卷七十三,第2587页。
④《旧唐书》卷七十三,第2589页。
⑤ 刘肃:《大唐新语》卷六,第88页。

纶之会,而栖附非地,沉于散冗,岂命也乎?遂安之无复宦情,唯以讲授为事。洛中后进李大师、康敬本等,并专门受业,其后咸以经术知名。而子畅不弃士林者,实资过庭之训也。贞观中,兄伯文任洋州洋源县令,坐事幽縶,将置严刑。府君泣血申冤,辞令恳侧,见者莫不歔欷。使人汉王府参军兰陵萧德昭,孝友人也,不堪其悲;左仆射房玄龄特为奏请,得减死以配流高昌。"盖希陈幼孤时为兄嫂所照顾,其兄盖伯文配流高昌,为照顾其兄,盖希陈"于是起选,授西州蒲昌县丞,允所祈也。乘驲赴官,先兄而至,躬率人力渡碛东迎。德昭每言及天下友于,即引府君为称首。及秩满,兄亦当叙,接轡连车,共遵归路"①。盖氏文史精通,品行纯正,在隋朝为官时当与房玄龄有过一定交游。在其兄罹祸后,盖希陈自然寻托友好设法营救,因此才有"左仆射房玄龄特为奏请,得减死以配流高昌",其后盖希陈为去高昌照顾其兄,即时参加典选而得官,如果没有房玄龄的暗中关照,恐怕也不是一件容易的事。由此可知,盖氏当为房玄龄在隋时朋友之一。

房玄龄入唐为相后,位高权重,为避免朋党之嫌,少交游,也极少推荐人才,以致曾招来唐太宗的责备,而太原王文甫却是房玄龄极少见的举荐者之一。《大周故瀛州文安县令王府君墓志铭并序》云:"公讳德表,字文甫,太原晋阳人。……公幼挺奇伟,聪明懿肃,年五岁日,诵《春秋》十纸。贞观十四年(640),郡县交荐,来宾上国。于时太学群才,天下英异,中春释菜,咸肆讨论。公以英妙见推,当仁讲序,离经辩义,独居重席。即以其年明经对策高第,左仆射梁国公房玄龄奏公学业该敏,特敕令侍徐王读书,寻迁蜀王府参军。"②历年明经对策高第者极多,未见房玄龄有所举荐,独看重王文甫,原因无他,乃在于王文甫书画精妙,"公博综经史,研精翰墨,冠冕五常,被服六艺。至于释教空相,玄门宗旨,莫不澄源挹澜,必造其极"。房玄龄父亲房彦谦既与太原王劢相交往,太原王氏子弟自当与房氏父子相熟,房氏本书法世家,王文甫又"研精翰墨",书画双绝,是以在学术上当有所交流,有一定过从,故房玄龄看重王文甫而为其举荐。

---

① 周绍良主编:《唐代墓志汇编》,第519页。
② 周绍良主编:《唐代墓志汇编》,第947页。

卢献,两《唐书》无本传,但他与狄仁杰等同为秋官侍郎且关系甚密,以至于相互戏谑为乐。①《唐故中大夫澧州刺史赐紫金鱼袋范阳卢府君墓志铭并序》云:"汉侍中植,名著海内,学为儒宗,居涿郡,魏太祖表其地为先贤之乡。子毓为魏司空,孙珽、曾孙志、玄孙谌皆名重晋朝,为当代髦硕。谌曾孙玄,玄子度世,又以学行秀杰,光于元魏。度世有四子:渊、敏、昶、尚,皆克绍祖德,能嗣先业,始以人物为盛,次以官婚为最。自敏四世至常州刺史府君讳幼孙,常州生黄门侍郎府君讳献,黄门生鄂州刺史府君讳翊,鄂州生府君讳昂字子臬。"②则卢献为范阳涿郡卢氏,其时为天下第一高门大姓,家族文化积淀深厚。《唐故通议大夫鄂州刺史上柱国卢府君墓志铭并序》云:"公讳翊,字子鸾,涿郡范阳人也。……常州刺史幼孙,即公之王父,公盖黄门侍郎献之次子也。……初,公以弱冠见于父友吏部侍郎房公讳颖叔,有知人之鉴,眷深国士。"③由此知房颖叔与范阳卢献互为朋友。

苏晋,数岁能属文,作《八卦论》,吏部侍郎房颖叙、秘书少监王绍宗见而赏叹曰:"此后来王粲也。"弱冠举进士,又应大礼举,皆居上第。先天中,累迁中书舍人,兼崇文馆学士。玄宗监国,每有制命,皆令晋及贾曾为之。晋亦数进谠言,深见嘉纳。④ 开元十四年(725),为吏部侍郎。知选事,多赏拔。终太子左庶子。诗二首。

相比于前一时期,唐代齐州房氏的朋友圈没有明显的阶层特征。

二、房氏家族的婚姻圈

自魏晋以来,太行山以东的士族群体极为重视门第婚姻,史称"山东之人质,故尚婚娅"⑤。山东士族重视婚姻,是因为姻亲乃中古门第社会中社会地位高下的一项重要标志,而且姻亲关系也是除血缘关系之外最为重要的亲缘关系,本家、姻亲双方荣辱相依、休戚与共,互相扶持、互相借力以共

① 张鷟:《朝野佥载》卷六,中华书局,1979 年,第 133—134 页。
② 周绍良主编:《唐代墓志汇编》,第 2111 页。
③ 周绍良主编:《唐代墓志汇编》,第 1418 页。
④ 《旧唐书》卷一百,第 3116 页。
⑤ 董诰等编:《全唐文》卷三百七十二,第 3779 页。

同谋求本家族仕途、文化两方面的发展,是当时门阀士族政治生活的重要
内容,也是家族文化延续的重要手段,故"高门多慎婚,所以全门户,保令
誉,不贻羞蒙地也"①。

　　齐州房氏既属山东士族旧门,自然非常注重其婚姻对象家族的文化素
养与社会地位,从而维持门第于不坠。兹先列齐州房氏婚姻状况表如下:

齐州房氏娶入情况表

夫　名	妻　名	妻　族　情　况	资　料　来　源
房崇吉父	傅氏	清河傅氏。	《魏书》卷四十七
房爱亲	崔氏	房爱亲妻崔氏者,清河崔元孙之女。	《魏书》卷九十二
房沙	崔始怜	崔猷之女,清河南祖房崔氏。	《汉魏南北朝墓志汇编》,第67页
房彦诩	卢氏	夫人范阳卢氏,魏司空道虔之孙,齐齐安郡太守昌裕之女。	《全唐文补遗》第七辑,第240页
房子旷	李氏	陇西李氏,世系不详。	《清河太夫人碑》
房玄龄	卢氏	房玄龄妻卢氏,失其世系。	《新唐书》卷二百〇五
房仁裕	王氏	太原王氏,世系不详。	《清河太夫人碑》
房遗爱	李氏	唐太宗女高阳公主。	《旧唐书》卷六十六
房承先	吴氏	天水吴氏。	《唐代墓志汇编续集》,天宝〇七六
房先质	王氏	琅琊郡君王氏。	《唐代墓志汇编续集》,天宝一〇三
房场	姚氏、陈氏	不详。	《唐代墓志汇编》,长寿〇二五
房逸	李氏	赵郡李氏。	《唐代墓志汇编》,圣历〇二〇
房孚	张氏	南阳张氏。	《唐代墓志汇编》,开元三三一
房惠琳	周氏	汝南周氏。	《唐代墓志汇编》,开元三六六

---

① 王伊同:《五朝门第》,中华书局,2006年,第213页。

（续表）

夫　名	妻　名	妻族情况	资料来源
房君	崔顺	博陵崔氏。	《唐代墓志汇编》，开元三七一
房有非	尚氏	不详。	《唐代墓志汇编》，建中〇〇八
房府君	耿氏	高阳耿氏。	《唐代墓志汇编》，天宝二一四
房润	张氏	范阳张氏。	《唐代墓志汇编续编》，天宝〇五三

齐州房氏嫁出情况表

妻　名	夫　名	夫族情况	资料来源
房氏	崔猷	清河崔氏南祖房。房氏为房法寿之女。	《汉魏南北朝墓志汇编》，第67页
房氏	刘邕	平原刘氏。房氏为房元庆姐妹，房爱亲姑姑、房景伯兄弟的姑祖母。	《魏书》卷四十三
房氏	李会	赵郡李氏。房氏为房伯玉女。	《魏书》卷七十一
房氏	崔僧渊	清河崔氏	《魏书》卷二十四
房氏	崔元孙	清河崔氏	《魏书》卷六十六
房氏	崔怀顺	清河东武城人也，父邪利，鲁郡太守。	《南史》卷七十三
房氏	傅敬仲	清河傅氏。傅竖眼次子。	傅竖眼墓志，《考古》1987年第2期
房氏	崔宗伯	清河崔氏大房。	《魏书》卷六十九
房氏	贾□□	齐郡武威贾氏。	《魏书》卷四十七
房氏	封伯达	渤海封氏。	《魏书》卷三十二
房氏	邢伟	河间邢氏。房氏为房坚之女。	《汉魏南北朝墓志汇编》，第78页
房氏	李元嘉	唐高祖第十一子，封韩王。房氏为房玄龄之女。	《旧唐书》卷六十六《新唐书》卷七十九

（续表）

妻 名	夫 名	夫族情况	资料来源
房氏	崔猷	清河崔氏南祖房。房氏为房法寿之女。	《汉魏南北朝墓志汇编》，第67页
房氏	郑仁恺	五姓高门荥阳郑氏，房氏为房玄龄之女。	《全唐文》卷二百二十
房氏	宋师	不详。房氏为房仁裕之女。	《清河太夫人碑》
房氏	李贤	章怀太子，房氏为房仁裕孙女。	《唐代墓志汇编》，景云〇二〇
房氏	员府君	不详。	《全唐文》卷九百九十六
房鹿娘	卢翊	范阳卢氏。房氏为房颖叔长女。	《唐代墓志汇编》，开元三七九
房氏	段府君	荆州段氏。房氏为房颖叔季女。	《全唐文补遗》千唐志斋藏专辑，第201页
房氏	卢昂	范阳卢氏。房氏为房颖叔孙女。	《唐代墓志汇编》，大足〇二一
房氏	周义	不详。	《唐代墓志汇编》，开元三一二
房氏	宋叔康	不详。	《全唐文》卷七百五十
房氏	蒋畏之	不详。	《全唐文补遗》千唐志斋藏专辑，第238页

据上所列齐州房氏婚媾状况，虽材料不齐，仍可看出在隋朝之前，齐州房氏婚姻嫁、娶对象基本上是从河北迁青齐的清河乡党，也与原居于青齐的土著士族联姻。在隋朝以后，齐州房氏的婚姻对象逐渐突破了青齐地域的限制。

（一）南北朝至隋朝齐州房氏的地域婚姻圈

清河东武城房氏、崔氏、张氏、傅氏等家族随慕容德南渡前原属同郡乡党，南渡之后虽各自散居青齐之地，然地相邻接，仍保持着乡党之谊，且互为婚姻而成为世交。清河乡党之外的婚姻对象主要是范阳卢氏、陇西李氏、赵郡李氏。齐州房氏也与原青齐土著士族渤海封氏、彭城刘氏、武威贾氏等联姻。齐州房氏在隋朝以前的婚姻对象，显示出明显的地域性和门第对等性。

1. 与清河崔氏的联姻

据现有资料看,齐州房氏与清河崔氏迁青齐诸宗支世代为通家之好。房法寿之女嫁给清河崔猷,其墓志铭云:"君讳猷,字孝孙,东清河东俞人。……弈叶英邵,官冕相袭。七世祖岳,元嵩,晋散骑侍郎。高祖荫,道崇,大司农卿。祖乐陵太守旷,元达,德懋乡家,当世宗重。父清河太守灵瑰,言行无玷,名秀一时。故太傅领尚书令文宣公,即君从父兄也。"①崔猷于正史无传,据其墓志所列世系背景,崔猷祖父崔旷"随慕容德度河居齐郡乌水,号乌水房。生清河太守二子:灵延、灵茂"②。则崔猷属清河崔氏乌水房支系。其碑铭中的"故太傅领尚书令文宣公",即崔光,本名孝伯。正光五年(524)正月,朝廷赠崔光"太傅、领尚书令、骠骑大将军、开府、冀州刺史、侍中如故。又赐加后部鼓吹、班剑,依太保、广阳王故事,谥文宣公"③。崔光为灵延之子,崔光、崔猷为堂兄弟。崔光、崔猷都曾作为平齐民徙代居桑乾,"慕容白曜之平三齐,光年十七,随父徙代",其时崔猷也只有十六岁,正值"年方志学"之时,一家人被迫"阖门北徙,便堪冒险"④。乌水房崔氏以文史传家,崔猷"风概夙成,识艺早立",即便居于平齐郡,亦勤学不辍。崔光家贫,更是"好学,昼耕夜诵",遂成为一代文宗,"孝伯之才,浩浩如黄河东注,固今日之文宗也"⑤。崔光侄子崔鸿在家学熏陶之下更是文史大家,崔鸿"少好读书,博综经史","敕撰《起居注》。迁给事中,兼祠部郎,转尚书都兵郎中。诏太师、彭城王勰以下公卿朝士儒学才明者三十人,议定律令于尚书上省,鸿与光俱在其中,时论荣之"⑥。当时平齐郡的太守为崔道固,"是时,频岁不登,郡内饥弊,道固虽在任积年,抚慰未能周尽,是以多有怨叛"。而正是在困境乱局中,益显乌水房崔氏诸人家法严整,崔光"佣书以养父母",崔猷"奉馈供,济尊卑,诚孝之厚,齐代以为美谈。闺庭雍整,

---

① 赵超:《汉魏南北朝墓志汇编》,第 66—67 页。
② 《新唐书》卷七十二,第 2736 页。
③ 《魏书》卷六十七,第 1498—1499 页。
④ "阖门北徙",赵超录文误录作"闺门非徙",此据碑铭图片录正。
⑤ 《魏书》卷六十七,第 1487 页。
⑥ 《魏书》卷六十七,第 1501 页。

造履严巤,树言树行,有礼有法"。崔猷自十六岁北徙平齐郡,二十八岁时始有长女始怜,于当时诚属晚婚,应该是在平齐郡时才与房法寿之女房氏结亲。而其时房法寿在魏为上客,与韩麒麟对为冀州刺史,其政治境遇较之崔灵璩、崔猷家要好得多,其所以得结亲家,应当还是基于在青齐地区时相互的了解以及在平齐郡时其家学、家法不坠。房法寿外孙女崔始怜嫁房沙,房沙为房灵民之子,房灵民乃房法寿从父弟,则房法寿女儿与房沙为同辈兄妹,从辈分上讲房沙是房法寿外孙女崔始怜的表舅,而这种有异常规的联姻却是当时典型的"亲上加亲"的婚姻形式,其目的就是为了加强两个家族间的联系与互相支持。

清河崔氏有青州房宗支,源发于崔琰,"琰生钦。钦生京。京孙琼,慕容垂车骑属。生辑,宋泰山太守,徙居青州,号青州房"①。崔辑生有三子:崔攸之、崔目连、崔道固。崔攸之有子崔元孙、崔幼孙。崔目连有子崔僧渊、崔僧祐。崔元孙有子崔亮、崔敬默。崔道固"善举止,便弓马,好武事",崔亮"佣书自业",李冲因崔光之荐而与崔亮谈论崔氏家学,崔亮为李冲诵读家传《相命论》,被李冲"迎为馆客",崔"亮在雍州,读《杜预传》,见为八磨,嘉其有济时用,遂教民为碾。及为仆射,奏于张方桥东堰榖水造水碾磨数十区,其利十倍,国用便之",可见青州房崔氏的家学与齐州房氏相同,都是文史传家、文武双修,两家的联姻可谓是"门当房对"。崔亮之父元孙任南朝刘骏的尚书郎,"刘彧之僭立也,彧青州刺史沈文秀阻兵叛之。彧使元孙讨文秀,为文秀所害。亮母房氏,携亮依冀州刺史崔道固于历城,道固即亮之叔祖也"②、"僧渊元妻房氏生二子伯骥、伯骧"③、"清河房爱亲妻崔氏者,同郡崔元孙之女"④,由此可见清河崔氏青州房支与齐州房氏两家互为婚姻。两家各自的家传文化因为联姻而起到了相互融通的效果,崔元孙因战乱早亡之时,其子崔亮、敬默年幼,崔亮还不到十岁,因此崔亮、敬默的早年教育、成人皆由房氏夫人来完成,"及慕容白曜之平三齐,内徙桑乾,为平

①《新唐书》卷七十二,第2770页。
②《魏书》卷六十六,第1476页。
③《魏书》卷二十四,第633页。
④《魏书》卷九十二,第1980页。

齐民。时年十岁,常依季父幼孙,居家贫,佣书自业"。年十余岁的崔亮能
"佣书自业",其教育只能是如房景先一样靠其母亲传授。房景先之母,即
房爱亲妻崔氏,崔元孙之女。景先"幼孤贫,无资从师,其母自授《毛诗》、
《曲礼》"。房崔氏以其家学教导景先兄弟三人,崔氏"性严明高尚,历览书
传,多所闻知。子景伯、景先,崔氏亲授经义,学行修明,并为当世名士"。
崔氏不仅教导其子家学,而且还培养兄弟诸人的德行,"景伯为清河太守,
每有疑狱,常先请焉。贝丘民列子不孝,吏欲案之。景伯为之悲伤,入白其
母。母曰:'吾闻闻不如见,山民未见礼教,何足责哉? 但呼其母来,吾与之
同居。其子置汝左右,令其见汝事吾,或应自改。'景伯遂召其母,崔氏处之
于榻,与之共食。景伯之温清,其子侍立堂下。未及旬日,悔过求还。崔氏
曰:'此虽颜惭,未知心愧,且可置之。'凡经二十余日,其子叩头流血,其母
涕泣乞还,然后听之,终以孝闻。其识度厉物如此,竟以寿终"①。在这里,
房、崔二家的家传文化不仅因婚姻得以相通,更重要的是女性各自在夫家
中所起到的对家族继绝扶衰的作用,两家都因为传承本家家学而使各自夫
家再次门楣光大,通过婚姻互相扶持的作用于此显露无遗。

　　崔"逞少子諲,宋青、冀二州刺史。生灵和,宋员外散骑常侍。生后魏
赠清河太守宗伯。生休、寅。休号大房"②。崔宗伯娶房氏,可知齐州房氏
与崔氏清河大房也有联姻。崔宗伯早逝,其子崔休"少孤贫",皆由其母房
氏教导成人,因此崔休"少而谦退,事母甚谨"。房氏家学在崔休的成长中
再次融入崔氏家学中,"休好学,涉历书史,公事军旅之隙,手不释卷,崇尚
先达,爱接后来,常参高祖侍席,礼遇次于宋、郭之辈"③。"崔怀顺,清河东
武城人也"④,娶妻房氏。其父崔邪利任宋鲁郡太守,"宋元嘉中为魏所获。
怀顺与妻房氏笃爱,闻父见虏,即日遣妻,布衣蔬食,如居丧礼"。崔怀顺支
系系清河崔氏崔逞之兄崔霸的后裔。

　　综上所述,南北朝时期,齐州房氏与清河崔氏诸宗支广泛联姻,形成一

①《魏书》卷九十二,第1980—1981页。
②《新唐书》卷七十二,第2751页。
③《魏书》卷六十九,第1525页。
④《南史》卷七十三,第1813页。

个相当广泛的地域姻亲文化交流圈,房、崔二家为世婚。

2. 与清河傅氏的联姻

清河房氏与清河傅氏亦有联姻。房崇吉之母为清河傅氏,前文已述。傅竖眼之子傅敬仲娶清河房氏女,可见傅、房两家也是代为婚姻。前文已述及傅氏家学允文允武,傅竖眼以"文武器干"知名于时,为傅氏家族南迁齐郡临淄之后的第三代杰出人物。傅融自清河徙盘阳,为"州主簿,治中别驾"①,而"豪勇之士多相归附"②,傅氏成为东清河郡的一方豪雄,与齐州房氏也算是门当户对,因此互为婚姻。房法寿外孙女崔止怜,"年廿七,适同郡傅氏。夫骥,琅耶戍主。父僧恩,早终"③。而与崔止怜年岁相当、生活时代相当的傅氏琅耶戍主,史传所载的只有傅琰曾孙傅文骥,史传称其"勇果有将领之才。随竖眼征伐,累有军功,自强弩将军出为琅邪戍主"④。

3. 与武威贾氏的联姻

房法寿之外孙女崔玉树"年廿五,适武威贾氏。夫渊,州都。父休,州主簿,魏郡太守"⑤。年二十五结婚,在当时士族的婚姻中正好适龄。"兖州刺史申纂妻贾氏,崇吉之姑女也"⑥,由此可知房宗吉的姑姑房氏也是嫁给了早已迁居青齐之地的武威贾氏;其女嫁与申纂,由此可知房氏与贾氏有多重渊源的亲属关系。迁居青齐的武威贾氏,即齐郡贾思伯、贾思同兄弟之贾氏家族。贾思伯、贾思同兄弟与房景伯兄弟、崔光兄弟等同时代,崔光表"荐思伯为侍讲"⑦。贾思伯,字士休,《魏书》本传只云其为"齐郡益都人也",未言其先祖世系,而其墓志铭却追溯甚明:"君讳思伯,字士休,齐郡益都县钓台里人也。其先乃武威之冠族,远祖谊,英情高迈,才峻汉朝。十世祖文和,佐命黄运,经纶魏道。九世祖机,作牧幽蓟,中途值乱,避地东徙,遂宅中齐,为四履冠冕。考道最,州主簿、州中正、本郡太守。伯父元寿,中

---

① 《傅竖眼墓志》图版,见张光明:《山东淄博市发现傅竖眼墓志》,《考古》1987 年第 2 期。
② 《魏书》卷七十,第 1555 页。
③ 赵超:《汉魏南北朝墓志汇编》,第 67 页。
④ 《魏书》卷七十,第 1561 页。
⑤ 赵超:《汉魏南北朝墓志汇编》,第 67 页。
⑥ 《魏书》卷四十七,第 1062 页。
⑦ 《魏书》卷七十二,第 1615 页。

书侍郎,追赠青州刺史。自大傅已降,贤明间出。"①由此可知贾思伯之九世祖贾机曾为官幽蓟,于曹魏青龙年间(233—237 年)遭逢战乱而徙居青齐,是以有齐郡青州贾氏诸支系。在齐郡的武威贾氏,至房法寿的时代,早已土著化了。

房法寿外孙女婿贾氏的支系,贾渊任青州大中正,其父贾休曾任州主簿。据《贾瑾墓志》云:"君讳瑾,字德瑜,武威姑臧人也。祖父天符,以才地高朗,仕宋为本州主 簿 ,□□府中兵参军、条县令、南阳太守。父敬伯,族美才华,州辟主簿,频翼二政,后转别驾,入府为司马,出广川、平原、济南、魏郡、太原、高阳六郡太守。"②则贾瑾父、祖皆曾任州主簿。可见自曹魏时就已定居青齐之地的武威贾氏,经二百十余年的发展,确实已是当地有数的势家望族而成为州里实权的把持者。贾思伯世父元寿,"有学行,见称于时"③。贾思伯"十岁能诵书诗,成童敦悦礼传,备阅流略之书,多识前古之载。工草隶,善辞赋,文苑儒宗,退迩归属,学优来士,游宦北都","思伯自以儒素为业"。及崔光荐思伯为侍讲,"思伯遂入授肃宗《杜氏春秋》。思伯少虽明经,从官废业,至是更延儒生夜讲昼授"④。贾思伯与弟思同"师事北海阴凤授业",思同"少厉志行,雅好经史"、"仍与国子祭酒韩子熙并为侍讲,授静帝《杜氏春秋》"⑤。贾瑾祖父"才地高朗"、父亲"族美才华",父、祖所历官"皆以才效升转"。贾瑾本人"龆年敏悟,志度开廓",其学兼儒、道,"越数刃入孔公之富室,披玄奥开李老之妙门"。其家教"性仁恕,好博施,上泛爱,贵人要,性至孝,谨瞻□。待疾尝药,同痛疡于一体;进膳奉餐,共虚饱于五内。恩恭悌顺,协穆闺门,弘和肃整,导悦邦邑"。贾瑾的侄子贾晶,字士光,"其业尚英骏,识智刚决。志学之年,稽三经之奥;弱冠之岁,精五典之原。言谈清婉,若齿间含镜;援豪投默,则素上缀珠。才为时□,就

---

① 《贾思伯墓志》图版,见寿光县博物馆《北魏寿光贾思伯墓》,《文物》1992 年第 8 期,第 17 页。
② 赵超主编:《汉魏南北朝墓志汇编》,第 281 页。
③ 《魏书》卷七十二,第 1612 页。
④ 《魏书》卷七十二,第 1613、1615 页。
⑤ 《魏书》卷七十二,第 1615 页。

家征奉朝请,俄转通直散骑侍郎直寝"①。墓志铭对墓主的学术深度或有虚
美,但贾氏诸支系以儒素为业则不会为虚,因此贾氏也应当是当地业儒的
文化世家。从现有资料看,贾氏与迁青齐的清河崔氏、房氏、傅氏、张氏等
多结姻亲,也是门当户对的姻亲文化交流圈。

4. 与赵郡李氏的联姻

李会,"其妻,南阳太守清河房伯玉之女也"②,由此知齐州房氏的姻亲
对象尚有赵郡李氏。与房伯玉结姻亲的赵郡李氏乃迁青齐之地的辽东房
支。辽东房始祖李齐,是赵郡李氏始祖李牧的胞弟,行三。李齐为赵中山
相,遂居家中山,地属今河北定县。到李齐的十三世孙李宝时,徙家襄平,
地属今辽宁辽阳,于是有赵郡李氏辽东房支。李宝"生雄,车骑长史。生
亮,字威明,原武令。生敏,河内太守。生信。生胤,字宣伯,晋司徒、广陆
成侯。生固,字万基,散骑郎。生志,字彦道,阳平太守,嗣广陆侯。弟沉,
沉孙根"③。李根为后燕中书令,李根五世孙蒲山公李密,曾统领瓦岗军反
隋,失败后归唐。李根的十九世孙李泌是唐德宗朝宰相,李泌子李繁撰有
《邺侯家传》流传于世。李会之父李元护,辽东襄平人,"八世祖胤,晋司徒、
广陆侯。胤子顺、璠及孙沉、志,皆有名宦。沉孙根,慕容宝中书监。根子
后智等随慕容德南渡河,居青州,数世无名位,三齐豪门多轻之"④。迁青州
的李根之子李后智及其后裔李元护,《新唐书》"宰相世系表"皆不载,而论
李元护世系,当与表中李永同辈。李"元护为齐州,经拜旧墓,巡省故宅,飨
赐村老,莫不欣畅"。青州赵郡李氏应当也是文武兼修,李元护少有武力,
"虽以将用自达,然亦颇览文史,习于简牍"⑤。"元护以国家平齐后,随父
怀庆南奔",而房伯玉"坐弟叔玉南奔,徙于北边。后亦南叛,为萧鸾南阳太
守"。有共同的南奔经历及相似的家族背景,在南朝的房、李两家结为姻亲
当时也在情理之中。

---

① 赵超主编:《汉魏南北朝墓志汇编》,第 282 页。
② 《魏书》卷七十一,第 1586 页。
③ 《新唐书》卷七十二,第 2593 页。
④ 《魏书》卷七十一,第 1585 页。
⑤ 《魏书》卷七十一,第 1585 页。

5. 与渤海封氏的联姻

封恺子伯达"弃母及妻李氏南奔河表,改婚房氏",是知齐州房氏与渤海封氏也为儿女亲家。渤海封氏源起于东汉封岌,"岌,字仲山,后汉侍中、凉州刺史。生咺。咺四世孙仁,仁孙释,晋侍中、东夷校尉"①。封氏世居渤海蓚县(今河北景县),少有迁徙,其后世宗谱遂云"自后汉凉州刺史仲山居景州,历晋、燕、北魏以至于隋唐,簪笏相继,未尝迁徙",故此中古时期封氏必称"渤海蓚人"。

封伯达之父封恺,即封懿从兄之子,恺妻即卢玄的姐姐,则与房氏结亲的封氏为封懿支系。封懿"字楚德,勃海蓚人也。曾祖释,晋东夷校尉。父放,慕容暐吏部尚书"②。封懿之兄封孚,任慕容超的太尉,慕容"宝僭位,累迁吏部尚书"。当慕容德据青齐建南燕时,封孚主动与其合作,慕容德高兴地说:"朕平青州,不以为庆,喜于得卿也。"封氏系青齐土著士族势力,一时自非南迁河北诸豪雄可比,又与南燕主动合作,故封孚得以"外总机事,内参密谋",进入了南燕政权统治阶层核心圈子,其家族势力在南燕的发展远非当时受到边缘化的房氏可比,封氏借南燕之势更成为青齐强族,在之后的刘宋时期,其家传文化更是得到巩固,这一支系的封氏后裔封德彝遂挟其文化积淀得以于唐高祖、唐太宗两朝为相。封懿及其兄封孚皆以文学、经史、吏干而知名,孚"虽位任崇重,谦虚博纳,甚有大臣之体"、"文笔多传于世"③。封懿"俊伟有才气,能属文,与孚虽器行有长短,然名位略齐"、"懿撰《燕书》,颇行于世"④。封懿族子封轨"沉谨好学,博通经传",光禄大夫孙惠蔚推赞封轨"封生之于经义,非但章句可奇,其标明网格,统括大归,吾所弗如者多矣"⑤。封轨长子伟伯,"博学有才思,弱冠除太学博士,每朝廷大议,伟伯皆预焉。雅为太保崔光、仆射游肇所知赏";"伟伯又讨论《礼》、《传》、《诗》、《易》疑事数十条,儒者咸称之";"伟伯撰《封氏本录》六

---

① 《新唐书》卷七十一,第 2341 页。
② 《魏书》卷三十二,第 760 页。
③ 《晋书》卷一百二十八《封孚传》,第 3185 页。
④ 《魏书》卷三十二,第 760 页。
⑤ 《魏书》卷三十二,第 764 页。

卷,并诗赋碑诔杂文数十篇"①。由此可知这一时期封懿支系家族文化确实非常出色。按当时陈俗,渤海封氏与齐州房氏是门当房对的家族,联姻自在情理之中,只是今已不知封伯达所娶房氏是清河房氏的哪一支系,封伯达南奔河表更婚房氏,而史传所载南奔的房氏有房伯玉、房叔玉、房崇吉,封房氏或即出其三家之门。

6. 与河间邢氏的联姻

邢伟,其墓志铭云:"字叔儁,河间鄚人也","夫人渤海封氏。父休桀,河间太守安陵子。后夫人清河房氏。父千秋,立中将军南青州刺史"②,是知清河房氏与河间邢氏有联姻。房氏之父千秋,即房灵宾从父兄房坚(字千秋),"世宗时,复为司空谘议,加立忠将军。卒,赠南青州刺史"③。邢伟"起家除奉朝请,历员外散骑侍郎、太郎、长流参军、尚书南主客郎中,加轻车将军",死后朝廷追赠为博陵太守。其"祖颖,散骑常侍冠军将军定州刺史城平康侯。夫人渤海李氏。父昇,太子洗马。父修年,南河镇将。夫人赵郡李氏。父祥,安东将军定州刺史平棘献子"、"王父城平康侯,将命江吴,标随陆之誉"④。《魏书》卷六十五邢峦本传云邢峦"河间鄚人也",祖颖"拜中书侍郎,假通直常侍、宁朔将军、平城子,衔命使于刘义隆,后以病还乡里……卒,赠冠军将军、定州刺史";父修年"州主簿";三弟邢伟"尚书郎中。卒,赠博陵太守"。则此可知,墓主邢伟即邢峦之三弟。

据墓志及相关史料,可知河间邢氏与房氏一样为文武兼修、经史传家的文化世家。《北史》邢峦本传云"魏太常贞之后"⑤,邢峦五世祖嘏,"石勒频征,不至",发展至邢峦祖父邢颖这一代,"以才学知名",其文化积淀、家族势力蔚然已成当地一流士门,成为当地其他家族争先与婚的对象,时有所谓"人贵河间邢"⑥之说。

---

① 《魏书》卷三十二,第 766—767 页。
② 赵超主编:《汉魏南北朝墓志汇编》,第 79 页。
③ 《魏书》卷四十三,第 972 页。
④ 赵超主编:《汉魏南北朝墓志汇编》,第 78 页。
⑤ 《北史》卷四十三,第 1580 页。
⑥ 《魏书》卷五十四,第 1195 页。

北魏世祖时,邢颖"与范阳卢玄、渤海高允等同时被征"①,其被征理由是因为邢颖等人"贤俊之胄,冠冕州邦,有羽仪之用"②。后来高允作《征士颂》怀念故友,也赞邢颖为俊胄:"宗敬延誉,号为四俊,华藻云飞,金声凤振。中遇沈疴,赋诗以讯,忠显于辞,理出于韵"③。邢峦之父邢脩年,任南河镇将,以武达显而又好儒,"怀道韫璞,阐雅尚之风"。邢峦本人"少而好学,负帙寻师,家贫厉节,遂博览书传。有文才干略";"峦自宿豫大捷,及平悬瓠,志行修正,不复以财贿为怀,戎资军实丝毫无犯";"峦才兼文武,朝野瞻望"④。邢峦因其儒学、文史精通而为当朝所重,"高祖钦明稽古,笃好坟典,坐舆据鞍,不忘讲道。刘芳、李彪诸人以经书进,崔光、邢峦之徒以文史达,其余涉猎典章,关历词翰,莫不縻以好爵,动贻赏眷。于是斯文郁然,比隆周、汉"⑤。"宣武时,命邢峦追撰《孝文起居注》,书至太和十四年,又命崔鸿、王遵业补续焉。下讫孝明,事甚委悉。"⑥邢峦五弟晏,"美风仪,博涉经史,善谈释老,雅好文咏。起家太学博士、司徒东阁祭酒";"晏笃于义让,初为南兖州刺史,例得一子解褐,乃启其孤弟子子慎,年甫十二,而其子已弱冠矣。后为沧州,复启孤兄子昕为府主簿,而其子并未从官。世人以此多之。"⑦邢晏次子亢,"颇有文学"。

墓主邢伟本人,"君资性温裕,识悟明憼,岐嶷表于绮年,业尚播于冠日。是以令问休声,昭然允集矣";"君爱在志学,孝友睦于闺庭;脱巾近禁,匪懈形于夙夜。赞槐墀,鼎味增和;登礼闱,燮谐治本。加以学究百氏,词藻绮赡;动容必遵礼度,发言归于忠信。"⑧邢伟之子邢昕,以文学名世,入《魏书》文学传,"好学,早有才情";"萧伯寅讨关中,以昕为东阁祭酒,委以文翰";"吏部尚书李神俊奏昕修《起居注》";"永熙(534)末,昕入为侍读,

①《魏书》卷六十五,第 1437 页。
②《魏书》卷四,第 79 页。
③《魏书》卷四十八,第 1083 页。
④《魏书》卷六十五,第 1437、1447 页。
⑤《魏书》卷八十四,第 1842 页。
⑥《北齐书》卷三十七,第 487 页。
⑦《魏书》卷六十五,第 1448—1449 页。
⑧ 赵超主编:《汉魏南北朝墓志汇编》,第 78 页。

与温子升、魏收参掌文诏","所著文章,自有集录"①。

邢颖弟邢祐,邢峦的叔祖,"少有学尚,知名于时。征除著作郎,领乐浪王傅","以将命之勤,除建威将军、平原太守,赐爵城平男"②。邢祐之子邢产,邢峦的堂叔,"好学,善属文。少时作《孤蓬赋》,为时所称。举秀才,除著作郎"、"产仍世将命,时人美之"③。邢峦的族叔,祐从子邢虬,"少为《三礼》郑氏学,明经有文思。举秀才上第"、"所作碑颂杂笔三十余篇"④。邢虬之子邢臧"早立操尚,博学有藻思。年二十一,神龟中,举秀才,问策五条,考上第,为太学博士";"除东牟太守,时天下多事,在职少能廉白,臧独清慎奉法,吏民爱之";"领乐安内史,有惠政"。"臧和雅信厚,有长者之风,为时人所爱敬";"为特进甄琛行状,世称其工。与裴敬宪、卢观兄弟并结交分,曾共读《回文集》,臧独先通之。撰古来文章,并叙作者氏族,号曰《文谱》,未就,病卒,时贤悼惜之。其文笔凡百余篇"⑤。

邢臧弟邵,"十岁,便能属文,雅有才思,聪明强记,日诵万余言"。邢峦十分看重这个族弟,对家中子弟说:"宗室中有此儿,非常人也。"邢邵文学才能非常出色,"尝因霖雨,乃读《汉书》,五日,略能遍之。后因饮谑倦,方广寻经史,五行俱下,一览便记,无所遗忘。文章典丽,既赡且速。年未二十,名动衣冠","自孝明之后,文雅大盛。邵雕虫之美,独步当时,每一文初出,京师为之纸贵,读诵俄遍远近。于时袁翻与范阳祖莹位望通显,文笔之美,见称先达,以邵藻思华赡,深共嫉之。每洛中贵人拜职,多凭邵为谢表"。邢邵亦精研儒学典籍,"博览坟籍,无不通晓。晚年尤以《五经》章句为意,穷其指要。吉凶礼仪,公私谘禀,质疑去惑,为世指南。每公卿会议,事关典故,邵援笔立成,证引该洽。帝命朝章,取定俄顷。词致宏远,独步当时。与济阴温子昇为文士之冠,世论谓之温、邢。钜鹿魏收,虽天才艳发,而年事在二人之后,故子昇死后,方称邢、魏焉"。邢邵"有集三十卷,见

①《魏书》卷八十五,第1873—1874页。
②《魏书》卷八十五,第1449页。
③《魏书》卷八十五,第1449页。
④《魏书》卷八十五,第1450页。
⑤《魏书》卷八十五,第1871—1875页。

行于世"。

邢氏人物具有名士风范,乐于交游,以邢邵为最,"少在洛阳,会天下无事,与时名胜,专以山水游宴为娱,不暇勤业"。"性好谈赏,不能闲独,公事归休,恒须宾客自伴。""虽望实兼重,不以才位傲物。脱略简易,不修威仪,车服器用,充事而已。有斋不居,坐卧恒在一小屋。果饵之属,或置之梁上,宾至,下而共啖。天姿质素,特安异同,士无贤愚,皆能顾接,对客或解衣觅虱,且与剧谈。"学界研究表明:"邢邵是当时士人雅聚的主要召集人,可谓名士群体的领袖人物"①,被当时士人诩为"文宗学府",共以为邢邵"志性通敏,风情雅润,下帷覃思,温故知新,文宗学府,跨班、马而孤上;英规胜范,凌许、郭而独高。是以衣冠之士,辐辏其门;怀道之宾,去来满室。升其堂者,若登孔氏之门;沾其赏者,犹听东吴之句。籍甚当时,声驰遐迩"②。

同时邢邵亦严守家法,史称"邵率情简素,内行修谨,兄弟亲姻之间,称为雍睦"。"事寡嫂甚谨,养孤子恕,慈爱特深。在兖州,有都信云恕疾,便忧之,废寝食,颜色贬损。及卒,人士为之伤心,痛悼虽甚,竟不再哭,宾客吊慰,抆泪而已。其高情达识,开遣滞累,东门吴以还,所未有也。"③

河间邢氏在北朝后期的两个主要代表人物邢峦、邢邵兄弟,体现了"汉代以来'经律兼修'、师吏合一的文化传统,这与魏晋以来'儒玄双修'的浮华士风明显不同"。"河间邢氏主要代表人物在文化上既是精擅礼制的儒者,也是才华横溢的文士。"家族文化特点十分明显,"既通经史,具有丰厚的学识;又擅长作文,表现出炫目的才华。特别难能可贵的是邢氏人物普遍将二者结合起来,形成了独具魅力的名士气质与家族风尚"④。

由上述可知,河间邢氏邢峦支系确系文史传家的文化世家,又特以文学著称。与邢伟结亲的清河房千秋、房灵宾、房灵建支系,在当时也是以文藻名世,二家结为姻亲,可谓珠联璧合。

---

① 王永平:《学府文宗——北朝后期河间邢氏的家族文化》,《学习与探索》2009 年第 2 期。
② 杨勇校笺:《洛阳伽蓝记校笺》卷三,中华书局,2006 年,第 125 页。
③ 《北齐书》卷三十六,第 475—479 页。
④ 王永平:《学府文宗——北朝后期河间邢氏的家族文化》,《学习与探索》2009 年第 2 期。

7. 与彭城刘氏的联姻

刘芳,"字伯文,彭城人也,汉楚元王之后也。六世祖讷,晋司隶校尉。祖该,刘义隆征房将军、青徐二州刺史。父邕,刘骏兖州长史"。刘芳"舅元庆,为刘子业青州刺史沈文秀建威府司马"①,则知房元庆的姐姐或者妹妹嫁给了刘芳之父刘邕,是清河房氏与彭城刘氏在刘宋后期亦有联姻。

刘芳属彭城刘氏丛亭里支系,其六世祖讷,上引《魏书》本传云其汉楚元王刘交之后裔,房玄龄主撰《晋书》亦云其为汉楚元王之后。但唐代史学家刘知幾自考其家世传承,却认为"彭城丛亭里诸刘,出自宣帝子楚孝王嚣曾孙司徒居巢侯刘恺之后,不承楚元王交。皆按据明白,正前代所误,虽为流俗所讥,学者服其该博。初,知幾每云若得受封,必以居巢为名,以绍司徒旧邑;后以修《则天实录》功,果封居巢县子。又乡人以知幾兄弟六人进士及第,文学知名,改其乡里为高阳乡居巢里"②。至欧阳修撰《新唐书》,乃同刘知幾说:"高祖七世孙宣帝,生楚孝王嚣,嚣生思王衍,衍生纡,纡生居巢侯般,字伯兴。般生恺,字伯豫,太尉、司空。生茂,字叔盛,司空、大中大夫,徙居丛亭里。恺六世孙讷,晋司隶校尉。"③唐人林宝撰《元和姓纂》,未予考辨,两说并存之。④唐初修《晋书》,主要利用的文献是从西晋、东晋迄南朝的二十余家晋史,其时去晋未远,材料又丰,故当以《晋书》为是,刘芳应为楚元王刘交之后。刘知幾远祖刘僧利只是刘芳的族兄,或其为传自刘嚣的后裔。

《汉书》卷三十六楚元王本传云:"楚元王交,字游,高祖同父少弟也。好书,多材艺。少时尝与鲁穆生、白生、申公俱受《诗》于浮丘伯。"楚元王至彭城后,以其同学穆生、白生、申公为中大夫,"文帝时,闻申公为《诗》最精,以为博士。元王好《诗》,诸子皆读《诗》,申公始为《诗》传,号《鲁诗》。元王亦次之《诗》传,号曰《元王诗》,世或有之"。由于楚元王推重、爱好

---

① 《魏书》卷五十五,第 1219 页。
② 《旧唐书》卷一百二,第 3171 页。
③ 《新唐书》卷七十一,第 2244 页。
④ 林宝撰,岑仲勉校记:《元和姓纂》,第 663—664 页。

《诗》，"从而使彭城成为当时学术空气最为浓厚的地区之一"①。自刘交奠定学术基础，其诸子皆读《诗》，其孙辟强"亦好读《诗》，善属文"。重孙刘德"修黄、老术，有知略"、"德宽厚，好施生"。其曾孙刘向、玄孙刘歆父子更是史上有名的经史文学大家，汉宣帝循武帝故事，招选名儒俊才置左右，刘向即其一，"以通达能属文辞，与王褒、张子侨等并进对，献赋颂凡数十篇"。"向为人简易无威仪，廉靖乐道，不交接世俗，专积思于经术，昼诵书传，夜观星宿，或不寐达旦。"刘歆"少以通《诗》、《书》能属文召见成帝……河平中，受诏与父向领校秘书，讲六艺传记，诸子、诗赋、数术、方技，无所不究"。应该说，楚元王刘交奠定了丛亭里彭城刘氏家族文化"文史传家"的发展方向，至刘讷、刘隗仍是"文史传家"，《晋书》卷六十九刘隗本传云"刘隗，字大连，彭城人，楚元王刘交之后也。""隗少有文翰。""隗雅习文史。"刘讷是刘隗的伯父，为名士，有人伦鉴识，善于品藻，其著名品藻语"王夷甫太鲜明，乐彦辅我所敬，张茂先我所不解，周弘武巧于用短，杜方叔拙于用长"，现载于刘义庆《世说新语》品藻。刘讷既为名士，其文史修养自不待言。刘讷子刘畴，字王乔，传其父学，"少有美誉，善谈名理"。秦王司马邺避地密县，刘畴在密为坞主，阎鼎等谋奉王归长安，畴等不愿，晋怀帝永嘉五年（311）刘畴被阎鼎杀害。司空蔡谟每叹曰："若使刘王乔得南渡，司徒公之美选也。"又王导初拜司徒，谓人曰："刘王乔若过江，我不独拜公也。"其为名流之所推服如此。

　　刘芳年十六徙平齐郡，其时他已传其居亭里彭氏文史家学，史称"芳才思深敏，特精经义，博闻强记，兼览《苍》、《雅》，尤长音训，辨析无疑"②。"芳虽处穷窘之中，而业尚贞固，聪敏过人，笃志坟典。昼则佣书，以自资给，夜则读诵，终夕不寝，至有易衣并日之弊，而澹然自守，不汲汲于荣利，不戚戚于贱贫，乃著《穷通论》以自慰焉。"刘芳在平齐郡，正是利用其家学、技能谋生，"芳常为诸僧佣写经论，笔迹称善，卷直以一缣，岁中能入百余匹，如此数十年，赖以颇振。由是与德学大僧，多有还往"③。刘芳精通经

---

①《中国古都研究》第十七辑，第 243 页。
②《魏书》卷五十五，第 1220 页。
③《魏书》卷五十五，第 1219 页。

学,"芳沉雅方正,概尚甚高,经传多通,高祖尤器敬之,动相顾访。……芳撰郑玄所注《周官仪礼音》、干宝所注《周官音》、王肃所注《尚书音》、何休所注《公羊音》、范宁所注《谷梁音》、韦昭所注《国语音》、范晔《后汉书音》各一卷,《辨类》三卷,《徐州人地录》四十卷,《急就篇续注音义证》三卷,《毛诗笺音义证》十卷,《礼记义证》十卷,《周官》、《仪礼义证》各五卷"①。刘芳长子刘怿,"雅有父风,颇好文墨"。刘芳次子刘廞,"好学强立,善事当世"。

综上可知,居亭里彭城刘氏之家学自汉以来父子传承不绝,确为不可多得的文化世家,与齐州房氏文史传家的家学具有共通性,房、刘联姻确属门当户对。

8. 与范阳卢氏的联姻

齐州房氏的姻亲对象尚有范阳卢氏。范阳卢氏源起于东汉卢植,卢植以儒学闻名,又长于政务,曹操曾专门旌赞卢植"名著海内,学为儒宗;士之楷模,国之桢干",誉称卢氏家乡范阳为乡贤之地。三国时卢毓位至曹魏司空,其后卢钦、卢珽、卢志、卢谌等人累居高官,奠定了范阳卢氏累世高门的士林地位。至北魏卢玄时又"首应旌命",奠定了范阳卢氏在北朝发展的根基,卢氏遂成为北方第一流高门。史臣称评卢氏家族云:"卢玄绪业著闻,首应旌命,子孙继迹,为世盛门。其文武功烈,殆无足纪,而见重于时,声高冠带,盖德业儒素有过人者。渊之兄弟亦有二方之风流。雅道家声,诸子不逮,余烈所被,弗及盈乎?"卢玄父祖"皆以儒雅称",卢玄本人"神䴥四年(431),辟召儒俊,以玄为首,授中书博士"②。卢玄子度世"幼而聪达,有计数……与从兄遐俱以学行为时流所重"③。卢度世四子:渊、敏、昶、尚。长子卢渊"性温雅寡欲,有祖父之风,敦尚学业,闺门和睦"④,其家教门风严整为李冲所看重,卢渊"与仆射李冲特相友善。冲重渊门风,而渊祇冲才官,故结为婚姻,往来亲密"。卢渊承继家传书法而有大成,"初,谌父卢志法钟繇书,传业累世,世有能名。至邈以上,兼善草迹。渊习家法,代京宫殿多

---

① 《魏书》卷五十五,第 1226—1227 页。
② 《魏书》卷四十七,第 1045 页。
③ 《魏书》卷四十七,第 1045—1046 页。
④ 《魏书》卷四十七,第 1047 页。

渊所题。白马公崔玄伯亦善书,世传卫瓘体。魏初工书者,崔、卢二门"①。卢渊有八子,长子道将"涉猎经史,风气謇谔,颇有文才,为一家后来之冠,诸父并敬惮之"。第三子道裕"少以好学尚知名,风仪兼美"。第四子卢道虔"粗闲经史,兼通算术"②。卢渊弟卢昶"学涉经史,早有时誉"。可证范阳卢氏的确为世盛门,以家传儒学经史、算术、书法之学闻名,同时以门风家教严整推重于士族之林。房、卢两家家学相同,又同为魏晋旧门,联姻也就成为自然的事,齐州房氏房彦诩所娶范阳卢氏,即魏司空卢道虔之孙,齐齐安郡太守卢昌裕之女。房玄龄妻卢氏,按"门当户对"之习俗,亦当属范阳卢氏,只是已失其具体世系。

综上,唐代以前与房氏联姻的八大家族大抵都在青齐之域,互相婚姻形成盘根错节的亲属关系,互相支持,共谋家族利益。

(二) 入唐以后齐州房氏的泛地域婚

自隋氏罢中正官所引起的"人不土著"现象逐渐映射到婚姻领域,地域婚姻圈被慢慢打破。尽管山东士族婚姻仍重视门第,但随着天下一统及"人不土著"现象的出现,婚姻的地域圈子不由自主地扩大了,因此,自南燕以来形成于青齐地区的士族地域婚姻圈在唐代已不复存在,齐州房氏也莫能例外。据前表所列资料,现所知的唐代齐州房氏婚姻对象有陇西李氏、汝南周氏、荆州段氏、高阳耿氏等,地域范围扩大到关中、江南,可见齐州房氏的婚姻圈已不再局限于南北对峙时期的青齐地域,而是泛地域化了。

隋唐时期齐州房氏婚姻仍然如同前一个时期一样注重姻亲方的文化积淀和门第传统,只是目前隋唐时期齐州房氏的姻姻状况大部分来自碑铭资料,史籍中少有史料可以详细说明,只能说其大概。

入唐以后可明确考知属齐州房氏姻亲的有三支:第一支是房玄龄子女的婚姻,房遗爱娶唐太宗女高阳公主,房玄龄长女嫁唐高祖第十一子韩王李元嘉为韩王妃,次女嫁荥阳郑氏郑仁恺,房玄龄之孙房承先娶天水吴氏;第二支是房仁裕支系,房仁裕之父房子旷娶陇西李氏,房仁裕本人娶太原

---

① 《魏书》卷四十七,第 1050 页。
② 《魏书》卷四十七,第 1051 页。

王氏,房仁裕之子房先质娶琅邪王氏,房仁裕之女嫁宋师,房仁裕孙女嫁章怀太子李贤为清河妃;第三支为房颖叔支系,房颖叔长女嫁范阳卢氏,次女嫁荆州段氏,孙女嫁范阳卢氏。

　　由于齐州房氏房玄龄、房仁裕两支系在唐初皆属"佐命功臣",与皇室关系紧密。而自入唐始,"尚婚娅"的山东士族就不乐意与唐皇室结亲,盖因在魏晋门阀制度下,"社会地位是以婚媾做标准的,那时看重的是'清',是'文化的传统'。关陇集团的贵门,包括李唐皇室在内的,都不具备这个条件。他们的祖先都是没有文化的胡人或胡化的汉人,从周到唐,短短的百年间,他们的文化还没有达到很高,以此,他们仍是不被文化显族所重视,这种情形直到唐末也未改变过来"①。历史、现实造成了唐皇室的"贵"而不"清",由于门阀士族以深厚文化积淀形成的"清"的社会地位崇高,轻视文化积淀不深的关陇集团贵门,唐皇室不免处于政治地位上"自以为贵"的自骄与文化地位上"并不算清"的自卑并存的尴尬境地,于是唐太宗有意树立新门阀以冲抵这种"并不算清"的自卑心境,除了新编《氏族志》重定士族等第以降低山东士族门第、提高西魏北周人物之社会地位外,还通过婚姻、仕途树立新门阀来使山东旧士族渐"无冠冕"②,因此,"王妃、主婿皆取当世勋贵名臣家,未尝尚山东旧族"③。在这种情形下,有"佐命功臣"之称的清河齐州房氏必须要与皇室联姻,这是政治决策的产物。在这种情形下,房玄龄女嫁韩王、男娶高阳公主就不免有些情非得已。

　　除在有些不得已的情形下结皇亲之外,本属山东旧门的房玄龄更乐意与山东旧门结亲,山东旧门也因此得故望不减,"后房玄龄、魏徵、李勣复与昏,故望不减"④。由此可以推定,房玄龄结国亲之外的其他子女的嫁娶对象均是山东旧门。现所知房玄龄有一女即嫁荥阳郑氏,《唐故密亳二州刺史赠安州都督郑公碑》云郑仁恺"夫人清河郡君房氏,隋司隶刺史皇朝赠徐州都督临淄定公之孙"。荥阳郑氏自汉魏以来"郁为天下甲族","其先史足

---

① 汪篯著,唐长孺主编:《汪篯隋唐史论稿》,第153页。
② 参见汪篯著,唐长孺主编:《汪篯隋唐史论稿》,第153—154页。
③《新唐书》卷九十五,第3842页。
④《新唐书》卷九十五,第3842页。

征也。十代祖煜,元魏建威将军南阳公。魏氏定五姓冠百族,煜以官婚人物,甲于时选。厥后历周、隋泊皇朝凡六叶,至于曾祖仁恺,密、亳二州刺史。祖慈明,银青光禄大夫濠州刺史。考令璀,银青光禄大夫国子祭酒。重名贵仕,照烛相续"①。荥阳郑氏自汉代郑兴、郑众父子以经学名世,自此奠定了郑氏家族以经学传家的文化传统,此后郑氏以经学为主,广涉文学、史学诸类,人才辈出,至北魏孝文帝定族姓,荥阳郑氏、范阳卢氏、清河崔氏、太原王氏、赵郡李氏遂为天下甲门,自此人以娶五姓女为荣,而五姓亦非世代清望之族不娶。唐高宗朝宰相李义府出身寒庶,本人虽以文才显名,但其家族素无族望,为其子请婚于五姓之家而不得,遂奏请高宗五姓七家禁婚,"又诏后魏陇西李宝,太原王琼,荥阳郑温,范阳卢子迁、卢泽、卢辅,清河崔宗伯、崔元孙,前燕博陵崔懿,晋赵郡李楷,凡七姓十家,不得自为昏"。以文化为基础形成的社会地位并非一纸诏令即能消解,其结果不但没有禁止住七姓十家互相为婚,反而在无形中增加了这些大族的社会威望,"其后天下衰宗落谱,昭穆所不齿者,皆称'禁婚家',益自贵"②。房玄龄次女能嫁入荥阳郑氏家,既得益于齐州房氏数百年的文化积累,也是房玄龄本人威望所致。房玄龄之女在郑家所起的作用主要是孝顺长辈、教育子女成才,不负大家闺秀之名,的确代表了房氏女子的文化形象,是以郑仁恺后人在其墓志铭中高度赞扬了房氏:"夫人清河郡君房氏,隋司隶刺史皇朝赠徐州都督临淄定公之孙,太尉(阙二十九字),公特所钟爱,每谓亲族曰:'我女实贤明。'尝退朝之余,时与参谋政事。及御车有典,结镜言归,芬若椒(阙二十三字)匡夫(阙)范,训子知方,博综书林,深明觉道。性纯孝,初丁公忧,哀毁逾礼。"③

　　房玄龄长女嫁与韩王李元嘉,韩王是唐高祖诸子之中少见的好学之人,"元嘉少好学,聚书至万卷,又采碑文古迹,多得异本。闺门修整,有类寒素士大夫。与其弟灵夔甚相友爱,兄弟集见如布衣之礼。其修身洁己,内外如一,当代诸王莫能及者,唯霍王元轨抑其次焉。"李元嘉之子李譔"少

① 董诰等编:《全唐文》卷七百八十五,第8209页。
② 《新唐书》卷九十五,第3842页。
③ 董诰等编:《全唐文》卷二百二十,第2224—2225页。

以文才见知,诸王子中,与琅邪王冲为一时之秀,凡所交结皆当代名士。……唯冲与譔父子书籍最多,皆文句详定,秘阁所不及"①。虽然结皇亲在房玄龄那里有一定必然性,但房玄龄愿意嫁女给韩王,李元嘉本人的文化素养应该是房玄龄更为看重的。

至于唐太宗之女高阳公主嫁房遗爱,则纯是唐太宗出于笼络勋贵名臣的政治联姻。汪篯先生曾详细开列唐高祖十九女、唐太宗二十一女的婚嫁情况,发现全都嫁与了勋贵名臣家,没有例外,"其中主要是关陇集团家族,名臣之家只占了一部分,而没有一个是山东旧族","封言道、崔恭礼、温挺、高履行、房遗爱等虽出自山东士族,但他们同时兼有或是名臣之后,或是贵戚,或者早就是关陇集团成员的身份"②。若是房玄龄有得选择,只怕是更愿娶五姓女,而不是政治联姻。房氏家学本是文武兼修,房玄龄四子二女,独次子房遗爱主修武,"诞率无学,有武力",所娶高阳公主亦无德性学识,终于弄得房家声誉坠落。

《大唐故房府君墓志铭》云房承先是房遗义之子,房玄龄之孙。娶妻天水吴氏,是皇广州新会宰吴玄纵之女。③ 在北京图书馆位 79 号《贞观八年条举氏族事件》文书及至德二载(757)斯 2052 号《新集天下姓望氏族谱》文书中皆无天水吴氏郡望。本来房玄龄一再告诫子孙"必不可以地望凌人",其时房氏郡望正盛。房遗爱事件后,房玄龄嫡传子孙支系正走下坡路,虽有清河房氏郡望,娶毫无郡望的吴氏女也实属无奈之举。

与房仁裕支系结亲的陇西李氏、太原王氏、琅邪王氏俱为高门望族,只可惜相关的世系史籍记载全无,只能凭借墓志资料得其大概。房仁裕母陇西李氏夫人的祖父"隋□州司马彦□"、父亲"隋豫州司马仲徽",于史无传。李氏夫人的父、祖虽于史不载,但其门第清望甚高。如李揆的门第源起自陇西李氏,唐肃宗曾赞叹李揆"门地、人物、文章,皆当代所推"④。房仁裕父房子旷、祖房敬道。房敬道于北魏孝武帝永熙年间官开府参军事。"开府

---

① 《旧唐书》卷六十四,第 2427—2428 页。
② 唐长孺等编:《汪篯隋唐史论稿》,第 161 页。
③ 周绍良、赵超主编:《唐代墓志汇编续集》,第 637 页。
④ 《旧唐书》卷一百二十六,第 3560 页。

参军事"属王公大臣等高级官员自开府署并选配的高级幕僚,在唐为参军之职,"后汉灵帝时,陶谦以幽州刺史参司空车骑张温军事。晋时军府乃置为官员。历代皆有。至隋为郡官,谓之书佐。大唐改为参军,掌直侍督守,无常职,有事则出使"①。房子旷在隋朝官至常州别驾。别驾、司马皆是隋唐时期州郡太守、刺史的属官,"大唐州府佐吏与隋制同,有别驾、长史、司马一人,大都督府司马有左右二员。凡别驾、长史、司马谓之上佐"②。陇西李氏在当时既是有名的郡望大姓,李氏夫人的祖父、父亲以及房仁裕祖、父皆属中级地方官员,官职层级相当,房、李两家的联姻也算得上是门当户对。李氏夫人既出身名门,自小受家学教育,知书达理,品行端庄,"义徽倾风,礼茂乘龙。齐慧齐贤,宜家宜室",其夫房子旷早逝后,李氏夫人以其所学抚育孤子,"若夫禀哲明敏,树之以家风;率性□□□□□□□穷名义,博闻圣□,岂徒动作女师,故亦言成士则。始光妇道,终擅母仪,藉甚朝野,流形内外",在李氏的精心培养下,房仁裕"年十八,雄略过人",终于得以"入居上将,出牧名藩"。出身于士族之家有高文化素养的女子于夫家的继绝扶衰作用在这里再一次得到验证。

房仁裕娶妻太原王氏,太原王氏之女属五姓高门之一,娶五姓女是唐代婚娶之最大荣耀,只是不知房王氏之世系,无从究其文化底蕴。房仁裕之子房先质娶琅邪王氏。琅邪王氏以孝友持家,世传儒学、书法,书圣王羲之即其代表,因其南渡入东晋而流誉南北,是为有名的簪缨世家。唐史入传的琅邪王氏人物,居于琅邪原籍的王仲丘以儒学显名。徙居咸阳的王方庆仍传承家学,精通经史,以藏书丰富著称,"则天以方庆家多书籍,尝访求右军遗迹"③。由此可知,琅邪王氏在唐仍是有名的世族之家,房、王之联姻延续着当时的门第传统。

房仁裕有一女嫁与宋师,按当时门第观念及房仁裕所处的地位,宋师必非寒门之子,应当出自名门。其时唐代的宋氏名门,与房仁裕清河郡望相当的只有广平宋氏或汾晋之地的西河宋氏,唐代广平宋氏最杰出的代表

① 杜佑著,王文锦等点校:《通典》卷三十三,第914页。
② 杜佑著,王文锦等点校:《通典》卷三十三,第910页。
③ 《旧唐书》卷八十九,第2899页。

是名相宋璟,宋璟"博学,工于文翰";西河宋氏最杰出的代表为宋之问父子兄弟。宋之问是唐代著名诗人,"近乡情更怯,不敢问来人"为其代表名句。宋之问父令文,"富文辞,且工书,有力绝人,世称'三绝'","既之问以文章起,其弟之悌以骁勇闻,之悫精草隶,世谓皆得父一绝"①。广平宋氏与清河房氏确有联姻,《全唐文》卷七百五十《宋叔康妻房氏封河东郡夫人制》云:"敕。《诗》称鹊巢,《礼》荣翟茀,既彰牙爪之效,宜齐伉俪之荣。左神策军护军中尉兼左街功德使特进左领军卫大将军知内侍省事上柱国广平县开国侯食邑一千户宋叔康妻清河县君房氏,懿慈柔淑,作配忠勋,能洁蘋蘩,克叶姻族。成此内则,穆其壶风,称为令人,实光妇道。爰疏封爵,用举典章,可服宠荣,勉于辅佐。可封河东郡夫人。"

　　房颖叔支系的姻亲:房颖叔长女嫁范阳卢氏,次女嫁荆州段氏,孙女嫁范阳卢氏。《唐故荆府户曹参军段府君夫人房氏墓志铭并序》云:"夫人,清河人也。唐帝尧之裔,汉司空之后。随考功民曹侍郎山基府君之曾孙。皇朝考功郎中、太子中允正则府君之孙。皇朝相州刺史、吏部侍郎颖叔府君之季女也。"②房颖叔小女嫁荆州段氏,探考其时可称为荆州段氏、又能与清河房氏门庭相当的人,只有勋臣段志玄的后人。段志玄,齐州临淄郡人,随唐高祖太原举义,后追随唐太宗,参与玄武门事变,因此得以"陪葬昭陵,图形凌烟阁"③。段志玄"官至郢州刺史",当时如同其他官僚一样,在郢州刺史任上的段志玄在荆州置下家业,其后人遂客居于荆州,因此其三世孙段文昌的本传中云其"世客荆州"④。文昌"又以先人坟墓在荆州,别营居第,以置祖祢影堂,岁时伏腊,良辰美景享荐之。彻祭,即以音声歌舞继之,如事生者,搢绅非焉"⑤。从"世客荆州"及"先人坟墓"可推知,段志玄至段文昌的这一支段氏支系世居于荆州。荆州段氏是以文学名世的,又是勋臣之后,若碑铭中所云之荆州段氏属此支系的话,房颖叔之女嫁与段氏也算是

① 《新唐书》卷二百二,第5751页。
② 吴钢主编:《全唐文补遗》(千唐志斋新藏专辑),第201页。
③ 《旧唐书》卷一百六十七,第4368页。
④ 《新唐书》卷八十九,第3763页。
⑤ 《旧唐书》卷一百六十七,第4369页。

门当户对。

《唐故中大夫澧州刺史赐紫金鱼袋范阳卢府君墓志铭并序》云："自敏四世至常州刺史府君讳幼孙,常州生黄门侍郎府君献,黄门生鄂州刺史府君讳翊,鄂州生府君讳昂字子皋"。《唐故通议大夫鄂州刺史上柱国卢府君墓志铭并序》云："公讳翊,字子鸾,涿郡范阳人也。""初公以弱冠见于父友吏部侍郎房公讳颖叔,有知人之鉴,眷深国士,以元女妻焉。"①卢昂"夫人清河郡君房氏,吏部侍郎颖 叔 之孙,恒州刺史光庭之女"②。卢翊、卢昂父子分别娶房颖叔的长女、孙女,两代结亲,正是古人所谓"亲上加亲"的姑表婚姻。早先房彦诩、房玄龄娶范阳卢氏女,此又见清河房氏女一再嫁范阳卢氏,在门第观念下,房氏、卢氏早先的婚姻关系仍然在持续。

《大唐故章怀太子并妃清河房氏墓志铭》云章怀太子李贤"妃清河房氏,皇朝左领军大将军卫尉卿赠兵部尚书仁裕之孙,银青光禄大夫、宋州刺史赠左金吾卫大将军先忠之女也。公侯将相之门,钟鼎旗裳之盛"③。清河妃卒于唐睿宗景云二年(711),享年五十四岁。高宗上元元年(674)三月,聘妃为雍王正妃。上元二年,封太子妃。调露二年(680),与李贤及庶子一同被废为庶人,迁往巴州。睿宗文明元年(684)二月,李贤于巴州被逼自杀,死后追封雍王,就地下葬。清河妃与庶出三子并一女长信县主迎入禁中,子女赐武姓。李贤幼子守礼嗣封雍王,居禁中十四年,至武周圣历年间出,与清河妃居于朱雀大街西兴化坊内。少帝唐隆元年(710),中宗遗诏,视守礼为皇子,加封邠王,清河妃称邠王太妃。睿宗景云二年四月追赠李贤为章怀太子。时人沈佺期作有《章怀太子靖妃挽辞》,诗曰:"彤史佳声载,青宫懿范留。形将鸾镜隐,魂伴凤笙游。送马嘶残日,新萤落晚秋。不知蒿里曙,空见陇云愁。"

余下可确认为清河房氏但不可考为哪一支系的婚姻有:蒋畏之娶清河房氏、房逸娶赵郡李氏、房孚娶南阳张氏、房润娶范阳张氏、周义娶房氏、房

---

① 周绍良主编:《唐代墓志汇编》,第 1418 页。
② 周绍良主编:《唐代墓志汇编》,第 2111 页。
③ 周绍良主编:《唐代墓志汇编》,第 1130 页。

君娶博陵崔顺、房有非娶尚氏、房府君娶高阳耿氏、房场娶姚氏、陈氏。

　　蒋畏之,曾任"朝议郎、前陈留郡封丘县令",《大唐蒋公夫人房氏墓志铭并序》云其"夫人姓房氏,清河人也。曾祖玄通,通议大夫、颍川郡长史。干橹六籍,学优之誉传;纲佐百城,沂康之咏著。祖广济,朝散大夫、殿中侍御史。德义在躬,且闻干人之盅;清白持宪,是谓克勤于邦。父谓,太原府寿阳县尉。道迈管政,经术擅通儒之美;位登京甸,僚友推能吏之名。"①房氏夫人的祖、父以学优、儒学、清白、吏能等声誉传世,足可见证其的确家学、家声渊源,尽管不知碑铭所云的清河房氏是房氏哪一支系的后人,其清河郡望应当是真实无疑的。房氏与其丈夫均病逝于天宝十四年(755)八月之前,其生活于盛唐鼎盛时代,其时唐人对族望还十分看重,但墓志中丝毫不提蒋氏之族望,而且无论是在北京图书馆位七九号《贞观八年条举氏族事件》文书,还是在至德二载(757 年)斯 2052 号《新集天下姓望氏族谱》②文书中,都没有蒋氏的郡望,可见墓志中的蒋畏之出身于寒庶阶层。而其能官至朝议郎、封丘县令,只能是通过科举入仕。盛唐进士金榜题名,榜下捉婿蔚为一时美谈,进士成为当时人们争相婚嫁的对象,清河房氏与科举进士的联姻,并不坠清河房氏郡望,在当时也属门当户对的婚姻。"夫人禀纯懿之和,挺柔嘉之质。言而可法,动不逾礼。至如主馈澣衣之勤俭,内则母仪之风规。敬以睦亲,慈以抚下,洁于时享,□乃家人。"③

　　《大周故贝州清河县尉柱国房府君墓志铭并序》④云:"君讳逸,字文杰,魏郡清河人也","夫人赵郡李氏,龟文锡胤,虹气融姿,其德也柔和,其行也坚正。内言惟□,早谐琴瑟之音;中馈克修,即奉春秋之祀。"墓志铭虽未条列房逸夫人赵郡李氏的世系,据墓志铭中所叙述的德性行为,出自赵郡李氏名门闺秀应是无疑问的。房逸祖辈世代为官,在第二章中已为详说,房逸本人凭祖荫以"品子"入卫附成均监读书,以明经高第得官,传承着

① 吴钢主编:《全唐文补遗》(千唐志斋新藏专辑),第 238 页。
② 关于斯 2052 号文书的年代,华林甫考订其作于天宝初年(742)至至德二年(757),见华林甫:《〈新集天下姓望氏族谱〉写作年代考》,《敦煌研究》1991 年第 4 期。
③ 吴钢主编:《全唐文补遗》(千唐志斋新藏专辑),第 238—239 页。
④ 周绍良主编:《唐代墓志汇编》,第 940 页。

清河房氏的文化传统。其时赵郡李氏已属"禁婚家"而"益自贵",以李义府之贵为其子求婚于五姓之家尚且不得,就是因为其家寒庶,素无文化积淀。清河房逸得娶五姓赵郡李氏女,盖因双方家世门第大致相当。

《唐故朝请郎行黄州司法参军奉敕检校上阳内作判官房君墓志并序》云清河房孚病故于开元十九年(731),"公之妻南阳张氏"。房孚父、祖世代为官,本人"所务也,不求人以取饰;所行也,自修己以为容。故浮华之誉微,而忠实之规厚"①,秉承的正是清河房氏的文化传统。南阳张氏在北图位79号《贞观八年条举氏族事件》文书中为南阳第一郡姓,贞观八年的条举氏族注重"宦"与"清",则南阳张氏属世代为宦及具有文化"清"望的家族,与房氏恰正门当户对。在斯2052号《新集天下姓望氏族谱》文书中已无南阳张氏郡望,只有清河张氏郡望,这一变故显示了唐代士族郡望向姓望转化的过程,"唐初至唐后期宪宗时期,官私修谱有一个重大变化:即唐前期修谱,重点是定士族郡姓、别士庶婚姻,后期则转变为以辨认郡望为主。这一变化,实际上也已从一个侧面反映了唐代郡望向姓望转化的历史变化轨迹"②。在郡望向姓望转化的过程中,张氏诸望同归清河望,"清河张氏张文瓘一支自十六国时期进入政治社会,经北魏、周、隋,至唐后期肃、代时期,前后四个世纪历十数世,除周隋之际一度低落外,基本上世代仕宦不衰,且代代有人进入士族阶层,是晋唐时期有数的大士族家族之一,尤其是唐前期,由于张文瓘父子的活动,该族仕宦达到了鼎盛,社会上流传着'万石张家'的赞誉。这样一支世代连绵不绝的大士族家族,其门第、其郡望具有强烈的精神优势,不仅在诸姓中有大影响,而且在同姓成员中也会有大影响,这是很自然的。而晋唐张氏其它诸支,或兴于一时,或入唐后为远支,或与前期有断层关系,则影响之持久程度与强烈程度似都不能与之相比。清河一望由最初的张氏诸望之一转化为张姓共望,主要原因似在这里"③。清河崔、房、张、傅四大家族同出于东武城,清河张恂随慕容德南渡迁居于齐郡临淄。在南北朝局限于青齐一地时,南迁士族之家本是互为婚

---

① 周绍良主编:《唐代墓志汇编》,第1385页。
② 郭锋:《唐代士族个案研究——以吴郡、清河、范阳、敦煌张氏为中心》,第185页。
③ 郭锋:《唐代士族个案研究——以吴郡、清河、范阳、敦煌张氏为中心》,第191页。

姻的,史籍、碑铭中屡见崔、张、傅互为婚姻及房、崔、傅互为婚姻,房、张二家亦有交往,却独不见清河房氏与清河张氏的联姻,不免令人纳闷。

《大唐故范阳张氏墓志铭》云:"夫人讳某。祖某。父义崇,高上不仕。夫人无子,唯女二人。小女适绛郡万泉县丞墓容璋。长女适荣王府功曹房润。"张氏夫人病故于天宝八载(749),其年六十三岁,则其出生于武后垂拱二年(686)。在这一时段,以张柬之、张九龄、张说等人为代表的范阳张氏——张华后裔远支在长久的低落之后①,凭借家族文化的优势以科举入仕而重新崛起,张柬之"进士擢第,累补青城丞。永昌元年,以贤良征试,同时策者千余人,柬之独为当时第一",永昌元年(689)进士;②张说"弱冠应诏举,对策乙第",载初元年(690)进士;③张九龄"登进士第,应举登乙第",长安二年(702)进士。④ 张氏诸人进士及第后先后为相,成为当时士族新门,风头正劲。本墓志之所云范阳张氏夫人,父、祖皆未仕,亦非上述诸张氏宗支,因此张氏夫人要么是范阳张氏没落之后裔,要么是冒认范阳张氏郡望。

《唐河南府温县尉房君故夫人崔氏墓志铭并序》⑤云"夫人讳顺,字顺,博陵安平人","曾祖仪表,相州洛阳县令;大父逵,京兆府富平县主簿;王考高丘,卫州司兵参军"。"年十有六,适我房君……房君孝友天至,在邦必闻,岂不由衷,亦赖相儆"。崔顺病故于开元十五年(727),时年四十三岁。崔逵与崔漪为从兄、崔高丘与崔日用为同族从兄弟,则崔顺为博陵崔氏第三房支系。只是房君世系不载,不能确知为房氏哪一宗支。

《唐故清河房公汲郡尚夫人墓志铭并序》⑥云清河房有非"夫人尚氏,夙承家轨,免己存孤,不坠蒸尝,育成四子"。《元和姓纂》云尚氏"望出汲

---

① 张柬之、张九龄、张说等为范阳张氏后裔之详细说明,参见郭锋:《唐代士族个案研究——以吴郡、清河、范阳、敦煌张氏为中心》,第81—90页。
② 《旧唐书》卷九十一,参见徐松撰,孟二冬补正:《登科记补正》,北京燕山出版社,2003年,第107页。
③ 《旧唐书》卷九十七,参见徐松撰,孟二冬补正:《登科记补正》,第115—116页。
④ 《旧唐书》卷九十九,参见徐松撰,孟二冬补正:《登科记补正》,第158、171页。
⑤ 周绍良主编:《唐代墓志汇编》,第1413页。
⑥ 周绍良主编:《唐代墓志汇编》,第1826页。

郡、清河、上党"①。但在北图位七九号《贞观八年条举氏族事件》文书及至德二载(757)斯2052号《新集天下姓望氏族谱》文书中皆无汲郡尚氏。唐代有史可考的汲郡尚氏只有尚献甫,"卫州汲人也。尤善天文。初,出家为道士。则天时召见,起家拜太史令"②。

《唐故房府君夫人耿氏墓志铭并序》③云"夫人高阳耿氏,清河房府君之嫡室也。幼聪女训,长顺妇仪,从夫有浣濯之勤,主馈无懈怠之志"。房府君病故于天宝十载,耿氏夫人病故于天宝十一载。在北图位79号《贞观八年条举氏族事件》文书及至德二载(757)斯2052号《新集天下姓望氏族谱》文书均有高阳耿氏,确为郡望之族。只是不知其世系,无法弄清楚其家族文化特色。

据《大唐故苑西面副监孝子房公墓志铭并序》④云清河房惠琳夫人汝南周氏,开元廿一年(733)三月病故,则知汝南安城周氏是唐代齐州房氏的婚姻对象之一。"周氏出自姬姓。黄帝裔孙后稷,后稷封于邰……秦灭周,并其地,遂为汝南著姓。"⑤汝南周氏自西汉初由"以汝坟下湿"而徙于安城,是为汝南安城周氏。西汉前期,安城周氏仕途不显,家族政治地位低下,只得于地方发展。到西汉中期周燕担任郡决曹掾时,以主动为太守承担枉杀罪名而获得义声,为其家族兴复奠定了高起点平台,其五子皆位至刺史、太守,从此安城周氏走上了家族、仕途两旺的道路,后世族人遂有"自先世以来,勋宠相承"⑥,安城周氏成为地方大姓。⑦ 成为大姓的周氏注重家学、家教,之后政局波荡,周氏几经起落,至萧齐时代,"改变了过去'狂直'的家族秉性,处事渐趋圆融,更加注重学识的实用性,注重事功"⑧,汝南周氏又回到高门甲姓序列。其中周表一支系传到其玄孙周允元时,凭家传学识"弱

① 林宝撰,岑仲勉校记:《元和姓纂》,第1330页。
② 《旧唐书》卷一百九十一,第5100页。
③ 周绍良主编:《唐代墓志汇编》,第1680页。
④ 周绍良主编:《唐代墓志汇编》,第1410页。
⑤ 《新唐书》卷七十四,第3181页。
⑥ 《后汉书》卷五十三,第1742页。
⑦ 参见毛汉光:《中国中古社会史论》,第58—59页。
⑧ 谢亦峰:《魏晋南朝汝南周氏家族研究》,华东师大硕士学位论文2007年,中国知网(www.cnki.net),第69页。

冠举进士"①,在武后时官至宰相。② 可见汝南周氏在唐代仍得以保持家学、族望不减,在开元时期与清河房氏的联姻还属门当望对的婚姻,而其地域已不在青齐之域。

《大唐故宣义郎行泾州阴盘县尉骑都尉周君墓志铭并序》③云:"……君讳义,字敬本,其先邰国人也。自尧命弃为稷官,封之于邰,食邑于姬,故有姬姓焉。……开元初,以姓声同帝讳,遂改为周。曾祖琼,素怀高尚;祖峤,无求官禄。父范,任都苑总监主簿。君幼多聪敏,长逾博厚,抑扬礼乐,冠服诗书,乡曲之誉必闻,朋友之交是信。其于循迹色养,殆数十年,恨无禄及亲,耻有道不仕,乃投笔东洛,奉慰西戎……嗣子思庄……将授淄州淄川县令。慈亲清河房氏,承颜膝下,扶侍东征,痛风树不停,銮舟仍谢,春秋七十有一,开元十六年二月四日,终于所任之公馆。"据此碑铭文字,与清河房氏结亲的周义,原本姓姬,后避唐玄宗李隆基讳而改姓周。其追溯先世,似与汝南周氏同出一源,但其历代祖先不显,曾祖、祖皆未出仕,至其父周范始得小官,为都苑总监主簿。周义早先习文而一直入仕无门,只得投笔从戎,以小功得为相州录事。周义娶妻清河房氏,在其父习文及清河房氏的文化背景下,其子周思庄当是习文,通过科举考试得官为淄川县令。这则墓志所值得关注的是周义的门第问题,周义本人的文化素质"冠服诗书",但其门第却一无可称,与清河房氏相比显得不对称,其所显示的变化趋势是一方面士族之家仍看重门第,另一方面门第观念又在走向淡化,清河房氏与素无门第的周义联姻,正是唐中期以后门第观念渐渐衰落、族望郡望泛化现象的一例佐证。

《全唐文》卷九百九十六《大唐故员府君夫人墓志铭》云:"昔因周文王之后,分郡于南阳。祖讳宪,格高调逸,学富才雄,退卧云林,高道不事。父讳麟,文词间世,儒素成家,器宇深沉,风神朗悟。一心孤高,寒峰映月,为量不测,发言有徵。心常怀分,义尤济贫,远迩之人,咸怀其德。何修短之有命,以元和十一年(805)五月十八日,启手足而告终,春秋卅有六。夫人

---

① 《旧唐书》卷九十,第2924页。
② 《新唐书》卷七十四,第3182页。
③ 周绍良主编:《唐代墓志汇编》,第1372页。

房氏，雍容令仪，肃穆懿范，毕舅姑之大礼，享年卅有二。同年八月十六日，续夫而殁。兄昌，忝同支气，痛苦莲心。嗣子元启，攀号擗踊，仰告皇天，罄家有无，备终大礼，以元和十一年十二月廿九日，合袝大茔而安坟垄。"从碑铭文字看，员氏是一个以经学、儒学传家的家族。而唐代以儒素传家的员氏，史籍记载的人物只有员半千。员半千，字荣期，齐州全节人。其先祖源自彭城刘氏，十世祖刘凝之为南朝宋起部郎，宋亡后投奔北魏，自以忠烈比于伍员，北魏孝文帝因此赐姓员氏。员半千生而孤，为叔父所鞠养，孩童之年即"通书史"①。随叔父客居晋州，州举童子，其时员半千传家学，已能通讲《易》、《老子》，房玄龄大为赞赏。长大后又与何彦先一起师事王义方学经学，"以迈秀见赏"，王义方因此常赞说员半千"五百年有一贤者生，你当之无愧"，员半千遂改本名"余庆"为"半千"。这支员氏自北魏即居于齐州全节，又以儒素传家，与近在咫尺的齐州房氏当有一定的交流，在当地亦属门当户对的家族。碑铭所云员府君、房氏或即为齐州员氏、房氏之后裔。

　　现有材料所展现的齐州房氏家学文化、朋友圈、婚姻圈已尽于前述，可惜史籍不全，未能细究房氏文化的精髓。

　　现在能追溯得到的清河房氏文化的真正源头是东汉房植。他以经学知名，以"治身、俭啬、尽忠、刚平"四个方面的突出表现，"总兹四德"，创下了"天下规矩房伯武"的名号。房植之后至房谌迁济南之前，清河房氏中人房旷兄弟在文学方面、房暑在礼制方面、房仲发在书法方面表现出一定影响，但具体情形不知，这几个方面的成就已经奠定了清河房氏在关东的士望。房谌迁济南后，房氏家学以经史、文学传家，可惜唯有房景先有少量经学作品留下，让我们可以领略房氏家学的"人本"史观、宽刑审法的律令思想，这只能是管中窥豹而已。房植传下的"四德"令名，被房氏后人诠释得更加细腻，在家族内以"孝悌"、"博爱"为准绳，居家和谐，乡党推仁；在外则以"自己及物"为原则立身，深谋晦己，几达范仲淹"不以物喜，不以己悲"之境。

---

① 《新唐书》卷一百一十二，第 4161 页。

　　清河房氏的朋友圈,皆为名家子弟。"文"的朋友圈大多是学府文宗,真正的是"谈笑有鸿儒,往来无白丁"。"武"的朋友圈虽是以武显达,却主要是以谋略显,并非单纯的起起武夫。朋友间的交流,有力地促进了房氏家学的发展。

　　"士大夫当需好婚亲"①,家学必须代有才人出,方能传续不绝,而婚亲是保障代有才人出的重要因素之一。在唐以前,房氏的婚姻存在着明显的地域婚现象,婚姻对象主要是青齐士族及五姓高门。与婚妇女秉家学相夫教子,在家学传承中起着教育子女成才甚至是继绝扶衰的作用。入唐后,房氏的地域婚现象消失,与婚对象在唐前期主要是士族之家,间或有进士新贵。通婚地域圈的大小,除了与人们的活动空间有关以外,也与当时的政治、经济条件、社会环境,以及传统思想、生活习惯等有重要关系。在唐代,"族望为时所尚"②,以家学为真正内涵的个人文化素养和家族声望仍是唐代社会的群体诉求。然而随着科举仕进制度的推进,重族望的"甲族"择偶标准遂渐渐向注重科名的"时名"标准倾斜,房氏的婚姻中也能看到这种迹象。

① 《北史》卷二十七,第976页。
② 《资治通鉴》卷二百,第6318页。

第四章

齐州房氏的治生模式

人生在世,夫复何求?人生在世,无非是在精神、物质两个方面追求生命过程的高品质享受,孔子曰:"富而可求也,虽执鞭之士,吾亦为之。如不可求,从吾所好。"在齐州房氏这里,精神生活层面的追求已通过家族文化的积淀及赢得崇高的社会地位来实现。而其物质生活方面的高品质,齐州房氏以"家富于财"、"资产素殷"的声名载于史乘。① 我们所关注的是:齐州房氏财富的获取完全遵循儒家的"义富观"——即"君子爱财,取之有道"来实现,而其对财富的支配亦同时体现了儒家的消费观,即"君子富,好行其德"。

"人生在世,会当有业:农民则计量耕稼,商贾则讨论货贿,工巧则致精器用,伎艺则沉思法术,武夫则惯习弓马,文士则讲议经书"②,在汉、唐间的技术水平下,人们可以从事的职业种类大体有上述六种,齐州房氏的财富即通过上述的农、商、文、武等职业手段来获得。

第一节　汉、唐间民间治生模式的转换

不同历史时期的技术手段以及官府的制度系统给民间百姓谋生所能提供的制度空间决定了当时民间治生的主要方式,同时也制约着人们职

---

① 《隋书》卷六十六,第 1566 页;吴钢主编:《全唐文补遗》第七辑,第 240 页。
② 颜之推撰,王利器集解:《颜氏家训集解》卷三,第 141 页。

业选择的价值取向。汉唐间人们的职业选择价值取向经历了从汉代的"推择为吏、治生商贾"到唐代的"不仕则农"的转换——即从汉代的先仕后商到唐代的先仕后农。

一、汉代的"推择为吏"与"治生商贾"

西汉建立,沿袭春秋以来的"以禄代耕"政策,对官吏实行厚禄制度:"吏所以治民也,能尽其治则民赖之,故重其禄,所以为民也。"①厚禄制度源起于周,"君禄是上农夫的三百二十倍,卿禄是上农夫的三十二倍,大夫禄是上农夫的八倍",在汉代,按官员品级,官俸禄米从二千石到六百石不等,"以农夫收入九十石计,那么汉三公(相当于三代之卿)之俸禄是农夫的四十七倍,而郡守侯相(相当于三代之大夫)是农夫收入的三十二倍,远远超过了周代俸禄与农夫之比例"②。这种厚禄制度在汉代以后仍然延续,晋武帝司马炎泰始三年(267)在给官员的加俸诏书中说:"古者以德诏爵,以庸制禄,虽下士犹食上农,外足以奉公忘私,内足以养亲施惠。今在位者禄不代耕,非所以崇化之本也。其议增吏俸。"③汉代官吏不仅在任期间享有优厚的俸禄,在致仕后还有相应的优待,逝世后也有相应的抚恤。官员致仕后的优待主要有带俸致仕、遣使存问、奉朝请、赠赐财物等形式,逝世后则有天子临丧和素服、诏书褒奖、赠印绶、荫子、以沙书棺等政治性抚恤及赠赙、赠冢地等经济性抚恤。汉代官员既"贵"又"富",数十倍于富裕农夫家庭的收入,这么丰厚的待遇,只要谋得一官半职,就足可以使一家人过上优裕的生活,出为官吏自然就成为了当时人们首位的谋生选择。

有鉴于汉代"虽下士犹食上农"的政策及其相关的丰厚经济待遇,司马迁在《报任安书》中排比人生建功立业的四种方式的时候,就将出为"吏"列为了最后的第四位,谓"累日积劳,取尊官厚禄,以为宗族交游光宠"④。他

---

① 班固:《汉书》卷二,第85页。
② 张兆凯:《两汉俸禄制度研究》,《中国社会经济史》1996年第1期,第4页。
③ 《晋书》卷三,第56页。
④ 《汉书》卷六十二,第2727页。

的前三种建功立业的方式分别是:"纳忠效信,有奇策材力之誉,自结明主";"拾遗补阙,招贤进能,显岩穴之士";"备行伍,攻城野战,有斩将搴旗之功"。统观司马迁的四种建功立业方式,无非是以"文功"、"武略"、"积劳"尽职于官府,其实质皆在仕宦一途,只不过他将文功武略的官与累日积劳的吏区分开了而已。可见至少在司马迁这里,通过仕途来建功立业是其人生最优先的职业选择,也是全部的理想。虽然司马迁也认可工商、农人富裕者可比"素封"、可比"千乘之家",但显然他并没有将工商、农人列入自己的人生追求目标之列。

西汉官府的制度设计给工商业的发展留下了自由发展的空间。"汉兴,海内为一,开关梁,弛山泽之禁"①,由于制度准许人们自由开发山林湖海的资源、自由贸易,在这样的制度空间下,汉代各种手工业迅速发展起来,刺激了商业的大发展。"是以富商大贾周流天下,交易之物莫不通,得其所欲","通邑大都,酤一岁千酿,醯酱千瓨,浆千儋,屠牛羊彘千皮,贩谷粜千钟,薪稿千车,船长千丈,木千章,竹竿万个,其轺车百乘,牛车千两,木器髤者千枚,铜器千钧,素木铁器若卮茜千石,马蹄躈千,牛千足,羊彘千双,僮手指千,筋角丹沙千斤,其帛絮细布千钧,文采千匹,榻布皮革千石,漆千斗,蘖麹盐豉千荅,鲐鮆千斤,鲰千石,鲍千钧,枣栗千石者三之,狐鼦裘千皮,羔羊裘千石,旃席千具,佗果菜千钟,子贷金钱千贯,节驵会,贪贾三之,廉贾五之,此亦比千乘之家,其大率也。佗杂业不中什二,则非吾财也。"②在汉代工商业迅速繁荣发展的大背景下,司马迁指出工商各行业的净利润率已达到了百分二十以上,如果低于这个利润率,"则非吾财",就不能干了。如此高额的净利润,致使汉代从业商贾者日众。

相比于官吏、工商,农人的收入就差远了。"农业是整个古代世界的决定性的生产部门",古代官府必须重视农业生产,汉代承继前代制度,亦采取"重农"政策。但问题是当时的生产技术还不能为农业生产提供高效率

---

① 《史记》卷一百二十九,第 3261 页。
② 《史记》卷一百二十九,第 3274 页。

的生产工具,也没有高效益的农业物种资源。汉代已能通过铸铁柔化术生产高碳钢,但生产工艺费工费时,还不能大规模化量产。因此,当时的农具主要还是铸铁制造,直到唐初解决了高碳钢的量产化问题,农具的生产才规模化采用锻造方式,"唐太宗时期随着炒铁术的进步与推广,铸铁柔化术较少用于成形铁铸件的制作,具有现行手作农具形制的'一个半巴掌大'或者'两三个巴掌大'的锄、锹、镰、耙等锻铁农具,逐步代替了旧有的套刃式韧性铸铁农具,这是中国古代农具发展史上的一件大事,也是促成唐宋时期社会生产力巨大发展一个重要技术因素"[1]。汉代的套刃式铸铁农具,形体大而不耐磨,使用成本较高,汉武帝以国家之力推广的新式畜力农具——耦犁与楼车,就因为犁刃的锋利程度有限,需要使用二牛牵引、三人操作。较之唐代双牛一人或一牛一人的耕作方式而言,汉代的农业生产效率显然要低很多,因此相比于其他行业,汉代农业生产的高成本与低收益显而易见。再加上官府的赋役负担,低收益的农人不免陷于贫困的境地,此晁错所谓"今法律贱商人,商人已富贵矣;尊农夫,农夫已贫贱矣"。另一方面,汉代马车的系驾方式尚属胸带式系驾法。在这种系驾方式下,车的承载量越大,马胸、喉管受勒的约束力就越大,进而影响到马的呼吸而使马的牵引能力得不到有效发挥,单车马的运载能力相当有限。马力的有效发挥直到唐人发明了围脖加夹板的颈圈鞍套式系驾法才得到有效解决,"今天仍然大量使用的颈圈挽具使得唐代的两件型挽具成为不朽",在唐人新的系驾方式下,"单独的一匹马用颈圈挽具可以容易地牵引一吨半的总载重"[2]。由于受到运输载重量的限制,汉代的商业尚处于古代型阶段,即粮、油等质重价廉的重货农产品无法占据商品贸易的主体地位,因此对于促进人们从事农业的吸引力还不强烈,汉代商品贸易主要以丝绢、珠宝、香药等质轻价昂的轻货贸易为主,直到唐代解决了运输效率问题,重货贸易的比重才逐渐上升并占据主导地位,商业形态才从古代型转换到近代型——即从所谓的奢侈消费品贸易占主体转换到粮油等普通民生消费品贸易占主

① 华觉明:《中国古代金属技术——铜和铁造就的文明》,大象出版社,1999年,第368页。
② 李约瑟:《中国科学技术史》第四卷第二分册,第359、346页。

体。① 在唐人的技术开发下，又有了茶叶、甘蔗等高效益的农业物种资源，商农、农商的利润率渐渐显示出来，所以直到唐代，农业商业的利润才使人们的职业选择渐渐地开始倾向于农业，商品性农业的发展才成为唐代经济的一大亮点。

贫穷遭人耻笑，司马迁尖锐地指出：“若至家贫亲老，妻子软弱，岁时无以祭祀进醵，饮食被服不足以自通，如此不惭耻，则无所比矣。”②为免于贫穷及遭人耻笑，在上述汉代的制度背景、商业利润与技术前提下，汉代人在选择职业时就形成了以“推择为吏”为先、以“治生商贾”为次、无可奈何之下才从农的社会心态。淮阴侯韩信“始为布衣时，贫，无行，不得推择为吏，又不能治生商贾”③，遂为乡人所笑。韩信的案例可算是汉代人们择业先官吏、后商贾、次农人心态的最好例证。

官吏的优厚俸禄使人们趋之如鹜，而汉代沿袭自战国以来的乡官制度为汉代人“推择为吏”提供了制度保障与入仕路径。战国以来，乡官有向国家推举本乡人才使之成为吏的制度，《管子·小匡篇》云“乡长修德进贤，名之曰三选”。乡官在推择本乡人才为吏时须要考察两个方面：一是家境富裕，二是修有善行。其评品的内容，《续汉书·百官志》云：“乡置有秩、三老、游徼。……皆主知民善恶，为役先后，知民贫富，为赋多少，平其差品。三老掌教化，凡有孝子顺孙，贞女义妇，让财救患，及学士为民法式者，皆扁表其门，以兴善行。”④韩信二者皆不具备，所以“不得推择为吏”。度尚“家贫，不修学行，不为乡里所推举”⑤。刘邦为了能被推择为吏，在其成年之前曾非常注重积累善行，只是在其成年任泗水亭长这样的小胥吏之后才一变而为游侠性情。汉代州县掾属必须本地人担任的制度规定更为“推择为吏”提供了本地为吏的员额指标，“推择为吏”遂成为地方人士最显而易见而又不难实现的入仕路径。在汉代的社会结构中，入仕资格在“原则上扩

---

① 傅筑夫：《中国封建社会经济史》（第四卷），上海人民出版社，1986 年，第 397、402 页。
② 《史记》卷一百二十九，第 3272 页。
③ 《史记》卷九十二，第 2609 页。
④ 《后汉书》卷二十八，第 3624 页。
⑤ 《后汉书》卷三十八，第 1284 页。

大到整个自由民阶层"①,平民人人都有机会进入官吏系统中。而入仕为吏的最先起点,就是在于乡里努力积累各种善行以获得誉望,因此人人注重乡里誉望,修德慎行,这就是东汉章帝建初元年(76)诏称"夫乡举里选,必累功劳"的真实制度内涵。

由于"汉代选举的基本单位是乡里,所以又称'乡举里选',实际上,在乡举里选中,乡起着主导作用"②。由于汉代举士制度设计指向地方,而乡里誉望由乡官评定,乡官于地域社会之重要性就益显突出,是以乡里"人但闻啬夫,不知郡县"③。故此只要在地方上被推为三老等乡职,实际上就掌握了乡里相应的话语权,进而获得了向上级举主荐举人才的权力,因此,时人无不经营乡里的富裕、德行以为本人及子孙的仕途计。在汉代的如此制度设计下,遂形成了汉代人安心于地方经营农商货殖业、然后以富行德广邀声誉的行为模式,西汉末、东汉初樊宏父子的表现即其最好例证:

> 樊宏字靡卿,南阳湖阳人也……为乡里著姓。父重,字君云,世善农稼,好货殖。重性温厚,有法度,三世共财,子孙朝夕礼敬,常若公家。其营理产业,物无所弃,课役童隶,各得其宜,故能上下戮力,财利岁倍,至乃开广田土三百余顷。其所起庐舍,皆有重堂高阁,陂渠灌注。又池鱼牧畜,有求必给。尝欲作器物,先种梓漆,时人嗤之,然积以岁月,皆得其用,向之笑者咸求假焉。赀至巨万,而赈赡宗族,恩加乡闾。外孙何氏兄弟争财,重耻之,以田二顷解其忿讼。县中称美,推为三老。年八十余终。其素所假贷人间数百万,遗令焚削文契。责家闻者皆惭,争往偿之,诸子从敕,竟不肯受。④

樊宏父子的行为模式并非个案,在必须通过乡里积累善行才能推择为吏这

① 汪征鲁:《魏晋南北朝选官体制研究》,福建人民出版社,1995 年,第 39 页。
② 马新:《两汉乡村社会史》,齐鲁书社,1997 年,第 192 页。
③ 《后汉书》卷四十八,第 1618 页。
④ 《后汉书》卷三十二,第 1119 页。

样的制度规定下,个人、家族积富之后散财、赈济获得好名声就是一种富裕群体必然的行为方式,如折像父子营利积赀财二亿,其父折国亡后,折像"感多藏厚亡之义,乃散金帛资产,周施亲疏"①。

在汉代,单纯的商人职业在政策上受到了身份的歧视,而以农人身份兼从事货殖业又是官府所大力鼓励提倡的正当职业,因此汉代人从商业中获得的利润最后又会回到土地上,进而形成乡村"农桑业＋货殖业"积富的富裕道路,此司马迁所揭示的"以末致财,以本守之"的制度底蕴所在。以本守财,于乡里积累誉望入仕为官,为官后在家族财产的支持下又以廉洁自奉,进一步获得良誉而能长久为官,而长久为官得到的利益更多,进而形成地域与家族的良性发展,司马迁为此总结云:"贤人深谋于廊庙,论议〔于〕朝廷,守信死节隐居岩穴之士设为名高者安归乎？归于富厚也。是以廉吏久,久更富,廉贾归富。"②

汉代制度设计在指向地方誉望的同时,又强调入仕之人的个人才能,因此家族在地方上积富、积善的同时,无不强调家族子弟的家学培养,即积学。由此,地域社会中的富、善、学三个目标在汉代制度系统的导引下成为社会成员尤其是官员的共同价值指归。与此价值指向凝固的同时,是家族经济成长的基本方式"农桑业＋货殖业"也凝固为家族的治生传统。

清河房氏及其之后的清河房氏齐州宗支,也是在上述汉代的制度运转下形成的士大夫之家,其经济模式也莫能例外于上述传统。虽然限于史料缺阙,我们已不能确知汉代时清河房氏家族经济运转的具体情形,但当时博陵安平崔氏《四民月令》所描述的经济模式是汉代士大夫们所奉行的经典模板,而且从北齐时房豹所建立的房家园经济系统看,房氏的经济治生模式的确同质于崔氏的这个模版,房氏经济运转不能超乎其上,只是具体而微而已。是以依《四民月令》所载,列其家庭生产与市场贸易活动表于后,以资参考。

---

① 《后汉书》卷八十二,第2720页。
② 《史记》卷一百二十九,第3271页。

《四民月令》家庭生产及交易活动时令表①

月份	农时	大田生产	园圃种植	林木栽植	饲养	采集	蚕织和酿造	籴粜
一月	百卉萌动,蛰虫启户。雨水。	雨水中,地气上腾,土长冒橛,陈根可拔,急灾强土黑垆之田。可种春麦、䅪豆,尽二月止。粪田、畴。	可种瓜、瓠、芥、葵、薤、大小葱、蓼、苏、苜蓿及杂蒜、芋。可种韭。可别葱、芥。上辛,扫除韭畦中枯叶。	自朔至晦,可移诸树:竹、漆、桐、梓、松、柏、杂木。唯有果实者,及望而止。是月,尽二月可剥树枝。自是月以终季夏,不可以伐竹木,必生蠹虫。			令女红促织布,令内馈酿春酒、作诸酱。上旬炒豆,中旬煮之。以碎豆作末都。至六七月之交分以藏瓜,可以作鱼酱、肉酱、清酱。	
二月	阴冻毕释。春分中,雷且发声。玄鸟巢。	阴冻毕释,可菑美田、缓土及河渚小处。可种植禾、大豆、苴麻、胡麻。	可种地黄。	是月也,榆荚成。自是月尽三月,可以掩树枝。收薪炭。		采桃花、茜,及括楼、土瓜根。其滨山可采乌头、天雄、天门冬。二月采术。	蚕事未起,令缝人浣冬衣,彻复为袷,其有赢帛,遂为秋服。是月也,榆荚成。及青收,干以为旨蓄;色变白,将落,可收为䤅酱、酱酱。	可粜粟、黍、大小豆、麻、麦子。

---

① 此表引自王利华:《中国家庭史》(先秦至南北朝时期),广东人民出版社,2007 年,第 308— 312 页。

（续表）

月份	农时	大田生产	园圃种植	林木种植	饲养	采集	蚕织和酿造	籴粜
三月	清明、谷雨，杏花盛，时雨降，昏参夕，桑葚赤，榆荚落，桃花盛。	是月也，杏花盛，可蔺沙白轻土之田。时雨降，可种秔稻及稙禾、苴麻、胡豆、胡麻。昏参夕，桑葚赤，可种大豆，谓之上时。三月桃花盛，农人候时而种也。可利沟渎。	三日可种瓜。（清明）节后十日封生姜，至立夏后芽出，可种之。时雨降，别小葱。榆荚落，可种蓝。			是日（三日）以及上除，可采艾、乌韭、瞿麦、柳絮。	清明节，命蚕妾治蚕室，涂隙穴，具槌、梼、簿、笼。谷雨中，蚕毕生，乃同妇子，以勤其事。	可粜黍，买布。
四月	立夏，蚕大食；蚕入簇，时雨降。布谷鸣。	蚕入簇，时雨降，可种黍禾——谓之上时——及大小豆、胡麻。	立夏后，蚕大食，可种生姜。收芜菁及芥、亭历、冬葵、葰苜子。布谷鸣，收小蒜。别小葱。				取鲷鱼作酱，可作醢、酱。茧既入簇，趣缲，剖绵，具机杼，敬经络。草始茂，可烧灰。可作枣糒。	可籴穬麦及大麦。收弊絮。
五月	芒种节后，阳气始亏，阴慝将萌，暖气始盛，虫蠹并兴。淋雨将降。	时雨降，可种胡麻。先后日至各五日，可种禾及牡麻。先后各二日，可种黍。是月也，可别稻及蓝。尽至后二十日止。可蔺麦田。	别蓝。		刈英刍。曝干麬屑，置窨中，密封，至冬可以养马。		麦既入，多作糒，以供出入之粮。可作酱酱及醢酱。	粜大小豆、胡麻。籴穬、大小麦。收弊絮及布帛。日至后，可粜麬屑。

（续表）

月份	农时	大田生产	园圃种植	林木种植	饲养	采集	蚕织和酿造	籴粜
六月	大暑。	趣耘锄，毋失时。可蓄麦田。	是月六日可种葵。中伏后可种冬葵；可种芜菁、冬蓝、小蒜；别大葱。大暑中后，可蓄瓠、藏瓜，收芥子，尽七月止。				命女红织缣缚。可烧灰，染青绀诸杂色。廿日，可捣择小麦碹之。……作麹。	可籴大豆。籴矿、小麦。收缣缚。
七月	处暑中，向秋节。	蓄麦田。	可种芜菁及芥、苜蓿、大小葱、小蒜、胡葱。别蕹。藏韭菁。	收柏实。	刘刍茭。	采葸耳。	四日，命治麹室，具簿、持、槌。六日，馈治五谷、磨具。七日，遂作麹。作干糗。处暑中，向秋节，浣故制新，作袷薄，以备始凉。	可粜小、大豆。籴麦。收缣练。
八月	暑小退。凉风戒寒。白露。秋分。	凡种大小麦，得白露节，可种薄田；秋分，种中田。后十日，种美田。唯穄，早晚无常。	可断瓠作蓄。干地黄收韭菁。作捣齑。可收豆藿。种大小蒜、芥。		可种苜蓿。刘刍茭。	八日，可采车前实、乌头、天雄及王不留行。刘萑苇及刍茭。	趣练缣帛，染彩色。擘绵，治絮，制新，浣故。作末都。	及韦履贱好，豫买以备隆冬。粜种麦。粜黍。

（续表）

月份	农时	大田生产	园圃种植	林木种植	饲养	采集	蚕织和酿造	籴粜
九月		治场圃,涂囷仓,修窦窖,修箪窖。	藏茈姜、襄荷。作葵菹、干葵。			采菊花,收枳实。		
十月		趣纳禾稼,毋或在野。	可收芜菁、藏瓜。别大葱。			收括楼。	渍麹;麹泽,酿冬酒。作脯腊。作凉饧,煮暴饴。可析麻,趣绩布缕,作白履、"不借"。	卖缣帛、弊絮。籴粟、大小豆、麻子。
十一月	冬至。是月也,阴阳争。	平量五谷一升,小罂盛,埋垣北阴墙下(测岁宜)。		伐竹木。	买白犬养之以供祖祢。			籴秔稻、粟、米、小豆、麻子。
十二月		合耦田器,养耕牛,选任田者,以俟农事之起。			养耕牛。			

二、科举制度与唐代的"不仕则农"

"夫治生之道,不仕则农。若昧于田畴,则多匮乏"①,这句名言见载于今本《齐民要术》卷首《杂说》。但《齐民要术》卷九十二第三十有贾思勰本人亲自撰写的《杂说》一篇,卷首的《杂说》为唐人作品杂入该书,这一点业已为学界研究所公认。② 该篇杂说作者为唐代一庄园主,借以宣扬他的以农治生之术,自负其农业经营手段不逊于老农,进而详细地介绍了他结合

① 参见贾思勰著,缪启愉校释:《齐民要术校释》(第二版),中国农业出版社,1998 年,第 22 页。
② 参见贾思勰著,缪启愉校释:《齐民要术校释》(第二版),第 23 页。

季节、物种、市场等要素安排农事、货殖活动的种种规划,他认为按此规划行事即可保家庭永无匮乏之虞。前节已述唐人的技术演进,在唐代的确可以通过经营农业致富,但在这里令我们所关注的是,唐人职业选择的价值取向中,营农已是除出仕官吏之外的第一选择,取代了汉代在仕宦之后"治生商贾"的第一选择。这样的变化,只能是隋唐以来官府制度系统的变化所致。

　　唐代官员仍按品级享受厚禄,大体分为三项:岁禄、月俸、职田。岁禄即禄米,唐初成立,即有成制,"武德元年十二月,因隋制,文武官给禄:正一品,七百石;从一品,六百石。正二品,五百石;从二品,四百六十石。正三品,四百石;从三品,三百六十石。正四品,三百石;从四品,二百六十石。正五品,二百石;从五品,一百六十石。正六品,一百石;从六品,九十石。正七品,八十石;从七品,七十石。正八品,六十石;从八品,五十石。正九品,四十石;从九品,三十石。并每年给"①。月俸,是官府对在任官员的各种职务补贴,亦按品级用现钱发放,"一品月俸八千,食料一千八百,杂用一千二百。二品月俸六千五百,食料一千五百,杂用一千。三品月俸五千一百,杂用九百。四品月俸三千五百,食料、杂用七百。五品月俸三千,食料、杂用六百。六品月俸二千,食料、杂用四百。七品月俸一千七百五十,食料、杂用三百五十。八品月俸一千三百,食料三百,杂用二百五十。九品月俸一千五十,食料二百五十,杂用二百。行署月俸一百四十,食料三十"②。职田,又称职分田,"量品而授地"③:"一品有职分田十二顷,二品十顷,三品九顷,四品七顷,五品六顷,六品四顷,七品三顷,五十亩,八品二顷五十亩,九品二顷,皆给百里内之地。诸州都督、都护、亲王府官二品十二顷,三品十顷,四品八顷,五品七顷,六品五顷,七品四顷,八品三顷,九品二顷五十亩。镇戍、关津、岳渎官五品五顷,六品三顷五十亩,七品三顷,八品二顷,九品一顷五十亩。三卫中郎将、上府折冲都尉六顷,中府五顷五十亩,下府及郎将五顷;上府果毅都尉四顷,中府三顷五十亩,下府三顷;上府长

---

① 王溥:《唐会要》卷九十,第1648页。
② 《新唐书》卷五十五,第1396页。
③ 董诰等编:《全唐文》卷六百七十一,第6838页。

史、别将三顷,中府、下府二顷五十亩;亲王府典军五顷五十亩,副典军四顷;千牛备身左右、太子千牛备身三顷;折冲上府兵曹二顷,中府、下府一顷五十亩。外军校尉一顷二十亩,旅帅一顷,队正、副八十亩。"①唐代的职田不再像前代那样还授予田驺、吏、僮等劳动力,而是"其田亦借民佃植,至秋冬受数而已"②。职田是公田,官员只能以其收获物或租税收入充作俸禄,不得买卖,在离任时必须把职田移交给下一任。有爵位的勋官还可以获得永业田,"凡官人及勋,授永业田"③,"准《田令》:永业田,职事官从一品、郡王各五十顷;国公若职事官正二品,各四十顷;郡公若职事官从二品,各三十五顷;县公若职事官从三品,各二十顷;侯若职事官正四品,各十四顷;伯若职事官从四品,各十一顷。"④相比于汉代,唐代官员致仕后的待遇更加制度化,"大唐令,诸职事官年七十、五品以上致仕者,各给半禄",开元五年(717)以后"致仕应请物,令所由送至宅"⑤。

在厚禄之外,唐代官员还享有免除赋役的特权,"凡主户内有课口者为课户。若老及男废疾、笃疾、寡妻妾、部曲、客女、奴婢及视九品以上官,不课"⑥。九品官已是品官中的最下等,县丞、主簿、县尉等职都属于九品官,他们是唐代数量最大的官员群体。但九品至五品官员只免自身不课,而五品以上官员还享有复除权利。复除即一定条件下的免除课役,"诸任官应免课役者,皆待蠲符至,然后注免。符虽未至,验告身灼然实者,亦免"⑦。"复除包括期亲与大功亲,凡是从父兄弟之类属于复除之列"⑧,复除权利给家族的发展带来了极大的好处。综合上述各种禄、俸,在唐代入仕仍如汉代一样能够取得崇高的社会地位与经济利益,因此,"入仕"还是唐代人职业选择的首选。

---

① 《新唐书》卷五十五,第 1393—1394 页。
② 杜佑著,王文锦等点校:《通典》卷三十五,第 971 页。
③ 《旧唐书》卷四十三,第 1826 页。
④ 王溥:《唐会要》卷九十二,第 1671 页。
⑤ 杜佑著,王文锦等点校:《通典》卷三十五,第 968 页。
⑥ 《新唐书》卷五十一,第 1343 页。
⑦ 杜佑著,王文锦等点校:《通典》卷六,第 109 页。
⑧ 张泽咸:《唐五代赋役史草》,中华书局,1986 年,第 465—466 页。

　　然与前代不同的是,唐代的入仕途径业已发生了重大变化,唐代官员的选拔不复为"乡举里选",也不复为源于乡举里选而为门阀士族所操纵的"九品中正制",而是采取科举考试和门荫等选官方式。科举制取士的制度设计目标有三:一是将选举用人权从地方大族的手中收归中央;二是确立人才的新选拔标准;三是改变以前学术文化主导权在家族私学之中的状况,确立国家的文化主导地位。由于科举制度的制度设计目标不再指向地方,相比于汉魏时代,社会相关子系统的运转杠杆就此改变——导致汉魏时期的双家制形态消失,"人不土著",士、庶地主城市化迁徙过程因新的取士制度的推行而拉开了序幕。

　　科举制度最初设计的政治目标是将用人权从地方大族手中收归中央,使"地方大族对铨选无从置喙",然而"国家长期实行科举制,效果远远超出当初将选举用人权力收归国家的预期目标","科举制对士族社会的震撼,就在于使人才从士族的乡村根据地源源不断地流入城市,造成'人不土著,萃处京师',乡村则'里闾无豪族,井邑无衣冠',宗族在政治上弱化了"[1]。

　　之所以产生将人才从士族盘据的乡村中吸走的结果,是因为唐代科举制度相比于"乡举里选"的不同,是在注重个人才能的同时还要参考"时望"而不是个人的乡里誉望,以前"乡望"通过在乡里地方积累各种善行获得,而唐代的"时望"则主要来自于对已经出仕的社会精英人士对考生德、才两个方面的评定,其获得方式主要靠到各地行卷"请托"和广交游来实现,而且"到唐朝后期,进士考试后录取的名单往往不是根据卷面的成绩,而是根据应举者的声名和各方面的推荐,由主司决定的。声誉在录取时的作用越来越重要"[2]。在唐代新的制度背景下,宗族、乡里与个人的仕途干系已不紧密,个人只能走出乡村,依赖自身的文化修养参与科举考试,而文化积淀深厚正是士族的强项,"士族受人尊敬,本来就在于文化,科举兴盛,更强调文化。以文化维持家族不坠,以科举光大门第,社会发展到此阶段,门第和科举形成内在的文化统一性,门第本身就包含文

---

① 韩昇:《南北朝隋唐士族向城市的迁徙与社会变迁》,《历史研究》2003 年第 4 期,第 60 页。
② 吴宗国:《唐代科举制度研究》,第 224 页。

化高尚的意义。而要保持文化地位，就必须居住于文化资源集中的城市，因此，本期士族向城市的迁徙，文化的因素日益突出，越来越重要"①。

治理国家需要人才，需要什么样的人才，通过不断的实践调整，直到隋代仁寿元年（601）才明确提出"德为代范，才任国用"这样两条培养和选拔人才的标准，仁寿三年（603）又将"才任国用"的标准具体化为"明知今古，通识治乱，究政教之本，达礼乐之源"②等内容。自隋朝确立德、才两条选拔标准并对才的内容进行具体阐释之后，官学、私学的人才培养目标因此明确起来，国家对于文化建设方向的主导性地位终于建立起来。到唐代，科举考试已成为人才选拔的主要手段，各级学校教育也逐渐被纳入到科举的轨道中，"科举在唐代的作用，在于将各种私学融入官学之中，重建国家在文化上的优势主导地位，获得社会的普遍认同，从而规范意识形态。从实际情况来看，士族出身者的科举及第比例一直是很高的。在唐代，科举并不是为了驱逐士族，而是要收回选用官员的权力和确立国家的文化主导权，将社会士庶阶层都纳入国家体制和秩序之内"③。科举对考试内容的指定性，在很大程度上也改变了士族家学的传承方式，家学也必须要适应举业，即"太平君子唯门调户选，征文射策，以取禄位"④，文化主导地位把持于家族的局面遂得以改观，而唐代以诗赋策文取士的结果，是文学兴盛，把持于家族中的经学衰落，"经学尚师法，重师承，既习经业，必有所师。故自汉以来私家教授生徒以千百计。唐中叶以后，经学既衰，文学方盛。文学尚性灵，重个性发展，不重师承。时风所扇，人不相师"⑤。唐代科举制度的内容设计，导致人不相师，终于使家学也不再成为个人仕途的倚仗。

"缙绅虽位极人臣，不由进士者，终不为美"⑥，尤其是"开元年间颁布

---

① 韩昇：《南北朝隋唐士族向城市的迁徙与社会变迁》，《历史研究》2003年第4期，第66页。
② 《隋书》卷二，第47、51页。
③ 韩昇：《南北朝隋唐士族向城市的迁徙与社会变迁》，《历史研究》2003年第4期，第58—59页。
④ 杜佑著，王文锦等点校：《通典》卷十五，第358页。
⑤ 严耕望：《唐人习业山林寺院之风尚》，载《严耕望史学论文集》，上海古籍出版社，2009年，第924页。
⑥ 王定保：《唐摭言》卷一，中华书局，1960年，第4页。

《循资格》以后,流外入流和门荫的限制更趋严格,科举及第基本上成为任官所必须具有的资格"①。科举在唐代后期已被视为出仕的唯一正途,随着科举成为入仕的必要前提,从事举业的人数也愈来愈众。

在唐代,进士及第即取得任官资格,即成为"衣冠户",就享有如同两晋南北朝时期的士族门阀和唐初以来五品以上官僚所拥有的庇护一家免除赋役的特权②,凭此特权,"凡是进士及第的人,都已不是原来的家世身份,而成为法定的新贵了"③。这些新贵进士利用官方所赋予的免税役特权,接纳投献,"无厌辈不惟自置庄田,抑亦广占物产。百姓惧其徭役,悉愿与人,不计货物,只希影覆。富者称物产典贴,永绝差科"④,通过接纳投献等方式,进士及第者即便在之后的吏部试中未能通过考核,也能迅速富裕起来而足以在城市站稳脚跟,不必再回到乡村去。

然而科举是一项需要庞大资金支持的活动,它包括应举之前十年苦读的书籍文具及束脩费用、应考期间的行旅住宿费用、考前行卷费用等。如在京应举考试期间的费用一项,"某在京应举,每年常用二千贯文"⑤,这是贞元初进士张汾对陇右临洮节度使邢君牙所述的在京应试费用,在当时"万贯家财"就已算富的经济背景下,二千贯文洵非小数。由于科考费用甚巨,常常致使一家累代之积蓄殚尽,唐人赵匡曾议科举"羁旅往来,糜费实甚,非唯妨阙生业,盖亦瘝其旧产,未及数举,索然以空"⑥。由此可见唐代从事举业的文化成本很高,绝不是一般家庭所能承受的。

本来"用贫求富,农不如工,工不如商",通过工商业致富是最快的,当然也是筹措举业费用最快的途径,但唐代前期的制度设计却将通过工商业筹措举业费用的渠道排除在外。唐初对社会职业按四人定型分类,"辨天下之四人,使各专其业。凡习学文武者为士,肆力耕桑者为农,巧作器用者

---

① 韩昇:《南北朝隋唐士族向城市的迁徙与社会变迁》,《历史研究》2003 年第 4 期,第 63 页。
② 参见张泽咸:《唐代的衣冠户与形势户》,《中华文史论丛》1980 年第 3 辑。
③ 张泽咸:《唐代阶级结构研究》,中州古籍出版社,1996 年,第 80 页。
④ 董诰等编:《全唐文》卷八百六十六,第 9075 页。
⑤ 李昉:《太平广记》卷四百九十六,第 4071—4072 页。
⑥ 杜佑著,王文锦等点校:《通典》卷十七,第 419—420 页。

为工,屠沽兴贩者为商。工商之家,不得预于士。"①工商杂色之人不得入仕
与参加科举考试的规定,唐前期一直是非常严格的,直到唐后期进士曹确
还曾试图利用这一条来约束工商伎艺之人入仕:"臣览贞观故事,太宗初定
官品令,文武官共六百四十三员,顾谓房玄龄曰:'朕设此官员,以待贤士。
工商杂色之流,假令术逾侪类,止可厚给财物,必不可超授官秩,与朝贤君
子比肩而立,同坐而食。'大和中,文宗欲以乐官尉迟璋为王府率,拾遗窦洵
直极谏,乃改授光州长史。伏乞以两朝故事,别授可及之官。"②工商杂色入
仕规定的松动是从唐玄宗才开始的,开元七年(709)、开元二十五年(736)
令"诸官人,身及同居大功已上亲,自执工商,家专其业,不得仕。其旧经职
任,自解黜,必有事用者,三年之后听用"③。根据此令,唐玄宗以后凡以前
专门从事过工商业的人在迁业三年后可以从事举业或入仕。然而唐令对
工商从业者的进一步定性是"工、商皆谓家专其业以求利者。其织纴、组纫
之类,非也"④。"织纴组纫"是古代农家所从事的最常见的小手工业类型,
其他与农家有密切联系的小手工业类型还有《四民月令》《齐民要术》中所
记载的那些"资生之业":池鱼牧畜、园圃林木、织染酿造、器用锻造等等,
这一系列家庭小手工业就属于唐令所说的"织纴组纫之类"。唐令用"之
类"这一术语来统括性质相类的事物,"此例既多,故云'之类'也"⑤。"其
织纴组纫之类,非也",就是说家有土地从事农业生产而兼营"之类"者不在
禁止科举入仕之列。亦即唐代仍如汉代一样鼓励社会优先选择"农桑业 +
货殖业"的治生致富方式,即从事农桑兼营货殖商业者具有出仕资格。楚
州淮阴农以自家庄园所产的稻谷、绅绢、银器等物比年而"货殖焉"⑥,但他
的官方认可的阶层身份仍是"淮阴农",有参加科举的资格。士人利用自身
文化技能如教授生徒、撰写墓志、抄写经籍、赋诗卖文等方式也能获得部分
费用,但只有极少数著名人士能以此致富,绝大多数人只能凭此"自给"而

① 《旧唐书》卷四十三,第1825页。
② 《旧唐书》卷一百七十七,第4607—4608页。
③ 〔日〕仁井田升辑,栗劲等编译:《唐令拾遗》,长春出版社,1989年,第206页。
④ 李林甫撰,陈仲夫点校:《唐六典》卷三,第74页。
⑤ 《唐律疏议》卷二,中华书局,1983年,第44页。
⑥ 李昉:《太平广记》卷一百七十二,第1268—1269页。

已,想以此谋取庞大的举业费用则是远远不够的。因此按照唐代前期的制度设计,其时既能致富又不妨碍科举从仕的治生道路只有一条:从事农业而兼营工商货殖。

"卖药都市,寄食友朋",这是杜甫在《进三大礼赋表》中所叙的大隐隐逸于市的主体情态,虽是自魏晋以来就有的隐逸心态写照,却也能反照出当时的一种制度规定,即唐代具备了举业资格的士人——"举人阶层"从事工商业亦不妨碍其入仕,进而演化出这一阶层"专以货殖为心,商贾为利"的角色形象。① 科举制度推行后引起了唐代社会等级的再编制,其中贡举人阶层就是唐代出现的一个新层体。士人在参加中央的科举考试前,必须先通过州府的考试,取得"乡贡明经"、"乡贡进士"之后才有进京应举资格。由于每年进士录取名额有限,"乡贡进士、乡贡明经作为士的一部分,人数越来越多。他们上面连着已经及第的进士、明经,而在他们的后面,则还有一大批连贡举人资格都没有取得的读书人。正是在及第者和读书人之间,出现了贡举人这样一个社会群体、社会层面"②。乡贡进士不具备作官出仕的资格,不可能有前文所述及第进士那样接纳投献式的谋生方式,他们必须寻求一种与及第进士不同的治生道路。唐后期藩府可以自辟幕佐,成为一部分落第士人的最佳出路,"也总算是有了一个不离参加科举初衷的归宿",唐后期"吸收乡贡进士参加政权,已经成为各地节度使、观察使有意识的行动"③。但入幕地方只是唐后期才有的一种出路,唐前期并没有,而且即便是有了这种出路,其数量也还是相当有限的,所以大量的贡举人所能采取的谋生方式只有两种:一是沿着官府制度所设计的道路,回到家乡一边从事农桑货殖业,一边继续举业,遂逐渐形成后世著名的"耕读传家"的文化传统;一是留居城市继续举业,所需生资则依托工商业来解决,形成"以商养学"、"以工养学"的谋生方式④,即便是这种方式,在此之前也得先

① 董诰等编:《全唐文》卷三十一,第350页。
② 吴宗国:《唐代科举制度研究》,第295页。
③ 吴宗国:《唐代科举制度研究》,第297页。
④ 参见黄云鹤:《唐宋下层士人研究》第四章第一节《农商为业,家庭资生》,河北大学出版社,2006年,第95—100页。

有"农"或者"士"的身份。

　　回到本乡本土从事农耕货殖业的贡举人,如果他们放弃举业或者始终未能及第而生活于乡村,则"成为类似后来'乡绅'一类的人物。他们乡贡进士、乡贡明经的身份,使他们不同于普通老百姓;他们又是农村的知识分子,撰写墓志铭,很自然的成为他们的一项工作"①。前文已说明从事举业要依赖城市的文化资源、文化环境才能获取时望,贡举人要进行举业必须生活于城市,于是就出现了一批经济基础根植于乡村而本人却生活于城市的乡贡进士,唐代"庄在乡村、宅居城市"的"城居地主"于焉而生。如卢肃生活于两京谋求举业,其经济来源于南阳旧庄,"肃有旧业在南阳,常令鸿征租,皆如期而至,往来千里,而未尝侵费一金。既及第,鸿奔走如初。及一春事毕,鸿即辞去"②。兖州王鑑"开元中,乘醉往庄,去郭三十里。鑑不涉此路,已五六年矣"③。王鑑五六年都没有去过自己离城三十里外的庄园,显然是其本人城居,经济来源则靠城外的庄提供,其庄园的经营则如同卢肃一样委托他人。

　　在科举制牵引下的士族向城市的迁徙及城居地主的出现,使得魏晋时期官僚及地主将其仕宦、货殖经营所得大量流回本地乡村的情形发生了逆转,从唐代开始官员、士族及地主的各种收入逐渐不再流入乡村,相反的是农村的文化精英、资金流向城市,导致农村文化、经济基础日渐弱化,社会运转结构就此改变。随着这种人口、资金、文化流向的转变,城市的消费能力增强了,相应地催化了农村商品化农业的发展以及农产品的商品化,④农业成为有利可图的行业。"唐代社会上需要从市场上获得农副产品的家庭和人口有一个庞大的规模。唐代的县级城镇数以千计,州府级行政中心不下三百。这些城镇居民有相当多是不从事农业生产,而是从事商业、饮食、旅店、娱乐、工艺等行业的。唐代军队大约在百万左右,官吏之家亦以万计,僧侣、道士等不耕而食、不耕而衣的宗教人士更是数量巨大,这些人

① 吴宗国:《唐代科举制度研究》,第 296 页。
② 王定保:《唐摭言》卷三,第 38 页。
③ 李昉:《太平广记》卷三百三十,第 2623 页。
④ 参见刘玉峰:《唐代商品性农业的发展和农产品的商品化》,《思想战线》2004 年第 2 期。

家餐桌上的食品和卧室里的服装,当然不都是从市场上购买而来,但是,至少是从不同的途径交换或者变相交换而来。这就说明了农家的产品具有比较广阔的市场空间。"①

　　由于科举制度的制度指向以及农产品的市场空间,遂使唐代以农业兼营货殖、工商业成为人们除仕宦之外的第一职业选择。

第二节　齐州房氏的治生方式

　　房氏居清河郡时期的治生方式,限于资料,已无法详知,其与博陵安平崔氏家庭经济之路的相似性前节已叙。可以确认的是,房氏迁到齐州后依靠南燕政权所给定的特殊政策奠定了他在齐州发展的经济基础,其后通过仕宦与农桑货殖所得,扩展了房氏在齐州的家族经济势力。直到隋唐时期,以科举制度为杠杆的社会运转系统改变,在齐州的房氏家族势力逐渐衰落。

一、齐州房氏的"仕"禄

　　青齐地区原有的土著士族,在西晋末年"永嘉之乱"后,多数举族迁往江南,只有一部分势力较弱的中小豪强还留居于青齐地区。慕容德南燕政权为了迅速控制青齐地区,对土著豪强采取一些笼络安抚措施,不触及他们原有的利益,"愍黎庶之息肩,贵因循而不扰"。而随慕容德南迁青齐的河北豪族,则与慕容部贵族分享着权力,"务在遵养,矜迁萌之失土,假长复而不役"。利用永久免除赋役的特权,迁青齐的河北豪强大量荫蔽人口,"或百室合户,或千丁共籍"。房氏应该就是利用这个特权奠定了他们在齐州的经济基础,这是齐州房氏的第一次政策性收入,而"迁萌"所荫蔽的大量人口在北魏孝文帝改革后成了房氏再次享受政策性收入的源泉。北魏孝文帝太和九年(485)颁布均田令。其主要内容是:十五岁以上男夫受露田四十亩、桑田二十亩,妇人受露田二十亩。身死或年逾七十者将露田还

————————

① 张国刚:《中国家庭史》(隋唐五代卷),第252页。

官,桑田为世业田,不须还官,但要在三年内种上规定的桑、榆、枣树。不宜种桑的地方,则男夫给相当于桑田的麻田十亩,妇人给麻田五亩。家内原有的桑田,所有权不变,但要用来充抵应受倍田份额。达到应受额的,不准再受;超过应受额部分,可以出卖;不足应受额部分,可以买足。法令还规定奴婢、耕牛也可以受田,奴婢受田额与良民同,耕牛每头受露田三十亩,一户限四头。按照均田令,拥有的奴婢和耕牛数量越多,所能拥有的土地也就越多。这应当是齐州房氏所享受的第二次政策性收入。

官俸收入是房氏中人的重要经济来源之一。南燕之后青齐地区归于南朝政权的六十年,由于刘裕中央皇室家族对青齐豪强集团的压抑,齐州房氏这六十年的宦海经历也与其他豪族一样湮没,现所知的房氏人物曾出任主簿、司马、太守一类的官职。其具体的任官俸禄数,已不可详知,下表可作大致的参照:

两晋南朝官俸表①

官品	月俸（米以斛记）	年俸（米以斛记）	绢（匹）	绢合米数（一匹绢四斛米）	菜田（顷）	菜田俸禄（米以斛记）	总年俸（米以斛记）	备注
一	150	1 800	300	1 200	10	1 800	4 800	
二	120	1 440	200	800	8	1 440	3 680	此表四品至九品官俸是两晋官俸概数。各品官俸是南朝官俸概数。
三	90	1 080	150	600	6	1 080	2 760	
四	72	862	120	480	5	900	2 242	
五	54	648	90	360	4	720	1 728	
六	36	432	60	240	3 顷 50 亩	630	1 302	
七	27	324	45	180	3	540	1 044	
八	18	216	30	120	2 顷 50 亩	450	786	
九	8	98	15	60	2	360	516	

青齐地区在刘宋之后归于北魏,房法寿因主动归降北魏,北魏以之为上客。"及历城、梁邹降,法寿、崇吉等与崔道固、刘休宾俱至京师。以法寿为上

---

① 引自朱大渭:《魏晋南北朝的官俸》,《中国经济史研究》1986 年第 4 期,第 71 页。

客,崇吉为次客,崔、刘为下客。法寿供给,亚于安都等。"①北魏给予上客的待遇相当丰厚,杨椿云其家"入魏之始,即为上客,给田宅,赐奴婢、马牛羊,遂成富室。自尔至今二十年,二千石、方伯不绝,禄恤甚多"②。杨播、杨椿入魏为上客,靠官府供给能成为富室,房法寿入北魏亦为上客,待遇供给固不如薛安都等人,但应当也如杨氏兄弟一样能够使房法寿成为富豪之家。

"北魏前期约一百年无官俸,官员廉者贫困樵采自给,贪者藉商贾取利,或交结盗魁分赃"③,由于官无俸禄,官员收入全靠临时性的班赏,中央官员按军功大小和爵品,而地方官只要上缴中央一定数量的赋税后,多征部分不问,因此地方官吏贪污成风。房法寿之子房伯祖任齐郡内史,性格懦弱,委政于功曹张僧皓,地方事务遂为张僧皓把持,以至于房伯祖无从插手赋税的剩余部分而弄得衣食不充,"伯祖闇弱,委事于功曹张僧皓,僧皓大有受纳,伯祖衣食不充"④。

直到北魏在孝文帝太和八年(484)改革官俸制度,官员才开始有了固定的收入,其俸禄数按品级如下:

北魏官俸概数表⑤

官品	官俸年俸(帛以匹记)	折合为米(帛一匹合四斛)	备注
一	1 300	5 200	北魏百官各给公田一顷,以供刍秣。刺史给公田十五顷,治中别驾八顷,县令郡丞六顷。后变为永业田,可买卖。北魏职分公田耕作者身份不明,剥削量不清楚。
从一	1 137	4 548	
二	974	3 896	
从二	811	3 244	
三	648	2 592	
从三	485	1 940	
四	387	1 548	

---

① 《魏书》卷四十三,第970页。
② 《魏书》卷五十八,第1289页。
③ 朱大渭:《魏晋南北朝的官俸》,《中国经济史研究》1986年第4期。
④ 《魏书》卷四十三,第971页。
⑤ 引自朱大渭:《魏晋南北朝的官俸》,《中国经济史研究》1986年第4期。

（续表）

官品	官俸年俸（帛以匹记）	折合为米（帛一匹合四斛）	备注
从四	322	1 288	
五	257	1 028	
从五	192	768	
六	160	640	
从六	128	512	
七	96	384	
从七	64	256	
八	58	232	
从八	52	208	
九	46	184	
从九	40	160	

北魏之后的北齐、北周，齐州房氏在中央、地方都有人任职，得到固定的官俸。北齐、北周官俸按品级如下：

北齐官俸表[1]

官品	年俸（帛以匹记）	折合为米（帛一匹合四斛）	事力年俸（帛以匹计）	折合为米（帛一匹合四斛）	总年俸（米以斛记）
一	800	3 200	472	1 888	5 088
从一	700	2 800	413	1 652	4 452
二	600	2 400	354	1 416	3 816
从二	500	2 000	295	1 180	3 180
三	400	1 600	236	944	2 544
从三	300	1 200	177	708	1 906
四	240	960	142	568	1 528

---

[1] 朱大渭：《魏晋南北朝的官俸》，《中国经济史研究》1986 年第 4 期。

（续表）

官品	年俸（帛以匹记）	折合为米（帛一匹合四斛）	事力年俸（帛以匹计）	折合为米（帛一匹合四斛）	总年俸（米以斛记）
从四	200	800	118	472	1 272
五	160	640	94	376	1 016
从五	120	480	71	284	764
六	100	400	59	236	636
从六	80	320	47	188	508
七	60	240	44	176	416
从七	40	160	35	140	400
八	36	144	21	84	228
从八	32	128	19	76	204
九	28	112	17	68	160
从九	24	96	14	56	152

北周官俸表①

官名	官命	年俸（米以石计）	同命内秩阶（米以石计）	备注
三公	正九命	5 000	60	北周官俸"高至四釜为上年,上年颁其正。三釜为中年,中年颁其半。二釜为下年,下年颁其一。无年为凶荒,不颁禄"。此表以中年为准制成。
三孤	正八命	3 500	50	
六卿	正七命	2 500	50	
上大夫	正六命	2 000	40	
中大夫	正五命	1 000	40	
下大夫	正四命	500	30	
上士	正三命	250	30	
中士	正二命	125	20	
下士	正一命	63	20	

---

① 朱大渭:《魏晋南北朝的官俸》,《中国经济史研究》1986 年第 4 期。

　　"以各代中级官员五品、正五品、正五命官俸来看,以五口之家加上仆役一人共六口计,每年食米一百零八斛,三倍应为米三百二十四斛。两晋南朝中级官员年俸约为全家一年生计的五点四倍,北魏约为三倍,北齐也约为三倍,北周约为九倍"①,由此官俸成为中高级官员家庭的重要收入来源。"学成文武艺,货与帝王家",齐州房氏在北魏、东魏、北齐时期一直致力于仕途,其宦海经历已见于前章,而且房氏在这一时期所为诸官的品级多是高品,官俸较高,仕宦所得成为房氏家族经济的重要构成部分。

　　正常的官俸之外,因各种功劳还会到皇帝的额外赏赐。如房彦谦"奉诏安抚泉、括等十州,以衔命称旨,赐物百段,米百石,衣一袭,奴婢七口"②。房玄龄以定策功受赏,"及太宗入春宫,擢拜太子右庶子,赐绢五千匹",贞观元年(627),唐太宗"论功行赏,以玄龄及长孙无忌、杜如晦、尉迟敬德、侯君集五人为第一,进爵邢国公,赐实封千三百户"。房玄龄监修国史,"寻以撰《高祖、太宗实录》成,降玺书褒美,赐物一千五百段"③。贞观十七年,"监修国史房玄龄与史官给事中许敬宗、著作佐郎敬播修《高祖实录》二十卷成,制封玄龄一子为县男,赐物一千段"④;"太宗大悦,以玄龄举得其人,赏锦彩千段;擢拜翼为员外郎,加入五品,赐银瓶一、金缕瓶一、玛瑙碗一,并实以珠,内厩良马两匹,兼宝装鞍辔,庄、宅各一区。"⑤

二、房氏的"素有旧业"
——营农与货殖

　　齐州房氏的官俸所得虽然是其重要的经济基础,但宦途多变,并不具有稳定性,因此时人又强调"人生在世,会当有业",齐州房氏的"业",就是利用所掌握的文化技能及凭借早先荫萌、仕途所获得的田

---

① 朱大渭:《魏晋南北朝的官俸》,《中国经济史研究》1986 年第 4 期。
②《隋书》卷六十六,第 1562 页。
③《旧唐书》卷六十六,第 2461、2462 页。
④ 董诰等编:《全唐文》卷二百六,第 2079 页。
⑤ 董诰等编:《全唐文》卷三百一,第 3060 页。

产,展开营农与货殖经营。

书法是房氏的传统文化技能,房氏房彦谦父子都"工草隶"①,尤其房彦谦"又善草隶,人有得其尺牍者,皆宝玩之"②。房氏既为著名书家,题写匾额、墓志铭之类所得诸项润笔之资当是家庭经济的一大来源。在平齐郡时,房景伯即靠书法技能"佣书自给"③,收入多少,史无明文,然同样以佣书为生的刘芳的收入可作大致参照。刘芳之舅房元庆系房景伯祖父,刘芳为房景伯的表叔。迁入平齐郡后刘芳也是靠佣书为生,"芳常为诸僧写经论,笔迹称善,卷直以一缣,岁中能入百余匹,如此数十年,赖以颇振"④。房景伯的佣书收入可能不及刘芳,但所得既能供养母亲及弟弟房景先等读书,佣书收入也应该不低。

自平齐郡返齐州后,房氏家族的经济在官俸之外,主要还是通过营农与货殖治生。房法寿为北魏上客时,曾得官府大量赐田。房氏田产应当是采用庄园经营方式,现所知的房氏庄园唯有房家园。

> 历城房家园,齐博陵君豹之山池。其中杂树森竦,泉石崇邃,历中袯禊之胜也。曾有人折其桐枝者,公曰:"何谓伤吾凤条。"自后人不复敢折。公语参军尹孝逸曰:"昔季伦金谷山泉,何必逾此。"孝逸对曰:"曾诣洛西,游其故所。彼此相方,诚如明教。"孝逸尝欲还邺,词人饯宿于此。逸为诗曰:"风沧历城水,月倚华山树。"时人以此两句,比谢灵运"池塘"十字焉。⑤

准上引文字,房家园为北齐时房豹所打造,修建有池塘、假山等各种胜景,自诩超过石崇的金谷园,可知房家园与石崇金谷园的经营模式相同,现列叙于后:

---

① 《隋书》卷六十六,第 1561 页;《旧唐书》卷六十六,第 2459 页。
② 《隋书》卷六十六,第 1566 页。
③ 《魏书》卷四十三,第 977 页。
④ 《魏书》卷五十五,第 1219 页。
⑤ 段成式:《酉阳杂俎》卷十二,第 114 页。

一是作为风景浏览地,房家园为历下祓禊胜地。祓禊,乃古人"除恶之祭",其方式有二:一是于洁净水源之所洗濯沐浴;一是秉火求福。祓禊有春秋二次,春季在三月初三上巳日,在这一天,人们至水滨以药草浸水沐浴、采兰草蘸水拂拭周身,然后嬉游、宴饮,尽欢而归。房家园风景优美,水源洁净,时人以为祓禊之地的首选,由此可知,房家园内必定修有相关的馆所设施以提供嬉游、宴饮之所,则此等游乐、饮食经营收入当为房家经济来源之一。

房豹自豪地称"昔季伦金谷山泉,何必逾此",则房家园有超越石崇金谷园的地方。石崇的金谷园在洛阳河南县界金谷涧中,"去城十里,或高或下,有清泉茂林,众果、竹、柏、药草之属。金田十顷,羊二百口,鸡猪鹅鸭之类,莫不毕备。又有水碓、鱼池、土窟,其为娱目欢心之物备矣"①。由此可见石崇经营金谷园的目的之一是种植各种经济作物获利,同时兼顾景观欣赏作用。上引文字已指出房家园"杂树森竦",园内应当也是种植着各种经济林木作物,现所知房家园内经济林木作物之一有桐树,房豹雅称其为"凤树",只是不清楚所种的桐树究竟是青桐、白桐还是油桐。民间谚云"要快富,种桐树",盖桐树根、茎、花、叶均有相当高的经济价值,是古代极为重要的经济林木。青桐籽是北方著名的代谷食品,"成树之后,树别下子一石,炒食甚美。味似菱、芡,多啖亦无妨也"②。白桐无籽,"成树之后,任为乐器。于山石之间生者,乐器则鸣"、"青、白二材,并堪车、板、盘、合、木屧等用"③。其实青桐也合适作琴瑟、琵琶等弦乐器。桐叶入药,"味苦,寒,无毒。主恶蚀疮着阴。皮主五痔,杀三虫。疗奔豚气病。华,敷猪疮,饲猪肥大三倍"。桐花、桐叶"取以饲猪,并能肥大,且易养"④。《齐民要术》、《四时纂要》均记载当时北方可种竹,《入唐求法巡礼行记》亦记载山东有野生竹林,山间僧人以竹叶作烧柴取暖的燃料。适宜竹子生长的气候条件也适合油桐生长,因此按当时的气候条件,山东之地也能种油桐。油桐树为中

---

① 严可均辑:《全上古三代秦汉六朝文·全晋文》卷三十三,第1651页。
② 贾思勰著,缪启愉校释:《齐民要术校释》(第二版)卷五,第356页。
③ 贾思勰著,缪启愉校释:《齐民要术校释》(第二版)卷五,第356页。
④ 苏敬等撰,尚志钧辑校:《新修本草》(第二版),安徽科学技术出版社,2004年,第203页。

国四大木本油料作物之一,油桐子可榨油,用途广泛,桐油是古代造船手工业防水、防腐的必备原材料,山东自古以来为造船之地,对桐油有着旺盛的需求。

可以推知的是,房家园内必然会种有楸树,这是自汉代以来齐鲁之地的传统经济林木,《史记》云"河、济之间千树萩","萩"通"楸","楸,作乐器,亦堪作盘合。堪为棺材,更胜松柏"[1]。除此而外,楸子可以入药,楸木更是制作船舶的上等原料。在楸树种植的背后,是乐器制造业、家具制造业、船舶制造业的庞大需求,有着可观的经济效益,房家园内必种此树。

石崇的金谷园规模宏大,单其养殖用田就有十顷。石崇《思归引序》记其河阳别业云"其制宅也,却阻长堤,前临清渠,柏木几于万株,流水周于舍下,有观阁池沼,多养鱼鸟",金谷园为石崇举行各种主要活动之所,其规模当不亚于河阳别业。房豹既自诩房家园超越金谷园,段成式亦云房家园"泉石崇邃",可见房家园的规模确实不小,应当也有"柏木几于万株"这样的规模。在这样的规模下,仅桐树的籽、叶所带来的经济效益就已相当可观了。

金谷园中修有水碓,这是当时最有效益的米面磨粉加工工具、药材粉碎工具,经济效益相当可观,石崇所拥有的三十余区水碓是石崇巨额财富的重要来源之一。房家园既自比金谷园,当然也不会少了这样的设施,房氏应当利用园中流水修建了水碓,只是不知房氏水碓之具体数目。

然而石崇金谷园更深远的意义在于金谷诗会,《晋书·刘琨传》云"时征虏将军石崇河南金谷涧中有别庐,冠绝时辈,引致宾客,日以赋诗"。由此可知金谷园以其风景幽胜,成为文人会集之所。房家园亦为当时文人会集之所,尹孝逸从济南返邺,亲朋好友即于房家园设宴送别,词人饯宿于此,尹孝逸于此写下名句"风沦历城水,月倚华山树",时人以此两句之风采实不亚于谢灵运的"池塘生春草,园柳变鸣禽"之句。金谷园作为文人会集

---

[1] （唐）韩鄂编,缪启愉校释:《四时纂要校释》,农业出版社,1981年,第61页。

之地,产生了金谷二十四友,留下了石崇的《金谷诗序》,自此金谷酒数成为中古文人宴饮惯例,金谷宴游也成为人们仿效的对象。五十余年后王羲之等人于兰亭修禊,仿《金谷诗序》而作《兰亭集序》,"王右军得人以《兰亭集序》方《金谷诗序》,又以己敌石崇,甚有欣色"①。房豹自豪房家园不逊于金谷园,且房家园为"历中祓禊之胜也",自然也是文人会聚之所,但房家园作为文人会集之地的影响显然没有金谷园那样的深远,它没能孕育出金谷二十四友那样的文人团体。

在魏晋南北朝"双家制"的背景下,房氏在济南城的产业只是其中的一小部分,在赵山之阳的乡村之家亦应当有大量田产,《隋书》云房彦谦"家有旧业,资产素殷",当是指其城乡田产而言。房氏乡村田产的经营方式也只能采用庄园式经营,因为庄园是我国中古时代各种"农业生产要素"的一种"高效能配置形态",不仅可以满足自身的基本需求,与其生产相配套的货殖经营更能给庄园主带来高额利润,这是魏晋六朝动荡社会里基层力量超强凝聚力的经济基础。

关于庄园的自给形态,北齐颜之推云:"生民之本,要当稼穑而食,桑麻以衣。蔬果之畜,园场之所产;鸡豚之善,坋圈之所生。爰及栋宇器械,樵苏脂烛,莫非种殖之物也。至能守其业者,闭门而为生之具以足,但家无盐井耳。"②这种动荡时局中的自给状态给时人带来一种心情写意,周、隋间的萧大圜曾满足地描写这种写意心情:"面修原而带流水,倚郊甸而枕平皋,筑蜗舍于丛林,构环堵于幽薄。近瞻烟雾,远睇风云。藉纤草以荫长松,结幽兰而援芳桂。仰翔禽于百仞,俯泳鳞于千浔。果园在后,开窗以临花卉;蔬圃居前,坐檐而看灌畦。二顷以供饘粥,十亩以给丝麻。侍儿五三,可充纴织;家僮数四,足代耕耘。沽酪牧羊,协潘生之志;畜鸡种黍,应庄叟之言。获菽寻氾氏之书,露葵征尹君之录。烹羔豚而介春酒,迎伏腊而候岁时。披良书,探至赜,歌纂纂,唱乌乌,可以娱神,可以散虑。有朋自远,扬榷古今。田畯相过,剧谈稼穑。斯亦足矣,乐不

---

① 刘义庆撰,徐震堮校笺:《世说新语校笺》,第346页。
② 颜之推撰,王利器集解:《颜氏家训集解》卷一,第55页。

可支。"①

满足基本生存需求的自给自足只是庄园经济的一方面,以庄园所产为初级原材料加工再生产为特点的货殖经营是庄园经济的另一面,这一特点自汉以来即是如此,仲长统云庄园的货殖特征曰:"豪人之室,连栋数百,膏田满野,奴婢千群,徒附万计。船车贾贩,周于四方;废居积贮,满于都城。琦赂宝货,巨室不能容;马牛羊豕,山谷不能受。"②房氏在赵山之阳的庄园所产、房家园中所种植的大面积的树木、果林、药草等,显然不全是自给产品,必然是以之为初级原料进行再加工后销售出去,故房氏货殖经营收入也是家族经济的基础,而房氏所定居的济南也提供了货殖经营的环境,前引房彦诩墓志铭中曾特意提到的"三齐殷阜,一方都会"与其"家富于财"之间绝不是了然无因。

"秦汉以来,风俗转薄,公侯之尊,莫不殖园圃之田,而收市井之利"③,以庄园为基础兼营工商业是中古时期的普遍现象,而尤以石崇为最,所谓"石崇百道营生,积财如山"④,金谷园为其治生代表之一。"殖园圃之田,收市井之利"的金谷园"百道营生"治生模式,显然成为了房氏极力模仿的对象,是以有历城房家园。透过房家园,可考知房氏的治生经营涉及饮食、宾馆、粮食加工、药材、娱乐、果林种植、粮食生产、畜类养殖等多种行业,的确可以称得上"百道营生"。

三、唐代齐州房氏后人的"仕"与"农"

唐代推行科举制而引发了士族迁居中央、城市的迁徙潮流,齐州房氏后人亦莫能例外,房氏诸宗支大多迁离齐州以利科举干禄。而他们在新居地的谋生方式,除官俸之外,也多是如在齐州一样在城郊置地营农货殖,而本人则居城市从事举业、仕宦。齐州房氏后人的墓志表明他们的居住地与墓茔田产是城乡分离的。

---

① 《周书》卷四十二,第758页。
② 《后汉书》卷四十九,第1648页。
③ 《晋书》卷五十六,第1537页。
④ 王隐:《晋书》,《续修四库全书》第1210册,上海古籍出版社,1995年,第194页。

姓名	墓地	逝世地	居住地	资料来源
房基	河南县平乐原	翼城县馆舍		《唐代墓志汇编》永徽一二三
房宝子	河南县平乐乡王村东原	卒于家		《唐代墓志汇编》龙朔〇一八
房瑒	邙山之原	卒于洪州之旅地	因官寓洛，尔其家焉	《唐代墓志汇编》长寿〇二五
房怀亮	龙首之原	弘化之第	京兆	《唐代墓志汇编》延载〇〇七
房逸	邙山之原	终于贝州官舍	洛阳	《唐代墓志汇编》圣历〇二〇
房孚	邙山平原乡	洛阳县归仁里私第	洛阳县	《唐代墓志汇编》开元三三一
房惠琳	龙首原先茔	崇化里私第	长安	《唐代墓志汇编》开元三六六
房君	邙山平阴之原	洛阳毓德里客舍		《唐代墓志汇编》开元三七一
房宣	洛阳邙山之原			《唐代墓志汇编》开元五〇五
房光庭	河南邙山北		后游京国，便以居焉	《唐代墓志汇编》天宝一七四
房有非	邙山原	洛阳永泰里	洛阳	《唐代墓志汇编》天宝一八二
房君	邙山杜郭东原	洛阳客馆		《唐代墓志汇编》天宝二一四
房诞	邙山之原	洛阳建春里第		《唐代墓志汇编续集》景龙〇〇二
房承先	郾师县首阳乡之原			《唐代墓志汇编续集》天宝〇七六

关于坟茔与田产的关系，陈寅恪先生指出："吾国中古士人，其祖坟住宅及田产皆有连带关系。观李吉甫，即后来代表山东士族之李党党魁李德裕之父所撰《元和郡县图志》，详载其祖先之坟墓住宅所在，是其例证。其书虽未述及李氏田产，而田产当亦在其中，此可以中古社会情势推度而知者。故其家非不得已，决无舍弃其祖茔旧宅并与茔宅有关之田产而他徙之

理。此又可不待详论者也。"①上表中齐州房氏后人的墓志铭清楚地表明他们在迁离齐州后于新居住地重置田产、墓茔,是以房惠琳等人离世后归葬的是"龙首原先茔"、"邙山原"祖茔,而不是在齐州赵山之阳的先茔。由此可知,在推行科举制后,在制度运转惯性的推动下,齐州房氏后人科举干禄的结果是促使他们迁居到有利于从事科举考试的城市,重置产业,成为城居地主。

　　成为城居地主的齐州房氏后人当属房有非最为典型。房有非于天宝十载(752)病故于洛阳永泰里,年五十有五,则其祖、父都应当生活于唐代。墓志铭追溯其先人房谌随慕容德南渡,因有"四祖",房有非支系为齐州房氏后人无疑。入唐后,其祖、父"因官移居,今为河南郡河南县都会乡人焉"②,可知房有非一支自齐州迁离后在河南县都会乡重新置产定居,其墓田则置于风水之地邙山东原。而其本人则居住、生活于洛阳城永泰里,是个典型的城居地主,由此在其夫人尚氏的墓志铭中甚至已不再提其原乡居地,而直接称其为"洛阳河南人焉"③。比较特别的是房有非之城居并非为了举业、仕宦,房有非之父房恩礼远任儁州而中途遇害,以此房有非终身不仕。由此知房有非之居城,非为举业,实为文化生活,实为享受如杜甫所称的"卖药都市,寄食友朋"那样的大隐于市的文化生活及营家之便利。房氏文化内外二教兼顾,本就有崇佛敬道的文化传统,居齐州时期的房经、房法寿、房敬道、房敬宝等人的取名就是佛道文化在其姓名中的烙印,房有非"高、曾及祖,同禀清虚,能韬不世之才,竟体无名之道"④,房有非既弃举业仕宦,遂将家族文化中的佛性道心发挥出来,"高道不仕","先人后己,名利不窥,廉洁任真,与物无竞。穷六经之奥,探百氏之幽,音肆知微,方术得妙,见存之能既备,未来之业广施",房有非崇佛的结果是"分半产以助伽蓝,尽一心而专顶礼"。奉佛的家产则是其苦心经营所得,所谓"劳神苦思,

① 陈寅恪:《金明馆丛稿二编》,生活·读书·新知三联书店,2001年,第2页。
② 周绍良主编:《唐代墓志汇编》,第1659页。
③ 周绍良主编:《唐代墓志汇编》,第1826页。
④ 周绍良主编:《唐代墓志汇编》,第1826页。

寻善多方,冒霜露以伤颜,勤营家而损寿"①。房有非如何勤营家,限于资料,已不得其详,但结合唐人大多数营家情形来看,应当是走上了"不仕则农"的路途:即以都会乡之乡村庄园为生产基地,以洛阳城居地为中转地,从事农商货殖及南北贸迁。

　　齐州房氏后人居城而从事举业的子弟,现所知有房承先、房习祖、房鲁、房逸、房兴昌等五人。房承先,房遗义之子,房玄龄之孙,"年弱冠,以崇文生升第",孟二冬先生考证房承先及第之年当在万岁通天二年(697)②,其时唐朝政治活动中心地在东都洛阳,房承先长子安禹"尉开封",因近于东都而便于举业仕宦,遂于此置产定居,形成在新地的祖茔田产,故其后房琮等子孙迁葬其祖房承先于河南偃师县首阳乡之原。与房琮同辈的房习祖,以科举得官,在从事举业时曾得到名士韩朝宗的推荐。其子房愿,排其世系当为房玄龄之玄孙,房遗直曾孙。房愿以天宝五载(746)闰十月廿二日薨于东京怀仁里之私第,以其月廿五日薄西山葬于三川乡之原,可见其亦为城居地主。这一支系当是为了仕宦举业之便而在唐高宗、武则天居洛时期迁入了洛阳,并于城郊置产兴业,故房遗直的这支后人已不再称其本贯为清河人,而是直称为"河南洛阳人"。房遗直后人房鲁,房玄龄第六代孙,以科举及第,曾于慈恩寺题名,"砂子上有进士房鲁题名处。后有人题诗曰:'姚家新婿是房郎,未解芳颜意欲狂。见说正调穿羽箭,莫教射破寺家墙。'"③房逸于上元三年(676)以明经及第而得官,其子房兴昌明法及第,父子二人先后从事举业。而房逸之父房策,了无官职,其祖在隋亦官职低微,既无家族之资荫凭借,则房逸父子从事举业就必须亲于京都之地谋取时誉,房逸当是因谋求举业而举家迁到了洛阳,遂在新居地置产兴业而购置墓地于邙山东原。

　　前文已指出从事举业需要庞大的资金支持,房逸父子先后从事举业时法令禁工商之人预于士伍之令尚严,不可能从事工商业来谋生及筹措举业资费,只能是依托农桑庄园兼而从事货殖业谋生。以农桑庄园兼营货殖而

---

① 周绍良主编:《唐代墓志汇编》,第 1659 页。
② 徐松撰,孟二冬补正:《登科记考补正》,第 148 页。
③ 李昉:《太平广记》卷二百一十二,第 1623—1624 页。

富者,唐代最典型的个案是楚州淮阴农,"时有楚州淮阴农,比庄俱以丰岁而货殖焉"①。淮阴农据以货殖的,并非单纯的农产品,还有与庄园相关联的手工业产品:"乃言稻若干斛,庄客某甲等纳到者;绸绢若干匹,家机所出者;钱若干贯,东邻赎契者;银器若干件,匠某锻成者。"应该说,在唐代的文化背景、经济背景下,庄园加货殖一体的治生方式成为唐代最为典型且可以复制的一种致富模式。在"仕"之难得的情形下,人们自然而然选择了能致富而不影响仕途、以庄园为主要内涵的"农"。故不仅齐州房氏子弟治生归于"农",绝大多数世族子弟也皆归于农,这就成为唐人共同的一种治生规划!唐元和(806—820年)时期士族五大姓之一的清河崔氏崔群,其"夫人李氏因暇,尝劝树庄田,以为子孙之业"②,则是唐人共同治生选择的真实写照。

　　"不仕则农"作为治生选择的途径,在随后的制度演进中被固化成"耕读传家"的文化传统,王禹偁《小畜集》卷二十九曾述及这种传统治生道路的具体内容:"厚自封植,僮奴数百指,奔走供事,树桑垦土,衣食以丰,马牛豚羊,蕃息蔽野,揃鲜酿黍,以享宾客,聚书讲学以教子弟。"因此可知"耕",当然不是小块土地上的自耕农自给的耕,而是自汉代以来"庄园"与"货殖"一体的"耕",因其能稳定地致富而成为此后历代公认的治生道路。

　　敦家学、谋科举、人城居、置庄田、营货殖,这是唐代齐州房氏后人的生活内容与治生方式,构成了房氏子弟"仕"与"农"交织的生活画卷!唐人"不仕则农"的选择在房氏子弟这里得到了准确的诠释。房氏的生活画卷只是在唐代新的选举制度设计下人生归途选择的一幕缩影。

---

① 李昉:《太平广记》卷一百七十二,第1268—1269页。
② 李昉:《太平广记》卷一百八十一,第1346页。

第五章 房玄龄与李世民的风云际会

齐州房氏最杰出的代表人物非房玄龄莫属。《新唐书》卷九十六房玄龄本传云"房玄龄字乔",卷七十一《宰相世系表》云房玄龄"字乔松",然《旧唐书》卷六十六本传云"房乔字玄龄"。《昭陵碑录》云"讳玄龄,字乔"。此中差异,洪迈考证云:"《旧唐书》目录书房玄龄,而本传云'房乔字玄龄',《新唐书》列传'房玄龄字乔',而《宰相世系表》'玄龄,字乔松',三者不同。赵明诚《金石录》得其神道碑,褚遂良书,名字与《新史》传同。予记先公自燕还,有房碑一册,于志宁撰,乃'玄龄字乔松',本钦宗在东宫时所藏,其后犹有一印,曰'伯志西斋'。今亦不存也。"①《昭陵碑录》的文字来源于昭陵陪葬碑铭,陪葬昭陵者皆为当时著名的功臣,天下知晓,其碑铭又由有司专门撰写、刻立,于墓主的名、字绝不会弄错,而且相比于新、旧《唐书》而言,碑铭文字为最早的史源,因此,房玄龄应名"玄龄",字"乔"②。

　　关于房玄龄,唐人柳芳评述说:"玄龄佐太宗定天下,及终相位,凡三十二年,天下号为贤相;然无迹可寻,德亦至矣。"③房玄龄之功既"无迹可寻,德亦至矣",王炎平认为应当如斯看待:"故玄龄虽以功臣明哲保身,却能以恢宏之器度,涵容在朝诸贤士,造成贞观间君臣辑睦之局面,使君为明君,诸臣为良佐。此乃魏徵等人所不能,而唯玄龄为能。此其所以为上下深相倾服,举世许为'良相'也。"④

---

① 洪迈:《容斋四笔》卷十三,中华书局,2005 年,第 784 页。
② 参见欲农:《房玄龄名字小考》,《安徽史学》1984 年第 1 期,第 18 页。
③ 《资治通鉴》卷一百九十九,第 6260—6261 页。
④ 王炎平:《论房玄龄》,《四川大学学报》2000 年第 6 期,第 111 页。

唐代贤相,首推房、杜,自无疑议。《旧唐书》史臣论曰:"房、杜二公,皆以命世之才,遭逢明主,谋猷允协,以致升平。议者以比汉之萧、曹,信矣!然莱成之见用,文昭之所举也。世传太宗尝与文昭图事,则曰'非如晦莫能筹之'。及如晦至焉,竟从玄龄之策也。盖房知杜之能断大事,杜知房之善建嘉谋,裨谋草创,东里润色,相须而成,俾无悔事,贤达用心,良有以也。若以往哲方之,房则管仲、子产,杜则鲍叔、罕虎矣。"①《新唐书》史臣赞曰:"太宗以上圣之才,取孤隋,攘群盗,天下已平,用玄龄、如晦辅政。兴大乱之余,纪纲雕弛,而能兴仆植僵,使号令典刑粲然罔不完,虽数百年犹蒙其功,可谓名宰相。然求所以致之之迹,逮不可见,何哉?唐柳芳有言:'帝定祸乱,而房、杜不言功;王、魏善谏,而房、杜让其直;英、卫善兵,而房、杜济以文。持众美效之君。是后,新进更用事,玄龄身处要地,不吝权,善始以终,此其成令名者。'谅其然乎!如晦虽任事日浅,观玄龄许与及帝所亲款,则谟谋果有大过人者。方君臣明良,志叶议从,相资以成,固千载之遇,萧、曹之勋,不足进焉。虽然,宰相所以代天者也,辅赞弥缝而藏诸用,使斯人由而不知,非明哲曷臻是哉?彼扬己取名,了然使户晓者,盖房、杜之细邪!"②上引史臣对房玄龄的评论,各自侧重一个方面:《旧唐书》史臣侧重房玄龄在辅助唐太宗过程中的"谋猷允协,以致升平",而《新唐书》史臣强调房玄龄在唐初贞观之治伟绩中所起的制度建设作用,"使号令典刑粲然罔不完,虽数百年犹蒙其功",良好的体制产生良好的运转效益,这的确是房玄龄为唐代社会所作出的不朽贡献!

第一节　《谏伐高丽表》与房玄龄之政治智慧

"辅相文皇功居第一,遗表之谏精忠贯日",这是明弘治十一年(1498)刊本《历代古人像赞》中对房玄龄一生的评赞。其中的"遗表之谏",指的是

---

① 《旧唐书》卷六十六,第2472页。
② 《新唐书》卷九十六,第3866页。

房玄龄去世前上奏唐太宗的《谏伐高丽表》。

《旧唐书》卷三《太宗本纪》载贞观"二十二年（648）秋七月癸卯，司空、梁国公房玄龄薨"。《新唐书》卷九十六房玄龄本传云房玄龄"薨，年七十一"。《旧唐书》卷六十六房玄龄本传曰"寻薨，年七十"。房玄龄薨年岁数差异，当属实岁、虚岁计数不同而致误，则知房玄龄出生于北周宣帝大成一年（579）。

房夷吾"春秋卅有七，以大业十三年（617）八月十日卒于家"①，则房夷吾亦出生于北周宣帝大成一年。房夷吾为房彦诩长子，房彦诩与房玄龄之父房彦谦为亲兄弟，则房夷吾、房玄龄为亲叔伯堂兄弟。房夷吾的幼年教育，"君以龆龀之年，早闻令誉；章甫之际，遂播奇声。居三省而持身，游六艺而娱志。虽复垂帷闭户，未足比其精勤；四字五行，讵可方其览识。又以家世能官，宗多循吏，数闻疑谳，尝经缮写。是以心闲法令，手善书刀。才称庠序之庭，声冠人伦之表"②。房玄龄、房夷吾二人既为同龄兄弟，按当时房氏居于济南及士族家族教育方式，二人所受家族教育训练内容相同，所以房玄龄也是"心闲法令，手善书刀"之人，这为他日后从政打下了坚实的才能基础。

正是良好的"心闲法令"基础，培养了日后房玄龄高深的政治素养，使其能从细微乱象之中准确地剖判出未来局势，少年之时已自卓识不凡，如房玄龄"尝从其父至京师，时天下宁晏，论者咸以国祚方永，玄龄乃避左右告父曰：'隋帝本无功德，但诳惑黔黎，不为后嗣长计，混诸嫡庶，使相倾夺，诸后藩枝，竞崇淫侈，终当内相诛夷，不足保全家国。今虽清平，其亡可翘足而待。'"③齐州房氏家学所养就房玄龄的政治素养，在其相太宗的二十多年间，使其得以既成大事，亦不至于招人嫉恨，显示出卓越的政治智慧。其临终前所上《谏伐高丽表》，可说是终极政治智慧的体现。在房玄龄离世的贞观二十二年（648），《旧唐书》卷六十六本传载云：

---

① 吴钢主编：《全唐文补遗》第七辑，第 241 页。
② 吴钢主编：《全唐文补遗》第七辑，第 241 页。
③ 《旧唐书》卷六十六，第 2459 页。

时玄龄旧疾发,诏令卧总留台。及渐笃,追赴宫所,乘担舆入殿,将至御座乃下。太宗对之流涕,玄龄亦感咽不能自胜。敕遣名医救疗,尚食每日供御膳。若微得减损,太宗即喜见颜色;如闻增剧,便为改容凄怆。玄龄因谓诸子曰:"吾自度危笃,而恩泽转深,若孤负圣君,则死有余责。当今天下清谧,咸得其宜,唯东讨高丽不止,方为国患。主上含怒意决,臣下莫敢犯颜;吾知而不言,则衔恨入地。"①

房玄龄带病上表,太宗见表,谓房玄龄子妇高阳公主曰:"此人危惙如此,尚能忧我国家!"房玄龄病危临死而犹忧伐高丽之事,盖因其亲身经历了隋伐高丽之事引发了其家乡齐州首义反隋进而导致群雄逐鹿的乱局,深刻地认识到伐高丽之事如稍有不慎,轻则有丧家辱身之祸,重则有亡国之忧,实乃家国之患,不容有任何轻忽之心,遂不顾衰朽,写下《谏伐高丽表》。其文曰:

臣闻兵恶不戢,武贵止戈。当今圣化所覃,无远不届,洎上古所不臣者,陛下皆能臣之,所不制者,皆能制之。详观今古,为中国患害者,无如突厥。遂能坐运神策,不下殿堂,大小可汗,相次束手,分典禁卫,执戟行间。其后延陀鸱张,寻就夷灭;铁勒慕义,请置州县,沙漠以北,万里无尘。至如高昌叛换于流沙,吐浑首鼠于积石,偏师薄伐,俱从平荡。高丽历代逋诛,莫能讨击。陛下责其逆乱,弑主虐人,亲总六军,问罪辽、碣。未经旬月,即拔辽东,前后虏获,数十万计,分配诸州,无处不满。雪往代之宿耻,掩崤陵之枯骨,比功较德,万倍前王。此圣心之所自知,微臣安敢备说。

且陛下仁风被于率土,孝德彰于配天。睹夷狄之将亡,则指期数岁;授将帅之节度,则决机万里。屈指而候驿,视景而望书,符应若神,算无遗策。擢将于行伍之中,取士于凡庸之末。远夷单使,一见不忘;小臣之名,未尝再问。箭穿七札,弓贯六钧。加以留情坟典,属意篇

---

①《旧唐书》卷六十六,第2464页。

什,笔迈钟、张,辞穷班、马。文锋既振,则管磬自谐;轻翰暂飞,则花花竞发。抚万姓以慈,遇群臣以礼。褒秋毫之善,解吞舟之网。逆耳之谏必听,肤受之诉斯绝。好生之德,焚障塞于江湖;恶杀之仁,息鼓刀于屠肆。兔鹤荷稻粱之惠,犬马蒙帷盖之恩。降乘吮思摩之疮,登堂临魏徵之枢。哭战亡之卒,则哀动六军;负填道之薪,则精感天地。重黔黎之大命,特尽心于庶狱。臣心识昏愦,岂足论圣功之深远,谈天德之高大哉!陛下兼众美而有之,靡不备具,微臣深为陛下惜之重之,爱之宝之。

《周易》曰:"知进而不知退,知存而不知亡,知得而不知丧。"又曰:"知进退存亡,不失其正者,惟圣人乎!"由此言之,进有退之义,存有亡之机,得有丧之理,老臣所以为陛下惜之者,盖此谓也。老子曰:"知足不辱,知止不殆。"谓陛下威名功德,亦可足矣;拓地开疆,亦可止矣。彼高丽者,边夷贱类,不足待以仁义,不可责以常礼。古来以鱼鳖畜之,宜从阔略。若必欲绝其种类,恐兽穷则搏。且陛下每决一死囚,必令三覆五奏,进素食、停音乐者,盖以人命所重,感动圣慈也。况今兵士之徒,无一罪戾,无故驱之于行阵之间,委之于锋刃之下,使肝脑涂地,魂魄无归,令其老父孤儿、寡妻慈母,望辒车而掩泣,抱枯骨以摧心,足以变动阴阳,感伤和气,实天下冤痛也。且兵者凶器,战者危事,不得已而用之。向使高丽违失臣节,陛下诛之可也;侵扰百姓,而陛下灭之可也;久长能为中国患,而陛下除之可也。有一于此,虽日杀万夫,不足为愧。今无此三条,坐烦中国,内为旧王雪耻,外为新罗报仇,岂非所存者小,所损者大?

愿陛下遵皇祖老子止足之诫,以保万代巍巍之名。发霈然之恩,降宽大之诏,顺阳春以布泽,许高丽以自新。焚凌波之船,罢应募之众,自然华夷庆赖,远肃迩安。臣老病三公,旦夕入地,所恨竟无尘露,微增海岳。谨罄残魂余息,预代结草之诚。倘蒙录此哀鸣,即臣死且不朽。①

---

① 《旧唐书》卷六十六,第2464—2466页。

　　"高丽历代逋诛,莫能讨击",房玄龄在表中已指出高丽与中原王朝的政治利益冲突由来已久,只是因为数百年来中原内乱不已以致历朝无力讨击而已。"我梦江都好,征辽亦偶然"①,隋炀帝魂牵梦萦的都是征辽一事,可见证其讨击高丽以图彻底解决辽东政治冲突的行动并非是偶然的冲动。实际上,杨隋再次一统中原王朝后即有心解决与高丽的政治冲突问题,故自隋文帝时起就已筹划讨击高丽了,炀帝父子相继,可惜炀帝措置过急,终于未能完善解决高丽政治问题而致隋朝灭亡,这个政治问题就遗留给了唐太宗、唐高宗父子。唐太宗在稳定政治局面后,为了"不遗后世忧"②,遂"亲总六军,问罪辽、碣",房玄龄弥留之际,尤其担心唐太宗心躁过急而引发国内动荡,重蹈隋朝老路,遂有上引表章上奏。

　　高丽与中原王朝的政治利益冲突来自高丽对中原政权所属辽东地区的激烈争夺。前三国时代高丽太祖王时期,高丽从早期的几个涉貊部落国家很快扩张到汉江流域。53 年,高丽太祖王将高丽分散的五个部落设为五个省,实行集权化统治。56 年,太祖王吞并东沃沮之后又接着吞并了东涉一部分领土。在此基础上,高丽对汉朝的乐浪郡、玄菟郡和辽东地区发动攻势,由此导致了与汉朝的直接武力冲突。汉朝亡后,辽东郡被地方土豪所控制。高丽主动与曹魏政权联盟攻打辽东郡,在曹魏政权攻下辽东之后,高丽终止了与曹魏的合作,但却发兵攻击辽东西部。244 年曹魏政权发动反击,在摧毁了高丽丸都城之后撤离。然高丽并不甘心失败,七十多年后,高丽又重建了丸都城,再次开始袭击辽东、乐浪和玄菟。恰逢中原版荡,高丽美川王趁机在 313 年吞并了汉四郡的最后一郡——乐浪郡,从而完全占据了中原王朝所属的辽东故地。"占据辽河流域,对高丽具有多方面的重要意义。首先,可以同其他国家争夺对东北民族的控制;其次,获得大量肥沃的农耕地,以补国内之不足,增强经济实力;复次,可以在此招降纳叛,招徕劳力,吸引人才,直接导入中原先进的文化制度和科学技术;再次,利用辽河流域易守难攻的地理环境,屏藩本国。历史一再证明,失去对辽

① 《资治通鉴》卷一百八十三,第 5705 页。
② 《新唐书》卷二百二十,第 6190 页。

河流域的控制,高丽便难于抵御来自北方的压力。因此,争夺辽河流域,乃是高丽重大利益之所在,驱使其在数百年间一有机会便不惜冒国家倾亡的危险,一再同中国或其他北方民族争夺对该地区的控制"①。高丽王为了长期占据我辽东故地,遂想方设法阻挠中原王朝再次统一,故"在西晋王朝灭亡后的数百年间,高丽一方面同中原政权保持密切联系,另方面它既同北方草原各族结成强大弧形,又泛海同江南世家大族结为与国,以此南北夹击中原政权。显然在当时中国的历史舞台上,高丽无疑扮演着一个颇为特殊的角色"②。然辽河流域对于中原王朝而言具有同样重要的战略意义,也不容有任何忽视,"对于中国来说,控制辽河流域同样具有重要的意义。且不论其自然资源和经济方面的利益,仅就政治和军事方面而言,首先,掌握东北,进可以控制东胡各族及其国家,而且在抗衡势力已达到此地的强大的突厥时,无疑是断其右臂,构成夹击突厥的有利态势。当年汉武帝经略辽东和朝鲜,在很大程度上就是出于抗击匈奴的战略需要,守则可以成为华北的安全保障"③。因此,中原王朝与高丽在辽东故地的政治利益上,双方的冲突是无法避免的。

当南入中原的拓跋鲜卑日渐强大并有统一中原的趋势时,高丽即毫不犹豫地直接介入中原政局以图阻挠北魏之统一大业。北魏世祖(423—452年在位)时,高丽即公然接纳被北魏追讨的北燕冯弘君臣,几乎酿成双方的武力对抗。倒是高丽之敌国百济对高丽阻挠中原王朝再次统一的野心一清二楚,孝文帝延兴二年(472),百济王延庆上表揭露高丽之狼子野心云:"高丽不义,逆诈非一。外慕隗嚣藩卑之辞,内怀凶祸豕突之行。或南通刘氏,或北约蠕蠕,共相唇齿,谋陵王略。"④孝文帝于高丽暗中勾结南朝刘宋与北方草原蠕蠕的政治阴谋并非不知,只是因为本身力量尚不强大,正试图改革自强,又南北皆受制于外敌,心有余而力不足,无可奈何之下,只能尽量保持与高丽表面上的和平关系,以图笼络高丽不致为害过急。北魏旋

---

① 韩昇:《隋朝与高丽关系的演变》,《海交史研究》1998年第2期。
② 金宝祥等:《隋史新探》,第87页。
③ 韩昇:《隋朝与高丽关系的演变》,《海交史研究》1998年第2期。
④ 《魏书》卷一百,第2218页。

分裂为东魏、西魏，并演而为北周、北齐。当"宇文氏建立了北周，并积极进行统一中原的活动"时，高丽害怕统一的中原政权收复辽河流域，"这种情况又促使高丽常常遣使北齐，并与之结为与国，以此阻挡北周宇文氏统一中原的行动"①。高宝宁、高丽合力作乱事件突出地暴露了高丽干扰中原王朝统一的面目。北周武帝建德六年（577）灭北齐，"齐之行台、州、镇，唯东雍州行台傅伏、营州刺史高宝宁不下，其余皆入周"②。高宝宁是北齐后主武平（570—575 年）末年任命的营州刺史，营州是北齐镇抚高丽、契丹、库莫奚等势力的战略要地，是华北的安全保障。北齐亡，高宝宁没有归附北周，而是聚合北齐残余势力范阳王高绍义，又勾结突厥、高丽为援，这就对北周华北的安全形成了严重的威胁，令北周武帝无法坐视。周武帝曾遣使招安高宝宁，但为其所拒。宣政元年（578）幽州人卢昌期及北齐遗臣起兵叛乱，占据范阳以迎高绍义，高绍义遂勾引突厥军队大举入侵，而高宝宁"帅夷、夏数万骑"以相呼应，北周自然派出军队迎击。在高宝宁所帅的"夷、夏数万骑"中，其中一大部分是高丽王亲自率领的高丽军，其女婿温达为这支军队的先锋，此事之经过，朝鲜《三国史记》卷四十五《温达传》记云：

> 温达，高句丽平冈王时人也。……时后周武帝出师伐辽东，王领军逆战于肆山之野。温达为先锋，疾斗，斩数十余级，诸军乘胜奋击，大克。及论功，无不以温达为第一。王嘉叹之，曰："是吾女婿也。"

由此可知，"周武帝讨伐东北叛军、统一北方时，高丽曾较大规模地卷入中国的内战，抵抗周军"③。

隋开皇三年（583），高宝宁兵败被部下所杀，高宝宁所勾结的势力对中原政权的威胁才暂告一段落。但这并不意味着高丽阻挠中原政权统一、占据辽东故地策略的放弃。随着杨隋政局趋于稳定并逐渐强大，北方草原地带的突厥、吐谷浑、党项以及占据中原政权辽东故地的朝鲜高丽，"基于部

---

① 金宝祥等：《隋史新探》，第 88 页。
② 《资治通鉴》卷一百七十三，第 5375 页。
③ 韩昇：《隋朝与高丽关系的演变》，《海交史研究》1998 年第 2 期。

落联盟血缘关系的坚韧和政治、经济利害的一致性,于是暗中勾结、遥相呼应,形成一股抵制隋王朝军事扩张的强大伏流,成为笼罩整个北方草原地区的强大弧形,以至不断向南发展,对隋朝边地进行掠夺和侵扰"[1]。为了阻挠中原政权统一,高丽还越境外交,与南朝诸王朝结成联盟,"自北魏中叶以来的一百多年中,高丽总是既同北方草原各族连谋,又泛海同江南世家大族各王朝勾结。因而中原王朝长期处于腹背受敌的境地,无不具有高丽的因素"[2]。正是因为高丽有联结南朝南北夹击隋朝的谋划,才有"高丽王汤闻陈亡,大惧,治兵积谷,为拒守之策"[3],才有吐谷浑可汗夸吕"闻陈亡,大惧,遁逃保险,不敢为寇"[4]。高丽除了联结突厥、吐谷浑、南朝图谋夹击中原王朝,还时常连兵边境挑衅,如开皇十八年(598),"高丽王元帅靺鞨之众万余寇辽西,营州总管韦冲击走之"[5]。综上所述,自汉亡以来,数百年间高丽的所作所为已构成对中原政权安全的威胁,实在令人无法坐视,只要国力、时局许可,任何中原政权都必须着手解决在辽东的安全问题。因此,隋文帝对高丽"疾焉,欲征之久矣"[6],"开皇之末,国家殷盛,朝野皆以辽东为意"[7],隋炀帝"承先旨,亲事高丽"[8],筑东都,开运河,大集天下兵以图决战高丽,彻底解决数百年来遗留下的政治问题。

可惜隋氏早亡,没能解决的高丽政治问题就遗留给了唐太宗、唐高宗父子。入唐后,高丽王高建武为了稳固高丽所占领的汉辽东故地,在辽东地区筑长城千余里,东北起自扶余城(今吉林四平),西南达到渤海。可见辽东安全问题、与高丽的政治利益冲突并没有因为朝代更替而自行消解。唐高祖武德(618—626)年间,虽政局动荡未稳,但国人亦未忽视辽东故地的安全问题,温彦博建言高祖云:"辽东之地,周为箕子之国,汉家玄菟郡

---

① 金宝祥等:《隋史新探》,第 85 页。
② 金宝祥等:《隋史新探》,第 91 页。
③《资治通鉴》卷一百七十八,第 5559 页。
④《资治通鉴》卷一百七十七,第 5534 页。
⑤《资治通鉴》卷一百七十八,第 5560 页。
⑥《隋书》卷六十七,第 1581 页。
⑦《隋书》卷七十五,第 1721 页。
⑧《隋书》卷七十八,第 1768 页。

耳! 魏晋已前,近在提封之内,不可许以不臣。"①所以大局稳定后的唐太宗必须要解决这个辽东政治问题,只是他解决问题的急迫性,因为所选的继承人唐高宗李治性暗弱,必须要在有限的时间内做到"不遗后世忧",处理起来不免有焦躁之嫌。

然对于房玄龄而言,高丽辽东政治冲突问题可以说是他自幼经历、至老仍必须挂怀和解决的问题。开皇十六年(596),房玄龄年十八,举进士,授羽骑尉,后补隰城尉。开皇十八年(598),房玄龄二十岁,已经从政二年,距其作出隋亡"可翘足而待"的卓识已有五六年了。就在这一年,隋文帝派遣杨谅率水陆军三十万征伐高丽。而隋朝自开皇十年(590)平陈之役后已久无大规模的战事,清平之岁发动如此大规模的征伐战争,注定会成为时人注目的焦点,更何况水军都是以青齐之地为集结地,从东莱出发。对于发生于家乡之地的事,房玄龄必然会对此役大加关注。杨谅征高丽失败,现已无法得知房玄龄会作出什么样的评价。十四年后的大业八年(612),隋炀帝再次集兵,其后三年间先后三伐高丽,耗尽国力。其中房玄龄之父房彦谦"大业九年(613),从驾渡辽,监扶余道军"②,是战事的亲历者之一,房玄龄又会与父亲作出怎样的讨论,也已无从知晓。由于山东是征高丽水军的集结地与出发点,所承担的赋役尤其沉重,终于激起山东长白山首义。长白山,就在清河房氏宗人聚居地的赵山之东,距房玄龄家济南历城也并不遥远,这带给房玄龄怎样的震撼和思考,今天同样已无法知晓了。所以在历时五十年后,高丽这一政治问题再次来到房玄龄面前时,隋亡的历史,使房玄龄再也无法回避唐太宗焦躁处理高丽政治冲突问题而带来的家国危害,遂不顾"主上含怒意决",抱病写下了《谏伐高丽表》。

房玄龄之上《谏伐高丽表》,并不是反对唐太宗伐高丽,因为这一历史遗留下来的政治冲突问题必须要解决。问题是如何解决? 在房玄龄看来,唐朝解决这一历史遗留问题只需收回汉四郡辽东故地、保宁边境、维持贡

---

① 《旧唐书》卷一百九十九,第5321页。
② 《隋书》卷六十六,第1566页。

路即达到了目的,而无须如隋杨那样强攻高丽本土、也无须介入朝鲜三国内部事宜,从而将解决问题的原则控制在有理、有据、有节的程度范围内,绝不扩大化,所以房玄龄向唐太宗提出的解决方式是:

> 高丽违失臣节,陛下诛之可也;侵扰百姓,而陛下灭之可也;久长能为中国患,而陛下除之可也。有一于此,虽日杀万夫,不足为愧。今无此三条,坐烦中国,内为旧王雪耻,外为新罗报仇,岂非所存者小,所损者大?①

在这里,房玄龄揭示了高丽与中原王朝矛盾冲突的本质在于高丽对中原王朝合法利益的无理侵占,被侵的三种合法利益分别是:辽东国土、边境安宁、外交秩序。"辽东诸城,本皆中国郡县"②,被高丽所侵占的辽东国土,这是必须要收复的。对于高丽侵占辽东之"久长能为中国患",房玄龄赞同唐太宗"除之可也"。对于高丽连兵侵入唐朝边郡、祸害边疆百姓的情况,房玄龄赞同唐太宗将侵略军"灭之可也"。对于高丽阻挠新罗等国与唐朝正常政治、经济、文化交流的"违失臣节"行为,房玄龄赞同唐太宗对其"诛之可也"。这样就将历史遗留下来的高丽政治问题的处理控制在有理、有据、有节的程度范围内,从而使唐朝的征伐战争具备了正义性,是正当的自卫反击战争。除上述三条之外"内为旧王雪耻、外为新罗报仇"之类的军事行为,师出无名且涉及他人内部事务,已然超越本身权益的正当维护,则不属于正当反击的范围,反为己害,徒然"坐烦中国",应当立即停止这种战事。总之,不超越本身权益,有理、有据、有节地维护本身合法权益,这是房玄龄本着"进有退之义,存有亡之机,得有丧之理"的传统文化精神、积五十年的深思熟虑而作出的处理辽东边疆事务的正确原则,直到千载之后的今天,也仍然是我们对待边疆事务的基本原则。其政治智慧之卓越,千载之后,斯唯房玄龄!

---

① 《旧唐书》卷六十六,第2466页。
② 《资治通鉴》卷一百九十七,第6206页。

第二节　房玄龄秦府十年"议天下事"

隋末天下大乱,带来了大业十三年(617)李世民与房玄龄在渭北泾阳的风云际会。到贞观元年(627)李世民登上帝位,房、李二人已共同奋斗十年。房玄龄辅助李世民的这十年历程,约略可分为三个阶段:第一阶段为大业十三年至武德五年(622),房玄龄辅助李世民"平定天下",主要业绩为收纳关键人物,为李世民组建核心智囊团队与心腹武将力量,所收智囊领军人物为杜如晦、薛收,所收心腹武将力量为以徐世勣为首的青齐豪杰集团;第二阶段为武德五年至武德七年(624),房玄龄辅助李世民"议天下事",主要业绩为拉拢山东地域势力,收结团队,抗衡太子与元吉联盟;第三阶段为武德八年至武德九年(626),房玄龄辅助李世民"谋取天下",主要业绩为策划"玄武门之变"。

一、李世民与房玄龄之平定天下

隋朝之二世速亡,固然有很多种原因,但为解决与高丽政治利益冲突的征伐高丽无疑是隋速亡的加速器和导火索,而最早的原初诱因则是房玄龄少年时就已断言的"混诸嫡庶,内相诛夷"。隋炀帝甫一即位,所面临的而且是必须要解决的两大政治问题:一是隋文帝开皇之末的"朝野皆以辽东为意",是为当时政事共识,隋炀帝只能继续推进,而且必须成功,方能臣服朝野之心,是以"大业(605—618 年)初,炀帝潜有取辽东之意"[1]乃是情势所趋"承先旨"的必然行为;其次是防止"内相诛夷"的内乱,因为之前的"混诸嫡庶"已经导致了仁寿四年(604)的杨谅举事,隋炀帝必须采取后续措施以防止类似事件的再次发生。隋炀帝对于上述两大问题的应对举措就是筑东都、开运河。兵马未动,粮草先行,是以征辽必先开运河,"将兴辽

---

[1]《隋书》卷七十四,第 1701 页。

东之役,自洛口开渠,达于涿郡,以通运漕"①。开皇七年(587),文帝"于扬州开山阳渎以通运",胡三省注云"山阳渎通于广陵尚矣,隋特开而深广之,将以伐陈也"②。隋炀帝效仿其父伐陈之举措,开运河以事征辽,这是必需的准备工作。开运河只是为了解决物资运输问题,而征辽的物资储备才是更大的问题,大业六年(610),隋炀帝为讨伐高丽,"课天下富人买武马,匹至十万钱;简阅器仗,务令精新,或有滥恶,则使者立斩"③。营建东都既是为征辽,亦是为防内乱。洛阳"控以三河,固以四塞,水陆通,贡赋等",方便汇聚山东、江南的财赋,既便于西运长安,也便于东运征辽。更为关键的是,杨谅举事是以原旧齐山东地域势力为主要依靠,而此前旧齐山东地域势力对太子杨勇的全力支持犹在眼前,以此之故隋炀帝对山东地域势力的军事、经济、人才潜力充满了疑惧,而隋朝重兵聚于关中,调兵平定山东动乱显得"关河悬远,兵不赴急"④,这种危险情形必须要防患于未然,是以炀帝只有"心奉先志",加紧营建东都以改变这种状况。为了能进一步保障东都的外围安全,隋炀帝还于仁寿四年(604)十一月,"发丁男数十万掘堑,自龙门东接长平、汲郡,抵临清关,度河,至浚仪、襄城,达于上洛,以置关防"⑤。混诸嫡庶、地域势力冲突的结果带来了隋炀帝全力营洛都并对山东地域势力采取了"如秦之防六国"式的布防。

开运河、营东都、备征辽,这是隋炀帝即位后所需要做的事情,但这些事情本可以假以时日徐图解决,但炀帝以庶登基后急欲证明自己、好大喜功的本性加剧了解决问题的时间紧迫性,民力的枯竭在隋炀帝这里已然不可避免。如同秦始皇统一六国之后必须修长城、筑驰道来解决边境和国内安全问题一样,庞大的政治工程迫使秦朝的社会运转方向偏离了秦始皇"黔首是富"的预设目标,隋炀帝急欲要做的工程同样也使隋朝历史运转的方向发生了偏离。

---

① 《隋书》卷六十八,第 1595 页。
② 《资治通鉴》卷一百七十六,第 5489 页。
③ 《资治通鉴》卷一百八十一,第 5653 页。
④ 《隋书》卷三,第 60 页。
⑤ 《隋书》卷三,第 60 页。

偏离的起点就是"混诸嫡庶",是以隋文帝甫死即有汉王杨谅之乱,房玄龄所预言的天下乱象已现端倪。即将来到的乱世中,房玄龄何去何从?

杨谅发动变乱时,房玄龄在隰城尉任上。隰城,今山西汾阳,是杨谅起事的根据地并州的战略要地。房玄龄当时作为主管地方治安、军事的官员,对杨谅起事不可能没有察觉,应该有足够的时机与理由可以置身事外。但显然房玄龄没有置身事外,杨谅事败后,房玄龄"坐累,徙上郡"①,时当在大业二年(605)初。

上郡,地在今陕西富县。被流徙于此地的房玄龄并没有消沉,而是"顾中原方乱,慨然有忧天下志"②。流徙上郡时的房玄龄已有二十七岁,至大业十一年(615)离开上郡时已三十七岁,正值风华正盛之年、思维敏锐之时。大业七年(611),山东邹平人王薄自称是"知世郎",作《无向辽东浪死歌》,聚众于长白山(今山东章丘东北)首义反隋。尽管王薄的起义很快被官军镇压下去了,但此后各地大大小小的农民起义相继出现。"慨然有忧天下志",房玄龄顾中原将乱,自然地要分析天下如何乱、乱后如何应对方能重归一统!要知道以"知人"见称的吏部侍郎高孝基对房玄龄本以"国器"诩之,有理由相信,流徙上郡时期的房玄龄,一定如同诸葛亮之隐居卧龙岗一样,对将来的政局演变有了胸中丘壑。既居于关中之地,经史传家的房玄龄自当是以史为鉴,以关中为基,深刻地理解了关陇集团的政治遗产,具备见微知著政见能力的房玄龄遂有了如同李世民一样"请同汉祖,以观时变"的政治认识,房、李之后甫一见面,"便如旧识",其深层原因自当是二人所见相同。

隋政渐乱,朝廷靡然,莫不变节,房玄龄之父"彦谦直道守常,介然孤立,颇为执政者之所嫉。出为泾阳令。未几,终于官,时年六十九"③。这一年是大业十一年(615),房玄龄因父病来到了泾阳,"父病绵历十旬,玄龄尽心药膳,未尝解衣交睫。父终,酌饮不入口者五日"④。时山东农民义军蓬

①《新唐书》卷九十六,第3853页。
②《新唐书》卷九十六,第3853页。
③《隋书》卷六十六,第1566页。
④《旧唐书》卷六十六,第2459页。

勃兴起,天下大乱,房玄龄已不可能归乡葬父,只能暂殡其父于泾阳。至大唐贞观五年(631),天下大定,房玄龄才得以有机会归乡葬父。泾阳,位于仲山南麓,泾河之滨,居八百里秦川中部,县境距长安才数十里。大业十三年(617),李世民洵兵渭北,正在此地驻兵。"良禽择木而栖,贤臣择主而事",早有志于安定天下的房玄龄注定要在泾阳这里与李世民相遇:"会义旗入关,太宗徇地渭北,玄龄杖策谒于军门,温彦博又荐焉。太宗一见,便如旧识,署渭北道行军记室参军。玄龄既遇知己,罄竭心力,知无不为。"①

李世民与房玄龄在渭北的风云际会,奠定了日后李世民"必欲经营四方"的人才基础,也奠定了隋末唐初历史发展的基调。为了李世民的"必欲经营四方",房玄龄"贼寇每平,众人竞求珍玩,玄龄独先收人物,致之幕府。及有谋臣猛将,皆与之潜相申结,各尽其死力。"房玄龄的这个收结人物的工作看来做得很好,所以唐太宗评价说:"汉光武得邓禹,门人益亲。今我有玄龄,犹禹也。"

房玄龄在长安为李世民所收的人物,当属杜如晦为最杰出者。《大唐传载》云:"陕州平陆县主簿厅事西序楣有隋房公、杜公仁寿九年十二月题:'玄龄、如晦题处,房年二十三,杜年二十六。'今移在使府食堂之梁。"②隋文帝仁寿年号只行用了四年,故无仁寿九年之纪年,仁寿四年为公元604年,其年房玄龄二十六岁,杜如晦二十岁,故此条记载错讹甚多。然房、杜二人仁寿中陕州题铭却实有其事,唐代诗人窦巩曾经观览,其《陕府宾堂览房杜二公仁寿年中题纪手迹》云:"仁寿元和二百年,濛笼水墨淡如烟。当时憔悴题名日,汉祖龙潜未上天。"③房、杜二人在隋朝时的交往的确比较密切,曾结伴游历,"房玄龄、杜如晦微时,尝自周偕之秦,宿敷水店"④;亦曾结伴访王珪于秦岭深处。⑤ 于此可知房、杜二人交游甚深,彼此相得。杜如晦是京兆杜陵人,属京兆杜氏家族杜预长子杜锡支系,在永嘉之乱中这一支

① 《旧唐书》卷六十六,第2460页。
② 佚名:《大唐传载》,中华书局,1958年,第14页。
③ 曹寅等编:《全唐诗》卷二百七十一,第3051页。
④ 李昉:《太平广记》卷三百二十七,第2598页。
⑤ 《新唐书》卷九十八,第3890页。

系只有杜锡的长子杜义迁到了南方，留在北方的其他宗支至到杜如晦叔祖杜呆时，虽然在政治上也很有作为，但终究没能挤入北周军事贵族集团的核心，所以"北周以后，杜如晦一支政治地位反而呈现下降趋势，如杜如晦之父杜咤，仅为隋昌州长史。至隋末，杜如晦一家已经沦为'贫贱'之流了"①。虽然家族衰落、沦入贫贱，但其家传文化仍然得到延续，史传云"如晦少聪悟，好谈文史"②；"如晦少英爽，喜书，以风流自命，内负大节，临机辄断"③。杜如晦以其才能，同样也深得高孝基的赏识器重，高孝基认为杜如晦"有应变之才，当为栋梁之用"④，遂以子孙相托，"隋吏部侍郎高孝基主选，见梁公房玄龄、蔡公杜如晦，愕然降阶，与之抗礼。延入内厅，食甚恭，曰：'二贤当为王霸佐命，位极人臣，然杜年寿稍减于房耳。愿以子孙相托。'"⑤但也许是家族衰落的原因，杜如晦一直为人低调，才不外露，起初连唐太宗对其也不太注目，幸得房玄龄一再提醒，唐太宗才惊醒："尔不言，几失此人矣！"遂奏为府属。杜如晦加入李世民集团是在李世民攻下长安之后，"太宗平京城，引为秦王府兵曹参军"⑥。应该说，杜如晦得房玄龄倾力相荐，方才为李世民所看重，于是有唐世"谈良相者，至今称房、杜焉"。

　　房玄龄为李世民所收的第二号人物当为薛收。薛收，来自著名的河东薛氏家族，其父薛道衡乃隋代文宗，才华横溢，尤以"暗牖悬蛛网，空梁落燕泥"名闻天下。薛收承家学，与其族兄薛德音、侄子薛元敬被称为"河东三凤"。薛道衡与房彦谦相交莫逆，是以房玄龄与薛收亦相交好，薛收之子薛元超墓志铭曰"玄龄等即公之父党"⑦。天下大乱，各择良主，居于河东的薛氏家族更能理解关陇集团的政治遗产，薛收本属意于李渊政治集团，"义旗起，遁于首阳山，将协义举。蒲州通守尧君素潜知收谋，乃遣人迎收所生母王氏置城内，收乃还城。后君素将应王世充，收遂逾城归国。"薛收到长安

① 王力平：《中古杜氏家族的变迁》，商务印书馆，2006年，第132页。
② 《旧唐书》卷六十六，第2468页。
③ 《新唐书》卷九十六，第3858页。
④ 《旧唐书》卷六十六，第2468页。
⑤ 王谠撰，周勋初校证：《唐语林校证》卷三，第299页。
⑥ 《旧唐书》卷六十六，第2468页。
⑦ 周绍良、赵超主编：《唐代墓志汇编续集》，第278页。

后,自然要拜访好友房玄龄,房玄龄即将其荐于李世民,"秦府记室房玄龄荐之于太宗,即日召见,问以经略,收辩对纵横,皆合旨要。授秦府主簿,判陕东道大行台金部郎中"①。河东薛氏初祖本是以武功起家,文武兼修。传至薛道衡时,虽是以文学著名,武略亦未曾荒废,薛道衡在平陈之役中曾为高颎分析胜败之势,一展其武略。当时薛道衡任淮南道行台尚书吏部郎,兼掌文翰。高颎心忧伐陈战局,夜坐幕下招薛道衡分析局势:"今段之举,克定江东已不? 君试言之。"②薛道衡即为分析双方政局及军事态势,指出:"克之。尝闻郭璞有言:'江东分王三百年,复与中国合。'今此数将周,一也。主上恭俭勤劳,叔宝荒淫骄侈,二也。国之安危,在所委任,彼以江总为相,唯事诗酒,拔小人施文庆,委以政事,萧摩诃、任蛮奴为大将,皆一夫之用耳,三也。我有道而大,彼无德而小,量其甲士不过十万,西自巫峡,东至沧海,分之则势悬而力弱,聚之则守此而失彼,四也。席卷之势,事在不疑。"高颎欣然说:"得君言成败之理,令人豁然。本以才学相期,不意筹略乃尔。"③因此薛收家学渊源,文武兼修,与房玄龄一样既擅文韬,亦长武略,绝非普通刀笔吏可比。在武德四年(621)李世民平王世充、窦建德之役中,薛收尽展其武略。当时王世充被唐军围困于洛阳城,窦建德率精兵十万,水陆并进救援王世充,来势极为凶猛,唐军诸将皆建议李世民"宜且退军,以观贼形势",唯独薛收建议分兵主动迎击:"世充据有东都,府库填积,其兵皆是江淮精锐,所患者在于乏食,是以为我所持,求战不可。建德亲总军旅,来拒我师,亦当尽彼骁雄,期于奋决。若纵其至此,两寇相连,转河北之粮以相资给,则伊、洛之间战斗不已。今宜分兵守营,深其沟防,即世充欲战,慎勿出兵。大王亲率猛锐,先据成皋之险,训兵坐甲,以待其至。彼以疲弊之师,当我堂堂之势,一战必克。建德即破,世充自下矣。不过两旬,二国之君,可面缚麾下。若退兵自守,计之下也。"④唐太宗采纳了薛收的建议,擒窦建德,平定东都。薛收以其才能为李世民所看重,"武德六年

---

① 《旧唐书》卷七十三,第 2587 页。
② 《隋书》卷五十七,第 1407 页。
③ 《资治通鉴》卷一百七十六,第 5498—5499 页。
④ 《旧唐书》卷七十三,第 2588 页。

（623），以本官兼文学馆学士，与房玄龄、杜如晦特蒙殊礼，受心腹之寄"①。

武德元年至武德四年，李世民先后指挥了四次重大的战役：武德元年（618）六月至十一月平薛举、薛仁杲；武德二年十月至武德三年二月击破刘武周、宋金刚联军；武德三年七月至武德四年三月，擒窦建德，降王世充，平定山东之地；武德四年十二月至武德五年三月，李世民督军击破刘黑闼、徐圆朗军，稳定河北。经此四役，李世民为唐王朝打下了北方的半壁江山，而南方的半壁江山则得力于李孝恭、李靖所率领的军队。

就现所知的材料看，李世民打下北方半壁江山所依赖的文武力量，正是房玄龄为其组建的核心智囊团队与心腹武将力量。由上述可知，在武德五年（622）之前，李世民阵营智囊团队的核心人物杜如晦、薛收等，皆是房玄龄所推荐，而由房玄龄"潜相申结"的猛将勇士，已见于第二章所述。因此，收纳人才当为房玄龄在李世民平定天下时期的最大功劳。

然这一时期李世民本人所认可的房玄龄的最大贡献似乎是战役策划与后勤保障之功。现所知房玄龄现身阵前退敌的唯一经历是在武德九年（626）八月突厥进逼长安时，李世民"自出玄武门，与高士廉、房玄龄等六骑径诣渭水上，与颉利隔水而语，责以负约"②。至于在平定天下时期的诸次战役中，房玄龄是否亲历阵前杀敌，目前已无从得其详情，小说家言倒是有房玄龄、杜如晦在李世民平刘武周、宋金刚之役中乔装打扮摸进敌营详查敌情的说法。③ 尽官缺乏亲历战阵的记录，但房玄龄作为前敌指挥部的重要参谋人员在历次战役中的卓越贡献却是为唐太宗所确认无疑的，所以在论定功劳时以房玄龄功居一等，引起了李世民的叔父淮安王李神通等人的不服："义旗初起，臣率兵先至。今房玄龄、杜如晦等刀笔之吏，功居第一，臣窃不服。"李世民回答说："义旗初起，人皆有心。叔父虽率得兵来，未尝身履行阵。山东未定，受委专征，建德南侵，全军陷没。及刘黑闼翻动，叔父望风而破。今计勋行赏，玄龄等有筹谋帷幄、定社稷之功，所以汉之萧何，虽无汗马，指踪推毂，故得功居第一。叔父于国至亲，诚无所爱，必不可

---

① 《旧唐书》卷七十三，第 2588 页。
② 《资治通鉴》卷一百九十一，第 6019 页。
③ 荒原：《唐初开国良相房玄龄》，第 95 页。

缘私,滥与功臣同赏耳。"①

二、李世民与房玄龄之议天下事

北周、北齐、南朝三者的相互对立所结成的关陇、山东、江淮三股地域势力之间的互相隔阂并未随着隋朝统一局面的形成而即刻消解,这种隔阂状态或明或暗,一直到唐初期仍然还存在着。李世民欲图天下事,必须采取相应措施将三种地域势力糅合为一体,武德四年(621)之后李世民的十八学士团队,即为李世民糅合三股力量的措施之一。

李靖,本名药师,雍州三原人。李靖出身军功世家,少有文武材略,每谓所亲曰:"大丈夫若遇主逢时,必当立功立事,以取富贵。"②李靖的舅舅韩擒虎是当时名将,常与李靖谈论兵事,韩擒虎每次无不拍手称绝,赞许李靖说:"可与论孙、吴之术者,惟斯人矣。"李靖先任长安县功曹,历任殿内直长、驾部员外郎,官职虽然卑微,但因其舅父韩擒虎的缘故,其才干却闻名于隋朝公卿之中,左仆射杨素、吏部尚书牛弘都很看重李靖,杨素曾抚着坐床对他说:"卿终当坐此!"③时天下大乱,身为隋朝太原留守的李渊暗中准备起事。李靖时任马邑郡丞,正在李渊的管辖之下,他察觉了李渊的"四方之志",遂"自锁上变",将往江都告发李渊。不料到达京城长安时,关中已经大乱,遂因道路阻塞而未能成行。李渊于太原起兵,并迅速攻占了长安,于长安俘获了李靖。李靖壮志未酬,在临刑将要被斩时,大声疾呼:"公起义兵,本为天下除暴乱,不欲就大事,而以私怨斩壮士乎!"李渊欣赏他的言谈举动,李世民也早闻他的声名,再三替李靖求情,李渊"遂舍之。太宗寻召入幕府"④。李靖是李世民慕名所收结的最杰出的心腹军事人才,"武德二年,从讨王世充,以功授开府"。李靖之舅韩擒虎曾任平陈主将,"开皇初,高祖潜有吞并江南之志,以擒有文武才用,夙著声名,于是拜为庐州总

---

① 《旧唐书》卷六十六,第2461页。
② 《旧唐书》卷六十七,第2475页。
③ 《旧唐书》卷六十七,第2475页。
④ 《旧唐书》卷六十七,第2476页。

管,委以平陈之任,甚为敌人所惮"①。李靖因常与其舅讨论兵法,熟谙江南兵事,因此李靖被认为是经略江南的上佳人选。武德二年(619)二月,在击灭薛举、薛仁杲父子后,李渊即委派李孝恭、李靖率军经略江南。武德四年(621)二月初,"靖又陈十策以图萧铣。高祖从之,授靖行军总管,兼摄孝恭行军长史。高祖以孝恭未更戎旅,三军之任,一以委靖"。李孝恭、李靖即大造舟舰,习水战,准备总攻江南。李靖向李孝恭建议"悉召巴、蜀酋长子弟,量才授任,置之左右,外示引擢,实以为质"②,此举既消除了唐军经略江南的后顾之忧,又迅速壮大了唐军的力量。经过这些准备,唐军只待顺江而下进击,江南局势已经明朗化了,底定江南只是迟早的事情。武德四年(621)三月,李世民擒窦建德、逼降王世充,一举消灭了太行山以东两大割据力量,局势已定。在南北局势明朗化的情况下,"此时,李世民已经羽翼丰满,与李建成和朝廷的矛盾也发生了重大变化。相互容忍、相互利用的阶段正在过去,实质性的斗争开始了。两个阵营暗中较劲,逐步展开全方位的斗争格局"③。随着这一斗争格局的转变,李世民与房玄龄之间的合作进入了"议天下事"的阶段。

山东初平,房玄龄与李世民所做的最机密事件就是乔装拜访道士王远知。"高祖之龙潜也,远知尝密传符命。武德中,太宗平王世充,与房玄龄微服以谒之。远知迎谓曰:'此中有圣人,得非秦王乎?'太宗因以实告。远知曰:'方作太平天子,愿自惜也。'"④李世民这个举动一如当初南燕慕容德决定南渡青齐,而前往朗公谷拜访朗公,以探知朗公背后的青齐地域势力的政治态度一样,李世民此举也当是为了探知王知远背后的江淮地域势力的政治态度。当时盘踞江淮的杜伏威"好神仙长年术"⑤,在其背后潜藏着道教势力的身影。王远知"系本琅邪,后为扬州人"⑥。"远知少聪敏,博综群书。初入茅山,师事陶弘景,传其道法。后又师事宗道先生臧矜。陈

---

① 《隋书》卷五十二,第 1339—1340 页。
② 《资治通鉴》卷一百八十八,第 5902 页。
③ 孟宪实:《孟宪实讲唐史——从玄武门之变到贞观之治》,第 64 页。
④ 《旧唐书》卷一百九十二,第 5125 页。
⑤ 《新唐书》卷九十二,第 3801 页。
⑥ 《新唐书》卷二百四,第 5803 页。

主闻其名,召入重阳殿,令讲论,甚见嗟赏。"①可见王远知在江淮地域的影响力。王远知此前曾传符命给李渊,表示了对李渊的支持,而王远知对李世民"方作太平天子"的回答,令李世民与房玄龄满意而归,从而可以放心"议天下事"——"太宗身橐鞬,风缅露沐,然锐情经术,即王府开文学馆,召名儒十八人为学士,与议天下事"②。"始太宗既平寇乱,留意儒学,乃于宫城西起文学馆,以待四方文士。于是,以属大行台司勋郎中杜如晦,记室考功郎中房玄龄及于志宁,军谘祭酒苏世长,天策府记室薛收,文学褚亮、姚思廉,太学博士陆德明、孔颖达,主簿李玄道,天策仓曹李守素,记室参军虞世南,参军事蔡允恭、颜相时,著作佐郎摄记室许敬宗、薛元敬,太学助教盖文达,军谘典签苏勖,并以本官兼文学馆学士。及薛收卒,复征东虞州录事参军刘孝孙入馆。寻遣图其状貌,题其名字、爵里,乃命亮为之像赞,号《十八学士写真图》,藏之书府,以彰礼贤之重也。诸学士并给珍膳,分为三番,更直宿于阁下,每军国务静,参谒归休,即便引见,讨论坟籍,商略前载。预入馆者,时所倾慕,谓之'登瀛洲'。"③上述得以与"议天下事"的十八学士中,有五人是江淮人士:褚亮,杭州钱塘人,此人是李世民慕名求贤;陆德明,苏州人;虞世南,越州余姚人;蔡允恭,荆州江陵人;许敬宗,杭州新城人。如果算上武德六年(623)薛收死后补征加入的荆州人刘孝孙,江淮方面的人就有六人。

在"议天下事"时期房玄龄为李世民所做的主要事情仍然是收结人物。平王世充入洛阳后,房玄龄在此为李世民笼络的人物为李玄道。"李玄道者,本陇西人也,世居郑州,为山东冠族"④,在地域社会中具有强大的影响力。陇西李氏与清河房氏数为婚姻,房玄龄之族叔祖房子旷——即房仁裕之父就娶妻陇西李氏。而"房玄龄即玄道之从甥也"⑤,另有一说云"长史李玄道,房玄龄从甥也"⑥,二者孰是,限于资料,今已无从判断,而房、李二

---

① 《旧唐书》卷一百九十二,第5125页。
② 《新唐书》卷一百九十八,第5636页。
③ 《旧唐书》卷七十二,第2582—2583页。
④ 《旧唐书》卷七十二,第2583页。
⑤ 《旧唐书》卷七十二,第2584页。
⑥ 《资治通鉴》卷一百九十二,第6038页。

人有甥舅关系应属无疑。自隋朝开始废除中正、创置科举制度，"自是海内一命以上之官,州郡无复辟署矣"①。然而在隋朝,科举制度还只是初始推行,由"罢乡举"而引发的"离地著"②现象才刚刚显露,其削弱地域社会势力的革命性影响在隋朝并不显著,由乡举里选、九品中正制度下的地域社会"人皆土著"到科举制度下的"人不土著"的转型要到唐中期科举选官的影响远远超越"资荫"制度之后。因此在隋朝乃至唐初期,如同房玄龄之父房彦谦那样掌控宗族力量、拥有地域势力影响、可以凭一纸文书震慑盗匪的所谓"乡推领袖"还在各地域社会中普遍存在,高门士族尤其具有这种影响力。李世民平定山东之后,要想迅速稳定山东局面,自然要借助这些"乡推领袖"的影响力。当时作为山东地域势力的代表、在山东拥有无比声望的"五门七姓"高门士族无疑是其必须拉拢的对象。五门七姓高门,即唐太宗即帝位后定氏族事件中所云的山东崔、卢、郑、李、王等五姓,陇西李氏、赵郡李氏即其中的李姓。而"世为山东冠族"的李玄道正是上述五姓中陇西李氏的代表人物,既为地域势力代表人物,又与房玄龄有甥舅关系,这当然要拉入李世民的阵营,遂召李玄道为"秦王府主簿、文学馆学士"③。其时五门七姓中赵郡李氏的代表人物李守素亦被纳入秦府。"李守素者,赵州人,代为山东名族。太宗平王世充,征为文学馆学士,署天策府仓曹参军。"④尤其擅长牒谱学,"守素尤工谱学,自晋宋已降,四海士流及诸勋贵,华戎阀阅,莫不详究,当时号为'行谱'"⑤。这两个人家族声望虽高,但却没有表现出什么杰出的才能,所以在十八学士队伍中也就没有什么突出的表现,李世民将他们纳入十八学士队伍,完全只是借助他们的家族声望来稳定山东地域势力,"当时全国初平,地方政权尚不稳定,许多州县的实际权力仍由豪强和士族掌握,所以,李守素以天策府仓曹的身份兼文学馆学士是必要的统战措施"⑥。

① 杜佑著,王文锦等点校:《通典》卷十四,第342页。
② 《新唐书》卷一百九十九,第5678页。
③ 《旧唐书》卷七十二,第2583页。
④ 《旧唐书》卷七十二,第2584页。
⑤ 《旧唐书》卷七十二,第2584页。
⑥ 姚兴善:《十八学士》,三秦出版社,2000年,第121页。

　　此期房玄龄为李世民收结的人物还有杜如晦的叔父杜淹,收杜淹的目的是为了防止他投向李建成阵营。杜淹"聪辩多才艺,弱冠有美名"①,也是个才智之士。但这人人品不太好,总想投机取事,杜淹"与同郡韦福嗣为莫逆之交,相与谋曰:'上好用嘉遁,苏威以幽人见征,擢居美职。'遂共入太白山,扬言隐逸,实欲邀求时誉。隋文帝闻而恶之,谪戍江表"。隋末乱后,王世充得杜淹,"署为吏部,大见亲用"。杜淹素与杜如晦三兄弟不睦,遂借机陷害杜如晦的兄弟,"谮如晦兄于王行满,王世充杀之,并囚楚客,几至饿死,楚客竟无怨色。洛阳平,淹当死,楚客泣涕请如晦救之",无奈杜如晦只好向李世民求情,杜淹得以免死。杜淹在唐久不得升调,准备投入李建成阵营以求升迁,"将委质于隐太子。时封德彝典选,以告房玄龄,恐隐太子得之,长其奸计,于是遽启太宗,引为天策府兵曹参军、文学馆学士"②。

　　十八学士的主要工作"讨论坟籍,商略前载",当是讨论通过文教礼治来治理国家,如于志宁等这类律学专家在贞观时期所起的作用。但这个"讨论坟籍"的事情并不是李世民在武德后期的当务之急,李世民在武德后期的当务之急是如何应对太子李建成势力的倾轧,然而当时能当心腹之寄以对付李建成的谋士只有房玄龄、杜如晦、薛收三人。《新唐书》卷一百二褚亮本传云"王每征伐,亮在军中,尝预秘谋,有裨辅之益",而《旧唐书》卷七十二褚亮本传云:"太宗每有征伐,亮常侍从,军中宴筵,必预欢赏,从容讽议,多所裨益。"两书本传记载的差异,表明褚亮虽能参与一些机密事宜,但却只是处于心腹谋士的外围。房、杜二人颇觉人手不够,遂有心拉拢薛收的侄子薛元敬,欲将其拉入核心谋士圈内。薛元敬才能出众,"武德中,元敬为秘书郎,太宗召为天策府参军,兼直记室"③。玄龄、杜如晦虽想把薛元敬发展成为李世民的心腹,但薛元敬本人却无意加入,"是时,收与房、杜处心腹之寄,更相结附。元敬谨畏,未尝申款曲。如晦叹曰:'小记室不可得而亲,不可得而疏!'"④

---

① 《旧唐书》卷六十六,第 2470 页。
② 《旧唐书》卷六十六,第 2471 页。
③ 《旧唐书》卷七十三,第 2589 页。
④ 《新唐书》卷九十八,第 3893 页。

在武德四年(621)全国局势基本明朗后，李建成、李元吉等人就开始筹划"将夺太宗兵以益其府"，因此房玄龄、杜如晦同心戮力对付李建成阵营，其于武力上的布局、筹备已于第二章叙述，于此不赘。

三、李世民与房玄龄之谋取天下

自武德四年李世民、李建成两个阵营针锋相对以后，李世民解决问题的基本思路是通过政治手段削掉李建成的太子地位，实现和平夺权。而房玄龄的想法却是采用武力措施应对，最后在李世民首肯的前提下，策划了玄武门之变。

武德七年(624)三月，李靖率军在当涂与江南辅公祏决战，一举击溃，俘获辅公祏并杀之，又"分捕余党，悉诛之，江南皆平"[1]，唐朝终于全境统一，政局已然完全稳定。然而太子、秦府间的争斗却更趋白热化，终于在这一年的六月，秦王府利用房玄龄留下的棋子杜淹策划了庆州都督杨文幹谋反案以反诬太子李建成，试图拿掉李建成的太子位置。

庆州都督杨文幹是李建成的心腹卫士，担负着为李建成组织私人武装的重担，"杨文幹尝宿卫东宫，建成与之亲厚，私使募壮士送长安"[2]。杨文幹的任务性质与李世民阵营张亮所担负的"阴引山东豪杰以俟变"的任务一样。既然杨文幹的任务是组建队伍"以俟变"，李建成自然要为其筹集武器装备。武德七年(624)六月三日，李渊携秦王李世民、齐王李元吉等人到仁智宫避暑，太子李建成则留在长安主持日常政务。李建成遂趁此机会扩张、巩固自己的势力，其措施之一就是营建自己在京城之外的根据地——庆州。这种事李世民也做过，即委派温大雅、张亮从官方、民间两个层面经营洛阳。李建成趁全面主持长安工作之机加强后方根据地庆州的营建工作，于是私下委派手下郎将尔朱焕、校尉桥公山给杨文幹秘密运送铠甲。

私运铠甲这件事情迅速被秦王府侦知，秦王府当即利用房玄龄有意收留的棋子杜淹做开了文章。负责为李建成运送铠甲的两位军官在走到幽

① 《资治通鉴》卷一百九十，第5981页。
② 《资治通鉴》卷一百九十一，第5986页。

州的时候突然向豳州地方官府"上变,告太子使文幹举兵,使表里相应",与此同时,"又有宁州人杜凤举亦诣宫言状"。两位东宫属下为何突然反水告发?《旧唐书》卷六十四记载是因为他们"惧罪"自首,但问题是为何到了豳州才知"惧罪"自首? 这是因为秦府的杜淹发现了他们私运铠甲这个违法实事。"根据唐代的法律,自首可以减轻处罚,揭发更受奖励。尔朱焕和桥公山在私运盔甲被发现后,决定用告发的方式减轻自己的责任。他们或许不知道这背后残酷的政治斗争。因为他们都不是高级军官,不过是执行命令而已。所以,他们受到胁迫,上山告发以求自保是完全可能的。那么,背后的压力,一定来自杜淹代表的秦王府。"①

唐高祖得知此事后的反应,《旧唐书》卷六十四云:

> 高祖托以他事,手诏追建成诣行在所。既至,高祖大怒,建成叩头谢罪,奋身自投于地,几至于绝。其夜,置之幕中,令殿中监陈万福防御,而文幹遂举兵反。高祖驰使召太宗以谋之,太宗曰:"文幹小竖,狂悖起兵,州府官司已应擒剿。纵其假息时刻,但须遣一将耳。"高祖曰:"文幹事连建成,恐应之者众,汝宜自行,还,立汝为太子。吾不能效隋文帝诛杀骨肉,废建成封作蜀王,地既僻小易制。若不能事汝,亦易取耳。"太宗既行,元吉及四妃更为建成内请,封伦又外为游说,高祖意便顿改,遂寝不行,复令建成还京居守。惟责以兄弟不能相容,归罪于中允王珪、左卫率韦挺及天策兵曹杜淹等,并流之巂州。②

太子李建成与杨文幹的反应,《资治通鉴》卷一百九十一云:

> 上怒,托他事,手诏召建成,令诣行在。建成惧,不敢赴。太子舍人徐师謩劝之据城举兵;詹事主簿赵弘智劝之贬损车服,屏从者,诣上谢罪,建成乃诣仁智宫。未至六十里,悉留其官属于毛鸿宾堡,以十余

---

① 孟宪实:《孟宪实讲唐史——从玄武门之变到贞观之治》,第74—75页。
② 《旧唐书》卷六十四,第2417页。

骑往见上，叩头谢罪，奋身自掷，几至于绝。上怒不解，是夜，置之幕
下，饲以麦饭，使殿中监陈福防守，遣司农卿宇文颖驰召文幹。颖至庆
州，以情告之，文幹遂举兵反。上遣左武卫将军钱九陇与灵州都督杨
师道击之。①

　　如果太子与杨文幹的反叛之事属实，则其斗争矛头就是直对唐高祖，
所以唐高祖初闻此事，遂以他事召太子而怒责之，并打算更易太子位，因
"文幹事连建成，恐应之者众"，慎重地委派李世民征讨杨文幹。但就在李
世民离开之后，唐高祖却冷静下来，因为如果太子的确有意反叛的话，是根
本不可能只身前来束手就缚的。加上李元吉及四妃等人的求情游说，于是
唐高祖着手了解事情真相，封德彝在此时起了"固谏而止"的关键作用。封
伦，字德彝，在隋朝历事文帝、炀帝，与杨素极相友好，"素负贵恃才，多所凌
侮，唯击赏伦。每引与论宰相之务，终日忘倦，因抚其床曰：'封郎必当据吾
此座。'"②而杨素为隋炀帝夺嫡成功的关键人物，封伦与杨素既相交好，又
善于阴谋，事后对于杨素通过后宫谋求晋王上位等措施必当有所知晓。其
时隋朝废储之殷鉴不远，欲行废立，不容唐高祖不谨慎，故问计于封伦。
"初，伦数从太宗征讨，特蒙顾遇。以建成、元吉之故，数进忠款，太宗以为
至诚，前后赏赐以万计。而伦潜持两端，阴附建成。时高祖将行废立，犹豫
未决，谋之于伦。"③由于封伦表面上支持李世民，实际却站在了太子阵营：
"杨文幹之乱，上皇欲废隐太子而立上，德彝固谏而止。其事甚秘，上不之
知，薨后乃知之。"④因此在太子势力的反击运作下，唐高祖发现了杨文幹事
件背后原来有秦府的一系列策划在推波助澜，终于明白了太子是被冤枉
的，于是将事情化小，令太子还京继续主持所属的政务，将牵涉此事的两府
下属流放了事。

　　通过杨文幹事件，表明李世民用政治斗争取代太子地位的方式走不

①《资治通鉴》卷一百九十一，第 5986—5987 页。
②《旧唐书》卷六十三，第 2396 页。
③《旧唐书》卷六十三，第 2397—2398 页。
④《资治通鉴》卷一百九十七，第 6205 页。

通,于是有房玄龄等人主张用武力解决。秦府、东宫已势同水火,杨文幹之事后,太子李建成"后又与元吉谋行鸩毒,引太宗入宫夜宴,既而太宗心中暴痛,吐血数升,淮安王神通狼狈扶还西宫"①。面对太子、元吉使出的鸩毒"斩首"行为,秦府震骇,计无所出,房玄龄提出以武力回击,以同样的"斩首"之策应对:

> 玄龄因谓长孙无忌曰:"今嫌隙已成,祸机将发,天下恟恟,人怀异志。变端一作,大乱必兴,非直祸及府朝,正恐倾危社稷。此之际会,安可不深思也!仆有愚计,莫若遵周公之事,外宁区夏,内安宗社,申孝养之礼。古人有云,'为国者不顾小节',此之谓欤!孰若家国沦亡,身名俱灭乎?"无忌曰:"久怀此谋,未敢披露,公今所说,深会宿心。"无忌乃入白之。太宗召玄龄谓曰:"贴危之兆,其迹已见,将若之何?"对曰:"国家患难,今古何殊。自非睿圣钦明,不能安辑。大王功盖天地,事钟压纽,神赞所在,匪藉人谋。"因与府属杜如晦同心戮力。②

面对房玄龄、杜如晦的同心勠力,"隐太子深忌之,谓齐王元吉曰:'秦王府中所可惮者,唯杜如晦与房玄龄耳。'因谮之于高祖,乃与玄龄同被斥逐"③。

秦府、东宫双方斗争日益剑拔弩张,武德九年(626)六月突厥郁设射可汗率数万骑渡黄河进围乌城(今甘肃武威境)的消息传到京城,这本是一次规模不大的突厥侵扰事件,但却被李建成利用来对付李世民,企图将其势力一网打尽,《资治通鉴》卷一百九十一记其事云:

> 会突厥郁射设将数万骑屯河南,入塞,围乌城,建成荐元吉代世民督诸军北征;上从之,命元吉督右武卫大将军李艺、天纪将军张瑾等救乌城。元吉请尉迟敬德、程知节、段志玄及秦府右三统军秦叔宝等与

---

① 《旧唐书》卷六十四,第2417页。
② 《旧唐书》卷六十六,第2460页。
③ 《旧唐书》卷六十六,第2468页。

之偕行,简阅秦王帐下精锐之士以益元吉军。率更丞王晊密告世民曰:"太子语齐王:'今汝得秦王骁将精兵,拥数万之众,吾与秦王饯汝于昆明池,使壮士拉杀之于幕下,奏云暴卒,主上宜无不信。吾当使人进说,令授吾国事。敬德等既入汝手,宜悉坑之,孰敢不服!'"世民以晊言告长孙无忌等,无忌等劝世民先事图之。世民叹曰:"骨肉相残,古今大恶。吾诚知祸在朝夕,欲俟其发,然后以义讨之,不亦可乎!"敬德曰:"人情谁不爱其死! 今众人以死奉王,乃天授也。祸机垂发,而王犹晏然不以为忧,大王纵自轻,如宗庙社稷何! 大王不用敬德之言,敬德将窜身草泽,不能留居大王左右,交手受戮也!"无忌曰:"不从敬德之言,事今败矣。敬德等必不为王有,无忌亦当相随而去,不能复事大王矣!"世民曰:"吾所言亦未可全弃,公更图之。"敬德曰:"王今处事有疑,非智也;临难不决,非勇也。且大王素所畜养勇士八百余人,在外者今已入宫,擐甲执兵,事势已成,大王安得已乎!"①

解除秦王羽翼、斩杀秦王本人,面对李建成、李元吉联盟的强势进攻,秦王阵营必须反击。李世民急召房玄龄、杜如晦进秦府商议对策,房、杜二人扮作道士潜入秦府,共同策划了玄武门之变。"九年,皇太子建成、齐王元吉谋害太宗。六月四日,太宗率长孙无忌、尉迟敬德、房玄龄、杜如晦、宇文士及、高士廉、侯君集、程知节、秦叔宝、段志玄、屈突通、张士贵等于玄武门诛之。"②六月七日,李渊立李世民为皇太子,并下诏放权:"自今军国庶事,无大小悉委太子处决,然后闻奏。"③自此,李世民全面掌控了唐朝政局。

"玄武门事变是一个历史惨剧,李世民对此心知肚明。为了减少这件事情对自己名誉的影响,李世民必须用更光明的手段治理天下,用更大的成绩从正面证明自己。这就是说,玄武门事变对于李世民而言,成为一个重要的内心动力,让他更努力地克己复礼,治理好天下。帮助李世民治理

---

① 《资治通鉴》卷一百九十一,第 6007—6008 页。
② 《旧唐书》卷二,第 29 页。
③ 《资治通鉴》卷一百九十一,第 6012 页。

天下的能臣众多,但是在帝制时代,最关键的人物毕竟还是唐太宗。"①玄武门之变后,李世民即帝位,之后贞观之治对于唐朝历史发展的积极影响也是毋庸置疑的。房玄龄首倡李世民当行周公之事,他与杜如晦、长孙无忌等人的周密计划与配合,成功地通过玄武门之变完成了政权转换,对于贞观之治历史时期的到来作出了重要的贡献。之后李世民论功行赏,房玄龄与杜如晦、长孙无忌及政变的主要执行者尉迟敬德、侯君集等人功居第一。晋爵邢国公,赐实封一千三百户,便是对房玄龄贡献的充分肯定。

自泾阳与李世民相会到李世民登基,房玄龄在秦府已十年,他对李世民的影响,唐高祖曾有确切的评价:"玄龄在秦府十余年,常典管记,每军书表奏,驻马立成,文约理赡,初无稿草。高祖尝谓侍臣曰:'此人深识机宜,足堪委任。每为我儿陈事,必会人心,千里之外,犹对面语耳。'"②房玄龄在秦府十年所起的作用,"我们至少可以肯定三点:一是房玄龄作为李世民'总参谋长'的职责没变;二是房玄龄作为李世民'总秘书长'的职责没变;三是房玄龄作为李世民'总人事部部长'的职责没变"③。

权柄内争终于以玄武门血的伤痛得以止息,对此事的影响,司马光评论说:"立嫡以长,礼之正也。然高祖所以有天下,皆太宗之功;隐太子以庸劣居其右,地嫌势逼,必不相容。向使高祖有文王之明,隐太子有泰伯之贤,太宗有子臧之节,则乱何自而生矣!既不能然,太宗始欲俟其先发,然后应之,如此,则事非获已,犹为愈也。既而为群下所迫,遂至蹀血禁门,推刃同气,贻讥千古,惜哉!夫创业垂统之君,子孙之所仪刑也,彼中、明、肃、代之传继,得非有所指拟以为口实乎!"④在和平时期,权力传承"立嫡以长",的确可以有效避免政局动荡,是一个较好的制度。然而在武力戡乱时期,坐镇京城的"嫡长"鞭长莫及,无法有效控制兵权、无法建立战功,必然会形成领兵戡乱的"嫡次"手握实权、战功赫赫,如此形势倒逼,则长不可保,争夺权柄的内斗不可避免。此中结局,非唐高祖、太子建成、秦王李世

---

① 孟宪实:《孟宪实讲唐史——从玄武门之变到贞观之治》,第98页。
② 《旧唐书》卷六十六,第2460页。
③ 申建国等:《风范良相房玄龄传》,第81页。
④ 《资治通鉴》卷一百九十一,第6012—6013页。

民所能超脱者,形势、制度所使然也。

第三节　理治太平
——房玄龄在贞观朝的辅国功业

武德九年(626)六月玄武门之变后,"七月壬辰,太子左庶子高士廉为侍中,右庶子房玄龄为中书令,尚书右仆射萧瑀为尚书左仆射,吏部尚书杨恭仁为雍州牧,太子左庶子长孙无忌为吏部尚书,右庶子杜如晦为兵部尚书,太子詹事宇文士及为中书令,封德彝为尚书右仆射"①,秦府心腹人员全面控制了军政大权。八月甲子日(九日),李世民即帝位,是为唐太宗,次年改元"贞观",而房玄龄也从此开始了他二十二年的辅国生涯。

一、房谋杜断

随着贞观天子李世民的成功上位,房玄龄与杜如晦也真正走进了唐朝的权力中枢,二人仍一如既往地尽心辅助李世民打理朝政。"房、杜二公,皆以命世之才,遭逢明主,谋猷允协,以致升平。议者以比汉之萧、曹,信矣! 然莱成之见用,文昭之所举也。世传太宗尝与文昭图事,则曰'非如晦莫能筹之'。及如晦至焉,竟从玄龄之策也。盖房知杜之能断大事,杜知房之善建嘉谋,裨谌草创,东里润色,相须而成,俾无悔事,贤达用心,良有以也。"②在李世民的主持下,房、杜二人无间的成功合作,谱写了"房谋杜断"的历史佳话。只是非常遗憾,贞观四年(630)三月,杜如晦不幸病卒,"房谋杜断"的合作戛然而止,唯留余响。房、杜无间合作理政实际只有三年,但他们的合作给唐朝留下了一代体制,"至于台阁规模及典章人物,皆二人所定,甚获当代之誉,谈良相者,至今称房、杜焉"③。房、杜在这一时期的贡献主要体现为"务在择官、改革旧弊、兴复制度"。

① 《旧唐书》卷二,第30页。
② 《旧唐书》卷六十六,第2472页。
③ 《旧唐书》卷六十六,第2468页。

内争初平,首要的工作是安定天下、收拾人心。作为李世民的"总人事部部长",房玄龄在秦府十年就起到了使秦王"门人益亲"的重要作用,受到李世民的称赞。在李世民登上帝位后,房玄龄仍然没有忽视对秦府属吏的安抚工作,及时地将府属的不满情绪上达给李世民,武德九年(626)九月,房玄龄告知李世民:"秦府旧人未迁官者,皆嗟怨曰:'吾属奉事左右,几何年矣!今除官,返出前宫、齐府人之后。'"李世民回答说:"王者至公无私,故能服天下之心。朕与卿辈日所衣食,皆取诸民者也。故设官分职,以为民也,当择贤才而用之,岂以新旧为先后哉!必也新而贤,旧而不肖,安可舍新而取旧乎!今不论其贤不肖而直言嗟怨,岂为政之体乎!"①李世民的这一态度,房玄龄应当是及时地传达出去,平稳了原内争三方属吏的人心。贞观元年(627),又有人重提旧事,为"请秦府旧兵并授以武职,追入宿卫",唐太宗再次重申了他不以"新旧为差"的立场:"朕以天下为家,不能私于一物,惟有才行是任,岂以新旧为差?况古人云:'兵犹火也,弗戢将自焚。'汝之此意,非益政理。"②

李世民初登帝位,如何治理国家是其必须思考的问题。多年以后李世民回想起此时的抉择,感叹地说:"贞观初,人皆异论,云当今必不可行帝道、王道,惟魏徵劝我。既从其言,不过数载,遂得华夏安宁,远戎宾服。"③王道政治,即贞观政治路线,是在魏徵、房玄龄等人的支持下才得以确立的。

　　上之初即位也,尝与群臣语及教化,上曰:"今承大乱之后,恐斯民未易化也。"魏徵对曰:"不然。久安之民骄佚,骄佚则难教;经乱之民愁苦,愁苦则易化。譬犹饥者易为食,渴者易为饮也。"上深然之。封德彝非之曰:"三代以还,人渐浇讹,故秦任法律,汉杂霸道,盖欲化而不能,岂能之而不欲邪!魏徵书生,未识时务,若信其虚论,必败国家。"徵曰:"五帝、三王不易民而化,昔黄帝征蚩尤,颛顼诛九黎,汤放

---

① 《资治通鉴》卷一百九十二,第6023页。
② 吴兢:《贞观政要》卷五,第163—164页。
③ 吴兢:《贞观政要》卷一,第17—18页。

桀,武王伐纣,皆能身致太平,岂非承大乱之后邪！若谓古人淳朴,渐
至浇讹,则至于今日,当悉化为鬼魅矣,人主安得而治之！"上卒从
徵言。①

　　封德彝死于贞观元年(627)六月,上引材料所记录的唐太宗治国该用
"王道"还是"霸道"路线的讨论,发生的时间只能是在武德九年(626)八月
至贞观元年六月之间。唐初期控制中央政权的核心力量是关陇集团,而关
陇集团崇尚武功强权,因此希望走"霸道"路线,封德彝所代表正是关陇集
团的政治传统,唐太宗最终采纳了魏徵等人所坚持的"王道"路线。"在魏
徵的主张下发生的转变,不仅仅标志着唐太宗个人思想的转变,也是关陇
集团传统政策的转变。魏徵精通儒家《公羊春秋》,因为他的坚持,贞观的
王道路线得以确立,儒家思想最有代表性的政治实践也因此得以展开。"②
而这也正是房玄龄所认同的路线,贞观二年(628)房玄龄、杜如晦与唐太宗
关于"政教之源"问题的讨论表明房玄龄与魏徵站在了同一立场上。"可怜
贞观太平后,天且不留封德彝！"③这是唐人杜牧对贞观初年两条路线选择
的深沉感悟,我们当如杜牧一样,庆幸唐太宗最终选择了王道政治路线。
　　贞观元年(627),房玄龄所做的最重要的工作莫过于合并州县与并省
官员。唐代的选举制度承继隋朝,贞观元年,在吏部侍郎刘林甫的建议下,
吏部对选举期进行了由固定时间到"四时听选"的改革,"隋世选人,十一月
集,至春而罢,人患其期促。至是,吏部侍郎观城刘林甫奏四时听选,随阙
注拟,人以为便"。然而当时更严重的问题不是选举期的问题,而是官员冗
多的问题。唐高祖李渊在建唐过程中,为了收揽人心,在新收附的地区新
设郡县,封官命爵,以致郡县建置膨胀。"初,隋末丧乱,豪杰并起,拥众据
地,自相雄长;唐兴,相帅来归,上皇为之割置州县以宠禄之,由是州县之
数,倍于开皇、大业之间。"④郡县膨胀延续到武德末,出现了"民少吏多"、

---

① 《资治通鉴》卷一百九十三,第6084页。
② 孟宪实:《孟宪实讲唐史——从玄武门之变到贞观之治》,第122页。
③ 曹寅等编:《全唐诗》卷五百二十一,第5953页。
④ 《资治通鉴》卷一百九十二,第6033页。

"十羊九牧"的弊端。另一方面却又是治理王朝所需要的真正人才严重缺乏,以致官员不充,"唐初,士大夫以乱离之后,不乐仕进,官员不充。省符下诸州差人赴选,州府及诏使多以赤牒补官。至是尽省之,勒赴省选,集者七千余人,林甫随才铨叙,各得其所,时人称之。诏以关中米贵,始分人于洛州选"。面对这种情况,李世民"思革其弊"。贞观元年十二月,唐太宗谓房玄龄等曰:"致治之本,惟在于审。量才授职,务省官员。故《书》称:'任官惟贤才。'又云:'官不必备,惟其人。'若得其善者,虽少亦足矣。其不善者,纵多亦奚为?古人亦以官不得其才,比于画地作饼,不可食也。《诗》曰:'谋夫孔多,是用不就。'又孔子曰:'官事不摄,焉得俭?'且'千羊之皮,不如一狐之腋'。此皆载在经典,不能具道。当须更并省官员,使得各当所任,则无为而治矣。卿宜详思此理,量定庶官员位。"①所谓"量定庶官员位",相当于今日之定编、定岗、定责的机构改革工作,这是一件相当复杂的任务。房玄龄奉旨主持这个工作,在房玄龄的努力下,出色地完成了机构改革,并省官员,全国官员最后定员为六百四十人。②

　　合并州县与量定减省官员虽是两件事,其实二者本质相同。通过合并州县,可以有效减少郡县级官员。只有通过机构改革,才能有效减省中央、郡县官员的员额,才能有效防止官员人数再膨胀。"精简机构,合并州县,不仅为唐太宗时代节约了政府开销,降低了政府运营成本,也为唐朝制定了基本的制度,为唐朝后来的繁荣发展打下了良好的基础。特别是这种制度建设,实际上是隋朝以来一直在努力的一个方向。既要承接南北朝的制度,又要完善新制度。从隋文帝以来,经过隋炀帝、唐高祖都在进行着这个方面的努力,最后可以说到唐太宗时代基本完成。"③因此,房玄龄在贞观元年主持完成的这两件大事,其意义之重大是显而易见的。正因为减并官员之难,所以在房玄龄完成官员定员工作、上报给唐太宗时,唐太宗还专门拟定了禁止乐工杂类入仕以防官员膨胀的规定,"玄龄等由是所置文武总六百四十员。太宗从之,因谓玄龄曰:'自此傥有乐工杂类,假使术逾侪辈者,

① 吴兢:《贞观政要》卷三,第87页。
② 《资治通鉴》卷一百九十二,第6043页。
③ 孟宪实:《孟宪实讲唐史——从玄武门之变到贞观之治》,第122页。

只可特赐钱帛以赏其能,必不可超授官爵,与夫朝贤君子比肩而立,同坐而食,遗诸衣冠以为耻累。'"①

　　房玄龄好不容易才完成了官员定员的工作,已是农历年十二月底,该忙着过春节了。春节之后的贞观二年(628)伊始,房玄龄所做的重要事情,莫过于在唐太宗的主持下,与杜如晦及他们的同僚魏徵等人一同探讨"政教之源",确定了如何使唐朝达于大治的方针路线。这件事情关系到唐朝未来的发展方向与体制建设,其意义之重大显然是不言而喻的。

　　过完春节的二月初,唐太宗对房玄龄等说:"朕比见隋代遗老,咸称高颎善为相者,遂观其本传,可谓公平正直,尤识治体,隋室安危,系其存没。炀帝无道,枉见诛夷,何尝不想见此人,废书钦叹! 又汉、魏以来,诸葛亮为丞相,亦甚平直,尝表废廖立、李严于南中,立闻亮卒,泣曰:'吾其左衽矣!'严闻亮卒,发病而死。故陈寿称'亮之为政,开诚心,布公道,尽忠益时者,虽雠必赏;犯法怠慢者,虽亲必罚'。卿等岂可不企慕及之? 朕今每慕前代帝王之善者,卿等亦可慕宰相之贤者,若如是,则荣名高位,可以长守。"房玄龄回答说:"臣闻理国要道,在于公平正直,故《尚书》云:'无偏无党,王道荡荡。无党无偏,王道平平。'又孔子称'举直错诸枉,则民服'。今圣虑所尚,诚足以极政教之源,尽至公之要,囊括区宇,化成天下。"唐太宗赞同地说:"此直朕之所怀,岂有与卿等言之而不行也?"②

　　唐太宗这次谈话的本意是希望担任尚书令的房玄龄等人能"法前世之贤相"③,但房玄龄却将这次谈话的意义升华到国家"治体"的高度,认为前世贤相之所以称贤,并不单是担任相职的个人的品质问题,而是因为他们在担任相职期间认识到并且实践了"理国要道,在于公平正直"的根本准则,从而造就了一个"公道"之世,得以化成天下,这是一个朝代发展应该致力的方向。对此,唐太宗深表赞同,立即表态说这样的认识不能只停留在认识表面,而是要在今后身体力行,切实执行,"岂有与卿等言之而不行也?"

---

① 吴兢:《贞观政要》卷三,第87页。
② 吴兢:《贞观政要》卷五,第165—166页。
③ 《资治通鉴》卷一百九十二,第6048页。

　　通过年初的这次谈话,贞观君臣关于国体治道的认识达到了一个新的高度。然而这次谈话所引起的思想涟漪并没有就此止息,在唐太宗的谈话中已经认识到达到治道之世不能单靠官员之个人品质,否则就会出现"人在政存,人去政亡"这样的高颖式悲剧,治国必须靠制度建设。在此之后,唐太宗多次与杜如晦、魏徵等其他侍臣谈论通过制度建设来"各尽至公,以成治道"这个问题。如贞观二年(628),太宗谓侍臣曰:"明主思短而益善,暗主护短而永愚。隋炀帝好自矜夸,护短拒谏,诚亦实难犯忤。虞世基不敢直言,或恐未为深罪。昔箕子佯狂自全,孔子亦称其仁。及炀帝被杀,世基合同死否?"杜如晦对曰:"天子有诤臣,虽无道不失其天下。仲尼称:'直哉史鱼,邦有道如矢,邦无道如矢。'世基岂得以炀帝无道,不纳谏诤,遂杜口无言?偷安重位,又不能辞职请退,则与箕子佯狂而去,事理不同。昔晋惠帝贾后将废愍怀太子,司空张华竟不能苦争,阿意苟免。及赵王伦举兵废后,遣使收华,华曰:'将废太子日,非是无言,当时不被纳用。'其使曰:'公为三公,太子无罪被废,言既不从,何不引身而退?'华无辞以答,遂斩之,夷其三族。古人有云:'危而不持,颠而不扶,则将焉用彼相?'故'君子临大节而不可夺也'。张华既抗直不能成节,逊言不足全身,王臣之节固已坠矣。虞世基位居宰辅,在得言之地,竟无一言谏诤,诚亦合死。"太宗曰:"公言是也。人君必须忠良辅弼,乃得身安国宁。炀帝岂不以下无忠臣,身不闻过,恶积祸盈,灭亡斯及。若人主所行不当,臣下又无匡谏,苟在阿顺,事皆称美,则君为暗主,臣为谀臣,君暗臣谀,危亡不远。朕今志在君臣上下,各尽至公,共相切磋,以成治道。公等各宜务尽忠说,匡救朕恶,终不以直言忤意,辄相责怒。"[1]贞观二年,太宗问魏徵曰:"何谓为明君暗君?"徵曰:"君之所以明者,兼听也;其所以暗者,偏信也。《诗》云:'先人有言,询于刍荛。'昔唐、虞之理,辟四门,明四目,达四聪。是以圣无不照,故共、鲧之徒,不能塞也;靖言庸回,不能惑也。秦二世则隐藏其身,捐隔疏贱而偏信赵高,及天下溃叛,不得闻也。梁武帝偏信朱异,而侯景举兵向阙,竟不得知也。隋炀帝偏信虞世基,而诸贼攻城剽邑,亦不得知也。是故人君兼

---

① 吴兢:《贞观政要》卷二,第47页。

听纳下,则贵臣不得壅蔽,而下情必得上通也。"①太宗甚善其言。贞观二年,太宗谓侍臣曰:"朕每夜恒思百姓间事,或至夜半不寐。惟恐都督、刺史堪养百姓以否。故于屏风上录其姓名,坐卧恒看,在官如有善事,亦具列于名下。朕居深宫之中,视听不能及远,所委者惟都督、刺史,此辈实治乱所系,尤须得人。"②贞观二年,太宗谓侍臣曰:"朕谓乱离之后,风俗难移,比观百姓渐知廉耻,官民奉法,盗贼日稀,故知人无常俗,但政有治乱耳。是以为国之道,必须抚之以仁义,示之以威信,因人之心,去其苛刻,不作异端,自然安静。公等宜共行斯事也!"③

　　贞观元年是唐太宗登基后治理国家过程中理顺政局的一年,贞观二年应当是唐太宗确定以后执政方针的一年,房玄龄在贞观二年中所起的引导升华之功,我们没有理由忽视,这种贡献看似细无,实则伟大之极,并非如史书所云"天下号为贤相,然无迹可寻"。我们仍以唐太宗与房玄龄的另一次谈话来结束房玄龄在贞观二年关于"治道"建设的活动。贞观二年,太宗谓房玄龄曰:"为人大须学问。朕往为群凶未定,东西征讨,躬亲戎事,不暇读书。比来四海安静,身处殿堂,不能自执书卷,使人读而听之。君臣父子,政教之道,共在书内。古人云:'不学,墙面,莅事惟烦。'不徒言也。却思少小时行事,大觉非也。"④从历史中学智慧,从历史智慧中寻求"政教之道"以通大治,这是房玄龄与李世民共同所体认到的认识。

　　"房谋杜断"历史嘉话的背后,是房玄龄、杜如晦二人"台阁规模"与"典章文物"方面的巨大贡献。"台阁规模",在贞观元年通过合并州郡、减省官吏员额等项工作已初步完成,至于"典章文物"的贡献则主要是在贞观三年(629)。杜如晦虽事贞观天子四年,但其实只有三年,因为贞观三年冬,杜如晦"遇疾,表请解职,许之,禄赐特依旧……四年,疾笃……寻薨,年四十六"⑤。故"房谋杜断"之关于"典章文物"方面的重大贡献,主要发生

① 吴兢:《贞观政要》卷二,第2页。
② 吴兢:《贞观政要》卷三,第89页。
③ 吴兢:《贞观政要》卷四,第149页。
④ 吴兢:《贞观政要》卷六,第205页。
⑤ 《旧唐书》卷六十六,第2469页。

在贞观三年。

贞观三年（629），"二月，戊寅，以房玄龄为左仆射，杜如晦为右仆射，以尚书右丞魏徵守秘书监，参预朝政"①。仆射之职的地位十分重要，唐太宗《授房玄龄、杜如晦左、右仆射诏》云：

> 尚书政本，端揆任隆，自非经国大材，莫或斯举。中书令兼太子詹事邢国公房玄龄，器宇沈邃，风度宏远，誉彰退迹，道冠簪缨。兵部尚书检校侍中蔡国公杜如晦，识量清举，神彩凝映，德宣内外，声溢庙堂。朕自克平宇县，缔构资深，叶赞经纶，厥功甚茂。深谋秘略，动合规矩，忠议谠言，事多启沃。及典司枢要，绸缪宸辰，开物成务，知无不为。可谓神降英灵，天资人杰，并宜总司衡轴，光阐大猷。玄龄可尚书左仆射，如晦可尚书右仆射，余如故。②

仆射"尚书政本"、"典司枢要"、"总司衡轴"，可见仆射地位相当重要。从制度上讲，在隋至唐初，尚书省上承君相，下行百司，是为宰相机构兼行政机关的总枢纽。③ 房玄龄任仆射后，"既任总百司，虔恭夙夜，尽心竭节，不欲一物失所"④，的确很忙碌。但这显然不是唐太宗所希望看到的情形，他所希望的是房、杜二人能在这个位置上"开物成务"，而不是陷入日常杂务中，因此，在房、杜二人上任后的次月，即重新考虑仆射的职能，"三月丁巳，上谓房玄龄、杜如晦曰：'公为仆射，当广求贤人，随才授任，此宰相之职也。比闻听受辞讼，日不暇给，安能助朕求贤乎！'因敕'尚书细务属左右丞，唯大事应奏者，乃关仆射'"⑤。其中的"唯大事应奏者"，《贞观政要》卷三作"惟冤滞大事合奏闻者"。

房、杜二人遂在李世民的安排下，对尚书省的运作进行了"抓大放小、

---

① 《资治通鉴》卷一百九十三，第6063页。
② 董诰等编：《全唐文》卷五，第58页。
③ 严耕望：《论唐代尚书省之职权与地位》，载《严耕望史学论文选集》，第431—507页。
④ 《旧唐书》卷六十六，第2461页。
⑤ 《资治通鉴》卷一百九十三，第6063页。

"权分有司"的改革工作,尚书省的日常事务以后由左、右丞负责处理,而仆射则专心于人才选拔、参与政事决策等大事。房玄龄遂在唐太宗的主持下做了两件大事:一是理顺三省职能;二是确定"随才授任"的考选标准。

关于理顺三省职能,"夏,四月,乙亥,上皇徙居弘义宫,更名大安宫。上始御太极殿,谓群臣曰:'中书、门下,机要之司,诏敕有不便者,皆应论执。比来唯睹顺从,不闻违异。若但行文书,则谁不可为,何必择才也!'房玄龄等皆顿首谢。故事:凡军国大事,则中书舍人各执所见,杂署其名,谓之五花判事。中书侍郎、中书令省审之,给事中、黄门侍郎驳正之。上始申明旧制,由是鲜有败事。"①在这里,尚书仆射的主要职责之一确定为"广求贤人",主要是典选出可以"独当一面"的中书、门下负责人,而不是那些"但行文书"的庸才,这才是唐太宗希望房玄龄所率领的尚书省真正应该做到的。其次,确定尚书省为执行机构,要求他们能"开物成务",即有创造性地完成上司交给的任务,这样就形成了以后宋人胡致堂所总结的三省职能区分,"中书出令,门下审驳,分为两省,而尚书受成,颁之有司"。因此,上引材料中所云"申明旧制",实是指唐太宗要求房玄龄等人主持机构变革,重新明确三省职能划分。在这个过程中,尚书省原有的决策权力被转移给门下省。现有研究表明,"唐立国之初,尚书省位在中书、门下两省之上,尚书令、仆射乃群相之首,地位尤其重要。这样的局面维持至贞观年间始发生变化。太宗一方面有意削减尚书左、右仆射的权力,另一方面又委派他所亲信的大臣主持门下省工作,并确定门下省有审复'上行文书'和审驳'下行文书'之权,俾能上谏君主,再发挥制约中书省和尚书省的职能。于是门下省乃转变为三省的核心"②。在三省职能重新界定后,决策、监察、执行既三权分立,又相互合作,是以达到了"上始申明旧制,由是鲜有败事"的良好效果。

尚书省负责"随才授任"工作的职能部门是吏部,唐太宗认为这才是尚书省长官左、右仆射的主要工作。唐太宗曾就此工作与杜如晦展开讨论,

---

① 《资治通鉴》卷一百九十三,第6064页。
② 罗永生:《三省制新探——以隋和唐前期门下省职掌与地位为中心》,中华书局,2005年,第316页。

确定典选方针事宜。贞观三年，"太宗谓吏部尚书杜如晦曰：'比见吏部择人，惟取其言词刀笔，不悉其景行。数年之后，恶迹始彰，虽加刑戮，而百姓已受其弊。如何可获善人？'如晦对曰：'两汉取人，皆行著乡闾，州郡贡之，然后入用，故当时号为多士。今每年选集，向数千人，厚貌饰词，不可知悉，选司但配其阶品而已。铨简之理，实所未精，所以不能得才。'太宗乃将依汉时法令，本州辟召，会功臣等将行世封事，遂止"①。尽管典选方针的讨论事宜因"功臣行世封事"而止，但表明唐太宗已经注意到了人才选拔中的"德才兼备"问题，只不过杜如晦提出的解决对策是依汉时法令，未免不合时宜。官员选拔中的"德才兼备"问题，在之后的科举制时代一直没有得到很好的解决。在唐代官员的考课标准中，比较幸运的是，"德才兼备"这个原则得到了较好的体现，《唐六典》卷二《考功郎中》条云：

　　凡考课之法有四善：一曰德义有闻，二曰清慎明著，三曰公平可称，四曰恪勤匪懈。善状之外，有二十七最：一曰献替可否，拾遗补阙，为近侍之最；二曰铨衡人物，擢尽才良，为选司之最；三曰扬清激浊，褒贬必当，为考校之最；四曰礼制仪式，动合经典，为礼官之最；五曰音律克谐，不失节奏，为乐官之最；六曰决断不滞，与夺合理，为判事之最；七曰部统有方，警守无失，为宿卫之最；八曰兵士调习，戎装充备，为督领之最；九曰推鞫得情，处断平允，为法官之最；十曰雠校精审，明于刊定，为校正之最；十一曰承旨敷奏，吐纳明敏，为宣纳之最；十二曰训导有方，生徒充业，为学官之最；十三曰赏罚严明，攻战必胜，为将帅之最；十四曰礼义兴行，肃清所部，为政教之最；十五曰详录典正，词理兼举，为文史之最；十六曰访察精审，弹举必当，为纠正之最；十七曰明于勘覆，稽失无隐，为句检之最；十八曰职事修理，供承强济，为监掌之最；十九曰功课皆充，丁匠无怨，为役使之最；二十曰耕耨以时，收获剩课，为屯官之最；二十一曰谨于盖藏，明于出纳，为仓库之最；二十二曰推步盈虚，究理精密，为历官之最；二十三曰占候医卜，效验居多，为方

①　吴兢：《贞观政要》卷三，第90页。

术之最;二十四日讥察有方,行旅无壅,为关津之最;二十五日市廛不扰,奸滥不行,为市肆之最;二十六日牧养肥硕,蕃息孳多,为牧官之最;二十七日边境肃清,城隍修理,为镇防之最。一最已上有四善为上上;一最已上有三善,或无最而有四善为上中;一最已上有二善,或无最而有三善为上下;一最已上有一善,或无最而有二善为中上;一最已上,或无最而有一善为中中;职事粗理,善最弗闻为中下;爱憎任情,处断乖理为下上;背公向私,职务废阙为下中;居官谄诈,贪浊有状为下下。①

由此可知唐代的课绩标准,分为"善"、"最"两个部分。"善"属于德行范围,被归结为四个方面;"最"则根据各部门职责性质的差异,被概括为二十七类。"善"与"最"相结合,分上上、上中、上下、中上、中中、中下、下上、下中、下下共九等考定政绩。

现所知唐代最早的考课记录为武德二年(619)唐高祖"亲阅群臣考绩,以李纲、孙伏伽为上第"②。在这一时期,"唐代的课绩法尚未定型"③。贞观五年(631)的考课结果出来后,最高等级不过中上,因此贞观六年(632)正月监察御史马周就上疏说:"臣窃见流内九品已上,令有等第,而自比年入多者不过中上,未有得上下以上考者。臣谓令设九等,正考当今之官,必不施之于异代也。纵朝廷实无好人,犹应于见在之内,比校其尤善者,以为上第,岂容皇朝之士,遂无堪上下之考者。朝廷独知贬一恶人可以惩恶,不知褒一善人足以劝善。臣谓宜每年选天下政术尤最者一二人为上上,其次为上中,其次为上下。则中人以上,可以自勉。"④从马周"比年"以来没有上考一语,可以推定至少在贞观四年前唐代的考课之法就已明确为九等考绩了。

唐太宗于贞观三年年初明确房玄龄、杜如晦二人要从日常细务中摆脱

---

① 李林甫撰,陈仲夫点校:《唐六典》卷二,第42—43页。
② 王溥:《唐会要》卷八十一,第1500页。
③ 邓小南:《课绩·资格·考察——唐宋文官考核制度侧谈》,大象出版社,1997年,第26页。
④ 王溥:《唐会要》卷八十一,第1500页。

出来,要他们将主要精力集中于"随才授任"的选人工作中去,又与主持吏
部的杜如晦等人谈"德才兼备"的官员考核标准问题,因此有理由认为在这
一年的年终考核中,房玄龄、杜如晦二人会认真落实"德"与"才"的考核标
准问题,也就是说这一年须制定出"善"与"最"的标准。大概是标准初定,
所以在这一年的年终考评中,终于引出一段公案。《唐会要》卷八十一
《考》云:

> 贞观三年(十二月),尚书右仆射房玄龄、侍中王珪掌内外官考。
> 治书侍御史权万纪奏其不平。巡按勘问,王珪不伏举按,上付侯君集
> 推问。秘书监魏徵奏称"必不可推鞫。且玄龄、王珪,国家重臣,俱以
> 忠直任使。其所考者既多,或一人两人不当,终非有阿私。若即推绳
> 此事,便不可信任,何以堪当重委? 假令错谬有实,未足亏损国家;穷
> 鞫若虚,失委大臣之体。且万纪比来恒在考堂,必有乖违,足得论正。
> 当时鉴见,初无陈说,身不得考,方始纠弹。徒发在已瞋怒,非是诚心
> 为国,无益于上,有损于下。所惜伤于治体,不敢有所阿为"。遂释
> 不问。①

按照制度,考课工作由吏部尚书、考功郎中负责,按标准对照被考评人
的业绩当面进行考评,监察机关全程监督,其事例见于《大唐新语》卷七《容
恕》卢承庆条。贞观三年这一年主持吏部的尚书为杜如晦,入冬后因杜生
病,所以考评工作改由房玄龄、王珪负责,权万纪作为监察御史全程监察。
结果权万纪嫌房、王二人按标准给他评定的等级低,遂上诉。魏徵认为权万
纪的做法属于典型的"当面不说,会后乱说"的泄私愤的无理行为,应当
不予理睬。唐太宗采纳了魏徵的建议,维持了房玄龄、王珪对权万纪的考
语、等级。

贞观四年(630)三月,杜如晦不幸病卒,"房谋杜断"亦成绝响。然而历
史没有忘记他们精诚合作、共图大治的影像:"贞观中,太宗谓房玄龄、杜如

---

① 王溥:《唐会要》卷八十一,第1500页。

晦曰：'朕闻自古帝王上合天心，以致太平者，皆股肱之力。朕比开直言之路者，庶知冤屈，欲闻谏诤。所有上封事人，多告讦百官，细无可采。朕历选前王，但有君疑于臣，则下不能上达，欲求尽忠极虑，何可得哉？而无识之人，务行谗毁，交乱君臣，殊非益国。自今已后，有上书讦人小恶者，当以谗人之罪罪之。'"①贞观天子痛失础石，无限怀念与房玄龄、杜如晦无间相处的岁月，"语及如晦，必流涕，谓房玄龄曰：'公与如晦同佐朕，今独见公，不见如晦矣！'"②"太宗后因食瓜而美，怆然悼之，遂辍食之半，遣使奠于灵座。又尝赐房玄龄黄银带，顾谓玄龄曰：'昔如晦与公同心辅朕，今日所赐，唯独见公。'因泫然流涕。又曰：'朕闻黄银多为鬼神所畏。'命取黄金带遣玄龄亲送于灵所。其后太宗忽梦见如晦若平生，及晓，以告玄龄，言之歔欷，令送御馔以祭焉。明年如晦亡日，太宗复遣尚宫至第慰问其妻子，其国官府佐并不之罢。终始恩遇，未之有焉。"③

贞观元年至贞观三年，是"房谋杜断"辉煌的三年，是奠定大唐官府运行机制的三年，"玄龄明达政事，辅以文学，夙夜尽心，惟恐一物失所；用法宽平，闻人有善，若己有之，不以求备取人，不以己长格物。与杜如晦引拔士类，常如不及"④；"闻人有善，若己有之。明达吏事，饰以文学，审定法令，意在宽平。不以求备取人，不以己长格物，随能收叙，无隔卑贱。论者称为良相焉"⑤。

让我们再次回味贞观天子与房、杜二人"务在择官，改革旧弊，兴复制度"而共创的辉煌业绩："至贞观三年，关中丰熟，咸自归乡，竟无一人逃散，其得人心如此。加以从谏如流，雅好儒术，孜孜求士，务在择官，改革旧弊，兴复制度，每因一事，触类为善。初，息隐、海陵之党，同谋害太宗者数百千人，事宁，后引居左右近侍，心术豁然，不有疑阻。时论以为能断决大事，得帝王之体。深恶官吏贪浊，有枉法受财者，必无赦免。在京流外有犯赃者，

① 吴兢：《贞观政要》卷五，第 204 页。
② 《资治通鉴》卷一百九十三，第 6074 页。
③ 《旧唐书》卷六十六，第 2469 页。
④ 《资治通鉴》卷一百九十三，第 6063 页。
⑤ 《旧唐书》卷六十六，第 2461 页。

皆遣执奏,随其所犯,置以重法。由是官吏多自清谨。制驭王公、妃主之家,大姓豪猾之伍,皆畏威屏迹,无敢侵欺细人。商旅野次,无复盗贼,囹圄常空,马牛布野,外户不闭。又频致丰稔,米斗三四钱,行旅自京师至于岭表,自山东至于沧海,皆不赍粮,取给于路。入山东村落,行客经过者,必厚加供待,或发时有赠遗。此皆古昔未有也。"①

二、翊开太平

"长孙皇后性仁孝俭素,好读书,常与上从容商略古事,因而献替,裨益弘多。"②长孙皇后伴随唐太宗一同经历创业之艰、守成之难,作为唐太宗的重要臂膀之一的长孙皇后倍感忠贞智谋之士之难得。杜如晦卒后,当初与唐太宗一起创业的心腹之士唯剩房玄龄,熟谙历史的长孙皇后深知"自古忠臣无好死",为了保护房玄龄日后免遭奸人中伤,长孙皇后于临终前郑重嘱托唐太宗要保护好房玄龄:"玄龄事陛下久,小心慎密,奇谋秘计,未尝宣泄,苟无大故,愿勿弃之。"房玄龄的确可以担当得起长孙皇后的嘱托,贞观四年杜如晦病逝后,房玄龄居首辅之位而竭力辅助唐太宗,终臻"贞观之治"。一个世纪后,唐人吕温对房玄龄后期的工作给予了相当公正的评价,《全唐文》卷六百二十九吕温《凌烟阁勋臣颂·房梁公玄龄颂》曰:

> 　　梁公先觉,龙卧待君。长彗流光,扫天布新。义师雷兴,公跃其鳞。杖策千里,来谒帝阍。婉婉梁公,实懿实聪。实光实融,羽义翼忠。若鸾若鸿,大风动地。儒服从容,静运胸中。弛张折冲,左右太宗。夷屯廓蒙,定高祖功。功告武成,翊开太平。我虽忘劳,时靡有争。网罗遗贤,推毂群英。玉不韬辉,兰无沈馨。飞鸿出溟,振鹭在庭。济济多士,太宗以宁。太宗宁矣,公无事矣。阙衮有补,惟仲山甫。经营四方,方叔召虎。大邦钧轴,至则委汝。闲居台辅,搞默自处,亦莫敢予侮。高朗令终,呜呼梁公。③

---

① 吴兢:《贞观政要》卷一,第 24 页。
② 《资治通鉴》卷一百九十四,第 6120 页。
③ 董诰等编:《全唐文》,第 6344 页。

"翊开太平",既是对房玄龄位居端揆勤行敬业的真实写照,又是对房玄龄辅唐太宗达到"贞观之治"贡献的充分肯定。这份"翊开太平"的贡献主要集中于贞观四年至贞观十八年(644)期间,主要有主持制礼、贞观定律、监修国史、编修类书、审定五经等诸多业绩。

（一）主持贞观定律

唐朝初期典章制度基本上沿袭隋朝,在法令上也是如此。隋代二帝先后颁有《开皇律》、《大业律》。隋文帝颁行的《开皇律》已然集春秋以来诸法典之大成,《大业律》在《开皇律》的基础上重新修订,本当有所推进,然而"大抵《开皇律》已然删并者,《大业律》又予析增;《开皇律》已然改进者,《大业律》又予复旧。与《开皇律》相比,《大业律》不是前进,而是倒退"①。因此唐高祖时重定律令,直接废除《大业律》而采用《开皇律》为底本来编撰唐律：

> 高祖初起义师于太原,即布宽大之令。……既平京城,约法为十二条。惟制杀人、劫盗、背军、叛逆者死,余并蠲除之。及受禅,诏纳言刘文静与当朝通识之士,因开皇律令而损益之,尽削大业所用烦峻之法。又制五十三条格,务在宽简,取便于时。寻又敕尚书左仆射裴寂,尚书右仆射萧瑀及大理卿崔善为,给事中王敬业,中书舍人刘林甫、颜师古、王孝远,泾州别驾靖延,太常丞丁孝乌,隋大理丞房轴,上将府参军李桐客,太常博士徐上机等,撰定律令,大略以开皇为准。于时诸事始定,边方尚梗,救时之弊,有所未暇,惟正五十三条格,入于新律,余无所改。②

裴寂等人的律令修订工作到武德七年(624)五月完成,唐高祖下令颁行,是为《武德律》。

虽说《武德律》的修订原则是"务在宽简",但实际上《武德律》"一准开

① 刘俊文:《唐律疏议笺解》,《序论》,第10页。
② 《旧唐书》卷五十,第2133—2134页。

皇之旧",对隋律中存在的严苛法条修改并不多,修改之处仅五十三条。苛法乱政,因此《武德律》并不符合唐朝初期的统治需要,所以唐太宗武德九年(626)八月即位之后就着手修订律令,"诏长孙无忌、房玄龄等复定旧令,议绞刑之属五十,皆免死而断右趾"①。这只是救急性的补救措施,苛法问题并没有完全解决,蜀王法曹参军裴弘献就提出了"不便于时"之处四十余事,所以不久之后的贞观元年(627)三月,唐太宗又诏房玄龄与裴弘献等人对《武德律》"重加删定"②。

在贞观定律过程中,唐太宗先后提出了"宽简"、"平允"、"画一"的根本修法原则。在贞观元年(627),唐太宗就对修法提出了"宽简"、"平允"的原则,他对侍臣说:"死者不可再生,用法务在宽简。古人云,鬻棺者,欲岁之疫,非疾于人,利于棺售故耳。今法司核理一狱,必求深刻,欲成其考课。今作何法,得使平允?"③贞观十年(636),唐太宗又提出了法令条文"简约"的准则,"国家法令,惟须简约,不可一罪作数种条。格式既多,官人不能尽记,更生奸诈,若欲出罪即引轻条,若欲入罪即引重条。数变法者,实不益道理,宜令审细,毋使互文"④。贞观十一年(637),唐太宗又提出了修法"画一"的准则,他对侍臣说:"诏令格式,若不常定,则人心多惑,奸诈益生。《周易》称'涣汗其大号',言发号施令,若汗出于体,一出而不复也。《书》曰:'慎乃出令,令出惟行,弗为反。'且汉祖日不暇给,萧何起于小吏,制法之后,犹称画一。今宜详思此义,不可轻出诏令,必须审定,以为永式。"⑤

本着唐太宗提出的三大修法原则,在房玄龄的主持下,修律人员展开了为时长达十年的修法工作:

　　玄龄等遂与法司定律五百条,分为十二卷:一曰名例,二曰卫禁,

---

① 《新唐书》卷五十六,第 1409 页。
② 《新唐书》卷五十六,第 1409 页。
③ 吴兢:《贞观政要》卷八,第 238—239 页。
④ 吴兢:《贞观政要》卷八,第 251 页。
⑤ 吴兢:《贞观政要》卷八,第 251—252 页。

三曰职制,四曰户婚,五曰厩库,六曰擅兴,七曰贼盗,八曰斗讼,九曰诈伪,十曰杂律,十一曰捕亡,十二曰断狱。有笞、杖、徒、流、死,为五刑。……又有议请减赎当免之法八:一曰议亲,二曰议故,三曰议贤,四曰议能,五曰议功,六曰议贵,七曰议宾,八曰议勤。八议者,犯死罪者皆条所坐及应议之状奏请,议定奏裁。……又许以官当罪。以官当徒者,五品已上犯私罪者,一官当徒二年;九品已上,一官当徒一年。若犯公罪者,各加一年。以官当流者,三流同比徒四年,仍各解见任。除名者,比徒三年。免官者,比徒二年。免所居官者,比徒一年。[①]

房玄龄等先受诏定律令,以为:"旧法,兄弟异居,荫不相及,而谋反连坐皆死;祖孙有荫,而止应配流。据礼论情,深为未惬。今定律,祖孙与兄弟缘坐者俱配役。"从之。自是比古死刑,除其太半,天下称赖焉。玄龄等定律五百条,立刑名二十等,比隋律减大辟九十二条,减流入徒者七十一条,凡削烦去蠹,变重为轻者,不可胜纪。又定令一千五百九十余条。武德旧制,释奠于太学,以周公为先圣,孔子配飨;玄龄等建议停祭周公,以孔子为先圣,颜回配飨。又删武德以来敕格,定留七百条,至是颁行之。又定枷、杻、钳、锁、杖、笞,皆有长短广狭之制。[②]

经过房玄龄等人的反复议改、删定,终于在贞观十一年(637)完成了定律工作,唐太宗下诏颁行,是为《贞观律》。《贞观律》的重要修订之处,"在刑名之制方面,于原定流刑三等之外,增置加役流,以处由死刑减降者";"在官荫优容之制方面,改沿袭隋《开皇律》所定例减例赎法,为议请减赎法";"在缘坐之制方面,改旧律之兄弟缘坐处死、祖孙缘坐配流之法,为谋反大逆者祖孙、兄弟缘坐俱配没,恶言犯法者兄弟缘坐配流。"《贞观律》对《武德律》所作的调整和删改,改变了'一准开皇之旧'的面貌,确立了独立

---

① 《旧唐书》卷五十,第2136—2137页。
② 《资治通鉴》卷一百九十四,第6126页。

的风格和体系,在唐律编纂史上具有奠基的意义。可以说,有了《贞观律》,才有了唐律"①。《贞观律》颁布一千多年后,清朝四库馆臣审视唐律,总结性说:"论者谓唐律一准乎礼,以为出入得古今之平。"可见修订后的《贞观律》,确实体现了"宽简"、"平允"、"画一"的原则。

在贞观定律中,房玄龄的主要成果体现为《式》的撰定。"《贞观律》十二卷,又《令》二十七卷、《格》十八卷、《留司格》一卷、《式》三十三卷。中书令房玄龄、右仆射长孙无忌、蜀王府法曹参军裴弘献等奉诏撰定。凡律五百条,令一千五百四十六条,格七百条。以尚书省诸曹为目,其常务留本司者,著为《留司格》。"②

参酌古今,创造性地完成贞观定律工作,这是房玄龄在唐朝的重要贡献之一。在《贞观律》的基础上,之后形成了唐代法制律、令、格、式的构成体系,唐代的律令格式自此成为中国古代法制的核心。《贞观律》既集前代之大成,又启唐朝一代新制,对此,陈寅恪先生论述说:"至宣武正始定律,河西与江左二因子俱关重要,于是元魏之律汇集中原、河西、江左三大文化因子于一炉而治之,取精用宏,宜其经由北齐,至于隋唐,成为二千年来东亚刑律之准则也。"③"中华文化圈的基本要素为汉字、儒教、中国式律令、中国式科技、中国化佛教"④,所谓中国式律令,即以《贞观律》为基础的唐式律令系统。唐式律令,是东亚中华文化圈形成的重要构件之一,房玄龄之功不可淹没!

（二）否定功臣世袭恶制

贞观三年唐太宗与杜如晦商谈选官标准事宜,因"功臣行世封事"而止。但这件事在贞观三年以后并没有结束,贞观六年(632)唐太宗再次"令宗室勋贤作镇藩部,贻厥子孙,嗣守其政,非有大故,无或黜免"⑤。世封功臣之后必然会存在着功臣后代贤愚不一、孩童嗣职等情形,就会产生"兆庶被其殃而国家受其败"的严重后果,于是刚任监察御史的马周立即上书谏

① 刘俊文:《唐律疏议笺解》,《序论》,第15—16页。
② 《新唐书》卷五十八,第1494页。
③ 陈寅恪:《隋唐制度渊源略论稿》,第119页。
④ 冯天瑜等:《中华文化史》,上海人民出版社,1990年,第626页。
⑤ 《旧唐书》卷七十四,第2614页。

止，唐太宗遂暂时搁置此事。贞观十一年（637），唐太宗又再次下诏令封房玄龄、长孙无忌等功臣为世袭刺史，其文曰：

　　周武定业，胙茅土于子弟；汉高受命，誓带砺于功臣。岂止重亲贤之地，崇其礼秩，抑亦固磐石之基，寄以藩翰。魏、晋已降，事不师古，建侯之制，有乖名实。非所谓"作屏王室，永固无穷"者也。隋氏之季，四海沸腾，朕运属殷忧，戡翦多难。上凭明灵之佑，下赖英贤之辅，廓清宇县，嗣膺宝历，岂予一人，独能致此！时迍既共资其力，世安而专享其利，乃睠于斯，甚所不取。但今之刺史，即古之诸侯，虽立名不同，而监统一也。故申命有司，斟酌前代，宣条委共理之寄，象贤存世及之典。司空、齐国公无忌等，或材称人杰，望表国章，论道庙堂，寄深舟楫，用资文武，诚著艰难，折冲阃外，隐如帝国。或志力忠烈，实为心膂。或气干强果，是曰爪牙。策名运始，功参缔构，义贯休戚，效彰夷险，嘉庸懿绩，简于朕心，宜委以藩镇，改锡土宇。无忌可赵州刺史，改封赵国公；尚书左仆射、魏国公玄龄可宋州刺史，改封梁国公；故司空、蔡国公杜如晦可赠密州刺史，改封莱国公；特进、代国公靖可濮州刺史，改封卫国公；特进、吏部尚书、许国公士廉可申州刺史，改封申国公；兵部尚书、潞国公侯君集可陈州刺史，改封陈国公；刑部尚书、任城郡王道宗可鄂州刺史，改封江夏郡王；晋州刺史、赵郡王孝恭可观州刺史，改封河间郡王；同州刺史、吴国公尉迟敬德可宣州刺史，改封鄂国公；并州都督府长史、曹国公李勣可蕲州刺史，改封英国公；左骁卫大将军、楚国公段志玄可金州刺史，改封褒国公；左领军大将军、宿国公程知节可普州刺史，改封卢国公；太仆卿、任国公刘宏基可朗州刺史，改封夔国公；相州都督府长史、郧国公张亮可澧州刺史，改封郧国公。余官食邑并如故，即令子孙奕叶承袭。①

　　对于"功臣行世封事"，由于"非久安之道"，房玄龄持明确的反对态度，

---

① 《全唐文》卷六，第71—72页。

因此与长孙无忌联名上表反对世袭刺史,以故《房玄龄碑》文云"公固辞裂土,诏从其义"。长孙无忌、房玄龄等人《辞功臣袭封刺史表》云:

> 臣等凤奉明诏,授臣刺史,子孙继袭,事等建侯。承恩以来,进退维谷,公私迫切,益深危惧。窃以无劳而贵,自开逐祸之原;仰累明时,虚行变古之道。形影相吊,若履春冰,宗戚忧危,如寘汤火。臣无忌等诚惶诚恐,顿首顿首,死罪死罪。臣等闻质文迭变,皇王之迹有殊;今古相沿,致理之方乃革。缅惟三代,习俗靡常,爰制五等,随时作教。盖由力不能制,因而利之,礼乐节文,多非己出。逮于两汉,用矫前违,置守颁条,蠲除曩弊。为无益之文,罩及四方;建不易之理,有逾千载。今曲为臣等,复此奄荒,欲其优隆,锡之茅社,施于子孙,永贻宗嗣。斯乃大钧播物,毫发并施其生;小人逾分,后世必婴其祸。何者?违时易务,曲树私恩,谋及庶僚,义非金允。方招史册之诮,有紊圣代之纲。此其不可一也。又臣等智效罕施,器识庸陋。或情缘后戚,遂陟台阶;或顾想披荆,便蒙夜拜。直当今日,犹愧非才。重裂山河,愈彰滥赏。此其不可二也。又且孩童嗣职,义乖师俭之方,任以褰帷,宁无伤锦之弊?上干天宪,彝典既有常科,下扰生民,必致余殃于后,一挂刑网,自取诛夷。陛下深仁,务延其嗣,翻令剪绝,诚有可哀。此其不可三也。当今圣历休明,求贤分政,古称良守,寄在共理。此道之行,为日滋久,因缘臣等,或有改张。封植儿曹,失于求瘼,百姓不幸,将焉用之?此其不可四也。在兹一举,为损实多,晓夕深思,忧贯心髓。所以披丹上诉,指事明心,不敢浮辞,同于矫饰。伏愿天泽,谅其愚款,特停涣汗之旨,赐其性命之恩。①

唐太宗接到奏表,谓曰:"割地以封功臣,古今通义,意欲公之后嗣,翼朕子孙,长为藩翰,传之永久。而公等薄山河之誓,发言怨望,朕亦安可强公以土宇耶?"

---

① 《全唐文》卷一百三十六,第1371—1372页。《旧唐书》卷六十五,第2450—2451页。

众所周知，功臣世袭制度是一个制度恶瘤，它将导致朝政紊乱、纪纲不修、百姓不幸，在房玄龄、长孙无忌、于志宁等人的明确反对下，唐太宗只好作罢，持续多年的功臣世封事终于画上了句号。

（三）总监修史二十年

"览古今之事，察安危之机"，"鉴国之安危，必取于亡国！"唐太宗虽通过武力夺取了政权，然其心中隐痛唯其自知。为了减少玄武门惨案对自己名誉的影响，为了让"史官不书吾恶"，唐太宗迫切需要通过大有作为来建立他的正面形象，于是戮力"勤行"，锐志于国家的长治久安。贞观十六年（642），唐太宗与谏议大夫褚遂良的一段对话暴露了唐太宗的真实心态：

> 太宗谓谏议大夫褚遂良曰："卿知起居，比来记我行事善恶？"遂良曰："史官之设，君举必书。善既必书，过亦无隐。"太宗曰："朕今勤行三事，亦望史官不书吾恶。一则鉴前代成败事，以为元龟；二则进用善人，共成政道；三则斥弃群小，不听谗言。吾能守之，终不转也。"①

出于借鉴历史、共成政道、不书吾恶等诸项目的，唐太宗十分注重于修史工作，为唐太宗完成这件事的总负责人就是房玄龄。"贞观三年（629），太宗复敕修撰，乃令德棻与秘书郎岑文本修周史，中书舍人李百药修齐史，著作郎姚思廉修梁、陈史，秘书监魏徵修隋史，与尚书左仆射房玄龄总监诸代史。"②自贞观三年领监修诸代史重任，直到贞观二十二年（648）七月《晋书》修成，房玄龄主持修史工作长达二十年！

因为唐"受禅于隋，复承周氏历数，国家二祖功业，并在周时。如文史不存，何以贻鉴今古"，唐高祖曾于武德五年（622）十二月下诏修魏、齐、周、隋、梁、陈六代史，要求"务加详核，博采旧闻，义在不刊，书法无隐"③。但这次修史工作没有委任监修，缺乏主持大局的领衔人物，导致从事修史的萧瑀等人受诏之后"历数年，竟不能就而罢"。因此唐太宗在重启修史工作

① 吴兢：《贞观政要》卷六，第204页。
② 《旧唐书》卷七十三，第2598页。
③ 《旧唐书》卷七十三，第2598页。

后,为避免重蹈高祖覆辙,专门委任有家传史学背景的房玄龄负责主持监修工作。

关于房玄龄监修史书的职责,刘知幾总括说:

> 窃以史置监修,虽无古式,寻其名号,可得而言。夫言监者,盖总领之义耳。如创纪编年,则年有断限;草传叙事,则事有丰约。或可略而不略,或应书而不书,此失刊削之例也。属词比事,劳逸宜均;挥铅奋墨,勤惰须等。某帙某篇,付之此职;某纪某传,归之此官。此铨配之理也。斯并宜明立科条,审定区域。①

由上可知,房玄龄的这个监修工作,具体负有以下几方面责任:一、确定"刊削之例",即制定编纂原则及撰写体例;二、担负"铨配之理",即负责安排编撰人员及确定编撰任务,并检查撰写进度;三、"明立科条,审定区域",即负责裁断疑难及审正书稿。这样看来,房玄龄的监修职责类似于今日丛书主编。

为了保障修史工作的顺利进行,唐太宗同时还任命魏徵为副监修以协助房玄龄,"初,有诏遣令狐德棻、岑文本撰《周史》,孔颖达、许敬宗撰《隋史》,姚思廉撰《梁》、《陈史》,李百药撰《齐史》。徵受诏总加撰定,多所损益,务存简正"②。

为了顺利完成修史工作,唐太宗还先后成立了修五代史的临时机构和常设机构。"贞观三年,于中书置秘书内省,以修五代史。"③这是为修五代史而临时设立的编撰机构,贞观十年(636),梁、陈、齐、周、隋五代史修成奏上,临时编撰机构完成使命,秘书内省撤销。贞观三年闰十二月,"置史馆于门下省,以他官兼领,或卑位有才者亦以直馆称,以宰相涖修撰"④,这是常设的修史机构。自贞观三年史馆设立,到贞观二十二年房玄龄病逝,一

---

① 《旧唐书》卷一百二,第 3170 页。
② 《旧唐书》卷七十一,第 2549—2550 页。
③ 王溥:《唐会要》卷六十三,第 1091 页。
④ 《新唐书》卷四十七,第 1214 页。

直都是由房玄龄主持史馆监修工作。房玄龄开宰相监修国史之例后,之后宰相监修国史逐渐成为唐朝定制。在房玄龄的主持下,史馆发展逐步走向制度化,主要是"史馆有系统的组织、明确的规章,把史料积累、史书编撰结合起来,逐渐制度化"①。

贞观三年以后,唐高祖、唐太宗《起居注》的编撰工作也归房玄龄主持。唐太宗还就《起居注》撰录事宜与房玄龄具体讨论过,"玄龄监修国史,上语之曰:'比见《汉书》载《子虚》、《上林赋》,浮华无用。其上书论事,词理切直者,朕从与不从,皆当载之。'"②《起居注》记录以皇帝为中心的最高统治集团的政事活动,是编写国史的最基本素材,"凡欲撰帝纪者,皆因之以成功"③。唐高祖沿袭隋制,设起居舍人二人撰写《起居注》,贞观二年(628)改为起居郎,隶门下省。"起居郎掌起居注,录天子之言动法度,以修记事之史。凡记事之制,以事系日,以日系月,以月系时,以时系年。必书其朔日甲乙,以纪历数,典礼文物,以考制度,迁拜旌赏以劝善,诛伐黜免以惩恶。季终则授之国史焉。"④

按制度规定,为保证史官能直笔记史,皇帝本人不能观览自己的《起居注》。然而《起居注》记录皇帝的言行并有善恶优劣的评论,尤其唐太宗时还记录杖下的密议,由于唐太宗"望史官不书吾恶",所以很想知道《起居注》中对自己的评论,于是在贞观九年(635)唐太宗以"亲自观览,用知得失"为名,要求查看《起居注》,被谏议大夫朱子奢谏止。其后又多次要求观览,终未实现。贞观十四年(640),唐太宗改变了方式,不直接要求看《起居注》而是以"欲看国史"为名,要求房玄龄提供文本。其事《唐会要》卷六十三记云:

> 太宗谓房玄龄曰:"国史何因不令帝王观见?"对曰:"国史善恶必书,恐有忤旨,故不得见也。"太宗曰:"朕意不同,今欲看国史,若善事

① 谢保成:《隋唐五代史学》,商务印书馆,2007 年,第 94 页。
② 《资治通鉴》卷一百九十三,第 6063—6064 页。
③ 刘知幾撰,吴琦等点校:《史通》卷十一,岳麓书社,1993 年,第 110 页。
④ 《旧唐书》卷四十三,第 1845 页。

固不须论,若有恶事,亦欲以为鉴诫。卿可撰录进来。"房玄龄遂删略国史,表上。太宗见六月四日事,语多微文,乃谓玄龄曰:"昔周公诛管、蔡,而周室安;季友鸩叔牙,而鲁国宁。朕之所以安社稷,利万人耳。史官执笔,何烦过隐,宜即改削,直书其事。"①

"房玄龄遂删略国史,表上",其事《贞观政要》卷七记云"玄龄等遂删略国史为编年体,撰高祖、太宗实录各二十卷,表上之"。自此以后,"逐渐形成一个皇帝一部《实录》的制度"②。

为了删略国史,撰写实录,房玄龄特别引荐了史学家敬播为修史学士。"时梁国公房玄龄深称播有良史之才,曰:'陈寿之流也。'玄龄以颜师古所注《汉书》,文繁难省,令播撮其机要,撰成四十卷,传于代。寻以撰实录功,迁太子司议郎。时初置此官,极为清望。中书令马周叹曰:'所恨资品妄高,不获历居此职。'参撰《晋书》,播与令狐德棻、阳仁卿、李严等四人总其类。"③到贞观十七年(643),房玄龄、敬播、许敬宗等人将撰成的《高祖实录》、《今上实录》上奏给唐太宗。唐太宗看了《实录》中所记玄武门之事,果然不满意,要求改写,并将玄武门之变定调为"安社稷、利万人"。重新修改之后,唐太宗"命收卷,仍遣编之秘阁。并赐皇太子及诸王各一部,京官三品以上,欲写者亦听"④。在这两部实录撰写中,房玄龄仍是担任监修。"初,高祖、太宗两朝实录,其敬播所修者,颇多详直,敬宗又辄以己爱憎曲事删改,论者尤之。"⑤本文责分明之意,《新唐书·艺文志》将《高祖实录》的撰写者著录为"敬播撰,房玄龄监修,许敬宗删改";《今上实录》的撰写者著录为"敬播、顾胤撰,房玄龄监修"。

由于贞观十年完成的五代史只有纪、传而没有志,贞观十七年房玄龄等上奏《实录》之时,不免又令贞观天子思及前事,遂下诏修《五代史志》。

---

① 王溥:《唐会要》,第 1103 页。
② 谢保成:《隋唐五代史学》,第 115 页。
③ 《旧唐书》卷一百八十九,第 4954 页。
④ 王溥:《唐会要》卷六十三,第 1092 页。
⑤ 《旧唐书》卷八十二,第 2764 页。

不过这次的监修不是房玄龄，而是褚遂良。

就在《实录》之事初定的同一年，一直在思考"子孙长久，社稷永安"①问题的唐太宗陷入了废立太子的苦痛之中，是以与房玄龄等人有关于"草创之主、子孙多乱"的讨论，试图寻找一条能使"子孙长久"的道路。

> 贞观十七年，太宗谓侍臣曰："自古草创之主，至于子孙多乱，何也？"司空房玄龄曰："此为幼主生长深宫，少居富贵，未尝识人间情伪，治国安危，所以为政多乱。"太宗曰："公意推过于主，朕则归咎于臣。夫功臣子弟多无才行，藉祖父资荫遂处大官，德义不修，奢纵是好。主既幼弱，臣又不才，颠而不扶，岂能无乱？隋炀帝录宇文述在藩之功，擢化及于高位，不思报效，翻行弑逆。此非臣下之过欤？朕发此言，欲公等戒勖子弟，使无愆过，即家国之庆也。"太宗又曰："化及与玄感，即隋大臣受恩深者子孙，皆反，其故何也？"岑文本对曰："君子乃能怀德荷恩，玄感、化及之徒，并小人也。古人所以贵君子而贱小人。"太宗曰："然。"②

唐太宗没能找到有效的使"子孙长久"的办法，这一年太子承乾终于在各方势力的倾轧下被废。唐太宗陷入立何人为太子的苦恼中，"若立最受宠爱的魏王泰，承乾、晋王治将来都可能被其杀掉；若立'仁弱'的晋王治，魏王泰、承乾不一定会遭杀害。晋王治被立为太子后，又恐其'懦'而'不能守社稷'。欲更立'英果类己'的吴王恪，却遭到太子治的亲娘舅长孙无忌的反对。太宗此时不可言状的苦衷，一是怕'子不肖则家亡'，二是担心'懦弱'的皇帝被大臣控制，出现'臣不忠则国乱'的恶果。这很容易使他联想到西晋'以未成之晋基，逼有余之魏祚'的往事，特别是西晋武帝末年的八王之乱'终使倾覆洪基'"③。亲历帝位内争苦痛、善于"览前王之得失，为在身之龟鉴"的唐太宗在经久思考之后，决定重修《晋书》，并亲自撰写晋武

① 《旧唐书》卷六十三，第2401页。
② 吴兢：《贞观政要》卷三，第86—87页。
③ 谢保成：《隋唐五代史学》，第72页。

帝司马懿、晋宣帝司马炎二帝纪,是以《晋书》二帝纪又题李世民"御撰"。"修《晋书》以戒皇子和大臣,修《晋书》以诉自己的苦衷,这才是太宗下诏新修和'御撰'的真实意图。"①

贞观二十年(646),唐太宗下诏重修《晋书》:"宜令修国史所更撰《晋书》,诠次旧文,裁成义类,俾夫湮落之诰,咸使发明。其所须,可依修五代史故事。若少学士,亦量事追取。"②而完整实现唐太宗重修《晋史》意图的工作就落在了房玄龄的头上,"与中书侍郎褚遂良受诏重撰《晋书》"③。

> 于是司空房玄龄、中书令褚遂良、太子左庶子许敬宗掌其事。又中书舍人来济、著作郎陆元仕、著作郎刘子翼、主客郎中卢承基、太史令李淳风、太子舍人李义府、薛元超、起居郎上官仪、主客员外郎崔行功、刑部员外郎辛邱驭、著作郎刘允之、光禄寺主簿杨仁卿、御史台主簿李延寿、校书郎张文恭,并分功撰录。又令前雅州刺史令狐德棻、太子司仪郎敬播、主客员外郎李安期、屯田员外郎李怀俨,详其条例,量加考正。以臧荣绪《晋书》为本,捃摭诸家,及晋代文集,为十纪、十志、七十列传、三十载纪。其太宗所著宣、武二帝及陆机、王羲之四论,称制旨焉。房玄龄已下,称史臣,凡起例皆播独创焉。④

可见房玄龄在接受编修诏令后,依"修五代史故事",迅速召集人手,指定褚遂良、许敬宗为具体负责人,选取"臧荣绪《晋书》"作为主要参考底本,安排令孤德棻、敬播等人制定"编撰条例",安排来济等十五人"随学术所长""分功撰录"。由于安排到位,《晋书》在不到三年的时间内就完成了,贞观二十二年(648)七月由房玄龄领衔上奏,故今日《晋书》题"房玄龄撰"。

---

① 谢保成:《隋唐五代史学》,第73页。
② 董诰等编:《全唐文》卷八,第94页。
③ 《旧唐书》卷六十六,第2463页。
④ 王溥:《唐会要》卷六十三,第1091页。

房玄龄监修完成的这部《晋书》，"参考诸家,甚为详洽"①,具有据事直书的优点,"自是言晋史者,皆弃其旧本,竞从新撰焉"②。其缺点是:"然史官多是文咏之士,好采诡谬碎事,以广异闻;又所评论,竞为绮艳,不求笃实,由是颇为学者所讥。唯李淳风深明星历,善于著述,所修《天文》、《律历》、《五行》三志,最可观采。"③而造成这个缺点的原因是房玄龄必须要贯彻落实唐太宗的真实意图。唐太宗的意图是宣扬"君权神授"、"忠臣殉国":

> 太宗问侍臣曰:"帝王之兴,必有天命,非幸而得之也。"房玄龄对曰:"王者必有天命。"太宗曰:"此言是也。朕观古之帝王,有天命者,其势如神,不行而至;其无天命,终至灭亡。昔周文王、汉高祖,启洪祚,初受命,则赤雀来;始发迹则五星聚。此并上天垂示,征验不虚。非天所命,理难妄得。朕若仕隋朝,不过三卫,亦自惰慢,不为时须。"④

唐太宗要宣传"君权神授"、"忠孝节义"、"忠臣殉国"的目的,是要避免"主上为群小所逼"的现象发生,进而保证李氏大唐"子孙长久,社稷永安"! 既然如此,《晋书》中"好采诡谬碎事,以广异闻"之类因果报应充塞神意史学观的记述就不可避免,"鼓吹孝道、忠君,同命定论、因果报应紧紧联系在一道,成为《晋书》思想内容的基调"⑤。不仅唐太宗关于"王者,必有天命"之类的荒诞要求被房玄龄忠实落实了,当然早先唐太宗关于"天下一家"、"其有上书论事,词理切直,可裨于政理者,朕从与不从,皆须备载"等一系列合理正当的要求更被房玄龄忠实地落实了。《晋书》"继承了《东观汉记》所用的'载记'体例,创造性地以其记十六国君臣事迹、国之兴废,并着眼于僭伪,不再渲染华夷。这跟南北朝史家撰史互以对方之史为'传'

---

① 《旧唐书》卷六十六,第 2463 页。
② 刘知幾撰,吴琦等点校:《史通》卷十二,第 119 页。
③ 《旧唐书》卷六十六,第 2463 页。
④ 王方庆:《魏郑公谏录》卷四,《丛书集成初编》本第 0899 册,中华书局,1985 年,第 45 页。
⑤ 谢保成:《隋唐五代史学》,第 74 页。

且以'索虏'、'岛夷'相称,不仅有表述上的差别,更有认识上的发展：它同'五代史'在处理南北关系上是一致的,反映了隋唐统一后'天下一家'的思想"①。而被房玄龄落实记载于《晋书》中的"可裨于政理"的大臣言论更是比比皆是,如卷三十五《裴頠传》载《崇有论》、卷四十一《刘寔传》载《崇让论》等。② 总之,房玄龄在修《晋书》过程中对唐太宗诸方面要求的落实,一方面使《晋书》存在着思想基调消极的问题,另一方面在编撰体制方面又表现出良好的完善性。"《晋书》思想内容方面的消极成分,同其体制方面的成就结合一起,开出一条'不求笃实'而'注重义例'的修史之路,这正是贞观年间形势发生变化的必然结果。"③

《晋书》思想上的"天命论"缺陷,是房玄龄本身的悲哀。因为房氏家传文化本身并不信奉"天命论",早在北魏孝文帝时房景先著《五经疑问》就已详解了"天命论"。早在北魏时期房氏家学的历史观就已从"天命神本"回到了"德治人本"。王朝更代,自春秋以后就以"五德终始"说来解释,但"五德终始"说极易将人的思想导入"天命"所定的泥潭,而在房景先看来,五德终始虽是天道使然,然"天道"即"人道",所以"人道承天,天理应实",因此要高度重视社会的"人道",其实是"人道"真正决定了朝代的更替,"相生之义,有允不违",只有重视社会的德治人道,以人为本,才能避免王朝的颠覆。房景先的释疑,使"五德终始"说重归西周以来"敬德保民"的"德治"思想轨道,以"理性"、"理数"来思考人世间的变化,避免了重陷人世命运"天命"所定的思想泥潭。显然,唐太宗对《晋史》的修撰要求,与房氏家传史学的人本精神直接相背,然而房玄龄还是无奈地在《晋书》中落实了唐太宗的"天命论"要求,这不能不说是房玄龄的悲哀！

房玄龄主持监修国史长达二十年,完成了官修"唐八史"中的六史,可见其二十二年的相职生涯中,有相当的精力倾注于修史之中！修史铸镜,后世多项修史制度从房玄龄始发其端,斯其房玄龄之功也！

① 瞿林东：《中国史学史纲》,北京出版社,2005年,第302页。
② 参见谢保成：《隋唐五代史学》,第79页。
③ 谢保成：《隋唐五代史学》,第80页。

（四）主持制礼、编修类书、审定五经

玄武门之变后，唐太宗通过广开言路、大赦天下、禁绝贡献等一系列措施，尤其是通过魏徵安抚河北，到武德九年（626）底，政治局势已经稳定下来，至此，"草创之难，既已往矣"，接下来唐太宗面临的首要问题是开创守成新局面的问题，"守成之难者，当思与公等慎之"①。贞观元年（627）正月二十四日，关于守成问题的对话已在不经意间展开。

> 丁亥，上宴群臣，奏《秦王破陈乐》。上曰："朕昔受委专征，民间遂有此曲，虽非文德之雍容，然功业由兹而成，不敢忘本。"封德彝曰："陛下以神武平海内，岂文德之足比！"上曰："戡乱以武，守成以文，文武之用，各随其时。卿谓文不及武，斯言过矣。"德彝顿首谢。②

在不经意的对话中所反映的唐太宗的立场问题却是相当鲜明的，那就是"守成以文"。随后唐太宗推出了一系列"偃武修文"的措施：制礼、定律、兴学、定经。自然，落实这些"修文"措施的任务又非房玄龄莫属。

"若夫安上治民，莫善于礼。"③礼，是中国古代社会的典章制度和道德规范。作为典章制度，它是社会政治制度的体现，是维护上层建筑以及与之相适应的人与人交往中的礼节仪式。作为道德规范，它既是对国家领导者和贵族等一切行为的标准和要求，也是对平民百姓施以教化的方向。礼之施行，可以易俗，唐太宗既要以文治兴邦，自然不会忽视"礼"的易俗作用，"宜令州县教导，齐之以礼典"④。于是唐太宗下诏令房玄龄、魏徵二人主持制礼事宜，"太宗皇帝践祚之初，悉兴文教，乃诏中书令房玄龄、秘书监魏徵等礼官学士，修改旧礼"⑤。

如何制礼？在任命房玄龄、魏徵主持制礼后，唐太宗又专门就制"礼"

---

① 吴兢：《贞观政要》卷一，第3页。
② 《资治通鉴》卷一百九十二，第6030页。
③ （宋）宋敏求编，洪丕谟等点校：《唐大诏令集》，学林出版社，1992年，第490页。
④ 吴兢：《贞观政要》卷七，第225页。
⑤ 《旧唐书》卷二十一，第816—817页。

的方向性问题与房、魏二位展开了讨论：

　　上曰："设法施化，贵在经久，秦汉已下，不足袭也，三代损益，何者为当？卿等悉心以对，不患不行。"是时群公无敢对者。徵在下坐，为房、杜所目，因越席而对曰："夏殷之礼，既不可详，忠敬之化，空闻其说。孔子曰：'周监于二代，郁郁乎文哉，吾从周。'《周礼》公旦所裁，《诗》、《书》仲尼所述，虽纲纪颓缺，而节制具焉，荀、孟陈之于前，董、贾伸之于后，遗谈余义，可举而行。若陛下重张皇坟，更造帝典，则非驽劣所能议及也。若择前代宪章，发明王道，则臣请以周典，唯所施行。"上大悦。
　　翌日，又召杜、房及徵俱入。上曰："朕昨夜读《周礼》，真圣作也。首篇云：'惟王建国，辨方正位，体国经野，设官分职，以为人极。'诚哉深乎！"良久，谓徵曰："朕思之，不井田，不封建，不肉刑，而欲行周公之道，不可得也。《大易》之义，随时顺人。周任有言：'陈力就列。'若能一一行之，诚朕所愿，如或不及，强希大道，画虎不成，为将来所笑。公等可尽虑之。"因诏宿中书省，会议数日，卒不能定。而徵寻请退。上虽不复扬言，而闲宴之次，谓徵曰："礼坏乐崩，朕甚悯之。昔汉章帝眷眷于张纯，今朕急急于卿等，有志不就，古人攸悲。"徵跪奏曰："非陛下不能行，盖臣等无素业尔，何愧如之。然汉文以清静富邦家，孝宣以章程练名实。光武责成委吏，功臣获全。肃宗重学尊师，儒风大举。陛下明德独茂，兼而有焉，虽未冠三代，亦千载一时。惟陛下虽休勿休，则礼乐度数，徐思其宜，教化之行，何虑晚也？"上曰："时难得而易失，朕所以遑遑也。卿退，无有后言。"徵与房、杜等并惭栗，再拜而出。①

　　在上述制礼的方向性意见讨论中，君臣双方并未能达成一致意见，以至于房、杜、魏三人惭栗而出。只是在唐太宗的强力推动下，还是确立了以

---

① 董诰等编：《全唐文》卷一百六十一，第 1647 页。

《周礼》为蓝本来制礼,是以之后张九龄称"唐遵汉法,太宗之制也"①。

"国家远酌《周官》,近看隋制,无文咸秩,事举其中"②,房玄龄等人在实际的制礼过程中,终于还是落实了唐太宗的意见,以《周礼》为基础,参酌汉代以来诸项制度变化,制成了《贞观礼》:"中书令房玄龄、秘书监魏徵,与礼官、学士等因隋之礼,增以天子上陵、朝庙、养老、大射、讲武、读时令、纳皇后、皇太子入学、太常行陵、合朔、陈兵太社等"③,"皆周、隋所阙,凡增多二十九条。余并准依古礼,旁求异代,择其善者而从之",于是"定著《吉礼》六十一篇,《宾礼》四篇,《军礼》二十篇,《嘉礼》四十二篇,《凶礼》六篇,《国恤》五篇,总一百三十八篇,分为一百卷"④。《贞观礼》于贞观七年(633)"始令颁示"⑤。新礼规颁行之后,行用过程中又续有修改,修改之后的《贞观礼》被定名为《大唐新礼》,《新唐书·艺文志》著录为《大唐仪礼》,一百卷。《大唐新礼》于贞观十一年(637)春正月奏上,撰写人员有长孙无忌、房玄龄、魏徵、李百药、颜师古、令狐德棻、孔颖达、于志宁等。

在《贞观礼》的编撰过程中,虽然房玄龄善于推功于人,通过散驳的史料,我们还是能够看到房玄龄在其中所起的关键性作用。"初,玄龄与礼官建议,以为《月令》蜡法,唯祭天宗,谓日月已下。近代蜡,五天帝、五人帝、五地祇,皆非古典,今并除之。神州者,国之所托,余八州则义不相及。近代通祭九州,今唯祭皇地祇及神州,以正祀典。又皇太子入学,及太常行山陵、天子大射、合朔、陈五兵于太社、农隙讲武、纳皇后行六礼、四孟月读时令,天子上陵、朝庙,养老于辟雍之礼,皆周、隋所阙,凡增二十九条,余并依古礼。七年(633)正月二十四日献之。诏行用焉。"⑥"至十一年(637),群臣复劝封山,始议其礼。于是国子博士刘伯庄、睦州刺史徐令言等,各上封祀之事,互设疑议,所见不同。多言新礼中封禅仪注,简略未周。太宗敕秘书少监颜思古、谏议大夫朱子奢等,与四方名儒博物之士参议得失。议者

① 《新唐书》卷一百二十六,第4428页。
② 刘肃:《大唐新语》卷十三,中华书局,1984年,第196页。
③ 《新唐书》卷十一,第308页。
④ 《旧唐书》卷二十一,第817页。
⑤ 杜佑著,王文锦等点校:《通典》卷四十一,第1121页。
⑥ 王溥:《唐会要》卷三十七,第669页。

数十家,递相驳难,纷纭久不决。于是左仆射房玄龄、特进魏徵、中书令杨师道,博采众议堪行用而与旧礼不同者奏之。"①"上乃以世南疏授有司,令详处其宜。房玄龄等议,以为:'汉长陵高九丈,原陵高六丈,今九丈则太崇,三仞则太卑,请依原陵之制。'从之。"②"群臣复请封禅,上使秘书监颜师古等议其礼,房玄龄裁定之。"③

自《贞观礼》颁行后,就成为此后大唐各种政治活动的行为规范。"高宗初,议者以《贞观礼》节文未尽,又诏太尉长孙无忌,中书令杜正伦、李义府,中书侍郎李友益,黄门侍郎刘祥道、许圉师,太子宾客许敬宗,太常少卿韦琨,太学博士史道玄,符玺郎孔志约,太常博士萧楚才、孙自觉、贺纪等重加缉定,勒成一百三十卷。至显庆三年(658)奏上之,增损旧礼,并与令式参会改定,高宗自为之序。时许敬宗、李义府用事,其所损益,多涉希旨,行用已后,学者纷议,以为不及贞观。"④高宗朝由长孙无忌主持编撰的仪礼称"显庆礼"。"上元三年(676),诏复用《贞观礼》。由是终高宗世,《贞观》、《显庆》二礼兼行。"⑤直到开元二十年(732)唐玄宗颁行王仲丘所撰《大唐开元礼》,《贞观礼》才逐渐退出历史舞台。"时典章差驳,仲丘欲合《贞观》、《显庆》二礼,据'有其举之,莫可废之'之谊"⑥,则王仲丘所撰《大唐开元礼》对《贞观礼》的继承是显而易见的,"由是,唐之五礼之文始备,而后世用之,虽时小有损益,不能过也"⑦。

房玄龄主持制礼,同时又主持定律。在此过程中,他注重依礼制法,援礼入法,以法护礼,礼法相依。在唐朝,行礼即遵法,执法就行礼,共同制约着人们的行为规范,从而开创了一代礼法昌盛之世,以至于在外国商人眼中,唐朝前期的中国社会简直就是一个典型的法制社会,"往时中国在行政上的卓著成效,实在令人惊叹。其中的一个事例,就是法制,中国人打心底

---

① 《旧唐书》卷二十三,第 882 页。
② 《资治通鉴》卷一百九十四,第 6114—6115 页。
③ 《资治通鉴》卷一百九十四,第 6128 页。
④ 《旧唐书》卷二十一,第 817—818 页。
⑤ 《新唐书》卷十一,第 308—309 页。
⑥ 《新唐书》卷二百,第 5700 页。
⑦ 《新唐书》卷十一,第 309 页。

里尊重法制"①。"盖姬周而下,文物仪章,莫备于唐"②,后人对唐朝制度的高度认同,即是对当初房玄龄于制度、礼法之主持、奠基之贡献的充分肯定。房氏家学,本就精通礼法!

儒学及其经籍,"其王者之所以树风声,流显号,美教化,移风俗,何莫由乎斯道!"③"终当以文德绥海内"的唐太宗自然不会忘了"儒学及其经籍"这个弘扬文治的最佳平台。"于时海内渐平,太宗乃锐意经籍,开文学馆以待四方之士"④,早在武德四年(621)刚平王世充时就已盯上"儒学及其经籍"这个平台的唐太宗,在登上帝位之后就更加重视这个平台。他利用这个平台所做的几件大事是:修类书、定五经、兴学校、行科举。但已致主力于制礼修律的房玄龄事务缠身,精力不逮,只是推荐定经人才、审校定稿。在这个文治平台上,房玄龄只是敲了个边鼓。

修类书,唐高祖为唐太宗创出一条新路。武德四年(621),唐高祖下诏令欧阳询编撰《艺文类聚》。武德七年(624),欧阳询诏以"可以折衷古今,宪章坟典"的《艺文类聚》编成上奏,他首创"事文合编"体例,奠定了后来类书采辑资料的基本格局,成为后世类书的常规体例。站在欧阳询的立场上,他只是希望《艺文类聚》达到"俾夫览者易为功,作者资其用",但站在唐高祖的立场上,却不仅仅是如此,《艺文类聚》的编目和内容安排,"显示了古代中国人对人的社会意义与社会位置的看法,'圣、贤、忠、孝、德、让、智'的排列次第暗示了基本道德的构成和伦理等秩的先后,对各种行为的褒贬与评骘,则表达了社会集体意识与政治意识形态的权力,那种社会秩序优先于个人自由、社会价值高于个人成就、他人评价优先于自我感觉的观念,不仅在古代中国由来已久,而且在这部类书的分类里也表现得相当清楚"⑤。《艺文类聚》的文献保存功能,在今天已无可置疑,它所引用六朝以前的类书和总集,已经大都散佚,现在能够保存下来和流传的多取资于此

① 穆根来等译注:《中国印度见闻录》,中华书局,1983年,第117页。
② 刘俊文点校:《唐律疏议》,第663页。
③ 《隋书》卷三十二,第903页。
④ 《旧唐书》卷二,第28页。
⑤ 葛兆光:《中国思想史·七世纪前中国的知识、思想与信仰世界》,复旦大学出版社,1998年,第602页。

书,是书"由类目为其'间架',把当时所能够聚集的知识文本搜罗在各种类目之下,正好构成七世纪的一个庞大的知识文库"①。但问题是这个文库经由欧阳询之手已经按照唐高祖的统治意图经过了一遍水洗,唐代意识形态领域的唯皇帝意愿就此确立!

　　唐太宗要做的工作是在唐高祖的基础上按照他的政治意图对文献再次过滤水洗!因此登上帝位后,他就下诏令魏徵编撰《群书治要》、令长孙无忌编撰《文思博要》。贞观五年(631),魏徵书成上奏,共五十卷。其内容爰自六经,迄于诸子,将上始于五帝、下尽晋代的史料类编成书,供帝王及诸王阅览经史中百氏帝王所以兴衰史实,以示鉴戒。《群书治要》只是同类型史事资料编次,由魏徵主持,萧德言撰成,其间没有房玄龄的贡献。《文思博要》,现仅存唐写本第一百七十二卷数纸,从其残存内容看,与《艺文类聚》的性质相似,同属类事类书。因为《文思博要》与《艺文类聚》的相似性,它所承担的政治意图也就相同,这就面临着文献选择与放弃的问题,需要有把关的人员,这个工作自然是房玄龄来做,"十六年(642),又与士廉等同撰《文思博要》成,赐赉甚优。进拜司空,仍综朝政,依旧监修国史"②。唐太宗编撰《文思博要》的政治意图,高士廉在其《〈文思博要〉序》中已经说得相当清楚:

　　　　大矣哉,文籍之盛也!范围天地,幽赞神明。用之邦国,则百官以乂;用之乡人,则万姓以察。非松乔而对振古,瑾户牖而觇遐方。故先王以之建极,圣人以之设教,师范百代,弥纶四海。是以刊之金石,与天壤而相弊;书之竹素,与日月而俱悬者,莫尚于此。

　　　　爰自卦起龙图,文成鸟策,坟典开其绪,丘索导其流。虞夏之书,犹旭日之始旦;殷商之诰,若覆篑之为山。及曲阜佐周,摄政践祚,而又阙里自卫,将圣多能。损益礼乐,极乎天而蟠乎地;祖述尧舜,系星辰而振河海。郁郁焉鼓王风于九合,闾闾焉辟儒门于百代。既而雅道

---

① 葛兆光:《中国思想史・七世纪前中国的知识、思想与信仰世界》,第599—600页。
②《旧唐书》卷六十六,第2462页。

虽废,学者未衰。挟册如林,遂偶纵横之运;怀经成市,俄属坑焚之灾。下土怨咨,上天回眷。咸洛基命,悬赏而崇儒术;曹马御纪,疏爵而启胶庠。人拾青紫,家握铅素。求古文于孔壁,专门者重阐;收竹书于汲冢,异说者无遗。逮乎有隋失御,群凶竞逐,辟雍蔓于荆棘,延阁殚于煨烬。孟坚九流,与川渎而俱竭;宏度四部,随岳牧而分崩。淹中许下,博古洽闻之生,尽珍散矣;兰台藏室,金简玉匮之文,咸残逸矣。皇帝仰膺灵命,俯叶萌心,知周乾坤之表,道济宇宙之外。操参伐而清天步,横昆海而纽地维。櫜弓矢于灵台,执赞者万国;张礼乐于太室,受职者百神。苍旻降祥,黔黎禔福。置成均之职,刘董与马郑风驰;开崇文之馆,扬班与潘江雾集。搢绅先生聚蠹简于内,軺轩使者采遗篆于外。刊正分其朱紫,缮写埒于丘山。外史所未录,既盈太常之藏;中经所不载,盛积秘室之府。比夫轩皇宛委,穆满羽陵,炎汉之广内,有晋之秘阁。何异乎牛宫之水,争浮天于谷王;蚁垤之林,竞拂日于若木也。

帝听朝之暇,属意斯文,精义穷神,微言探赜。纤楼船于学海,获十城之珍;驻羽盖于翰林,搴三珠之宝。以为观书贵要,则十家并驰;观要贵博,则七略殊致。自非总质文而分其流,混古今而共其辙,则万物虽众,可以同类;千里虽遥,可以同声。然则魏之皇览,登巨川之滥觞;梁之遍略,标崇山之增构。岁月滋多,论次逾广。类苑耕录,齐玉轪而并驰;要略御览,扬金镳而继路。虽草创之指,义在兼包,而编录之内,犹多遗阙。并未能绝云而负苍天,杜爵罗之用;激水而纵溟海,息钓饵之心。帝乃亲萦圣情,曲留元览,垂权衡以正其失,定准绳以矫其违。顿天网于蓬莱,纲目自举;驰云车于策府,辙迹可寻。

述作之义坦然,笔削之规大备。特进、尚书右仆射申国公士廉,特进、郑国公魏徵,中书令驸马都尉、德安郡公杨师道,兼中书侍郎、江陵县子岑文本,中散大夫守尚书礼部侍郎颜相时,中散大夫守国子司业朱子奢,给事中许敬宗,朝散大夫守国子博士刘伯庄,朝散大夫行太常博士吕才,秘书丞房玄龄,朝散大夫行太学博士马嘉运,朝散大夫行起居舍人褚遂良,朝议郎守晋王友姚思廉,太子舍人司马宅相,秘书郎宋正跱,笼缃素则一字必包,举残缺则片言靡弃,繁而有检,简而不失。同兹万顷,塍圹自分,譬彼百川,派流无壅。讨论历载,琢磨云毕,勒成一家,名《文思博要》,一百二十帙一千二百卷,并目录一十二卷。义出六经,事兼百氏,究帝王之则,极圣贤之训,天地之道备矣,人神之际在焉。昭昭若日月,代明于下土;离离若星辰,错行于躔次。斯固坟素之苑囿,文章之江海也。是为国者尚其道德,为家者尚其变通,纬文者尚其溥博,谅足以仰观千古,同羲文之义象,俯观百王,轶姬孔之礼乐,岂止刻石汉京,悬金秦市,比丘明之作传,侔子长之著书而已哉。①

　　"帝乃亲萦圣情,曲留元览,垂权衡以正其失,定准绳以矫其违",表明唐太宗编撰《文思博要》的目的与唐高祖编撰《艺文类聚》的目的并无二致,都是要达到"为国者尚其道德,为家者尚其变通,纬文者尚其溥博"的目标,从而建立起"圣、贤、忠、孝、德、让、智"伦理等秩。

　　《文思博要》共一千二百卷,《目》十二卷,是一个相当庞大的工程,直至贞观十五年(641)才完成。房玄龄是这部类书的直接编撰者之一,只不过高士廉的序中不知何故将房玄龄的官职错讹成"秘书丞",《唐会要》中亦错作"秘书监",然而房玄龄从未任过这一官职。查考这一年诸编撰者的官职情况,《新唐书·艺文志》著录的信息是正确的:"右仆射高士廉、左仆射房玄龄、特进魏徵、中书令杨师道、兼中书侍郎岑文本、礼部侍郎颜相时、国子司业朱子奢、博士刘伯庄、太学博士马嘉运、给事中许敬宗、司文郎中崔行功、太常博士吕才、秘书丞李淳风、起居郎褚遂良、晋王友姚思廉、太子舍人司马宅相等奉诏撰,贞观十五年上。"②《文思博要》编成后,行用颇广。在武则天朝,徐坚、张说、李峤等人以《文思博要》为底本加以增补,编撰成《三教珠英》一千三百卷。北宋初编《太平御览》,也大量引用《文思博要》的资料。房玄龄在《文思博要》编撰中所起的作用大约相当于副总纂,书成之后得到了优厚的赏赐,所以房玄龄本传特意提及此事。

---

① 《全唐文》卷一百三十四,第 1357—1358 页。
② 《新唐书》卷五十九,第 1562 页。

　　"太宗初即位,大阐文教"①,其最有影响的文教工程莫过于校雠群书与考定五经。武德九年(626)九月,唐太宗初即位,即于"弘文殿聚四部书二十余万卷,置弘文馆于殿侧,精选天下文学之士虞世南、褚亮、姚思廉、欧阳询、蔡允恭、萧德言等,以本官兼学士,令更日宿直,听朝之隙,引入内殿,讲论前言往行,商榷政事,或至夜分乃罢。又取三品已上子孙充弘文馆学生"②。贞观三年(629),唐太宗授魏徵为秘书监,命"魏徵写四部群书",魏徵于是奏请搜购天下逸书,"贞观中,魏徵、虞世南、颜师古继为秘书监,请购天下书,选五品以上子孙工书者为书手,缮写藏于内库,以宫人掌之"③。魏徵以丧乱之后,"典章纷杂,奏引学者校定四部书。数年之间,秘府图籍,粲然毕备"④。

　　贞观四年(630),唐太宗下诏考定《五经》。"太宗以经籍去圣久远,文字讹谬,诏前中书侍郎颜师古于秘书省考定《五经》。及功毕,复诏尚书左仆射房玄龄集诸儒重加详议。时诸儒传习师说,舛谬已久,皆共非之,异端蜂起。而师古辄引晋、宋已来古本,随方晓答,援据详明,皆出其意表,诸儒莫不叹服。太宗称善者久之,赐帛五百匹,加授通直散骑常侍,颁其所定书于天下,令学者习焉。太宗又以文学多门,章句繁杂,诏师古与国子祭酒孔颖达等诸儒,撰定《五经》疏义,凡一百八十卷,名曰《五经正义》,付国学施行。"⑤

　　"从平京城"的秦府旧人颜师古"少传家业,博览群书,尤精训诂"⑥,也是唐太宗的心腹之士,故唐太宗命其主持《五经》考定工作。琅琊颜氏的确学植素丰,颜师古领命后对当时流传的各种经义"多所厘正",于贞观四年考定初稿完成。房玄龄奉命对初稿进行最后的审定,于是他组织了一批学者对初稿进行了辩论正定,是为《五经定本》。但《五经定本》只是确定了经文的本文文本,缺乏相应的权威义疏释义,因此,唐太宗又命孔颖达撰《五

---

① 王溥:《唐会要》卷六十四,第1114页。
② 《资治通鉴》卷一百九十二,第6023页。
③ 《新唐书》卷五十七,第1422页。
④ 《旧唐书》卷七十一,第2548页。
⑤ 吴兢:《贞观政要》卷七,第220页。
⑥ 《旧唐书》卷七十三,第2594页。

经正义》。

《五经定本》颁行后,"学者赖之",《五经定本》及其后来的《五经正义》就成为唐朝官方教育的标准教学文献,"在一统的帝国需要有一个统一的经典与解释系统,这不仅对于知识与思想的清理有益,对于确定教育和选拔官员也有意义,因为教育尤其是早期教育,毕竟是确立每一个知识人的思想取向的基础,而选拔特别是伴随着实际利益的官员选拔,更是激励知识和思想取向的最有力的导向"①,正是因为确立标准文献的工作如此重要,所以需要房玄龄最后进行把关性的审定,以确保能完整体现唐太宗的政治意图。在整个《五经定本》与《五经正义》撰定的过程中,唐太宗与房玄龄所选取的编撰、审定人员"暗示了这样的一个事实与取向,当他们受命编纂《五经正义》时他们的身份'非惟宿德鸿儒,亦兼达政要',私人的理解已经被集体的解释所取代,个人的学术取向已经让位于官方的政治取向"②,则房玄龄奉唐太宗之命集诸儒审核《五经定本》之本意昭然在此。

考定统一的《五经定本》,本是唐太宗为大兴学校所准备的官方教材。其所以如此,乃在于"自古为政,莫不以学为先。学则仁、义、礼、智、信,五者俱备,故能为利深博"③,因此唐太宗即位后就选择了崇儒的文治路线:"朕今所好者,惟在尧、舜之道,周、孔之教,以为如鸟有翼,如鱼依水,失之必死,不可暂无耳。"④但是唐太宗的崇儒路线要执行下去,必须先理顺好道教与儒学的关系,因为道教始终是李世民的坚定支持者。在李渊建唐的过程中,以王远知、李淳风等为首的道教徒给李渊制造了"唐公当受天命"的谶纬符命以获得当时舆论支持。在打天下的过程中,李世民还操纵道教徒制造了羊角山神话来笼络天下人心。前文已述王远知更是李世民夺皇帝位的坚定支持者,在与太子李建成夺权剑拔弩张时,薛颐等道教徒更是频繁出入秦王府鼓吹李世民"当有天下"。因为道士频繁出入秦府不引人注目,最后决战之机房、杜二人也是靠假扮道士才得以进入秦王府。道教对

---

① 葛兆光:《中国思想史·七世纪前中国的知识、思想与信仰世界》,第606页。
② 葛兆光:《中国思想史·七世纪前中国的知识、思想与信仰世界》,第609页。
③ 洪丕谟等点校:《唐大诏令集》,学林出版社,1992年,第491页。
④ 吴兢:《贞观政要》卷六,第195页。

李渊、李世民的大力支持,李氏父子上位后必然要崇奉道教。因为道教奉老子李耳为宗,建唐过程中道教所赋予李氏曾经的"老子度世,李氏当王"之类的谶纬符命又使李氏皇室必须远追老子为先祖,而古代宗法制度下必须尊祖的文化氛围,李唐皇室不能不尊祀所谓的先祖老子。这样李唐就出现了"崇道必尊祖,尊祖必崇道"的政治局面。① 李唐皇室要崇道,李世民要崇儒,不免两难。

"及太宗即位,益崇儒术"②,但由于存在着上述的势力交错关系,李世民必须先处理好儒、道两家的关系,房玄龄为李世民提供了这一问题的良好解决方案。贞观二年(628),"左仆射房玄龄、博士朱子奢建言:'周公、尼父俱圣人,然释奠于学,以夫子也。大业以前,皆孔丘为先圣,颜回为先师。'乃罢周公,升孔子为先圣,以颜回配"③。以孔子为先圣,房玄龄的解决方案是另立一个文庙祭祀系统以大肆崇儒,又不妨碍李氏家庙及宗教系统一仍高祖之旧崇道,这样也不与唐高祖此前所下的"老先,次孔,末后释"④诏令相冲突,圆满地解决了问题。

太宗长策,英雄白头! 制礼崇儒、编修类书、考定五经,一系列过滤后的忠君顺民思想通过学校教育系统、科举制度系统无声地蔓延灌输出去,天下英雄尽入太宗彀中! 受到钳制的思想、受到制度束缚的人,"知识分子的事业选择趋向单一化"⑤,应付考试所带来的思想教条化、简单化——随着科举制度的运转,批判精神与独立意识日渐离唐人远去,以至于人们不得不面对八世纪唐朝"盛世的平庸!"⑥"统一的国家有了统一的思想与文化,是大幸,也暗含着不幸"⑦,房玄龄对唐太宗文教政治的功业与贡献,却是整个民族未来的不幸。悲乎,其悲剧固不独属房玄龄,斯帝制之使然也!

---

① 参见赵克尧:《唐前期的佛道势力与政治斗争》,《浙江学刊》1990 年第 1 期,第 112—117 页。
② 《新唐书》卷四十四,第 1163 页。
③ 《新唐书》卷十五,第 373 页。
④ 董诰等编:《全唐文》附《唐文拾遗》卷一,第 10373 页。
⑤ 王鸿生:《中国历史中的技术与科学》,中国人民大学出版社,1997 年,第 111 页。
⑥ 参见葛兆光:《中国思想史·七世纪至十九世纪中国的知识、思想与信仰世界》第一编第一节《盛世的平庸》,复旦大学出版社,2000 年。
⑦ 葛兆光:《中国思想史·七世纪至十九世纪中国的知识、思想与信仰世界》,第 75 页。

（五）甄别氏族事件与房玄龄的"辛苦作门户"

在与唐太宗三十二年相知的生涯中，房玄龄所做的不合唐太宗心意的事情，算起来也就那么一两件，其中之首当属房玄龄与山东高门的"盛与为昏"，而山东高门却正是唐太宗要着力抑制的势力，皇亲皆"不议山东之族"①、"未尝尚山东旧族"②。在唐太宗眼里，房玄龄这不是在找不自在么！

"唐初，士大夫以乱离之后，不乐仕进"③，司马光系此事件于贞观元年（627）十二月，表明这种情形至少在贞观初期还没能完全改观。然而所谓"士大夫不乐仕进"并不是指所有士大夫，实际是特指"山东高门"。盖南北朝分立以来，各地大族势力早已演化成江南、关中、山东和代北诸系，其中代北与关中两系融冶成关陇集团，江南系在隋炀帝朝成为隋炀帝的政治基础，在唐太宗的十八学士中江南系士人已占三分之一，只有原旧齐境内的"山东高门"却一直保持着与关陇集团的相互疏离，其原因在于关陇集团对山东高门的有意压抑，"南北朝后期的旧门阀在隋朝唐初政治舞台上的荣枯兴衰，全视与武川系军事贵族的亲疏而言，具有传统的崇高社会地位的山东士族由于遭到关中统治集团的着意抑压，因而显得默默无闻"④。既然北周隋朝以来关中统治集团着意抑压，山东高门也就有意疏离而"不乐仕进"，于是"在唐初统治核心层里，几乎没有山东第一流高门的席位"⑤。前第二章已述唐太宗据以起家的基础是"关陇为主、山东豪杰为用的新联盟"，其间缺乏山东高门的身影，这是作为关陇集团核心家族成员的李世民所坚持的"关中旧意"的当然影响，"隋朝以来关中勋贵集团排挤和疑忌山东士人特别是山东高门的倾向，在唐初仍然存在。唐太宗虽然自称'唯有才行是任，岂以新旧为差'，又说'与山东崔卢李郑旧既无嫌'，实际上却不是完全如此，'言及山东关中人'往往'意有同异'"⑥。

登上帝位后的李世民未改"关中旧意"压抑山东高门之初衷，自然是要

① 《资治通鉴》卷二百，第 6318 页。
② 《新唐书》卷九十五，第 3842 页。
③ 《资治通鉴》卷一百九十二，第 6043 页。
④ 唐长孺：《魏晋南北朝隋唐史三论——中国封建社会的形成和前期的变化》，第 377—378 页。
⑤ 唐长孺：《魏晋南北朝隋唐史三论——中国封建社会的形成和前期的变化》，第 376 页。
⑥ 唐长孺：《魏晋南北朝隋唐史三论——中国封建社会的形成和前期的变化》，第 376 页。

对山东高门实施政治压制。山东高门在关陇集团的持续打击下，早已"累叶陵迟"，山东高门"不乐仕进"，唐太宗欲更事打击，于仕途上却已无着力处。然而"所谓士族者，其初并不专用其先代之高官厚禄为其唯一之表征，而实以家学及礼法等标异于其他诸姓"①。标异于其他诸姓的家学、礼法，以其"德业儒素实有过人处"，给士族带来了崇高的社会地位，这个社会地位不会因其仕途失势而完全丧失，入唐以后，"山东名门仍享有崇高的社会地位，至于他们长期以来形成的家学传统和文化素养更不会随着政治的失势而一朝丧失"②。山东高门以相与婚姻的形式来保持这种崇高的社会地位，以至于终整个唐代，时人皆以娶"山东旧族"、"娶五姓女"为荣。于是入唐后山东高门的社会地位成了唐太宗可以打击的对象，其方法是修《氏族志》以压低山东高门的社会地位，打击他们的婚娅，而不幸的房玄龄只能被迫参与其中的决策。

> 贞观六年(632)，太宗谓尚书左仆射房玄龄曰："比有山东崔、卢、李、郑四姓，虽累叶陵迟，犹恃其旧地，好自矜大，称为士大夫。每嫁女他族，必广索聘财，以多为贵，论数定约，同于市贾，甚损风俗，有紊礼经，既轻重失宜，理须改革。"乃诏吏部尚书高士廉、御史大夫韦挺、中书侍郎岑文本、礼部侍郎令狐德棻等，刊正姓氏，普责天下谱牒，兼据凭史、传，剪其浮华，定其真伪，忠贤者褒进，悖逆者贬黜，撰为《氏族志》。③

太宗要修《氏族志》，房玄龄有何感想与应对之策，史无明文，因为主持其事的人是长孙皇后的舅舅高士廉，亦属唐太宗亲信。然而唐太宗专门与房玄龄议论此事，以房玄龄对唐太宗的了解，应该已猜测到唐太宗的真实用意，显然他并没有传扬出去。高士廉家族的渤海高氏乃著名的山东高门之一，站在山东高门的立场上，不明就里的高士廉显然没能领会唐太宗命

---

① 陈寅恪：《隋唐制度渊源略论稿》，第259页。
② 唐长孺：《魏晋南北朝隋唐史三论——中国封建社会的形成和前期的变化》，第376页。
③ 吴兢：《贞观政要》卷七，第226页。

他主持修撰《氏族志》的真实意图,遂"普责天下谱牒,仍凭据史传,考其真伪,忠贤者褒进,悖逆者贬黜"①。按照这个编撰条例编成的《氏族志》,反映了当时山东高门的真实情况,山东高门之社会地位、品等都定得相当高,尤其山东博陵崔民干还列为第一等,唐太宗对此大为光火,遂明确地对高士廉说出了自己的修撰意图,敕令重修:

> 太宗曰:"我与山东崔、卢、李、郑,旧既无嫌,为其世代衰微,全无冠盖,犹自云士大夫,婚姻之间,则多邀钱币。才识凡下,而偃仰自高,贩鬻松槚,依托富贵。我不解人间何为重之? 只缘齐家惟据河北,梁、陈僻在江南,当时虽有人物,偏僻小国,不足可贵,至今犹以崔、卢、王、谢为重。我平定四海,天下一家。凡在朝士,皆功效显著,或忠孝可称,或学艺通博,所以擢用。见居三品以上,欲共衰代旧门为亲,纵多输钱帛,犹被偃仰。我今特定族姓者,欲崇重今朝冠冕,何因崔干犹为第一等? 昔汉高祖止是山东一匹夫,以其平定天下,主尊臣贵。卿等读书,见其行迹,至今以为美谈,心怀敬重。卿等不贵我官爵耶? 不须论数世以前,止取今日官爵高下作等级。"②

唐太宗明确了重修的原则是"欲崇重今朝冠冕",标准是"不须论数世以前,止取今日官爵高下作等级"。按照新的编撰原则,《氏族志》凡一百卷于贞观十二年(638)编成,唐太宗下诏颁于天下。颁行的《氏族志》以皇族为首,外戚次之,崔民干降为第三等,"由于一、二两等为皇族外戚,所以他仍然是事实上的第一等"③。

有了官定的氏族等级文本之后,唐太宗又明确告示"嫁娶之序",下诏令说:"氏族之美,实系于冠冕,婚姻之道,莫先于仁义。自有魏失御,齐氏云亡,市朝既迁,风俗陵替,燕、赵古姓,多失衣冠之绪,齐、韩旧族,或乖礼义之风。名不著于州闾,身未免于贫贱,自号高门之胄,不敦匹嫡之仪,问

---

① 《旧唐书》卷六十五,第 2443 页。
② 《旧唐书》卷六十五,第 2443—2444 页。崔干,即崔民干。
③ 唐长孺:《魏晋南北朝隋唐史三论——中国封建社会的形成和前期的变化》,第 379 页。

名唯在于窃赀，结褵必归于富室。乃有新官之辈，丰财之家，慕其祖宗，竞结婚姻，多纳货贿，有如贩鬻。或自贬家门，受屈辱于姻娅；或矜其旧望，行无礼于舅姑。积习成俗，迄今未已，既紊人伦，实亏名教。朕夙夜兢惕，忧勤政道，往代蠹害，咸已惩革，唯此弊风，未能尽变。自今已后，明加告示，使识嫁娶之序，务合礼典，称朕意焉。"①

　　房玄龄教子云："袁家累叶忠节，是吾所尚，汝宜师之。"②房玄龄家族固非山东一流高门，然数百年清流下来，维持门户的观念极强，从其教子以袁涣家族为榜样，可见其欲维持门户流传之一斑。"门户须历代人贤，名节风教，为衣冠顾瞩，始可称举"③，要保持名节风教不坠，自然需要有对等的家族与婚，何况房氏历来都是与山东高门为婚。房玄龄四子二女，除长女嫁韩王为妃、次子房遗爱娶高阳公主外，余皆山东高门，乃是房玄龄尽力维持清河门户之意。房玄龄"辛苦作得门户"，可惜天不从人意！房玄龄支系兴起固因唐太宗，衰落亦因唐太宗，若非皇室亲，焉有房氏衰！"我见房玄龄、杜如晦、高季辅辛苦作得门户，亦望垂裕后昆，并遭痴儿破家荡尽！"④李勣的感叹道尽了房玄龄的无奈。

　　然而房玄龄辛苦作门户，却是与唐太宗的意愿相违背的，"初，太宗疾山东士人自矜门地，婚姻多责资财，命修《氏族志》例降一等；王妃、主婿皆取勋臣家，不议山东之族。而魏徵、房玄龄、李勣家皆盛与为婚，常左右之，由是旧望不减"⑤。

　　违背了唐太宗意愿的房玄龄的结果如何？那就是房玄龄在这一期间多次"归第"。第一次"以谴归第"是在贞观十年（636），时修《氏族志》事已进行了四年，距唐太宗斥责高士廉事已过两年。史书未明言房玄龄因何原因被归第，但这期间房玄龄所做的唯一不合唐太宗心愿的事，也只有在唐太宗明确表示要降低山东高门地位、不与山东高门与婚的态度

① 吴兢：《贞观政要》卷七，第 227 页。
② 《旧唐书》卷六十六，第 2467 页。
③ 《旧唐书》卷一百九十，第 4986 页。
④ 《旧唐书》卷六十七，第 2489 页。
⑤ 《资治通鉴》卷二百，第 6318 页。

后，房玄龄等人却仍然与山东高门"盛与为昏"。推测其被遣原因在于此，这次"以遣归第"，因长孙皇后临终相托"勿弃之"，唐太宗"乃召房玄龄，使复其位"。房玄龄第二次"以微遣归第"发生在房玄龄"避位还家"①之前。房玄龄上表请避位是在贞观十三年（639）之后、贞观十六年（642）之前，"玄龄自以居端揆十五年，女为韩王妃，男遗爱尚高阳公主，实显贵之极，频表辞位，优诏不许"②。在贞观十三年之前的房玄龄"以微遣归第"后，赖褚遂良的上疏说情，房玄龄才被再次召回。因褚遂良表中提到了武德九年（626）房玄龄与"文德皇后同心影助，其于臣节，白无所负"③，"文德"，乃长孙皇后的谥号，显然房玄龄的这次被遣是在贞观十年长孙皇后死后的再一次被遣。既然褚遂良提到了长孙皇后，唐太宗遂"遽召出之"，复归原职。

房玄龄亦有其他小过失，但若非原则性的大问题，或许唐太宗心中有不情愿，却断不至于将其削职归第，党仁弘事件可为证明。"高祖之入关也，隋武勇郎将冯翊党仁弘将兵二千余人，归高祖于蒲阪，从平京城，寻除陕州总管，大军东讨，仁弘转饷不绝，历南宁、戎、广州都督。仁弘有材略，所至著声迹，上甚器之。然性贪，罢广州，为人所讼，赃百余万，罪当死。"④党仁宏触犯了律令，作为主管官员的房玄龄应承担一定的监察失责责任，而且房玄龄还一再上表"固谏"为之求情，结果唐太宗宽宥了党仁弘，唐太宗《宥党仁弘答房玄龄等手诏》云：

> 夫为政之大，慎枉刑狱。纵舍任心，以欺众庶，罪一也；知人不明，委用贪冒，罪二也；善善未赏，恶恶不诛，罪三也。若斯三者，岂得无过，以公固谏，且依来请。⑤

---

① 《资治通鉴》卷一百九十八，第 6243 页。
② 《旧唐书》卷六十六，第 2462 页。
③ 《旧唐书》卷六十六，第 2463 页。
④ 《资治通鉴》卷一百九十六，第 6182 页。
⑤ 董诰等编：《全唐文》卷六，第 81 页。

上述案例中,唐太宗指出了党仁弘的过失,但还是答应了房玄龄的请求,将其削职流放了事。然而房玄龄为"辛苦作门户"而产生的行为,与唐太宗的政治意图直接违背,这就是原则性的问题了,故为唐太宗所不能容忍,是以频次以"微谴归第"。然而所谓"微谴",其实不过是儿女婚姻之类无关国家大势的小事而已。

（六）房玄龄诠定义学及其与法友的往来

"综计太宗一生,并未诚心奖挹佛法,仅于晚年或稍有改变。"①唐太宗不信佛法,在给萧瑀的手诏中,他明确地表达了他对佛教的看法和态度:"至于佛教,非意所遵,虽有国之常经,固弊俗之虚术。何则？求其道者,未验福于将来;修其教者,翻受辜于既往。至若梁武穷心于释氏,简文锐意于法门,倾帑藏以给僧祇,殚人力以供塔庙。及乎三淮沸浪,五岭腾烟,假余息于熊蹯,引残魂于雀鷇。子孙覆亡而不暇,社稷俄顷而为墟,报施之征,何其缪也！"②然而"内外二教,本为一体,渐极为异,深浅不同"③,自颜之推的时代以来,随着对佛教、儒学共同本质的认识,越来越多的士大夫儒、佛兼修,到隋末时已发展到"儒流遍师孔释"④的程度。房玄龄家族一直是儒释兼修的,房玄龄本人亦是虔奉佛法。

"惟佛之为教也,劝臣以忠,劝子以孝,劝国以治,劝家以和。弘善示天堂之乐,惩非显地狱之苦。不唯一字以为褒贬,岂止五刑而作戒"⑤,佛教所建立的天国秩序及利用来世对此生的规约,起着稳定皇权政治的重大作用,所以唐太宗虽不信佛教,却要利用佛教来稳定他的统治,故唐太宗本人还是"旁及释典,亦常与义学僧相接"⑥。然而只有在重大情况下,唐太宗才会出席与佛事有关的活动,如贞观五年（631）法门寺迎佛骨事。在大多数情况下,房玄龄就成为唐太宗利用佛教的代言人,当然这也是作为居士的房玄龄所乐意去做的。

---

① 汤用彤:《汤用彤全集》(第二卷),河北人民出版社,2000年,第18页。
② 刘昫:《旧唐书》卷六十三,第2403页。
③ 颜之推撰,王利器集解:《颜氏家训集解》,第339页。
④ 释道宣:《续高僧传》,《大正藏》第50册,新文丰出版公司,1973年,第439页。
⑤ 董诰等编:《全唐文》卷一百五十七,第1608页。
⑥ 汤用彤:《汤用彤全集》(第二卷),第20页,

　　贞观元年(627),唐太宗派杜正伦检校佛法,肃清非滥,并敕有私度僧尼者处以极刑。① 唐太宗的意图就是要将佛教的规模控制在官府许可的范围内,这当然也需要对佛教意识形态的动向进行监控,替唐太宗做这些事的人自然是房玄龄。早在武德七年(624)的时候,辅公祏还在割据江表,尚未服从唐朝的统治,这些地区当时有僧众五千余人,唐军进伐江表平定辅公祏时,这些僧人"晏然安堵"②,并没有表示出对唐朝的支持,这些僧人遂被视为"入贼诸州僧尼"。到贞观三年,"天下大刮义宁(617—618 年)私度,不出者斩。闻此咸畏,得头巾者并依还俗,其不得者现今出家"③,对于之前那些"入贼诸州僧尼","左仆射房玄龄奏称:入贼诸州僧尼极广,可依关东旧格,州别一寺,置三十人,余者遣归编户"④。释法融对此"不胜枉酷,入京陈理"。释法融,俗姓韦,润州延陵人。法融十九岁的时候,就已"翰林坟典探索将尽",儒家典籍似乎没能满足他的心灵追求,喟然而叹地说:"儒道俗文,信同糠秕。般若止观,实可舟航。"⑤遂出家修习禅法。法融驻锡润州牛头山,他的禅法从山得名,称为牛头禅,乃是一有道高僧。法融到京后,向御史韦挺陈表诉情,韦挺备览表辞,觉得"文理卓明,词彩英赡",三个多月后,韦挺将法融之事临时搁置。房玄龄得知此事后,"伏其高致,固执前迷。告融云:非谓事理不无,但是曾经自奏。何劳法衣出俗,将可返道宾王。"法融只得返回本邑作罢。

　　贞观三年(629)三月,唐太宗决定重开波颇译场,下诏令所司搜扬硕德备经三教者共十九人于大兴善寺译《宝星经》,天竺僧波颇为"译主",慧乘"证义",玄谟"译语",慧赜、慧明、慧净、法琳"缀文",左仆射房玄龄、太子詹事杜正伦"参助勘定",太府卿萧璟"总知监护",由百司供送四事丰华。⑥由宰相重臣参译,太府寺供送物质,一方面表示唐太宗重视译事,另一方面却是要将译事控制在官府手里。而这个译场的规模甚小,灵佳就对"总知

---

① 释道宣:《续高僧传》卷二十四、卷二十五,第 635、666 页。
② 释道宣:《续高僧传》卷二十六,第 604 页。
③ 释道宣:《续高僧传》卷二十六,第 606 页。
④ 释道宣:《续高僧传》卷二十六,第 604 页。
⑤ 释道宣:《续高僧传》卷二十六,第 604 页。
⑥ 释道宣:《续高僧传》卷三,第 440 页。

监护"的萧璟抱怨说"昔苻、姚两代,翻经学士乃有三千,今大唐译人不过二十"。波颇译场后移往胜光寺,续译《般若灯论》、《大乘庄严经论》,贞观六年(632)朝廷下令关闭译场,次年波颇病逝。三部佛经完成后,"所司详读乃上闻奏,下敕各写十部散流海内。仍赐颇物百段。余承译僧有差束帛。又敕太子庶子李百药制序"。审定译经,诠定义学,这正是房玄龄所做的事情。李百药《大乘庄严经论序》肯定了房玄龄的作用:"粤以贞观四年,恭承明诏,又敕尚书左仆射邢国公房玄龄、散骑常侍行太子左庶子杜正伦诠定义学,法师慧乘、慧朗、法常、智解、昙藏、智首、道岳、惠明、僧辨、僧珍、法琳、灵佳、慧赜、慧净、玄谟、僧伽等,于胜光寺共成胜业。"①慧赜《般若灯论序》也提到房玄龄在波颇译场的贡献:"尚书左仆射邠国公房玄龄,太子詹事杜正伦,礼部尚书、赵郡王李孝恭等,并是翊圣贤臣,佐时匡济,尽忠贞而事主,外形骸以求法。"②

玄奘译场从唐太宗贞观十九年(645)四月开始组织,五月首译《大菩萨藏经》,到唐高宗麟德元年(664)正月翻译完《咒五首经》为止,共计十八年七个月,而这个唐朝维持时间最长的译场在创立之初几乎都是房玄龄在一手操办。

贞观十九年(645),玄奘西行求法归来,"法师却次于阗,因高昌商胡入朝附表奏自西域还,太宗特降天使迎劳。仍制于阗等道送法师,令敦煌迎于流沙,鄯鄯迎于沮沫。时帝在洛阳,敕西京留守梁国公玄龄备有司迎待"③。房玄龄接待完成,玄奘安顿好经卷之后转去洛阳见唐太宗,太宗立即"别敕引入深宫之内殿,面奉天颜,谈叙真俗,无爽帝旨。从卯到酉(早上五时到晚七时),不觉时延,迄于闭鼓"④。玄奘在会见时,向唐太宗请求搜擢贤明,组织译场译经,唐太宗"不违其请,乃敕京师留守梁国公房玄龄,专知监护,资备所须,一从天府"。在洛阳时,唐太宗指定了弘福寺为玄奘译场,认为"其处虽小,禅院虚静,可为翻译",并指示玄奘"所须人、物、吏力,

---

① 董诰等编:《全唐文》卷一百四十二,第1443页。
② 董诰等编:《全唐文》卷九百四,第9432—9433页。
③ 周绍良主编:《唐代墓志汇编》,第2185—2186页。
④ 释道宣:《续高僧传》卷四,第454页。

并与房玄龄商量,务令优给"。这样玄奘从洛阳回到长安后,延请知名高僧如道宣、神泰、玄应等十二人为证义,又征集玄赜等人为"缀文"以襄助译事,写文状告知房玄龄。房玄龄立即奏报太宗,诏复"依所须供给,务使周备"。在房玄龄的协调下,玄奘在弘福寺建立了规模宏大的译场,开始了他在中国佛教史上具有重大影响的译经事业。译场开译后,"仍敕右仆射房玄龄、太子左庶子许敬宗,广召硕学沙门五十余人,相助整比"[1]。房玄龄所召沙门均是中国高僧,"这在中古译场中,是前所未有的。这一事实,显示着玄奘在唐代翻译界的崇高地位,也反映唐代释门翻译队伍壮大,本土翻译家已成为译业的主体"[2]。

房玄龄代表唐太宗所做的另一件佛教盛事,是为智首大师行国葬。智首,俗姓皇甫,"家世丘园,素居物表",曾为洪遵所定的《四分律》详作义疏,是隋朝著名的律学大师,法誉隆盛。隋文帝仁寿(601—604 年)以后三十余年间,其律学独步京师,无有抗衡者。贞观元年(627)波颇译场所搜扬的硕学沙门十九位中,智首即在其中。在翻译过程中,"其有义涉律宗,皆咨而取正"[3]。贞观八年(634),唐太宗为太穆皇后在长安造弘福寺,以智首大师道素严正,不滥邀延,"召为弘福上座,即总纲任,采擢僧伦"。贞观九年,智首大师病逝,唐太宗敕令为他举行葬礼,"令百司供给,丧事所须,务令周备。自隋至唐,僧无国葬,创开模楷,时共重之。仆射房玄龄、詹事杜正伦,并诸公卿,并亲尽哀诉,崇戒范也"[4]。

房玄龄既为居士,又为国家兼理佛事,自然结交了许多法友。与其最要好的法友应当属他的儿时好友、驻锡于兖州法集寺的释法冲,其次当属驻锡京师纪国寺的释慧净。

释法冲,俗姓李,字孝敦。原籍陇西成纪人,因父、祖在北魏、北齐做官而定居于山东,出生于兖部。[5] 李孝敦从小受到良好的家学教育,傲岸时

---

① 《旧唐书》卷一百九十一,第 5108—5109 页。
② 李斌城主编:《唐代文化》,中国社会科学出版社,2002 年,第 1023 页。
③ 释道宣:《续高僧传》卷二十二,第 614 页。
④ 释道宣:《续高僧传》卷二十二,第 615 页。
⑤ 释道宣:《续高僧传》卷二十五,第 666 页。

俗,"弱冠与仆射房玄龄善",两人相互约定:"如果将来不能做五品以上的官,那就退出仕途。"五品通贵,可以封妻荫子,是魏晋以来为官的一道界限,所以二人相约立志。法冲在丁母忧期间因读《涅槃经》而生出家之意。"贞观初年,下敕有私度者处以极刑",当时有许多僧人逃到峄阳山避难,"资给告穷",法冲以身家性命向州官担保:如有死事愿一力承担责任。州官感叹其"烈亮",于是供给逃难僧人粮米。法冲出家后,专研《楞伽经》,到处寻访名师交流。禅宗二祖慧可的后裔修习《楞伽经》甚精,法冲便跟随他们一起学习,慧可的亲传弟子又为其讲解,前后共三十余遍。慧冲一生弘讲此经二百遍,确已完全理解此经,应众多学者之请,撰《楞伽经疏》五卷,广为流传。房玄龄位居台辅后,想念旧情,以书信邀召法冲,法冲得信,于信纸背面题偈一首婉拒玄龄:"我与三界无所须,卿至三槐位亦极。"房玄龄又再次写书信相邀,但法冲潜心佛法,终未应房玄龄之请,四处云游,"翻翔都邑,即宏大法,晟动英髦"。当时玄奘法师不许宣讲旧译佛经,法冲以"君依旧经出家,若不许弘旧经者,君可还俗,更依新翻经出家,方许君此意"应对,玄奘只好作罢。法冲一生"游道为务",仆射于志宁因此称赞其为"法界头陀僧"。

释惠净,俗姓房氏,常山真定人,"家世儒宗,乡邦称美",是隋朝国子博士房徽远的侄子。房徽远,《隋书》卷七十五作"房晖远"。房晖远,字崇儒,"世传儒学,至三《礼》、《春秋》三传、《诗》、《书》、《周易》,恒以教授为务"。慧净受家族文化熏陶,"年在弱岁,早习丘坟,便晓文颂,荣冠闾里"①。慧净十四岁出家礼佛,和合儒、释,博学能文,著《俱舍论疏》等经论著作百余卷,又纂《师英华》十卷。慧净儒释兼通,得以选为波颇译场"笔受",他所主笔翻译的《大庄严论》,对梵文经义的领会精当,中译文表述词旨深妙。译本完成后,他又作文疏三十卷,阐发经义,令波颇三藏法师赞叹不已,当着仆射房玄龄、鸿胪唐俭、庶子杜正伦、于志宁等人的面,抚摸着慧净的背称赞说:"此乃东方菩萨也。自非精爽天拔,何以致斯言之极哉!""若非精爽天拔之人,怎能写出这么好的译文呢!"波颇对惠净的高度赞扬,也是对房玄

---

① 释道宣:《续高僧传》卷三,第441—442页。

龄挑选诠定义学人才之功的一份肯定。唐初王公大臣竞习佛意,慧净多次为之讲论。贞观十年(636),慧净于纪国寺开讲《大庄严论》,"王公宰辅、才辩有声者,莫不毕集"。由于慧净讲论擅长"援儒解佛",深受儒士大臣欢迎,"于时大法广弘充溢天壤,颇亦净之功也"。房玄龄是慧净虔诚的崇奉者之一,"梁国公房玄龄求为法友,义结俗兄,晨夕参谒,躬尽谦敬。四事供给,备展翘诚"。因以同姓,"左仆射房玄龄,引为家僧"①。贞观十九年(645),房玄龄奉诏组建玄奘译场,力邀慧净再次参加,这时慧净已属高龄,且身体有病,以此为由而谢绝了房玄龄的邀请。

　　隋东都上林园翻经馆沙门释彦琮,俗缘李氏,是赵郡李氏的子弟,"世号衣冠,门称甲族"②。依靠家学基础,彦琮出家后,佛、道、儒三教俱通,又精通梵文,所以"久参传译",他一生共译经22部,约达万卷。他每译一经,必制一序,述事于经首。彦琮总结出前人译经有"五失本三不易"的弊端,致使"音字诂训,罕得相符","乃著《辩正论》,以垂翻译之式"。最为难得的是,他总结出译经例则"十条八备",对后世的译经起着重要的参考指导作用。彦琮的门人行矩,原本是彦琮兄长的儿子。行矩从小跟随彦琮学习,"咨训叶经,东西两馆并参翻译"。行矩也是家学训渊,长于文学,精通儒学,"夙为左仆射房玄龄所知,深见礼厚"③。因为行矩长期随彦琮从事译经工作,房玄龄在组建波颇译场时就邀请行矩参加,"贞观初,奏敕追入,既达京师,将事翻传,遂疾而终"。

　　唐京师弘福寺释灵润,俗姓梁,河东虞乡人也。"家世衣冠,乡间望族。而风格弘毅,统拟大方;少践清猷,长承余烈;故能正行伦据,不肃而成。"灵润兄弟十人,在乡间中皆有"秀美时誉",有三人出家修行。而灵润"昼夜策勤,弘道为任",法誉隆盛。贞观八年(634)敕造弘福寺后,入住弘福寺。贞观十九年房玄龄组建玄奘译场,灵润"复被征召,即现翻译,证义须明,众所详准,又当斯任。至于词理有碍,格言正之,同伦纠位,斯人最上。京邑释门,寔惟僧杰"。仆射房玄龄遇灵润,于灵润"自度度人,俱利之道;举人出

---

① 《大唐内典录》卷五,《大正藏》第55册,第281页。
② 释道宣:《续高僧传》卷二,第436页。
③ 释道宣:《续高僧传》卷二,第439页。

家,依道利物"之语大为叹服,称赞灵润说:"大德树言,词理俱至。名实之副,诚所望也。"①

　　唐密州茂胜寺释明净,密州人。从小出家,以"昧定"为业,勤修佛法,洁志忠恪,谨厚澄肃。曾经在海畔蒙山宴坐修法,长达数十载,传誉甚广。贞观二年(628)冬到贞观三年夏,长达六个月迥然无雨,天下大旱。贞观天子下诏令"释、李两门,岳渎诸庙,爰及淫祀,普令雩祭"。以明净的声誉,唐太宗令明净入京住寺祈雨。祈雨成功,然"新雨初晴,农作并务。苗虽出陇,更无雨嗣,萎仆将死"。计无所出,房玄龄只好亲自到明净所居之处,请求再次祈雨,"左仆射房玄龄躬造净所,请重祈雨"②。房玄龄等人祈雨之事,在古为习见之俗,于今自然是无稽之谈了。

　　唐京师律藏寺释通达,雍州人。三十岁时方才出家,栖止无定。初出家的时候,"遍访明师,委问道方",晚年住锡于京师律藏寺。他"常于讲席评叙玄奥",却又"情量虚荡",行为随意,不顾世人眼光。"左仆射房玄龄闻而异焉",将他迎到家中,以对待父亲的礼仪接待他。而通达仍如往常一样,以"心中有佛"体道为功,而"性不拘检,或单裙露腹,或放达余言"。房玄龄认为这是他独特的"风表",并"不以形言致隔,其见贵如此也"③。

　　(七) 房玄龄荐用人才的"随能收叙"原则

　　贞观二年(628),太宗向侍臣们明确了他用人的标准:"为政之要,惟在得人,用非其才,必难致治。今所任用,必须以德行、学识为本。"④贞观三年,房玄龄到仆射任上,唐太宗对房玄龄的要求是"广求贤人,随才授任"。对于"广求贤人",房玄龄本人所坚持的原则是"不以求备取人,不以己长格物,随能收叙"⑤。

　　房玄龄"随能收叙"人才最典型的例子,当是贞观十三年(639)自领度支事。度支,"掌判天下租赋多少之数,物产丰约之宜,水陆道途之利。每

①　释道宣:《续高僧传》卷十五,第546页。
②　释道宣:《续高僧传》卷二十,第594页。
③　释道宣:《续高僧传》卷二十五,第653页。
④　吴兢:《贞观政要》卷七,第219页。
⑤　《旧唐书》卷六十六,第2461页。

岁计其所出而度其所用,转运征敛送纳,皆准程而节其迟速。凡和籴和市,皆量其贵贱,均天下之货,以利于人。凡金银宝货绫罗之属,皆折庸调以造。凡天下舟车水陆载运,皆具为脚直,轻重贵贱、平易险涩而为之制。凡天下边军,有支度使,以计军资粮仗之用。每岁所费,皆申度支会计,以长行旨为准"①。可见度支之职,负责国家的赋税收支、市场平抑、交通运输等事宜,真正是系"国计民生"于一身,地位重要,责任重大。作为宰相,房玄龄必须挑选出最合适的人来担任度支。贞观十三年,度支职位一度出缺,而房玄龄一时又找不到合适的人选接任,他宁肯出缺,也不愿意滥任非人,只好暂时自己兼任,"玄龄以度支系天下利害,尝有阙,求其人未得,乃自领之"②。对此,胡三省评论说:"国之大计所关也。玄龄审官求贤,未得其人,故自领之。唐中世以后,宰相多判度支,盖昉于此。"房玄龄"随能收叙"的另一个例子是李纬任尚书事。贞观二十一年(647),"太宗幸翠微宫,授司农卿李纬为民部尚书。玄龄时在京城留守,会有自京师来者,太宗问曰:'玄龄闻李纬拜尚书如何?'对曰:'玄龄但云李纬好髭须,更无他语。'太宗遽改授纬洛州刺史,其为当时准的如此"③。李纬任民部尚书,这是唐太宗自己的意思,但房玄龄以"顾左右而言他"的方式表达了李纬的能力不足以担当民部尚书这个职位的态度,唐太宗立即改任李纬为洛州刺史,这是唐太宗对房玄龄担任相职以来"随能收叙"能力的充分肯定。

被房玄龄看重和举荐的人才,都是德才兼备的人,他们或以才闻名,或政声显著,如李大亮、司马才章、萧钧等人均无负房玄龄的推荐。

李大亮是房玄龄、唐太宗都很看重的人。李大亮,"其先本居陇西狄道,代为著姓"、"有文武才干"④。李渊起事,李大亮即自东都投归李渊,为唐朝立下的第一功是奉命安抚樊邓之地。李大亮领命先后攻取樊、邓之地十余城,樊、邓之地控扼武关、夏路两个战略要道,据其地,对中原、江淮两地进可攻、退可守,为唐朝夺取天下取得了战略上的主动地位,李大亮以此

① 《旧唐书》卷四十三,第1827页。
② 《资治通鉴》卷一百九十五,第6143—6144页。
③ 《旧唐书》卷六十六,第2464页。
④ 《旧唐书》卷六十二,第2386页。

功擢迁安州刺史。唐太宗时他先后任交州都督、凉州都督、西北道安抚大使等职，皆以忠勤称职著称。尤其贞观八年（公元634）李大亮任剑南道巡省大使，"激浊扬清，甚获当时之誉"。贞观十七年（643），晋王李治被立为太子后，李大亮以左卫大将军兼任太子右卫率、工部尚书，"身居三职，宿卫两宫，甚为亲信"，"太宗每有巡幸，多令居守"。贞观十八年病卒，时年五十九岁，陪葬于昭陵。在每个职位上，李大亮都勤心政事，业绩不凡，因此唐太宗赞其"立志方直，竭节至公，处职当官，每副所委"。而"房玄龄甚重之，每称大亮有王陵、周勃之节，可以当大位。大亮虽位望通显，而居处卑陋，衣服俭率"①。史臣对李大亮一生的总评价也相当高："大亮文武兼才，贞确成性。卖马劝农，是为政也；投身谕贼，略也；放奴婢从良者，仁也；因鹰谏猎，临终上表，忠也；论伊吾之众，智也；葬五叶无后，报张弼恩，义也；侍兄嫂如父母，孝也；不死妇人之手，礼也；无珠玉为唅，廉也。房玄龄云'大亮有王陵、周勃之节'，名下无虚士矣！"②

　　司马才章，与孔颖达等一起受诏撰《五经》义训。"魏州贵乡人也。父烜，博涉《五经》，善纬候。才章少传其业，隋末为郡博士。贞观六年（632），左仆射房玄龄荐之，屡蒙召问，擢授国子助教，论议该洽，学者称之。"③司马才章是史籍所见贞观时期房玄龄唯一明确推荐的人才。

　　萧瑀侄子萧钧，"隋迁州刺史、梁国公珣之子也。博学有才望。贞观中，累除中书舍人，甚为房玄龄、魏徵所重"④。

　　从现有材料看，贞观时期为房玄龄所亲自荐举的人才并不多，这与政治环境有关。房玄龄在隋时迭经苏威、郎茂二起山东朋党案，这两起朋党案所涉及的薛道衡、卢恺、陆彦师、郎茂、郎颖等人，都是其父房彦谦的好友，是以印象颇深。而且在唐太宗心中"关中"、"山东"颇有异同，房玄龄自然是深知的，因此房玄龄不能不对"朋党"事大有忌讳，是以谨慎荐人。尽管如此，贞观初期房玄龄、杜如晦之荐人还是引来一些有心人之非谤，杜如

---

① 《旧唐书》卷六十二，第2386页。
② 《旧唐书》卷六十二，第2393页。
③ 《旧唐书》卷七十三，第2603页。
④ 《旧唐书》卷六十三，第2405页。

晦"与玄龄共筦朝政,引士贤者,下不肖,咸得职,当时浩然归重。监察御史陈师合上《拔士论》,谓一人不可总数职,阴剀讽如晦等。帝曰:'玄龄、如晦不以勋旧进,特其才可与治天下者,师合欲以此离间吾君臣邪?'斥岭表"①。到了贞观末期萧瑀还以房玄龄"朋党"而加以攻击。"瑀尝称:'玄龄以下同中书门下内臣,悉皆朋党比周,无至心奉上。'累独奏云:'此等相与执权,有同胶漆,陛下不细谙知,但未反耳。'"亏得唐太宗心明如镜,驳责萧瑀说:"为人君者,驱驾英材,推心待士,公言不亦甚乎,何至如此!"太宗数日谓瑀曰:"知臣莫若君,夫人不可求备,自当舍其短而用其长。朕虽才谢聪明,不应顿迷臧否。"②

　　也许是房玄龄小心过甚,不太敢举荐人,唐太宗只能就此事与房、杜二人谈话,明确鼓励他们大胆举士。贞观三年(630),"太宗谓宰臣曰:'朕今孜孜求士,欲专心正道,闻有好人,则抽擢驱使。而议者多称彼皆宰相亲故,但公等至公行事,勿避此言,便为形迹。古人内举不避亲,外举不避仇,而为后代称者,以其举得贤故也。卿等但能举用得才,虽是子弟,及有仇嫌,不得不举。'"③贞观三年之宰臣,盖房玄龄、杜如晦等人也。然而房玄龄终归小心无大过,史籍所载由他所亲自推荐者究属寥寥无几。然而贞观拔选人才之盛与用得其宜,却又实实在在是房玄龄为宰辅二十余年的贡献。

　　(八) 房玄龄与唐太宗之"论道佐时"

　　"宰相议事门下省,号政事堂,长孙无忌以司空、房玄龄以仆射、魏徵以太子太师皆知门下省事。"④贞观中,君臣于门下政事堂坐而论道,从容治理天下,"贞观中,每日仗退后,太宗与宰臣参议政事,即令起居郎一人执简记录。由是贞观注记政事,称为毕备"⑤。群相于政事堂论事,多有唐太宗不在场之时,由于房玄龄"是太宗的元从旧臣,位望极隆。尚书仆射,在政事堂群相议政时,由于品位高于侍中、中书令及其他加议政衔的官员,乃隐含

---

① 《新唐书》卷九十六,第3859页。
② 《旧唐书》卷六十三,第2402—2403页。
③ 《唐会要》卷五十三,第913页。
④ 《新唐书》卷一百一十七,第4247页。
⑤ 《唐会要》卷五十六,第961页。

由尚书左右仆射领导群相议政的意味,于是政事堂内遂容易产生尚书仆射意见成为主流意见的局面"①。既如此,久居端揆、任总百官的房玄龄为了避嫌,因此在注记政事时房玄龄就有意少记录自己的言论,又于监修起居注之机,每推功于唐太宗,故有些记录就只有唐太宗问房玄龄的"问"而没有了房玄龄的"对"。然而君臣论道之机,每有唐太宗问对房玄龄之言,房玄龄按理当有回语,所以在《贞观政要》、《唐会要》等史籍中还是留下了一些二人的问对之言。姑置此"论道佐时"一目,以记房玄龄与唐太宗之问对,编次如下,以明房玄龄于贞观之治中的真实贡献。

贞观元年,上问中书令房玄龄曰:"往者周、隋制敕文案并丕在?"玄龄对曰:"义宁之初,官曹草创,将充故纸杂用,今见并无。"太宗曰:"周、隋官荫,今并收叙,文案既无,若为凭据?"因问中书侍郎刘林甫曰:"萧何入关,先收图籍。卿多日在内,何因许行此事?"林甫对曰:"臣当时任起居舍人,不知省事。"上谓公卿曰:"为长官不可自专,自专必败,临天下亦尔。每事须在下量之,至如林甫,即推不知也。"又谓侍臣曰:"朕每日坐朝,欲出一言,即思此言于百姓有利益否,所以不能多言。"给事中、兼起居杜正伦进曰:"君举必书,言存左史。臣职当修起居注,不敢不尽愚直。陛下若一言乖于道理,则千载累于圣德,非直当今有损于百姓,愿陛下慎之。"上大悦。②

贞观元年,太宗谓房玄龄等曰:"致治之本,惟在于审。量才授职,务省官员。故《书》称:'任官惟贤才。'又云:'官不必备,惟其人。'若得其善者,虽少亦足矣。其不善者,纵多亦奚为?古人亦以官不得其才,比于画地作饼,不可食也。《诗》曰:'谋夫孔多,是用不就。'又孔子曰:'官事不摄,焉得俭?'且'千羊之皮,不如一狐之腋'。此皆载在经典,不能具道。当须更并省官员,使得各当所任,则无为而治矣。卿宜

---

① 罗永生:《三省制新探——以隋和唐前期门下省职掌与地位为中心》,第210页。
② 王溥:《唐会要》卷五十六,第961—962页。

详思此理,量定庶官员位。"玄龄等由是所置文武总六百四十员。太宗从之,因谓玄龄曰:"自此傥有乐工杂类,假使术逾侪辈者,只可特赐钱帛以赏其能,必不可超授官爵,与夫朝贤君子比肩而立,同坐而食,遣诸衣冠以为耻累。"①

　　贞观二年,太宗谓房玄龄曰:"为人大须学问。朕往为群凶未定,东西征讨,躬亲戎事,不暇读书。比来四海安静,身处殿堂,不能自执书卷,使人读而听之。君臣父子,政教之道,共在书内。古人云:'不学,墙面,莅事惟烦。'不徒言也。却思少小时行事,大觉非也。"②

　　贞观二年,太宗谓房玄龄等曰:"朕比见隋代遗老,咸称高颎善为相者,遂观其本传,可谓公平正直,尤识治体,隋室安危,系其存没。炀帝无道,枉见诛夷,何尝不想见此人,废书钦叹!又汉、魏已来,诸葛亮为丞相,亦甚平直,尝表废廖立、李严于南中,立闻亮卒,泣曰:'吾其左衽矣!'严闻亮卒,发病而死。故陈寿称'亮之为政,开诚心,布公道,尽忠益时者,虽仇必赏;犯法怠慢者,虽亲必罚。'卿等岂可不企慕及之?朕今每慕前代帝王之善者,卿等亦可慕宰相之贤者,若如是,则荣名高位,可以长守。"玄龄对曰:"臣闻理国要道,在于公平正直,故《尚书》云:'无偏无党,王道荡荡。无党无偏,王道平平。'又孔子称'举直错诸枉,则民服'。今圣虑所尚,诚足以极政教之源,尽至公之要,囊括区宇,化成天下。"太宗曰:"此直朕之所怀,岂有与卿等言之而不行也?"③

　　贞观二年十二月,尚书左仆射房玄龄、国子博士朱子奢建议云:"武德中,诏释奠于太学,以周公为先圣,孔子配享。臣以周公、尼父,俱称圣人,庠序置奠,本缘夫子,故晋、宋、梁、陈,及隋大业故事,皆以孔子为先圣,颜回为先师。历代所行,古人通允,伏请停祭周公,升夫

---

① 吴兢:《贞观政要》卷三,第87页。
② 吴兢:《贞观政要》卷六,第205页。
③ 吴兢:《贞观政要》卷五,第165—166页。

子为先圣,以颜回配享。"诏从之。①

　　三年(629)三月十日,太宗谓房玄龄、杜如晦曰:"公为仆射,当须广开耳目,求访贤哲。有武艺谋略、才堪抚众者,任以边事;有经明德修、通悟性理者,任以侍臣;有明干清慎、处事公平者,任以剧务;有学通古今、识达政术者,任以治人。此乃宰相之宏益也。比闻听受词讼,日不暇给,安能助朕求贤哉?"因敕尚书细务,属于左右丞。惟枉屈大事合闻奏者,关于仆射。②

　　太宗谓房玄龄曰:"封禅是帝王盛事,比奏请者不绝,公等以为何如?"魏徵对曰:"帝王在德,不在封禅,自丧乱以来,近泰山州县,凋残最甚。若车驾既行,不能令无使役,此便是因封禅而劳役百姓。"太宗曰:"封禅之事,不自取功绩,归之于天;譬如玄龄等功臣,虽有益于国,能自谦让,归之于朕,岂以不言而欲自取?今向泰山,功归于天,有似于此。然朕意常以嵩高既是中岳,何谢泰山?公等评议。"③

　　贞观中,太宗谓房玄龄、杜如晦曰:"朕闻自古帝王上合天心,以致太平者,皆股肱之力。朕比开直言之路者,庶知冤屈,欲闻谏诤。所有上封事人,多告讦百官,细无可采。朕历选前王,但有君疑于臣,则下不能上达,欲求尽忠极虑,何可得哉?而无识之人,务行谗毁,交乱君臣,殊非益国。自今已后,有上书讦人小恶者,当以谗人之罪罪之。"④

　　贞观四年五月五日,上谓房玄龄等曰:"君于臣子,情亦无别,前如晦亡,朕为不视事数日,恻怆之。今任瓌亡,岂有内外殊异?所司不进状,乃对仗便奏,此岂识朕意!如朕子弟,不幸死亡,公等可如此奏耶?

---

① 王溥:《唐会要》卷三十五,第635—636页。
② 王溥:《唐会要》卷五十七,第990页。
③ 王溥:《唐会要》卷七,第81页。
④ 吴兢:《贞观政要》卷六,第204页。

今日后不得如此！"①

（贞观四年）上大悦，谓房玄龄曰："洛阳土中，朝贡道均，朕故修营，意在便于百姓。今玄素上表，实亦可依，后必事理须行，露坐亦复何苦！所有作役，宜即停之。"②

（贞观四年十二月）房玄龄奏："阅府库甲兵，远胜隋世。"上曰："甲兵武备，诚不可阙；然炀帝甲兵岂不足邪！卒亡天下。若公等尽力，使百姓乂安，此乃朕之甲兵也。"③

贞观五年，太宗谓房玄龄等曰："自古帝王多任情喜怒，喜则滥赏无功，怒则滥杀无罪。是以天下丧乱，莫不由此。朕今夙夜未尝不以此为心，恒欲公等尽情极谏。公等亦须受人谏语，岂得以人言不同己意，便即护短不纳？若不能受谏，安能谏人？"④

贞观五年……（太宗）谓房玄龄曰："公等食人之禄，须忧人之忧，事无巨细，咸当留意。今不问则不言，见事都不谏诤，何所辅弼？如蕴古身为法官，与囚博戏，漏泄朕言，此亦罪状甚重，若据常律，未至极刑。朕当时盛怒，即令处置，公等竟无一言，所司又不覆奏，遂即决之，岂是道理。"因诏曰："凡有死刑，虽令即决，皆须五覆奏。"五覆奏，自蕴古始也。又曰："守文定罪，或恐有冤。自今以后，门下省覆，有据法令合死而情可矜者，宜录奏闻。"⑤

（贞观六年），长乐公主将出降，太宗谓房玄龄等曰："长乐公主，皇

---

① 王溥：《唐会要》卷二十五，第476—477页。
② 王溥：《唐会要》卷三十，第552页。
③ 《资治通鉴》卷一百九十三，第6085页。
④ 吴兢：《贞观政要》卷二，第49—50页。
⑤ 吴兢：《贞观政要》卷八，第240页。

后所生,朕及皇后并所钟爱。今将出降,礼数欲有所加。"房玄龄等咸曰:"陛下所爱,欲少加之,何为不得? 请倍永嘉公主。"然永嘉公主即太宗之妹也。公曰:"不可。昔汉明帝欲封其子,云:'我子岂得与先帝子等,可半楚淮阳。'前史以为美谈。天子姊妹为长公主,天子之女为公主,既加长字,即是礼有尊崇,或可情有浅深,无容礼相逾越。"太宗然其言。①

贞观六年,匈奴克平,远夷入贡,符瑞日至,年谷频登。太宗欲封泰山,数与房玄龄等言及封禅。太宗欣然。②

太宗有一骏马,特爱之,恒于宫中养饲,无病而暴死。太宗怒养马宫人,将杀之。皇后谏曰:"昔齐景公以马死杀人,晏子请数其罪云:'尔养马而死,尔罪一也。使公以马杀人,百姓闻之,必怨吾君,尔罪二也。诸侯闻之,必轻吾国,尔罪三也。'公乃释罪。陛下尝读书见此事,岂忘之邪?"太宗意乃解。又谓房玄龄曰:"皇后庶事相启沃,极有利益尔。"③

贞观八年,将发十六道黜陟大使,畿内未有其人。上问房玄龄:"此道事最重,谁可充使?"尚书右仆射李靖曰:"畿内事大,非魏徵莫可。"上曰:"朕今欲向九成宫,事亦不小。朕每行不欲与其相离者,乃为其见朕是非得失,必无所隐。"乃命李靖充使。④

(贞观八年)中牟丞皇甫德参上言:"修洛阳宫,劳人;收地租,厚敛;俗好高髻,盖宫中所化。"上怒,谓房玄龄等曰:"德参欲国家不役一

① 王方庆:《魏郑公谏录》卷一,《丛书集成初编》本第0899册,第7页。
② 王方庆:《魏郑公谏录》卷二,《丛书集成初编》本第0899册,第18页。
③ 吴兢:《贞观政要》卷二,第58页。
④ 王溥:《唐会要》卷七十八,第1419页。

人,不收斗租,宫人皆无发,乃可其意邪!"欲治其谤讪之罪。①

贞观九年,萧瑀为尚书左仆射。尝因宴集,太宗谓房玄龄曰:"武德六年已后,太上皇有废立之心,我当此日,不为兄弟所容,实有功高不赏之惧。萧瑀不可以厚利诱之,不可以刑戮惧之,真社稷臣也。"乃赐诗曰:"疾风知劲草,板荡识诚臣。"②

贞观九年,太宗谓公卿曰:"朕端拱无为,四夷咸服,岂朕一人之所致,实赖诸公之力耳!当思善始令终,永固鸿业,子子孙孙,递相辅翼。使丰功厚利施于来叶,令数百年后读我国史,鸿勋茂业粲然可观,岂惟称隆周、炎汉及建武、永平故事而已哉?"房玄龄因进曰:"陛下撝挹之志,推功群下,致理升平,本关圣德,臣下何力之有?惟愿陛下有始有卒,则天下永赖。"太宗又曰:"朕观古先拨乱之主皆年逾四十,惟光武年三十三,但朕年十八便举兵,年二十四定天下,年二十九升为天子,此则武胜于古也。少从戎旅,不暇读书,贞观以来,手不释卷,知风化之本,见政理之源。行之数年,天下大治而风移俗变,子孝臣忠,此又文过于古也。昔周、秦已降,戎狄内侵,今戎狄稽颡,皆为臣妾,此又怀远胜古也。此三者,朕何德以堪之?既有此功业,何得不善始慎终耶?"③

贞观十年,太宗谓房玄龄曰:"朕历观前代拨乱创业之主,生长人间,皆识达情伪,罕至于败亡。逮乎继世守文之君,生而富贵,不知疾苦,动至夷灭。朕少小以来,经营多难,备知天下之事,犹恐有所不逮。至于荆王诸弟,生自深宫,识不及远,安能念此哉?朕每一食,便念稼穑之艰难;每一衣,则思纺绩之辛苦。诸弟何能学朕乎?选良佐以为

---

① 《资治通鉴》卷一百九十四,第 6109 页。
② 吴兢:《贞观政要》卷五,第 156 页。
③ 吴兢:《贞观政要》卷十,第 294 页。

藩弼,庶其习近善人,得免于愆过尔。"①

贞观十年,与朱俱波国朝贡同日至。太宗谓群臣曰:"南荒西域,自远而至,其故何哉?"房玄龄曰:"当中国乂安,帝德遐被也。"太宗曰:"诚如公言。向使中国不安,何缘而至? 朕何以堪之? 观此蕃使,益怀畏惧,所望公等匡朕不逮也。"②

贞观十一年,以礼部尚书王珪兼为魏王师。太宗谓尚书左仆射房玄龄曰:"古来帝子,生于深宫,及其成人,无不骄逸,是以倾覆相踵,少能自济。我今严教子弟,欲皆得安全。王珪我久驱使,甚知刚直,志存忠孝,选为子师。卿宜语泰,每对王珪,如见我面,宜加尊敬,不得懈怠。"珪亦以师道自处,时议善之也。③

贞观十一年,太宗行至汉太尉杨震墓,伤其以忠非命,亲为文以祭之。房玄龄进曰:"杨震虽当年夭枉,数百年后方遇圣明,停舆驻跸,亲降神作,可谓虽死犹生,没而不朽。不觉助伯起幸赖欣跃于九泉之下矣。伏读天文,且感且慰,凡百君子,焉敢不勔励名节,知为善之有效!"④

(贞观十二年)太宗谓侍臣曰:"贞观以前,从我平定天下,周旋艰险,玄龄之功,无所与让。贞观之后,尽心于我,献纳忠谠,安国利民,犯颜正谏,匡朕之违者,唯魏徵而已。古之名臣,何以加也!"于是亲解佩刀以赐二人。⑤

① 吴兢:《贞观政要》卷四,第129—130页。
② 王溥:《唐会要》卷九十九,第1775—1776页。
③ 吴兢:《贞观政要》卷四,第119页。
④ 吴兢:《贞观政要》卷五,第157页。
⑤《旧唐书》卷七十一,第2559页。

贞观十三年十月三日,尚书左仆射房玄龄奏:"天下太平,万几事简,请三日一临朝。"诏许之。至二十三年九月十一日,太尉无忌等奏,请视朝坐日,上报曰:"朕幼登大位,日夕孜孜,犹恐拥滞众务,自今以后,每日常坐。"①

贞观十四年,太宗以高昌平,召侍臣赐宴于两仪殿,谓房玄龄曰:"高昌若不失臣礼,岂至灭亡?朕平此一国,甚怀危惧,惟当戒骄逸以自防,纳忠謇以自正。黜邪佞,用贤良,不以小人之言而议君子,以此慎守,庶几于获安也。"②

(贞观)十五年,太子少师房玄龄、尚书右仆射高士廉于路逢少府少监豆德素,问北门近来更有何营造,德素以闻。上乃谓玄龄等曰:"卿但知南衙事,我北门小小营造,何妨君事?"玄龄等拜谢,特进魏徵进曰:"臣不解陛下责,亦不解玄龄等拜谢。玄龄等既任大臣,即陛下股肱耳目,有所营造,何容不知,责其访问官司,臣所未解。且所为有利害,役功有多少,陛下所为若是,当助陛下所为,不是,虽营造,当奏罢之。此君使臣、臣事君之道。玄龄等不识所守,但知拜谢,臣亦不解。"上深然之。③

(贞观)十六年十月,上谓侍臣曰:"薛延陀屈强,今御之有二策,苟非发兵殄灭之,则与之婚姻以抚之。"房玄龄曰:"兵凶战危,臣以为和亲便。"即命兵部侍郎崔敦礼持节使薛延陀,许以新兴公主妻之。④

贞观十六年,太宗谓侍臣曰:"自知者明。人不能善鉴己过,如善为文章,工诸伎艺,皆自谓己善,他人不及;若良工商略,文匠诋诃,芜

① 王溥:《唐会要》卷二十四,第455页。
② 吴兢:《贞观政要》卷三,第78—79页。
③ 王溥:《唐会要》卷五十一,第886—887页。
④ 王溥:《唐会要》卷九十四,第1696页。

音拙句,往往而有。又譬傅母养子,靧面豫饰乃堪见人,若栉发必须明镜,览其形容,以鉴善恶。以此而言,人君亦须得匡谏之臣,道其愆过,即其为政,无大乖违。一日万机,一人听断,细微差僻,安能尽美。唯有魏徵,随事谏正,多中朕失,其进喻启沃,有同明镜;分明善恶,暸虎穴见己形。即数餐嘉言,安得不喜。"太宗因举觞以赐房玄龄、高士廉等,数数励之。①

(贞观)十六年四月二十八日,太宗谓谏议大夫褚遂良曰:"卿知起居,记录何事,大抵人君得观之否?"对曰:"今之起居,古之左右史,以记人君言行,善恶必书,庶几人主不为非法,不闻帝王躬自观史。"太宗曰:"朕有不善,卿必记之耶?"遂良曰:"守道不如守官,臣职当载笔,君举必书。"黄门侍郎刘洎曰:"设令遂良不记,天下之人皆记之矣。"太宗谓房玄龄曰:"国史何因不令帝王观见?"对曰:"国史善恶必书,恐有忤旨,故不得见也。"太宗曰:"朕意不同,今欲看国史,若善事固不须论,若有恶事,亦欲以为鉴诫。卿可撰录进来。"房玄龄遂删略国史,表上。太宗见六月四日事,语多微文,乃谓玄龄曰:"昔周公诛管、蔡,而周室安;季友鸩叔牙,而鲁国宁。朕之所以安社稷,利万人耳。史官执笔,何烦过隐,宜即改削,直书其事。"②

贞观十七年(643),太宗谓侍臣曰:"自古草创之主,至于子孙多乱,何也?"司空房玄龄曰:"此为幼主生长深宫,少居富贵,未尝识人间情伪,治国安危,所以为政多乱。"太宗曰:"公意推过于主,朕则归咎于臣。夫功臣子弟多无才行,藉祖父资荫遂处大官,德义不修,奢纵是好。主既幼弱,臣又不才,颠而不扶,岂能无乱? 隋炀帝录宇文述在藩之功,擢化及于高位,不思报效,翻行弑逆。此非臣下之过欤? 朕发此言,欲公等戒勖子弟,使无愆过,即家国之庆也。"太宗又曰:"化及与玄

---

① 王方庆:《魏郑公谏录》卷五,《丛书集成初编》本第0899册,第57页。
② 王溥:《唐会要》卷六十三,第1102—1103页。

感,即隋大臣受恩深者子孙,皆反,其故何也?"岑文本对曰:"君子乃能怀德荷恩,玄感、化及之徒,并小人也。古人所以贵君子而贱小人。"太宗曰:"然。"①

(贞观)十七年四月二十一日,上谓房玄龄、萧瑀曰:"太子三师,以德导人者也,若师礼卑,则太子无所取则。"于是诏令撰《三师仪注》。②

贞观十七年,太宗谓侍臣曰:"传称'去食存信',孔子曰:'民无信不立。'昔项羽既入咸阳,已制天下,向能力行仁信,谁夺耶?"房玄龄对曰:"仁、义、礼、智、信,谓之五常,废一不可。能勤行之,甚有裨益。殷纣狎侮五常,武王夺之,项氏以无信为汉高祖所夺,诚如圣旨。"③

贞观十七年,太宗谓侍臣曰:"盖苏文弑其主而夺其国政,诚不可忍,今日国家兵力,取之不难,朕未能即动兵众,且令契丹、靺鞨搅扰之,何如?"房玄龄对曰:"臣观古之列国,无不强陵弱,众暴寡。今陛下抚养苍生,将士勇锐,力有余而不取之,所谓止戈为武者也。昔汉武帝屡伐匈奴,隋主三征辽左,人贫国败,实此之由,惟陛下详察。"太宗曰:"善!"④

太宗谓梁公曰:"以铜为镜,可以正衣冠;以古为镜,可以知兴替;以人为镜,可以明得失。朕尝保三镜,用防己过。今魏徵殂逝,一镜亡矣。"⑤

太宗谓房玄龄等曰:"今天下百姓,藉我抚养,先须令我安稳。今

---

① 吴兢:《贞观政要》卷三,第86页。
② 王溥:《唐会要》卷二十六,第496页。
③ 吴兢:《贞观政要》卷五,第183—184页。
④ 吴兢:《贞观政要》卷九,第263页。
⑤ 王谠撰,周勋初校证:《唐语林校证》卷四,第391页。

上封者,惟道九成往来,百姓辛苦。"①

　　吴王恪奉见太宗,谓房玄龄等曰:"朕于儿子,常欲一处。但家国事义,实亦不同。欲令其子孙代代桓继,且又绝其觊觎。朕今供养太上皇,与私亦异,以镇抚四海,不贻太上皇忧为孝,则天子之孝也。"②

　　太宗谓房玄龄等曰:"朕所居殿,隋文帝造,已经四十余年,损坏处少。唯承乾殿是炀帝造,工多觅新奇,斗拱至小,年月虽近,破坏已多。今为政,更欲别作意见,亦恐似此屋耳。"③

　　太宗问侍臣曰:"帝王之兴,必有天命,非幸而得之也。"房玄龄对曰:"王者必有天命。"太宗曰:"此言是也。朕观古之帝王,有天命者,其势如神,不行而至;其无天命,终至灭亡。昔周文王、汉高祖,启洪祚,初受命,则赤雀来;始发迹则五星聚。此并上天垂示,征验不虚。非天所命,理难妄得。朕若仕隋朝,不过三卫,亦自惰慢,不为时须。"④

　　太宗坐于丹霄门外之西堂,引公及右仆射李靖、中书令温彦博等入宴,言及群臣才行,谓靖等曰:"朕自为王至于今日,官人或上书献计,劝朕为善者多矣,日月稍久,官职渐大,志意即移,言论渐少,无不衰倦;唯魏徵与朕为善,官职益高,志节弥厉,见朕一事失所,甚于己身有过,朝夕孜孜,终始如一。自立以来,唯见此一人而已。是以敬之重之,同于师傅,不以人臣处之。"其后每谓房玄龄等曰:"魏徵被我拔擢特异,其报我亦深矣。君与我契阔艰辛,多历年所,劳苦之极,人莫能加。然自即位以来,辅弼我躬,安我社稷,成我今日功业,为天下所称,

---

① 王方庆:《魏郑公谏录》卷三,《丛书集成初编》本第0899册,第33页。
② 王方庆:《魏郑公谏录》卷三,《丛书集成初编》本第0899册,第34页。
③ 王方庆:《魏郑公谏录》卷四,《丛书集成初编》本第0899册,第37页。
④ 王方庆:《魏郑公谏录》卷四,《丛书集成初编》本第0899册,第45页。

君不得与魏徵比矣。"①

　　太宗与群臣论及十六国诸主优劣,太宗曰:"苻永固何独为所称?"房玄龄对曰:"为任使得人则见称,无其人则不见称。当时为有王景略。"太宗谓群臣曰:"此犹朕之有魏徵。"②

　　综以上四十余条房玄龄与唐太宗的"问对"之言,大致可分为两类:一类是解决具体问题的讨论,如长乐公主的嫁妆丰厚事宜、东封泰山事宜之类,其于历史的影响迹近于无;而另一类是切实的"论道"之言,在这些言论之后,或是确立了贞观时期的政治发展方向,或是开启了一代制度,于贞观之治的形成有着不可估量的影响。如贞观元年讨论图籍档案的言论之后,开启了唐代注重官方档案收集并形成日后报送史馆的制度;贞观三年讨论了四种人才类型后,确立了影响唐代整个官场的考核制度标准等,不一而足。

　　"克己纳谏"被认为是唐太宗文治最为突出的成绩之一。③ 纳谏之在贞观朝成为亮点,房、杜二人的论道贡献是不可磨灭的。房、杜二人与贞观皇帝关于"广开言路"的论道之后形成了保护诤臣的制度,定下了"自今已后,有上书讦人小恶者,当以谗人之罪罪之"的律令,正是有了这种制度性的保护,才有贞观朝人人敢谏的政治氛围。于此诸种论道之言中,我们可以看到房玄龄对"贞观之治"于无声处的真实影响。

三、闲居台辅,撝默自处

　　"端揆之重,师长百僚,虽在别司,皆为统属"④,久居端揆之位的房玄龄在贞观十六年(642)"避位还家",已六十四岁高龄的房玄龄终于可以休息一下了,于芙蓉园调养身心。"久之,上幸芙蓉园,玄龄敕子弟汛扫门庭,

---

① 王方庆:《魏郑公谏录》卷五,《丛书集成初编》本第0899册,第52页。
② 王方庆:《魏郑公谏录》卷五,《丛书集成初编》本第0899册,第56页。
③ 孟宪实:《孟宪实讲唐史——从玄武门之变到贞观之治》,第212页。
④ 王溥:《唐会要》卷五十七,第993页。

曰：'乘舆且至!' 有顷，上果幸其第，因载玄龄还宫。"①再次被唐太宗召回的房玄龄不再担任仆射之职，自此直到贞观二十三年（649）九月唐高宗即位，左仆射一职长期出阙，而右仆射自贞观十七年（643）六月高士廉罢官后，直到唐高宗永徽二年（651）也一直出阙。唐太宗之所以让左、右仆射长期出阙，乃是为了摆脱之前"政事堂会议名为三省长官集体议事，实际上为尚书省左右，中书、门下成为陪衬，三权鼎立有名无实"的局面。② 唐太宗有意出阙仆射，任房玄龄为司空。而司空之职，"论道之官也。盖以佐天子，理阴阳，平邦国，无所不统，故不以一职名其官。然周、汉已来，代存其任。自隋文帝罢三公府僚，皇朝因之，其或亲王拜者，亦但存其名位耳"③。"大祭祀，则太尉亚献，司徒奉俎，司空扫除。"④自此，房玄龄开始了他"闲居台辅，撝默自处"的政治生活，其作为"论道之官"的论道声音自贞观十七年（643）后渐趋沉寂，房玄龄在贞观末期被有意边缘化了。

贞观十七年后房玄龄政治生活的沉寂，也与贞观十七年更立晋王李治为太子事件有关。太子更易事件同时改变了唐太宗、房玄龄两人的政治命运。对于房玄龄而言，原先他本着唐太宗的立场支持魏王泰，晋王李治的上位，意味着当初他站错了立场而为晋王政治团队所不喜，房玄龄只得"撝默自处"而已。而李世民这个昔日英主也因晋王李治的"懦弱"被迫弃文治而用武功，自隋以来悬而未决的辽东边境问题成了他心头最大的隐忧，因此自贞观十七年之后，解决辽东边境问题就成了唐太宗最主要的工作，房玄龄只得对此进行配合。

> 十九年（645）二月，帝自洛阳次定州，谓左右曰："今天下大定，唯辽东未宾，后嗣因士马盛强，谋臣导以征讨，丧乱方始，朕故自取之，不遗后世忧也。"⑤

---

① 《资治通鉴》卷一百九十八，第6243页。
② 刘磬修：《唐贞观阙置尚书令辨析》，《菏泽师专学报》1991年第1期，第64页。
③ 李林甫撰，陈仲夫点校：《唐六典》卷一，第5页。
④ 《旧唐书》卷四十三，中华书局，1975年，第1815页。
⑤ 《新唐书》卷二百二十，第6190页。

其实唐太宗为解决辽东边境问题"不遗后世之忧"的准备工作早在贞观十五年(641)就已开始,其时房玄龄还在仆射任上。这一年高丽王建武"遣太子桓权入朝献方物"①,唐太宗令职方郎中陈大德回赐高丽"且观衅",所以陈大德一入高丽,即以观察地理形势为主要目标。

> 大德初入其境,欲知山川风俗,所至城邑,以绫绮遗其守者,曰:"吾雅好山水,此有胜处,吾欲观之。"守者喜,导之游历,无所不至,往往见中国人,自云"家在某郡,隋末从军,没于高丽,高丽妻以游女,与高丽错居,殆将半矣。"因问亲戚存没,大德绐之曰:"皆无恙。"咸涕泣相告。数日后,隋人望之而哭者,遍于郊野。大德言于上曰:"其国闻高昌亡,大惧,馆候之勤,加于常数。"上曰:"高丽本四郡地耳,吾发卒数万攻辽东,彼必倾国救之。别遣舟师出东莱,自海道趋平壤,水陆合势,取之不难。但山东州县凋瘵未复,吾不欲劳之耳。"②

陈大德的出使任务,表明唐太宗早已有心解决辽东边境安全问题并着手准备。贞观十七年(643),弑王上位的泉盖苏文联百济攻新罗,阻断新罗入唐的贡路,唐太宗遂派遣相里玄奖出使,告谕高丽停止攻击新罗,恢复贡路。这一事件成为诱发唐太宗以武力解决辽东故地问题的外因,这就有了贞观十七年唐太宗与房玄龄关于伐辽问题的论道:

> 贞观十七年,太宗谓侍臣曰:"盖苏文弑其主而夺其国政,诚不可忍,今日国家兵力,取之不难,朕未能即动兵众,且令契丹、靺鞨搅扰之,何如?"房玄龄对曰:"臣观古之列国,无不强陵弱,众暴寡。今陛下抚养苍生,将士勇锐,力有余而不取之,所谓止戈为武者也。昔汉武帝屡伐匈奴,隋主三征辽左,人贫国败,实此之由,惟陛下详察。"太宗曰:"善!"③

---

① 《新唐书》卷二百二十,第 6187 页。
② 《资治通鉴》卷一百九十六,第 6169 页。
③ 吴兢:《贞观政要》卷九,第 263 页。

贞观十七年的下一步行动因房玄龄、长孙无忌等人的劝谏而最终没有成行。但贞观十八年(644)相里玄奖出使回来,向唐太宗报告了高丽王泉盖苏文拒绝停战的态度。唐太宗于是决定亲自领兵进军高丽,贞观十九年(645),六十七岁高龄的房玄龄再次为唐太宗担负起了保障前方供应的重责。

> 太宗亲征辽东,命玄龄京城留守,手诏曰:"公当萧何之任,朕无西顾之忧矣。"军戎器械,战士粮廪,并委令处分发遣。玄龄屡上言敌不可轻,尤宜诚慎。[①]

就在这次留守京城期间,有赖唐太宗的信任和保护,房玄龄有幸躲过了太子李治阵营诬陷他谋反的暗箭。遗憾的是房玄龄的好友、刑部尚书张亮却没能躲过这支暗箭,房玄龄只得强含着心中悲苦到狱中与之诀别。前章已叙因房玄龄的推荐,张亮成为秦王李世民的心腹死士,这个秦邸旧臣在贞观时期曾经是魏王泰的代理都督,这么明显的魏王阵营烙印,晋王治太子阵营的人显然不会放过他。

> 陕人常德玄告刑部尚书张亮养假子五百人,与术士公孙常语,云"名应图谶",又问术士程公颖云:"吾臂有龙鳞起,欲举大事,可乎?"上命马周等按其事,亮辞不服。上曰:"亮有假子五百人,养此辈何为?正欲反耳!"命百官议其狱,皆言亮反,当诛。独将作少匠李道裕言:"亮反形未具,罪不当死。"上遣长孙无忌、房玄龄就狱与亮诀曰:"法者天下之平,与公共之。公自不谨,与凶人往还,陷入于法,今将奈何!公好去。"己丑,亮与公颖俱斩西市,籍没其家。岁余,刑部侍郎缺,上命执政妙择其人,拟数人,皆不称旨,既而曰:"朕得其人矣。往者李道裕议张亮狱云'反形未具',此言当矣,朕虽不从,至今悔之。"遂以道裕

[①]《旧唐书》卷六十六,第 2462—2463 页。

为刑部侍郎。①

　　这桩公案，"唐太宗知道张亮是冤枉的"②，但他还是同意以"谋反"罪
将张亮斩杀于市。其中原因，是因为李治的懦弱与仁义。为了子孙社稷
计，唐太宗不仅要为李治解决边境问题以便他做太平天子，而且他更要为
李治打造一支忠心辅弼团队以便李治能做一个安稳天子。还是因为李治
的懦弱与仁义，李世民更不希望李治团队中有人过于强势而使他他日处于
为"群小所逼"的境地，所以他要修《晋书》以诫太子团队的人，被边缘化了
的房玄龄正合适做这件事情。我们追寻房玄龄在贞观末期的贡献，却只能
发现修《晋书》与组建玄奘译场这两件事还尚称人意，房玄龄虽然为此忙
碌，而这显然与政治中枢的运转了无干系。

　　贞观二十年（646），房玄龄再遭萧瑀"朋党"的暗箭，依靠唐太宗的保
护，房玄龄再次幸免。在这一年他组织人手修撰《晋书》，直到逝世，这都是
他主要的工作。贞观二十一年（647），史籍中所记载的房玄龄事迹除"李纬
好髭须"一语臧否外，只发现了议封泰山事。这一年正月丁酉，唐太宗"诏
以来岁二月，有事于泰山"，"仍令天下诸州，明扬侧陋，其有学艺优洽，文蔚
翰林，政术甄明，才膺国器者，并宜总集泰山。庶令作赋掷金，不韫天庭之
掞；被褐怀玉，无溺屠钓之间。务得英奇，当加不次也"。筹备这样一场文
化大盛事，《贞观礼》的制定者房玄龄自然是要参与的，但与十年前他任封
禅大使相比已不可同日而语。贞观十一年（637）议封泰山，最后确定仪礼
的人是房玄龄，"十一年，帝将有事封禅，国子博士刘伯庄等皆上封禅事，言
新礼简略，敕吕儒及颜师古、朱子奢参议得失。议者数十家，递相驳难，不
决。于是玄龄、徵、师道采众议，以为永式"。贞观二十一年的封禅议最后
定仪礼的是房玄龄，但仅只是确定形式而已。

　　遣太常卿杨师道为检校封禅大使，户部侍郎卢承庆为副。后改令

---

① 《资治通鉴》卷一百九十八，第6235—6236页。
② 孟宪实：《孟宪实讲唐史——从玄武门之变到贞观之治》，第203页。

礼部尚书、江夏郡王道宗为大使。司空、梁国公房玄龄等议云:"梁甫、社首二山,并是古昔禅祭之所。十五年议奏,请禅梁甫,今更奉诏详议。梁甫去泰山七十里,又在东南,至于行事,未为稳便。社首去泰山五里,是周家禅处。臣等参详,请禅社首。"有诏依奏,余并依十五年议。①

也就在这一年,房玄龄旧病发作。贞观二十二年(648),房玄龄病重,唐太宗令尚医看视。"晚节多病,时帝幸玉华宫,诏玄龄居守,听卧治事。稍棘,召许肩舆入殿,帝视流涕,玄龄亦感咽不自胜。命尚医临候,尚食供膳,日奏起居状。少损,即喜见于色。"②

房玄龄病重难支之际,强撑病体,写下了最后的作品《谏伐高丽表》,鞠躬尽瘁,一生以"忠"、"勤"完美谢幕。

第四节　房玄龄逸事

呜呼!"是真名士,当自风流",其房玄龄之谓欤!在房玄龄这里,德是内敛的精魂,才是外放的风骨,确为真名士。自古名士,逸事颇多,则房玄龄亦不例外,集其逸事,编次于后。

一、河汾访学

房玄龄之德才兼备,固是其家族文化底蕴,亦其遍访师友所臻。其访学师友之一就有隋末大儒文中子王通,其代表著作为《中说》③,王通乃"初唐四杰"之一——王勃的祖父。房玄龄访学文中子之事,载于王通的弟子杜淹所作的《文中子世家》,其文云:

---

① 王溥:《唐会要》卷七,第94页。
② 《新唐书》卷九十六,第3855页。
③ 本节所引《中说》原文及相关材料,皆据王雪玲校点本《中说》,辽宁教育出版社,2001年,下不另注。

　　文中子王氏,讳通,字仲淹。其先汉征君霸,洁身不仕。十八代祖殷,云中太守,家于祁,以《春秋》、《周易》训乡里,为子孙资。十四代祖述,克播前烈,著《春秋义统》,公府辟不就。九代祖寓,遭愍、怀之难,遂东迁焉。寓生罕,罕生秀,皆以文学显。秀生二子,长曰玄谟,次曰玄则;玄谟以将略升,玄则以儒术进。玄则字彦法,即文中子六代祖也,仕宋,历太仆、国子博士,常叹曰:"先君所贵者,礼乐;不学者,军旅。兄何为哉?"遂究道德,考经籍,谓功业不可以小成也,故卒为洪儒;卿相不可以苟处也,故终为博士。曰先师之职也,不可坠,故江左号王先生,受其道曰王先生业。于是大称儒门,世济厥美。

　　先生生江州府君焕,焕生虬。虬始北事魏,太和中为并州刺史,家河汾,曰晋阳穆公。穆公生同州刺史彦,曰同州府君。彦生济州刺史一,曰安康献公。安康献公生铜川府君,讳隆,字伯高,文中子之父也,传先生之业,教授门人千余。隋开皇初,以国子博士待诏云龙门。时国家新有揖让之事,方以恭俭定天下。帝从容谓府君曰:"朕何如主也?"府君曰:"陛下聪明神武,得之于天,发号施令,不尽稽古,虽负尧、舜之姿,终以不学为累。"帝默然曰:"先生,朕之陆贾也,何以教朕?"府君承诏著《兴衰要论》七篇。每奏,帝称善,然未甚达也。府君出为昌乐令,迁猗氏、铜川,所治著称,秩满退归,遂不仕。

　　开皇四年(584),文中子始生。铜川府君筮之,遇《坤》之《师》,献兆于安康献公,献公曰:"素王之卦也,何为而来? 地二化为天一,上德而居下位,能以众正,可以王矣。虽有君德,非其时乎? 是子必能通天下之志。"遂名之曰通。

　　开皇九年(589),江东平。铜川府君叹曰:"王道无叙,天下何为而一乎?"文中子侍侧十岁矣,有忧色,曰:"通闻古之为邦,有长久之策,故夏、殷以下数百年,四海常一统也。后之为邦,行苟且之政,故魏、晋以下数百年,九州无定主也。上失其道,民散久矣。一彼一此,何常之有? 夫子之叹,盖忧皇纲不振,生人劳于聚敛,而天下将乱乎?"铜川府君异之,曰:"其然乎?"遂告以《元经》之事,文中子再拜受之。

　　十八年(598),铜川府君宴居,歌《伐木》,而召文中子。子矍然再拜:"敢问夫子之志何谓也?"铜川府君曰:"尔来! 自天子至庶人,未有不资友而成者也。在三之义,师居一焉,道丧已来,斯废久矣,然何常之有? 小子勉旃,翔而后集。"文中子于是有四方之志。盖受《书》于东海李育,学《诗》于会稽夏琠,问《礼》于河东关子明,正《乐》于北平霍汲,考《易》于族父仲华,不解衣者六岁,其精志如此。

仁寿三年(603),文中子冠矣,慨然有济苍生之心,西游长安,见隋文帝。帝坐太极殿召见,因奏《太平策》十有二,策尊王道,推霸略,稽今验古,恢恢乎运天下于指掌矣。帝大悦,曰:"得生几晚矣,天以生赐朕也。"下其议于公卿,公卿不悦。时将有萧墙之衅,文中子知谋之不用也,作《东征之歌》而归,曰:"我思国家兮,远游京畿。忽逢帝王兮,降礼布衣。遂怀古人之心兮,将兴太平之基。时异事变兮,志乖愿违。吁嗟! 道之不行兮,垂翅东归。皇之不断兮,劳身西飞。"帝闻而再征之,不至。四年,帝崩。

大业元年(605),一征又不至,辞以疾。谓所亲曰:"我周人也,家于祁。永嘉之乱,盖东迁焉,高祖穆公始事魏。魏、周之际,有大功于生人,天子锡之地,始家于河汾,故有坟陇于兹四代矣。兹土也,其人忧深思远,乃有陶唐氏之遗风,先君之所怀也。有敝庐在,茅檐土阶撮如也。道之不行,欲安之乎? 退志其道而已。"乃续《诗》、《书》,正《礼》、《乐》,修《元经》,赞《易》道,九年而六经大就。门人自远而至。河南董常、太山姚义、京兆杜淹、赵郡李靖、南阳程元、扶风窦威、河东薛收、中山贾琼、清河房玄龄、巨鹿魏徵、太原温大雅、颍川陈叔达等,咸称师北面,受王佐之道焉。如往来受业者,不可胜数,盖千余人。隋季,文中子之教兴于河汾,雍雍如也。

大业十年(614),尚书召署蜀郡司户,不就。十一年(615)以著作郎、国子博士征,并不至。

十三年(617),江都难作。子有疾,召薛收,谓曰:"吾梦颜回称孔子之命曰:归休乎? 殆夫子召我也。何必永厥龄? 吾不起矣。"寝疾,七日而终。

门弟子数百人会议曰:"吾师其至人乎? 自仲尼已来,未之有也。

《礼》：男子生有字，所以昭德；死有谥，所以易名。夫子生当天下乱，莫予宗之，故续《诗》、《书》，正《礼》、《乐》，修《元经》，赞《易》道，圣人之大旨，天下之能事毕矣。仲尼既没，文不在兹乎？《易》曰：'黄裳元吉，文在中也。'请谥曰文中子。"丝麻设位，哀以送之。礼毕，悉以文中子之书还于王氏。《礼论》二十五篇，列为十卷。《乐论》二十篇，列为十卷。《续书》一百五十篇，列为二十五卷。《续诗》三百六十篇，列为十卷。《元经》五十篇，列为十五卷。《赞易》七十篇，列为十卷。并未及行。遭时丧乱，先夫人藏其书于篋笥，东西南北未尝离身。大唐武德四年，天下大定，先夫人返于故居，又以书授于其弟凝。文中子二子，长曰福郊，少曰福畤。

上引材料中相关事宜分述如次：

1. 文中子王通出生于隋开皇四年（584），可据《文中子碣铭》与上引《文中子世家》三条材料确认，[①]出生于北周大象二年（580）的结论有误。[②]房玄龄出生于北周武帝建德八年（579），比文中子年长五岁，属于同时代人。

2. 文中子成长过程中除家传儒学外，还遍访师友，"受《书》于东海李育，学《诗》于会稽夏琠，问《礼》于河东关子明，正《乐》于北平霍汲，考《易》于族父仲华，不解衣者六岁，其精志如此"。房彦谦成长过程中除家学外，也曾受学于博士尹琳。按当时惯例，房玄龄成长过程中也应当有同样的受学或者遍历师友的经历，只是目前史料阙载。

3. 文中子"慨然有济苍生之心"，于仁寿三年（603）"奏《太平策》十有二，策尊王道，推霸略，稽今验古，恢恢乎运天下于指掌矣"。即文中子十二策所尊崇的治道路线是王道政治，与关陇集团崇武的霸略政治传统截然相反，所以"公卿不悦"，太平十二策于关陇集团政权既不能行，文中子遂返乡以教授为务。教授为务，乃其家族传统。

---

① 邓小军：《唐代文学的文化精神》，（台北）文津出版社，1993年，第27—28页。
② 尹协理、魏明：《王通论》，中国社会科学出版社，1984年，第1页。

4. 文中子的教授规模同其父祖,达到千余人。据上文所列,唐太宗的三位心腹谋臣房玄龄、杜如晦、薛收均"称师北面,受王佐之道焉"。李靖、魏徵、温大雅、陈叔达等重要大臣也都是其入门弟子。"文中子之教兴于河汾",其弟子因以称"河汾门下"。

据考,唐太宗与"议天下事"的三大心腹谋臣,只有薛收的确是王通的亲传弟子,而房、杜二人与王通只是互相访学,志同道合,属朋友间的切磋论道,诚非师生相传之谊。

薛、王两家有世交之谊,并且有亲戚关系,薛收为河汾门下已有确论,[①]薛收虽早逝于武德七年(624),但薛收对唐王朝最有影响的贡献在于"开贞观谏议风气之先",薛收在武德前期对李世民的一再进谏,"对成就唐太宗从谏如流的政治品格,发生甚深的影响"[②]。薛收所开谏议风气于贞观天子即位之后为魏徵所延续,直至贞观十七年(643)魏徵离世。尹协理先生考订魏徵"在王通处的时间很可能只有一个多月",因此魏徵"不会是王通的弟子,至多算是一个交游者"[③],也就是尹氏认为魏徵与房玄龄等人一样只是访学者而已,然魏徵确为王通之入门弟子,已为尹氏未能利用之《隋故徵君文中子碣铭》等文献证实。[④] 魏徵早先"尤属意纵横之说"[⑤],师事王通之后转而持"先德而后刑"的儒家王道之说,则魏徵谏议所持之基本主张与原则,盖与薛收同出一源,故贞观初魏徵独持王道政治路线之时,特为唐太宗所接受,乃因有薛氏之功奠基在先。

仁寿三年(603)王通"道之不行"而东归河汾,至大业十三年(617)病逝时一直在家乡龙门以教授为务。房玄龄自十八岁(596)举进士授羽骑尉,不久转任隰城尉,在大业元年(605)坐杨谅事"除名徙上郡"之前,房玄龄正在隰城过着"十年风尘苦作吏"的生涯。仁寿三年,房玄龄二十五岁,正当壮岁出游而访学的年龄。有材料表明房玄龄在坐杨谅事徙上郡之后

---

① 详见邓小军:《唐代文学的文化精神》,第86—89页。尹协理、魏明:《王通论》,第37—40页。
② 邓小军:《唐代文学的文化精神》,第90、96页。
③ 尹协理、魏明:《王通论》,第43页。
④ 邓小军:《唐代文学的文化精神》,第94—95页。
⑤ 刘昫:《旧唐书》卷七十一,第2545页。

曾四处游访,王珪就是这一时期他所出访的好友之一。王珪,出生于北周武帝天和六年(571),年长房玄龄八岁。王珪家传儒学,其叔父王颇"当时通儒,有人伦之鉴,尝谓所亲曰:'门户所寄,唯在此儿耳。'"①王颇因参与杨谅事而被杀,王珪受到株连,逃匿于南山隐居,长达十多年。杨谅事风声稍缓后,房玄龄即访于王珪。《新唐书》卷九十八云:

> 始,隐居时,与房玄龄、杜如晦善,母李尝曰:"而必贵,然未知所与游者何如人,而试与偕来。"会玄龄等过其家,李窥大惊,敕具酒食,欢尽日,喜曰:"二客公辅才,汝贵不疑。"②

于此我们可知:在隋大业元年(605)年至李渊起事(618)前的十余年间,房玄龄、杜如晦、王珪之间是有着密切交往的。王珪,世居"郿"地,即今陕西眉县,近在秦岭。隰城,今山西汾阳。上郡,今陕西富县。这两地与王通设教的龙门都很近。王珪隐居南山,与房玄龄所在的陕北上郡南北相远,二人尚且互相游访,王通父子二代设教龙门,皆门人千余,规模宏大,声名远播,房玄龄就近访学龙门论道,正是情理中事。当初李文博专访玄龄于洛下,宜其同玄龄之访王珪、王通,实游学明志之义。尹协理先生考订之后认定"房玄龄与王通并无师生之谊,至多不过有过交往而已"③。房玄龄、王通之间的确只是访学而无师生之谊。

　　房玄龄访学于王通,其言论被随侍门人记录下来,在王通故去之后又被其弟王凝整理进文中子《中说》之中。据考:贞观五年(631)之前,王通之弟王凝已开始整理《中说》。至迟在贞观五年,王凝已初步编成《中说》,并将《中说》录送本州刺史杜之松以传布于世。贞观二十三年(649),王通之子王福畤写出《王氏家书杂录》,记载《中说》成书本末。④《中说》文本之传布,是在杜淹的推动下通过地方州刺史官方进行的,时房玄龄、魏徵皆健

①《旧唐书》卷七十,第 2525 页。
②《新唐书》卷九十八,第 3890 页。
③ 尹协理、魏明:《王通论》,第 43 页。
④ 邓小军:《唐代文学的文化精神》,第 23—24 页。

在且声誉正隆,王凝本人于贞观四年任监察御史出使益州、贞观五年出任胡苏令,正在房玄龄的吏部管辖之下,则王凝公然捏造文本内容事实的可能性不大。故《中论》所载房玄龄言论事属信实,并非论者所云"是王通的弟弟王凝和王通的儿子王福郊、王福畤等增饰以示夸耀"①。

房玄龄与王通访学讨论的内容,据《文中子》关朗篇云:

> 门人窦威、贾琼、姚义受《礼》,温彦博、杜如晦、陈叔达受《乐》,杜淹、房乔、魏微受《书》,李靖、薛方士、裴晞、王圭受《诗》,叔恬受《元经》,董常、仇璋、薛收、程元备闻《六经》之义。

房玄龄与王通所论为《书》,录房、王二人对谈于后,以明房玄龄当时所关注的主要问题。

> 子曰:"杜如晦若逢其明王,于万民其犹天乎?"董常、房玄龄、贾琼问曰:"何谓也?"子曰:"春生之,夏长之,秋成之,冬敛之。父得其为父,子得其为子,君得其为君,臣得其为臣,万类咸宜。百姓日用而不知者,杜氏之任,不谓其犹天乎? 吾察之久矣,目光惚然,心神忽然。此其识时运者,忧不逢真主以然哉!"
>
> 房玄龄问事君之道。子曰:"无私。"问使人之道。曰:"无偏。"曰:"敢问化人之道。"子曰:"正其心。"问礼乐。子曰:"王道盛则礼乐从而兴焉,非尔所及也。"
>
> 房玄龄问郡县之治。子曰:"宗周列国八百余年,皇汉杂建四百余载,魏、晋已降,灭亡不暇,吾不知其用也。"
>
> 房玄龄曰:"书云霍光废帝举帝,何谓也?"子曰:"何必霍光? 古之大臣,废昏举明,所以康天下也。"
>
> 房玄龄问史。子曰:"古之史也辩道,今之史也耀文。"问文。子曰:"古之文也约以达,今之文也繁以塞。"

---

① 王雪玲校点本《中说》校点说明,辽宁教育出版社,2001 年。

　　房玄龄问："田畴,何人也?"子曰："古之义人也。"

　　子谓房玄龄曰："好成者,败之本也;愿广者,狭之道也。"玄龄问："立功立言何如?"子曰："必也量力乎?"

　　房玄龄问正主庇民之道。子曰："先遗其身。"曰："请究其说。"子曰："夫能遗其身,然后能无私,无私然后能至公,至公然后以天下为心矣,道可行矣。"玄龄曰："如主何?"子曰："通也不可究其说,萧、张其犹病诸?噫!非子所及,姑守尔恭,执尔慎,庶可以事人也。"

　　子谒见隋祖,一接而陈十二策,编成四卷。薛收曰："辩也乎?"董常曰："非辩也,理当然尔。"房玄龄请习《十二策》,子曰："时异事变,不足习也。"

　　房玄龄问："善则称君,过则称己,可谓忠乎?"子曰："让矣。"

　　房玄龄谓薛收曰："道之不行也必矣,夫子何营营乎?"薛收曰："子非夫子之徒欤?天子失道,则诸侯修之;诸侯失道,则大夫修之;大夫失道,则士修之;士失道,则庶人修之。修之之道,从师无常,诲而不倦,穷而不滥,死而后已。得时则行,失时则蟠。此先王之道所以续而不坠也,古者谓之继时。《诗》不云乎:纵我不往,子宁不嗣音。如之何以不行而废也?"玄龄恺然谢曰："其行也如是之远乎?"

　　姚义困于窭。房玄龄曰："伤哉,窭也!盍请乎?"姚义曰："古之人为人请,犹以为舍让也,况为己乎?吾不愿。"子闻之曰："确哉,义也!实行古之道矣,有以发我也:难进易退。"

通过上引房、王论道的谈话,知当时房玄龄所关注者在于"贤臣择主而侍"的问题。自大业元年杨谅事后,隋炀帝所谓"承先旨"而做的营东都、开运河、筑长堑、备征辽等一系列事件,已使隋朝呈现乱衰之象,而这正是房玄龄早先所预言隋亡"可翘足而待"的实现征兆。既然隋亡已翘足可待,"道之不行必也",则房玄龄心中所想已非隋朝,"顾中原方乱,慨然有忧天下志"①,隋末之时房玄龄所关注的问题已是如何"择主而侍"来安定天下了。

① 《新唐书》卷九十六,第3853页。

所以他与王通讨论的问题是择主、事君、达道的问题："如主何"、"立功立言何如"。在上面的谈话中,房玄龄得到了他想要的答案:废昏举明、守恭执慎、行古之道。

　　废昏举明,房玄龄选择了贞观天子李世民。而观房玄龄于贞观期间之所行事,其为臣也,唯唐太宗马首是瞻,的确是"守恭执慎";其行事也,大抵不出周礼仁义公正之准绳,的确是"行古之道"。而所谓"行古之道",即王通所倡导的原始儒学的教化与王道,可以这样认为,房玄龄的思想的确受到了王通学说的影响,其达成天下大治的思路与王通学说是相通的,所以在与作为王通亲传弟子的杜淹、温彦博、魏徵、陈叔达等人共辅唐太宗时,几人在施政方向与实现措施方面有着共同性。数子合力,尤其是与魏徵长达十数年的合作,遂形成贞观政治的文化品质中带有明显的河汾之学的烙印,"今天,就贞观之治的文化精神而论,应当说:唐渊流出于河汾"①。是以唐人论贞观贤相,前期有房、杜,后期有房、魏。杜甫《折槛行》诗云:"鸣呼房魏不复见,秦王学士时难羡。"宋代陆游《感怀》诗云:"巍巍贞观治,房魏出河汾。"

二、房玄龄与《兰亭序》公案

　　清乾隆十六年(1751)《御制兰亭杂咏诗》云:"真迹当年付老僧,赚来萧翼许多能。若方吐哺周公旦,房相论贤未足称。"乾隆所咏之事,乃是因王羲之《兰亭序》书法作品而涉及房玄龄的一桩公案。其事情之经过在唐人那里就已有多种版本:一说云《兰亭序》先由欧阳询于武德四年(621)就越访求得之,然后献入秦王府,与房玄龄并无干系;一说云《兰亭序》由房玄龄于贞观初年推荐萧翼假扮书生从辩才和尚那里骗取之。两说今见载于《南部新书》、《独异志》、《隋唐嘉话》等作品中,前后有五条材料谈及此事。《南部新书》所记唐人轶事,乃宋人钱易辑唐人典籍转录而成,属第二手史源,姑不置论。余下四条材料皆唐人所记录,其中两条为同一作者刘悚所记,然而同一作者所记同一事件却两说分持,两相抵牾,可信度不高。另两

---

① 参见邓小军:《唐代文学的文化精神》第一章《贞观之治与河汾之学》,第96—97页。

条材料均确认《兰亭序》由房玄龄推荐萧翼骗取之,而尤以《全唐文》卷三百
一何延之《兰亭始末记》为最详,其文云:

  《兰亭》者,晋右将军、会稽内史、琅邪王羲之逸少所书之诗序也。
右军蝉联美冑,萧散名贤,雅好山水,尤善草隶,以晋穆帝永和九年三
月三日宦游山阴,与太原孙统承公、孙绰兴公、广汉王彬之道生、陈郡
谢安安石、高平郗昙重熙、太原王蕴叔仁、释支遁道林,及其子凝之、徽
之、操之等四十有二人,修祓禊之礼,挥毫制序,兴乐而书。用蚕茧纸,
鼠须笔,遒美劲健,绝代特出。凡二十八行三百二十四字,字有重者皆
构别体。其中之字最多,乃有二十许字,变转悉异,遂无同者。是时殆
有神助,及醒后,他日更书数十本,终无及者。
  右军亦自爱重此书,留付子孙,传至七代孙智永。即右军第五子
徽之之后,安西成王咨议彦祖之孙,庐陵王胄曹昱之子,陈郡谢少卿之
外甥也。与兄孝宾俱舍家入道,俗号永禅师。……禅师年近百岁乃
终,其遗书并付与弟子辩才。辩才姓袁氏,梁司空昂之元孙。博学工
文,琴奕书画,皆臻其妙。每临禅师之书,逼真乱本。辩才常于寝房伏
梁上凿为暗槛,以贮《兰亭》,保惜贵重甚于禅师在日。
  至贞观中,太宗以听政之暇,锐志玩书。临右军真草书帖,购募备
尽,唯未得《兰亭》。寻知此书在辩才处,乃降敕追师入内道场供养,恩
赉优洽。数日后,因言次,乃问及《兰亭》,方便善诱,无所不至。辩才
确称:往日侍奉先师,实尝获见,自禅师丧后,荐经丧乱,坠失不知所
在。既而不获,遂放归越中。后更推究,不离辩才处,又敕追辩才入
内,重问《兰亭》。如此者三度,竟靳固不出。上谓侍臣曰:“右军之书,
朕所偏宝。就中逸少之迹,莫如《兰亭》,求见此书,劳于寤寐。此僧暮
年,又无所用。若为得一智略之士,设谋计取之。”尚书右仆射房玄龄
奏曰:“监察御史萧翼者,梁元帝之曾孙,今贯魏州莘县,负才艺,多权
谋,可充此使,必当见获。”太宗遂召见翼,翼曰:“若作公使,义无得理。
臣请私行诣彼,须得二王杂帖数通。”太宗依给。
  翼遂改冠微服,至洛阳随商人船下至越州;又衣黄衫,极宽长潦

倒,得山东书生之体。日暮入寺,巡廊以观壁画,过辩才院,止于门前。辩才遥见翼,乃问曰:"何处檀越?"翼因便前礼拜云:"弟子是北人,来此鬻蚕种历寺纵观,幸遇禅师。"寒温既毕,语议便合,因延入房内,即共围棋抚琴,投壶握槊,谈说文史,意甚相得。乃曰:"白头如新,倾盖若旧,今后无形迹也。"便留夜宿,设缸面药酒茶果等。江东云缸面,犹河北称瓮头,谓初熟酒也。酣乐之后,请宾赋诗。辩才探得"来"字韵,其诗曰:"初酝一缸开,新知万里来。披云同落寞,步月共徘徊。夜久孤琴思,风长旅雁哀。非君有秘术,谁照不然灰。"萧翼探得"招"字韵,诗曰:"邂逅款良宵,殷勤荷胜招。弥天俄若旧,初地岂成遥。酒蚁倾还泛,心猿躁自调。谁怜失群翼,长苦叶风飘。"妍媸略同。彼此讽咏,恨相知之晚,通宵尽欢,明日乃去。辩才曰:"檀越闲即更来。"翼乃载酒赴之,兴后作诗。如此者数次,诗酒为务,僧俗混然。

遂经旬朔,翼示师梁元帝自画《职贡图》,师嗟赏不已。因谈论翰墨,翼曰:"弟子先世皆传二王楷书法,弟子自幼来耽玩,今亦有数帖自随。"辩才欣然曰:"明日可携来看。"翼依期而往,出其书示辩才。辩才熟详之,曰:"是则是矣,然未佳善也;贫僧有一真迹,颇亦殊常。"翼曰:"何帖?"辩才曰:《兰亭》。"翼佯笑曰:"数经乱离,真迹岂在,必是响拓伪作耳。"辩才曰:"禅师在日保惜,临亡之际亲付于吾,付授有绪,那得参差。可明日来看。"及翼到,师自于房梁上槛内出之。翼见讫,故驳瑕指颣曰:"果是响拓书也。"纷竞不定。自示翼之后,更不复安于伏槛,并萧翼二王诸帖并借留置于几案之间。辩才时年八十余,每日于窗下临学数遍,其笃好也如此。自是翼往还既数,童弟等无复猜疑。后辩才赴灵汜桥南严迁家斋,翼遂私来房前,谓弟子曰:"翼遗一物在此。"童子即为开门。翼遂于案上取得《兰亭》及御府二王书帖,赴永安驿,告驿长凌愬曰:"我是御史,奉敕来此,今有墨敕,可报汝都督知。"

都督齐善行闻之,驰来拜谒。萧翼因宣示敕旨,具告所由。善行走使人召辩才,辩才仍在严迁家未还寺,遽见追呼,不知所以。又遣散直云:"侍御史须见。"及师来见御史,乃是房中萧生也。萧翼报云:"奉敕遣来取《兰亭》,《兰亭》今得矣,故唤师来作别。"辩才闻语哽绝,良久始苏。翼便驰驿而发,至都奏御。太宗大悦,以玄龄举得其人,赏锦彩千段;擢拜翼为员外郎,加入五品,赐银瓶一、金镂瓶一、玛瑙椀一,并实以珠,内厩良马两匹,兼宝装鞍辔,庄宅各一区。太宗初怒老僧之秘客,以其年耄,不忍加刑;数月后,仍赐物三千段、谷三千石,敕赴州支给。辩才不敢将入已用,回造三层宝塔,塔甚精丽,至今犹存。老僧因悸病,不能强饭,惟歠粥,岁余乃卒。

帝命供奉拓书人赵模、韩道政、冯承素、诸葛贞等四人,各拓数本以赐皇太子、诸王近臣。贞观二十三年,圣躬不豫,幸玉华宫含风殿,临崩,谓高宗曰:"吾欲从汝求一物,汝诚孝也,岂能违吾心邪。汝意何如?"高宗哽咽流涕,引耳而听受制命。太宗曰:"所欲得《兰亭》,可与我将去。"及弓剑不遗,同轨毕至,随仙驾入玄宫矣。今赵模等所拓在者,一本尚直钱数万也。人间本亦稀少,绝代之珍宝,难可再见。

吾尝为左千牛将军时,随牒适越,泛巨海,登会稽,探禹穴,访奇书,名僧处士,犹倍诸郡。固知虞预之著《会稽典录》,人物不绝,信而有征。其辩才弟子玄素,俗姓杨氏,华阴人也,汉太尉之后。六代祖佺期,为桓玄所害,子孙避难,流窜江东。后遂编贯山阴,即吾之外氏近属,今殿中侍御史玚之族。长安三年,素师已年九十三,视听不衰,犹居永欣寺永禅师故房,亲向吾说。聊以退食之暇,略疏始末,庶将来君子,知吾心之所存。付之永、明、温、起等兄弟,其有好事同志者,亦无隐焉。于时岁在甲寅季春之月上巳之日,感前修而撰此记。

主上每暇隙,留神艺术,迹逾笔圣,偏重《兰亭》。仆开元十年四月二十七日任均州刺史,蒙恩许拜扫至都,寻访所得委曲。缘病不获诣阙,遣男、昭成皇太后挽郎、吏部常选骑都尉永写本进。其日奉日曜门司宣敕,内出绢三十疋赐永。于是负恩荷泽,手舞足蹈,捧戴周旋,光骇闾里。仆局天闻命,伏枕怀欣,殊私忽临,沉痾顿减,辄题卷末,以示后代。朝议郎行职方员外郎、上柱国何延之记。①

---

① 董诰等编:《全唐文》,第 3058 页。

　　无论哪种说法,首先肯定的是,《兰亭序》在归于李世民之前是在越州僧人辩才手中。至于是谁把《兰亭序》从辩才手中弄出来,亲历其事者最有发言权。何延之的史料来源是"长安三年,素师已年九十三,视听不衰,犹居永欣寺永禅师故房,亲向吾说"。武则天长安三年(703),僧玄素九十三岁,则玄素出生于隋大业七年(611)。在唐太宗得到《兰亭序》真迹之时,玄素至少已经十七岁了,已属成年人。玄素与辩才在同一寺庙修行,而且他所居住的地方还是当年存放《兰亭序》的永禅师故居。玄素于《兰亭序》易手事件中实属亲历者之一,其口碑史料可为信实。何延之在长安三年听玄素讲述《兰亭序》易手始末,于开元二年(714)笔录事件经过。由此我们得知,唐太宗之获得《兰亭序》,房玄龄在其中起到了出谋划策的作用。究其过程,唐太宗之得《兰亭序》实属巧取豪夺,而在这一事件中,房玄龄、萧翼充当了帮凶的角色,以此房玄龄遭到了乾隆"房相论贤未足称"的讥嘲。

三、房玄龄伉俪情深

　　房玄龄伉俪情深,《新唐书》卷二百五记云:

　　　　房玄龄妻卢,失其世。玄龄微时,病且死,谓曰:"吾病革,君年少,不可寡居,善事后人。"卢泣入帐中,剔一目示玄龄,明无它。会玄龄良愈,礼之终身。[1]

其事《朝野佥载》的记述较详:

　　　　唐左仆射房玄龄少时,卢夫人质性端雅,姿神令淑,抗节高厉,贞操逸群。龄当病甚,乃嘱之曰:"吾多不救,卿年少,不可守志,善事后人。"卢夫人泣曰:"妇人无再见,岂宜若此!"遂入帐中,剔一目睛以示龄。龄后宠之弥厚也。[2]

---

[1]《新唐书》卷二百五,第517页。
[2] 周勋初主编:《唐人轶事汇编》,上海古籍出版社,1995年,第247页。

清河房氏齐州一脉在唐高宗之前还没有衰落,其社会地会虽不及"五姓"高门崇重,那也是山东有数的阀阅士族之家。房玄龄的子女能与山东五姓高门"盛与为婚",并不全是因为房玄龄当政的影响,更有清河房氏数百年家学文化传承的影响力。所以房玄龄之妻卢氏,虽失其世系,按山东士族重婚娅、重"门当户对"的习俗,卢氏亦当是出自于范阳卢氏,何况房、卢两家并不陌生,房玄龄的伯母即出自范阳卢氏。房玄龄妻卢氏应该受到过较好的家学教育,因此张鷟赞其"质性端雅,姿神令淑,抗节高厉,贞操逸群"。卢夫人与房玄龄夫妻情深,的确是达到了生死相依、患难相恤的程度。房玄龄以病重将死,不忍其妻孤苦存世,遂郑重叮嘱卢氏改嫁,卢氏剜目明志,故房玄龄病愈之后,二人感情更好。"礼之终生"、"宠之弥厚",的确可以担当得上古人"相敬如宾"的楷模。唐人有云房玄龄"畏见其妻",若实如此,"畏"也只是表面,真实的根源还在于房玄龄对卢氏的爱重。

云房玄龄"畏见其妻"的记载,出自刘悚《隋唐嘉话》,其文云:

> 梁公夫人至妒,太宗将赐公美人,屡辞不受。帝乃令皇后召夫人,告以媵妾之流,今有常制,且司空年暮,帝欲有所优诏之意。夫人执心不回。帝乃令谓之曰:"若宁不妒而生,宁妒而死?"曰:"妾宁妒而死。"乃遣酌卮酒与之,曰:"若然,可饮此鸩。"一举便尽,无所留难。帝曰:"我尚畏见,何况于玄龄!"①

考其上文,房玄龄年少之时尚忧卢氏孤寂独苦,况复"司空年暮!""屡辞不受"显是房玄龄爱重其妻的表现,然房玄龄直接回拒太宗美意显然不妥,故以其他借口婉拒之,而"夫人至妒"则是最好的借口。究其实而言,在"礼之终生"、"宠之弥厚"的背后,我们看不到房玄龄有任何"畏见"其妻的理由。俗云:幸福家庭家家相似,不幸家庭个个不同。房玄龄夫妻情重,大抵如此。

唐人所记唐太宗赐大臣侍子之类的事情还发生在房玄龄的同事兵部

---

① 刘悚:《隋唐嘉话》,中华书局,1979 年,第 26 页。

尚书任瓌身上。《朝野佥载》卷三云：

> 初，兵部尚书任瓌敕赐宫女二人，皆国色。妻妒，烂二女头发秃尽。太宗闻之，令上宫赍金壶瓶酒赐之，云："饮之立死。瓌三品，合置姬媵。尔后不妒，不须饮；若妒，即饮之。"柳氏拜敕讫，曰："妾与瓌结发夫妻，俱出微贱，更相辅翼，遂致荣官。瓌今多内嬖，诚不如死。"饮尽而卧，然实非鸩也，至夜半睡醒。帝谓瑰曰："其性如此，朕亦当畏之。"因诏二女令别宅安置。①

任瓌两代将门出身，于文事殊少措意，其"妻刘氏妒悍无礼，为世所讥"②，则任瓌"畏见其妻"信非虚语，唐人记其大述"畏妻"理由云：

> 唐管国公任瓌酷怕妻。太宗以功赐二侍子，瓌拜谢，不敢以归。太宗召其妻，赐酒，谓之曰："妇人妒忌，合当七出。若能改行无妒，则无饮此酒。不尔，可饮之。"曰："妾不能改妒，请饮酒。"遂饮之。比醉归，与其家死诀。其实非鸩也，既不死。他日，杜正伦讥弄瓌。瓌曰："妇当怕者三，初娶之时，端居若菩萨，岂有人不怕菩萨耶？既长生男女，如养儿大虫，岂有人不怕大虫耶？年老面皱，如鸠盘荼鬼，岂有人不怕鬼耶？以此怕妇，亦何怪焉。"闻者欢喜。③

任瓌之"怕妻"与房玄龄之"重妻"，顾不可同日而语也！

四、世间谐笑谈，玄龄真性情

房玄龄秉政二十余年，同事无数，少有结怨，同事之间谐谑谈笑，房玄龄亦谈笑回应，颇显房玄龄真性情。《大唐新语》云：

① 张鷟：《朝野佥载》，中华书局，1997 年，第 59 页。
②《旧唐书》卷五十九，第 2324 页。
③ 李昉：《太平广记》卷二百四十八，第 1924—1925 页。

　　裴玄本好谐谑,为户部郎中。时左仆射房玄龄疾甚,省郎将问疾。玄本戏曰:"仆射病可,须问之;既甚矣,何须问也。"有泄其言者。既而随例候玄龄,玄龄笑曰:"裴郎中来,玄龄不死矣。"①

　　房玄龄为尚书仆射,户部为其下属六部之一。僚属看望生病的长官,虽是惯例,然谈笑间却显出房玄龄与同事间往来和睦相处的情致,显其真性情。

　　裴行俭,出自于河东闻喜裴氏,这个家族历来文武双修,世出名将,亦出文史人才,如著名史学家裴骃等。裴行俭以书法、兵法见长,也以好学知名,是以墓志铭称其"将相之器,与年俱长"。入唐以后,以父祖之荫入弘文馆就读,为了在弘文馆多读书,裴行俭多年不应举入仕,"绝事笃学,累年不举,房仆射异而问焉,对曰:'隋室丧乱,家乏典籍,馆有良书,控讨未遍,故少留耳。'梁公惊曰:'骥子志气凌云,当一日千里。'"②戴胄、房玄龄、李靖、温彦博、魏徵、王珪同知国政,是为同僚。戴胄去世后,"房玄龄、魏徵与胄善,每至生平故处,辄流涕"③。关注同事成长,缅怀故旧,随处可见房玄龄之真性情。

　　房玄龄的真性情不独显示于公事之余、同僚之间,更显露于他的日常生活之中,占卜生活即其一也。古人信占卜,房玄龄也不例外,史籍所载房玄龄与相面有关的逸事四条。

　　其一是高孝基相面房玄龄。史籍所记载房玄龄应选,接触到隋吏部主选官员高孝基,高孝基因此对裴寂断言房玄龄"必成伟器",并以身后子孙之事相托。《唐语林》卷三云:

　　　隋吏部侍郎高孝基主选,见梁公房玄龄、蔡公杜如晦,愕然降阶,与之抗礼。延入内厅,食甚恭,曰:"二贤当为王霸佐命,位极人臣,然杜年寿稍减于房耳。愿以子孙相托。"贞观初,杜薨于左仆射,房位至

①　刘肃:《大唐新语》卷七《容恕》,第106页。
②　董诰等编:《全唐文》卷二百二十八,第2305页。
③　《新唐书》卷九十九,第3916页。

司徒,秉政二十余年。

史传云高孝基有识人之鉴。根据对方的才能判定对方将来的发展潜力,这是自身学识的展示,高孝基的识人之鉴本源于此,无可非议。但他断定房、杜年寿长短却非关学识,自是根据当时流行的相面之术进行判断。[1]

史籍记载房玄龄亲自问卜相面的经历有两次,其中一次是问卜于唐朝著名相士袁天纲。《太平广记》卷二百二十一《袁天纲》条云:

> 贞观中,敕追诣九成宫。于时中书舍人岑文本,令视之。天纲曰:"舍人学堂成就,眉复过目,文才振于海内。头有生骨,犹未大成。后视之全无三品,前视三品可得。然四体虚弱,骨肉不相称,得三品,恐是损寿之征。"后文本官至中书令,寻卒。房玄龄与李审素同见天纲,房曰:"李恃才傲物,君先相得何官?"天纲云:"五品未见,若六品已下清要官有之。"李不复问,云:"视房公得何官?"天纲云:"此人大富贵,公若欲得五品,即求此人。"李不之信。后房公为宰相,李为起居舍人卒。[2]

这次相卜,因袁天纲熟知房玄龄,言其有大富贵,双方欢颜而罢。而另一次房玄龄买卜成都却是愤恚而回。《龙城录》云:

> 房玄龄来买卜成都,日者笑而掩鼻曰:"公知名当世,为时贤相,奈无继嗣何?"公怒,时遗直以三岁在侧,日者顾指曰:"此儿此儿,绝房者此也。"公大怅而还。后皆信然也。[3]

卜者断言房玄龄无继嗣,香火无继,这在古代而言乃是极大的灾难,房玄龄

---

[1] 相面之术在隋唐二朝的流行,藉敦煌文书所出多种相面文书可得验证,学界已有研究,详参见王晶波:《敦煌相书研究》,民族出版社,2010年。
[2] 李昉:《太平广记》卷二百二十一,第1695页。
[3] 周勋初主编:《唐人轶事汇编》,第247页。

大怅而还。对于相卜占卦之事,房玄龄其实也在将信未信之间。《朝野佥载》卷六云:

> 王显与文武皇帝有严子陵之旧,每褰裈为戏,将帽为欢。帝微时,常戏曰:"王显抵老不作茧。"及帝登极,而显谒奏曰:"臣今日得作茧耶?"帝笑曰:"未可知也。"召其三子,皆授五品,显独不及。谓曰:"卿无贵相,朕非为卿惜也。"曰:"朝贵而夕死足矣。"时仆射房玄龄曰:"陛下既有龙潜之旧,何不试与之?"帝与之三品,取紫袍、金带赐之,其夜卒。①

王显脸无贵相,故其儿时好友唐太宗也言其一生不得出仕,"抵老不作茧",所以唐太宗即帝位后给其三子皆授五品官,而独不授王显官。由于对于相面之事在于将信未信之间,所以房玄龄就劝唐太宗授官与王显试试。相面之事,今虽为无稽之谈,在当时却是广泛信奉,于此大见房玄龄日常生活之真性情。

房玄龄携数百年家族文化积淀,名士风流,真情一生! 于私,他夫妻情深,家庭美满,在世之时子孙皆得荣显;于公,他公忠体国,多所开创,可谓事业大成。房玄龄真性情处世,家庭、事业两皆美满,贞观二十二年(648),在病榻上完成了他最后的作品之后,房玄龄终于无憾地辞世了! 他与唐太宗三十二年经营天下的风云际会终于画上了圆满的句号。次年(649),唐太宗亦因病辞世,以"贞观之治"名世的"唐代的第一个鼎盛时期"②落下了帷幕!

回顾房玄龄的一生,无负他的好友王珪对他的品藻。贞观四年(630)十二月,唐太宗与诸位宰相年终宴会,因王珪承传家学"月旦评"的积习,所以唐太宗命王珪对在座诸位宰相进行品藻。《旧唐书》卷七十王珪本传记下了唐朝这次最为著名的品藻:

---

① 张鹭:《朝野佥载》卷六,第148页。
② 崔瑞德主编:《剑桥中国隋唐史》,中国社会科学出版社,1990年,第238页。

时房玄龄、李靖、温彦博、戴胄、魏徵与珪同知国政。后尝侍宴,太宗谓珪曰:"卿识鉴清通,尤善谈论,自房玄龄等,咸宜品藻,又可自量,孰与诸子贤?"对曰:"孜孜奉国,知无不为,臣不如玄龄;才兼文武,出将入相,臣不如李靖;敷奏详明,出纳惟允,臣不如温彦博;处繁理剧,众务必举,臣不如戴胄;以谏诤为心,耻君不及于尧、舜,臣不如魏徵。至如激浊扬清,嫉恶好善,臣于数子,亦有一日之长。"①

"孜孜奉国,知无不为",的确是房玄龄一生最佳的写照!"孜孜奉国,知无不为",房玄龄堪为世人楷模,皮日休有诗云:"吾爱房与杜,贫贱共联步。脱身抛乱世,策杖归真主。纵横握中算,左右天下务。肮脏无敌才,磊落不世遇。美矣名公卿,魁然真宰辅。黄阁三十年,清风一万古。巨业照国史,大勋镇王府。遂使后世民,至今受陶铸。粤吾少有志,敢蹑前贤路。苟得同其时,愿为执鞭竖。"②

"煌煌太宗业,树立甚宏达"③,太宗朝树立了些什么?群相于门下政事堂坐而论道,皇帝诏令必须门下副署方得执行,"史家所谓'中书出令、门下审驳,分为二省,而尚书受成颁之有司'的理想模式,在贞观年间终于成功运作"④。后人检视唐太宗的贞观业绩,发现"他留给他的继承者一笔庞大的遗产:合理而高效能的行政机构、繁荣的经济及广大的国土"⑤。如前所述,台阁规模、典章人物,合理而高效能的行政机构,正是在房玄龄的创造性努力下与唐太宗一起共同完成的!这是唐太宗留给世间的遗产,当然更是房玄龄留给世间的遗产。

犹忆房玄龄初任仆射时,唐太宗对房玄龄的厚重期望——"开物成务,知无不为"。回视房玄龄的辅国历程:为中书令,贞观元年并省官员,贞观二年引导确立贞观治体,贞观三年参定考课制度,"房谋杜断"今已誉传天

---

① 《旧唐书》卷七十,第 2529 页。
② 曹寅等编:《全唐诗》卷六百八,第 7016—7017 页。
③ 曹寅等编:《全唐诗》卷二百一十七,第 2276 页。
④ 罗永生:《三省制新探——以隋和唐前期门下省职掌与地位为中心》,第 317 页。
⑤ 崔瑞德主编:《剑桥中国隋唐史》,第 238 页。

下。任仆射,监修诸史、制贞观礼、定贞观律、编修类书、审定五经、诠定义
学等一系列"大阐文教"的繁重工作被房玄龄一一创造性地完成了,唐式制
度、唐式律令、唐式文化于焉而成,贞观气象,是此构成唐人之为"唐人"的
精气神,"唐人"誉称今日犹存。"贞观之治"宏伟成就的背后闪耀着房玄龄
忙碌的身影! 二十多年的勉力致治,房玄龄无负唐太宗对他的嘱托——
"开物成务,知无不为"。

　　"太宗时代的清平之治一定会使那些在他死后的不稳定的甚至危险的
年代中继续供职的官员们产生深沉的追思"①,后人的追思能体味到什么?
唐人柳芳曰:"玄龄佐太宗定天下,及终相位,凡三十二年,天下号为贤相;
然无迹可寻,德亦至矣!"房玄龄的确没有如今日的政要那样留下什么政绩
工程,所以无迹可寻,但他和唐太宗一起共同创造了一代制度,唐人吴兢
曰:"垂世立教之美!"

　　"道光守器长琴振音,方嗣虞风仙管流声",斯人仙去,褚遂良对房玄龄
的悠悠缅怀让我们真切地认识了睿智的房玄龄:他从来都没有自己的声
音,但他又有自己的声音,他的声音就是——"贞观"!

　　清河房玄龄!

———————————

① 崔瑞德主编:《剑桥中国隋唐史》,第238页。

结　　语

　　追寻着齐州房氏诸人的足迹,我们度过了漫长的中古时期,经历着南北朝动荡的岁月,也分享着大唐的盛世华章。"忆往昔峥嵘岁月稠",齐州房氏在中古时期的峥嵘岁月,今日房氏后人用"清河世泽,凌阁家声"八字进行了总结。

　　"七刘八张十二王,天下无二房",房氏后人的这一俗语强调天下房姓只有一个来源,即尧帝世孙房陵。而"天下房氏,望出清河"①,这一幅房氏宗祠通用联,说的是房氏后人引以为傲的清河郡望。自王莽末房雅徙居清河郡,清河郡儒素、侠风交融的文化风貌就深刻地影响着房氏中人,以至于在四百多年后,这种儒、侠交融的文化风貌仍然镌刻在早已远离清河的齐州房氏诸人身上,"法寿拓落不羁,克昌厥后。景伯兄弟儒素,良可称乎!"②

　　"奕世儒素",是对齐州房氏的真实写照。自房雅徙居清河郡,服膺儒教,家族子弟"通经致仕",至东汉后期,清河房植已成为一代经学宗师、士林领袖。"清河世泽流芳远",在清河房谌迁居济南之后,清河房氏的儒素传统仍然得以传续。"格物、致知、诚意、正心、修身、齐家、治国、平天下",建构一个和谐有序的社会,是儒家的终极政治理想,也是服膺儒教的齐州房氏中人的理想。然而实现这一理想却是一件任重而道远的事情,囿于时局,即令在孔子那里,为了实现这一理想,也只能是"用之则行,舍之则

---

① 来自于中华房氏网"房氏文化研究"栏目。
② 《北史》卷三十九,第1436页。

藏"①。对于"用之则行,舍之则藏",孟子有更深层的理解,"尊德乐义,则可以嚣嚣矣。故士穷不失义,达不离道。穷不失义,故士得己焉;达不离道,故民不失望焉。古之人,得志,泽加于民;不得志,修身见于世。穷则独善其身,达则兼善天下"②。为了儒家的政治理想,齐州房氏中人"穷则独善其身",如房"彦谦知王纲不振,遂去官隐居不仕,将结构蒙山之下,以求其志"③。然齐州房氏中人更多的是"穷且益坚,不坠青云之志",房灵宾兄弟在平齐郡,"虽流漂屯坬,操尚卓然"④;房景先"昼则樵苏,夜诵经史,自是精勤,遂大通赡"⑤。齐州房氏诸人所在为官,皆有"惠化"、"美政"⑥,斯其"达则兼善天下"、"得志,泽加于民"是也。房氏"兼善天下"的政治抱负,在房玄龄的努力下达到了巅峰,终于为齐州房氏赢得了"凌阁家声"的美名!

房氏"儒风雅业"⑦最为可贵之处在于养就了房氏人物的"开物成务"。《隋书》史臣将李谔、鲍宏、裴政、柳庄、源师、郎茂、高构、张虔威、荣毗、陆知命、房彦谦等人入于同卷类传,盖因这些人都有"开物成务"以成其志的执着,史臣为此撰写赞语云:"大厦云构,非一木之枝;帝王之功,非一士之略。长短殊用,大小异宜,楹棁栋梁,莫可弃也。李谔等或文能遵义,或才足干时,识用显于当年,故事留于台阁。参之有隋多士,取其开物成务,皆廊庙之榱桷,亦北辰之众星也。"⑧房玄龄任仆射,唐太宗就对他赋予了"开物成务,知无不为"的重托,房玄龄也的确不负唐太宗的重托,以房氏家学文化精神为执政理念,明究物理,戮心尽力,与唐太宗一道共成了"贞观"之务。

"识用显于当年,故事留于台阁",追寻着齐州房氏诸人的足迹,开物成务。"清河世泽留芳远,凌阁家声吉庆长!"⑨

---

① 朱熹:《四书章句集注》,第 95 页。
② 朱熹:《四书章句集注》,第 351 页。
③ 《隋书》卷六十六,第 1565 页。
④ 《魏书》卷四十三,第 971 页。
⑤ 《魏书》卷四十三,第 978 页。
⑥ 《北史》卷三十九,第 1416 页;《隋书》卷六十六,第 1562 页。
⑦ 《魏书》卷四十三,第 983 页。
⑧ 《隋书》卷六十六,第 1567 页。
⑨ 来自于中华房氏网"房氏文化研究"栏目。

参 考 文 献

一、专著

司马迁：《史记》，中华书局，1963年。

班固：《汉书》，中华书局，1962年。

范晔：《后汉书》，中华书局，1965年。

陈寿：《三国志》，中华书局，1964年。

房玄龄等：《晋书》，中华书局，1974年。

魏收：《魏书》，中华书局，1974年。

令狐德棻等：《周书》，中华书局，1971年。

李延寿：《北史》，中华书局，1974年。

李延寿：《南史》，中华书局，1975年。

李百药：《北齐书》，中华书局，1972年。

萧子显：《南齐书》，中华书局，1972年。

沈约：《宋书》，中华书局，1974年。

魏徵等：《隋书》，中华书局，1973年。

刘昫等：《旧唐书》，中华书局，1975年。

欧阳修、宋祁：《新唐书》，中华书局，1975年。

李林甫撰，陈仲夫点校：《唐六典》，中华书局，1992年。

杜佑著，王文锦等点校：《通典》，中华书局，1988年。

吴兢：《贞观政要》，上海古籍出版社，1978年。

李吉甫:《元和郡县图志》,中华书局,1983 年。

王钦若:《册府元龟》,中华书局,1960 年。

王谠撰,周勋初校证:《唐语林校证》,中华书局,1987 年。

王定保:《唐摭言》,中华书局,1960 年。

段成式:《酉阳杂俎》,中华书局,1981 年。

刘悚:《隋唐嘉话》,中华书局,1979 年。

刘肃:《大唐新语》,中华书局,1984 年。

张鷟:《朝野佥载》,中华书局,1979 年。

许敬宗编,罗国威校证:《文馆词林校证》,中华书局,2001 年。

温大雅:《大唐创业起居注》,上海古籍出版社,1983 年。

司马光:《资治通鉴》,中华书局,1956 年。

王溥:《唐会要》,中华书局,1955 年。

乐史撰,施和金点校:《太平寰宇记》,中华书局,2008 年。

李昉:《太平广记》,中华书局,1961 年。

郦道元撰,陈桥驿点校:《水经注》,浙江古籍出版社,2001 年。

刘向辑录:《战国策》(第二版),上海古籍出版社,1985 年。

贾思勰著,缪启愉校释:《齐民要术校释》(第二版),中国农业出版社,
　　1998 年。

王利器校注:《盐铁论校注》,中华书局,1992 年。

林宝撰,岑仲勉校记:《元和姓纂》,中华书局,1994 年。

曹寅等编:《全唐诗》,中华书局,1960 年。

董诰等编:《全唐文》,中华书局,1983 年。

顾祖禹撰,贺次君等点校:《读史方舆纪要》,中华书局,2005 年。

周绍良主编:《全唐文新编》,吉林文史出版社,2000 年。

陈尚君辑校:《全唐文补编》,中华书局,2005 年。

王符撰,龚祖培校点:《潜夫论》,辽宁教育出版社,2001 年。

朱熹撰:《四书章句集注》,中华书局,1983 年。

严可均辑:《全上古三代秦汉三国六朝文》,中华书局,1958 年。

颜之推撰,王利器集解:《颜氏家训集解》,上海古籍出版社,1980 年。

张彦远辑：《法书要录》，上海书画出版社，1988年。

杨勇校笺：《洛阳伽蓝记校笺》，中华书局，2006年。

徐震堮校笺：《世说新语校笺》，中华书局，1984年。

苏敬等撰，尚志钧辑复：《新修本草》（第二版），安徽科学技术出版社，2004年。

韩鄂撰，缪启愉校释：《四时纂要校释》，农业出版社，1979年。

洪迈：《容斋四笔》，中华书局，2005年。

刘知幾撰，吴琦等点校：《史通》，岳麓书社，1993年。

洪丕谟等点校：《唐大诏令集》，学林出版社，1992年。

穆根来等译注：《中国印度见闻录》，中华书局，1983年。

刘俊文点校：《唐律疏议》，中华书局，1983年。

王通撰，王雪玲点校：《中说》，辽宁教育出版社，2001年。

毛汉光：《中国中古社会史论》，上海书店出版社，2002年。

王华山：《清河崔氏与北朝儒学》，山东文艺出版社，2004年。

王延纶：《民国武城县志》，成文出版有限公司1976年。

匡裕从主编：《十堰通史》，中国文史出版社，2003年。

邹逸麟主编：《黄淮海平原历史地理》，安徽教育出版社，1993年。

谭其骧：《长水粹编》，河北教育出版社，2000年。

李约瑟：《中国科学技术史》（第四卷），科学出版社、上海古籍出版社，1999年。

王子今：《秦汉区域文化研究》，四川人民出版社，1998年。

马新、赵凯球：《山东通史·魏晋南北朝卷》（增订本），人民出版社，2009年。

安作璋、张汉东：《山东通史·秦汉卷》（增订本），人民出版社，2009年。

高凤林著，鲁统彦等增订：《山东通史·隋唐五代卷》（增订本），人民出版社，2009年。

史念海：《中国的运河》，陕西人民出版社，1988年。

李孝聪：《中国区域历史地理》，北京大学出版社，2004年。

严耕望：《唐代交通图考》（第一至六卷），上海古籍出版社，2007年。

严耕望：《唐仆尚承郎表》，中华书局，1986 年。

周绍良主编：《唐代墓志汇编》，上海古籍出版社，1992 年。

王仲荦：《北周地理志》，中华书局，1980 年。

荒原：《唐初开国宰相房玄龄》，上海大学出版社，2007 年。

申建国等：《风范良相房玄龄传》，上海远东出版社，2008 年。

李永祥：《大唐名相房玄龄》，三秦出版社，2003 年。

赵超：《汉魏南北朝墓志汇编》，天津古籍出版社，2008 年。

谷川道雄：《中国中世社会与共同体》，中华书局，2002 年。

陈爽：《世家大族与北朝政治》，中国社会科学出版社，1998 年。

吴钢主编：《全唐文补遗》（第七辑），三秦出版社，2000 年。

余英时：《士与中国文化》，上海人民出版社，2003 年。

王蕊：《魏晋十六国青徐兖地域政局研究》，齐鲁书社，2008 年。

章义和：《地域集团与南朝政治》，华东师范大学出版社，2002 年。

唐长孺：《魏晋南北朝史论拾遗》，中华书局，1983 年。

田余庆：《秦汉魏晋史探微》，中华书局，2004 年。

韩树峰：《南北朝时期淮汉迤北的边境豪族》，社会科学文献出版社，
　2003 年。

谷川道雄：《隋唐帝国形成史论》，上海古籍出版社，2004 年。

严耀中：《魏晋南北朝史考论》，上海人民出版社，2010 年。

逯耀东：《从平城到洛阳》，中华书局，2006 年。

周建江：《太和十五年——北魏政治文化变革研究》，广东人民出版社，
　2001 年。

严耀中：《中国历史 4 · 两晋南北朝史》，人民出版社，2009 年。

陈寅恪：《隋唐制度渊源略论稿》，生活·读书·新知三联书店，2001 年。

陈寅恪：《唐代政治史述论稿》，生活·读书·新知三联书店，2001 年。

陈寅恪：《金明馆丛稿初编》，生活·读书·新知三联书店，2001 年。

黄永年：《六至九世纪中国政治史》，上海书店出版社，2004 年。

钱穆：《国史大纲》，商务印书馆，1994 年。

金宝祥等著：《隋史新探》，兰州大学出版社，1989 年。

汪篯著,唐长孺等编:《汪篯隋唐史论稿》,中国社会科学出版社,1981 年。

孟宪实:《孟宪实讲唐史:从玄武门之变到贞观之治》,广西师范大学出版社,2007 年。

吴宗国:《唐代科举制度研究》,辽宁大学出版社,1992 年。

吴钢主编:《全唐文补遗》千唐志斋新藏专辑,三秦出版社,2006 年。

郁贤皓:《唐刺史考全编》,安徽大学出版社,2000 年。

金滢坤:《中晚唐五代科举与社会变迁》,人民出版社,2009 年。

钱穆:《中国学术思想史论丛》,东大图书出版公司,1977 年。

赵翼:《廿二史札记》,中国书店,1987 年。

史念海:《唐代历史地理研究》,中国社会科学出版社,1998 年。

黎虎:《汉唐外交制度史》,兰州大学出版社,1998 年。

刘俊文:《唐律疏议笺解》,中华书局,1996 年。

郭锋:《唐代士族个案研究》,厦门大学出版社,1999 年。

华觉明:《中国古代金属技术》,大象出版社,1999 年。

傅筑夫:《中国封建社会经济史》第四卷,上海人民出版社,1986 年。

汪征鲁:《魏晋南北朝选官体制研究》,福建人民出版社,1995 年。

马新:《两汉乡村社会史》,齐鲁书社,1997 年。

王利华:《中国家庭史》(先秦至南北朝时期),广东人民出版社,2007 年。

张国刚:《中国家庭史》(隋唐五代卷),广东人民出版社,2007 年。

张泽咸:《唐五代赋役史草》,中华书局,1986 年。

严耕望:《严耕望史学论文集》,上海古籍出版社,2009 年。

张泽咸:《唐代阶级结构研究》,中州古籍出版社,1996 年。

仁井田陞辑,栗劲译:《唐令拾遗》,长春出版社,1989 年。

黄云鹤:《唐宋下层士人研究》,河北大学出版社,2006 年。

陈寅恪:《金明馆丛稿二编》,生活·读书·新知三联书店,2001 年。

王力平:《中古杜氏家族的变迁》,商务印书馆,2006 年。

姚兴善:《十八学士》,三秦出版社,2000 年。

罗永生:《三省制新探》,中华书局,2005 年。

邓小南:《课绩·资格·考察——唐宋文官考核制度侧谈》,大象出版社,

1997 年。

冯天瑜等著:《中华文化史》,上海人民出版社,1990 年。

谢保成:《隋唐五代史学》,商务印书馆,2007 年。

徐松撰,孟二冬补正:《登科记考补正》,北京燕山出版社,2003 年。

瞿林东:《中国史学史纲》,北京出版社,2005 年。

葛兆光:《中国思想史·七世纪前中国的知识、思想与信仰世界》,复旦大
　　学出版社,1998 年。

王鸿生:《中国历史中的技术与科学》,中国人民大学出版社,1997 年。

唐长孺:《魏晋南北朝隋唐史三论——中国封建社会的形成和前期的变
　　化》,武汉大学出版社,1993 年。

汤用彤:《汤用彤全集第二集》,河北人民出版社,2000 年。

李斌城主编:《唐代文化》,中国社会科学出版社,2002 年。

邓小军:《唐代文学的文化精神》,台北文津出版社,1994 年。

尹协理、魏明:《王通论》,中国社会科学出版社,1984 年。

崔瑞德主编:《剑桥中国隋唐史》,中国社会科学出版社,1990 年。

二、论文

张耀征:《女娲氏的封邑"房国"史考》,《天中学刊》2006 年第 1 期。

汪利锋:《房国史考》,《天中学刊》2000 年第 3 期。

史念海:《论济水与鸿沟(中)》,《陕西师范大学学报》1982 年第 2 期。

殷道旌、王化勇:《房玄龄故里及生平事迹考略》,《济南教育学院学报》
　　2003 年第 6 期。

房道国、刘会先:《房玄龄籍贯初考》,《齐鲁文史》2009 年第 1 期。

王洪军:《房玄龄家族谱系里籍考》,《齐鲁文化研究》2003 年。

侯旭东:《地方豪右与魏齐政治——从魏末启立州郡到北齐天保七年并省
　　州郡县》,《中国史研究》2004 年第 4 期。

易毅成:《东晋、刘宋的北伐政策与黄淮之间的经营》,《台湾屏东师范学院
　　学报》2001 年第 14 期。

许福谦:《"平齐民"与"平齐户"试释》,《北京师范学院学报》1982 年第

4 期。

山东省博物馆文物组:《山东高唐东魏房悦墓清理纪要》,《文史资料丛刊》
　第 2 辑。

牟发松:《旧齐士人与周隋政权》,《文史》第 62 辑。

何德章:《江淮地域与隋炀帝的政治生命》,《武汉大学学报》1994 年第
　1 期。

李锦绣:《论"李氏将兴"——隋末唐初的山东豪杰研究之一》,《山西师范
　大学学报》1997 年第 4 期。

任世英:《李勣与唐前期政局》,《历史教学》1998 年第 9 期。

韩昇:《南北朝隋唐士族向城市的迁徙与社会变迁》,《历史研究》2003 年第
　4 期。

秦蓁:《溯源与追忆:东汉党锢新论》,《史林》2008 年第 3 期。

张光明:《山东淄博市发现傅竖眼墓志》,《考古》1987 年第 2 期。

王永平:《学府文宗:北朝后期河间邢氏的家族文化》,《学习与探索》2009
　年第 2 期。

华林甫:《〈新集天下姓望氏族谱〉写作年代考》,《敦煌研究》1991 年第
　4 期。

张兆凯:《两汉俸禄制度研究》,《中国社会经济史》1996 年第 1 期。

张泽咸:《唐代的衣冠户与形势户》,《中华文史论丛》1980 年第 3 辑。

刘玉峰:《唐代商品性农业的发展和农产品的商品化》,《思想战线》2004 年
　第 2 期。

朱大渭:《魏晋南北朝的官俸》,载《中国经济史研究》1986 年第 4 期。

欲农:《房玄龄名字小考》,《安徽史学》1984 年第 1 期。

王炎平:《论房玄龄》,《四川大学学报》2000 年第 6 期。

韩昇:《隋朝与高丽关系的演变》,《海交史研究》1998 年第 2 期。

赵克尧:《唐前期的佛道势力与政治斗争》,《浙江学刊》1990 年第 1 期。

刘磐修:《唐贞观阙置尚书令辨析》,《菏泽师专学报》1991 年第 1 期。

房春艳:《中古房氏家族研究》,陕西师范大学硕士学位论文 2007 年,中国
　知网(www.cnki.net)网络公开发表。

姜望来:《魏周隋唐关陇集团与山东势力》,武汉大学硕士学位论文 2005
　年,中国知网(www. cnki. net)网络公开发表。
谢亦峰:《魏晋南朝汝南周氏家族研究》,华东师大硕士学位论文 2007 年,
　中国知网(www. cnki. net)网络公开发表。